オリエンタリスト
の憂鬱

植民地主義時代の
フランス東洋学者と
アンコール遺跡の考古学

fujihara sadao
藤原貞朗

めこん

「考古学とは何か。建造物の長い虐待の歴史にほかならない。そして、考古学の務めは、華麗な葬送の儀式を行なうことである」

（アルフレッド・フーシェ、一九五一年）

「アンコオルへ這入ることは、この素晴らしい眩耀混迷を垣間見ることである。アンコオルのやうに綿綿と自らを示す古都は少く、しかもおそらくどれも過去の事物を充分に語らず、その神秘、悲喜劇、栄華を十分に偲ばせない。一切のアンコオルの門は神秘幽暗に向かって開かれている。これらの門の彫刻、回廊づたひに聞えてくる何かの囁き、付近で発掘された遺蹟とても、その不明瞭な混迷喧囂の神秘を解き明かさない——もどかしい」

（ジョルジュ・グロリエ『アンコール』一九三二年）

「アンコル・ワットの建築史上の位置、其の藝術的価値は学術界の大問題であり、其の一般歴史及宗教史上に貢献するところもまた実に大なもので、なかなか一朝一夕に解き盡くすべきものではない」

（伊東忠太、「祇園精舎とアンコル・ワット」一九一三年）

目次

第四章　本国の理念と植民地の実践のはざまで（2）――メトロポールの発展……179

第五章　アンコール考古学の発展とその舞台裏（1）――考古学史の中のマルロー事件……237

第八章 アンコール遺跡の考古学史と日本

序章　パリの国立アジア美術館とアンコール遺跡の近代考古学史

パリの地下鉄六号線と九号線が交差するトロカデロ駅を降り、小高い丘に建つシャイヨー宮の広いポーチに立ってエッフェル塔を一望する。一〇年前、本書の基礎となる調査をなっていた私は、午前一〇時ちょうどにこの塔を眺め、一〇〇年程前のベルエポックのパリを想像してから一日の仕事に取りかかる、そんな毎日を送っていた。

エッフェル塔が建造されたのは一八八九年のパリ万国博覧会のことである。この塔を臨むシャイヨー宮ができたのは一九三七年のパリ国際博覧会のこと。それ以前には、ここには一八七八年のパリ万博の際に建てられたトロカデロ宮があり、内部にはカンボジアのアンコール遺跡群からもたらされたクメールの美術品やレプリカがところ狭しと展示されていた。一八八九年の万博では、アンコール・ワット寺院の一基の塔がパヴィリヨンとして復元され、エッフェル塔の東側に聳えてもいた。ここは、ヨーロッパにおいて初めてアンコール遺跡の遺物が登場した記憶のトポスであった。

しばし古き時代のパリを想像した後、塔に背にして、私は調査を行なう場所へと向かった。シャイヨー宮東翼部に沿って延びるウィルソン大統領大通りを下ってゆくと、カンボジアを含む仏領インドシナの研究を行なうために一八九九年に創設されたフランス極東学院のパリ本部がある。さらに歩みを進めてイエナ広場に出ると、そこには円柱形の入口部を持つ独特の建物が見える。フランス最大のアジア美術コレクションを有する国立アジア美術館、通称、ギメ美術館である。この美術館がパリにお目見えしたのも一八八九年のことであった。想像の中のトロカデロ宮、フランス極東学院、そしてギメ美術館、これら三つの場所が当時の私の調査の場であり、本書の主役たちが深く関わった場所である。

創立者エミール・ギメの名を冠したギメ国立アジア美術館は、日本では比較的よく知られた存在だ

図1　現在のギメ美術館（パリ）の1階正面展示室.

ろう。エミール・ギメは一八七四年に中国や日本を訪れ、主に仏像を蒐集して帰国、まずはリヨンに、ついでパリに自らが蒐集した宗教美術品を展示する美術館を設立した。彼が集めた仏像を拝観すべくギメ美術館を訪れる日本人観光客も少なくない。だが、この美術館を訪れた日本人は、少なからず面食らうのではなかろうか。美術館の顔ともいえる正面入口の展示室にあるのが、日本の仏像でも浮世絵でもなく、また中国の青銅器や陶磁器でもなく、カンボジアのアンコール遺跡から出たクメール彫像群だからである（図1）。日本の書画骨董の類は三階に、そして、お目当ての仏像は入場無料の別館に展示されるにとどまっている。この美術館の顔は、まずもって、クメール美術なのである。

これから私は、これらクメール美術品を巡る幾つかの物語について書こうと思う。といっても、クメール美術について解説をするわけではない。

美術館に展示されている作品の横には、大抵、作品名や制作年を記した縦横一〇センチメートル程度の小

さなプレートがある。たとえばギメ美術館の最大の彫像の横には、

《巨人の参道》、カンボジア、プリヤ・カン（アンコール）遺跡出土、シエムリアップ州、バイヨン様式、一二世紀から一三世紀初頭の制作、砂岩

と書かれている（図2、図3）。一般的な美術書においては、この記述をさらに詳しく論述するというのが通例だろう。プリヤ・カン遺跡とはどんな遺跡か、一二世紀のカンボジアはどのような状況だったのか、誰が作ったのか、バイヨン様式とはいかなる様式のことか、そうした事柄を解説するのである。しかし、本書の目的は美術品解説ではない。私が注目するのは、作品の名称や制作年が書かれ

図2　《巨人の参道》12世紀末～13世紀初頭，プリヤ・カン（アンコール）遺跡出土．

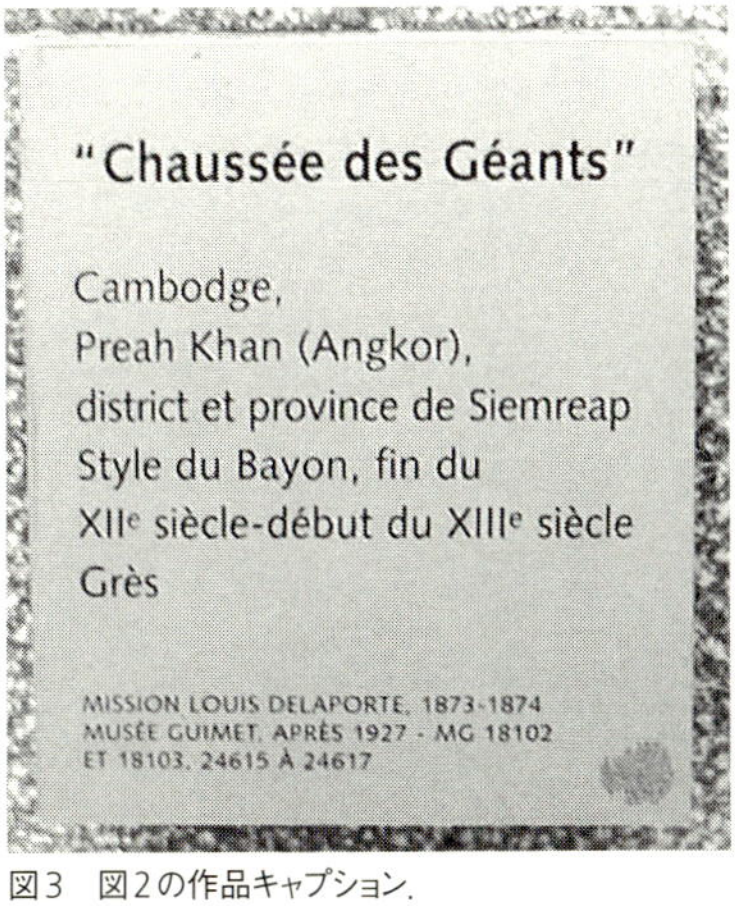

図3　図2の作品キャプション．

たそのさらに下に、小さな文字で記された情報である。この《巨人の参道》の場合にはこう記されている。

ルイ・ドラポルト調査隊、一八七三～一八七四年。一九二七年以後にギメ美術館の所蔵になる。

MG一八一〇二、一八一〇三、二四六一五から二四六一七。

最後の数字は美術館所蔵品の整理番号であるが、その前の情報は何なのか。これはこう読むのが正解である。「一八七三～一八七四年に行なわれたルイ・ドラポルトによる遺跡調査によって収集され、フランスに持ち込まれる。ギメ美術館が所蔵するようになるのは一九二七年以後のことである」。要するにこれは展示作品の来歴、すなわち、この作品が美術館に収蔵されるに至った経緯を簡潔に示しているのである。もうひとつだけ来歴情報を見ておこう。同じくプリヤ・カン遺跡出土の仏像であるが、来歴にはこうある。「一九三一年、フランス極東学院による送付。MG一八〇四八」。

さて、これらの情報から何を読み取ることができるのだろうか。美術館一階のクメール彫像群の作品来歴をざっと読んでみると、ほとんどの彫像が一八七〇年代から一九三〇年代にかけて収集され、ギメ美術館の所蔵品となったことがわかる。この時期はフランスがカンボジアを含む東南アジアのインドシナ半島を植民地としていた時代にぴったり重なっている。クメール美術品が現在、フランス国立美術館の所蔵となり、美術館の顔となっているという現実と、かつてフランスがカンボジアを植民地支配していたという歴史的事実は、おそらく無関係ではないだろう。また、ルイ・ドラポルトという人物が一八七三年にアンコール遺跡を踏査したということ、そして、フランス極東学院という機関が存在していた（そして現在も存在している）ということもまた、植民地主義時代の歴史と無縁ではないと想像できよう。

ギメ美術館は、国立アジア美術館というその名の通り、フランスを代表するアジア美術館であり、さらには、欧米有数のアジア美術コレクションを有する施設である。しかし、アジア美術館の名を冠する世界中の数ある美術館の中で、クメール美術を多数保有し、美術館の顔としているのは、プノンペンにある国立カンボジア美術館を除いてはここくらいである。北米であれイギリスであれドイツであれ、いわゆるアジア美術館のコレクションの柱となるのは、インドや中国の仏教遺物や古美術品である。なぜフランスの国立美術館だけが例外的にカンボジアの美術を多数収蔵しているのか。中国やインド、そして日本の名品を多数所有するロンドンの大英博物館やワシントンのフリア・ギャラリー、あるいはボストン美術館がほとんど所有していないクメールの古美術品を、なぜ、フランスだけが持っているのか。言うまでもなく、作品来歴が示す通り、フランスの植民地時代に大量の美術品や考古学的遺物が、東南アジアからフランスにもたらされたからである。フランスは一八八七年にトンキン、アンナン、コーチシナ、カンボジアを保護国とする「フランス領インドシナ連邦」を築き（一八九三年にはラオスも併合）、二〇世紀半ばまで当地を植民地支配した。この間、アンコール遺跡はフランスの研究機関に属するフランス人考古学者たちによって、ほぼ独占的に調査された。インドシナにおける近代的な意味での考古学は、フランスによって開始され、学術的調査と保存活動が行なわれるとともに、大量の遺物がフランスへと移送されたのであった。

作品の来歴情報は、さらに様々な出来事を暗示している。先のプリヤ・カン遺跡出土の仏像は一九三一年にフランス極東学院によって送付されたと記されているが、一九三一年といえば、パリにおいて国際植民地博覧会という万博のようなイヴェントが盛大に開催された年である。博覧会には実物大の巨大なアンコール・ワットのレプリカも建造された（図68、69、73～75を参照のこと）。仏像の送付もおそらく、この博覧会と関係があるのだろう。また、《巨人の参道》をギメ美術館が収蔵するようになったのは一九二七年以後とあるが、それでは一八七四年に調査されて以降、一九二七年までの約半世紀、この巨大な彫像はどこにあったのだろうか。作品来歴は様々な情報を暗示するとともに、さらなる謎を投げかけている。そもそも、ルイ・ドラポルトとはどのような人物なのか、フランス極東学院とはどのような施設なのか。植民地の考古学的活動は、どのような体制のもとに行なわれたのであろうか。

本書が語ろうとするのは、こうした疑問に対する答えである。一九世紀後半期から二〇世紀前半期にかけての約一〇〇年間に、フランスの考古学者たちが行なったアンコール遺跡の考古学の歴史、そして、フランス人によるクメール美術史編纂の歴史について語ろうと思う。この間にアンコール遺跡が再発見され、フランス人による学術的調査が始まり、今日に至るアンコール考古学の礎が築かれたのである。その貢献なしには、今日、世界文化遺産として有名となったアンコール遺跡は廃墟から蘇ることがなかったといっても過言ではない。少なくとも、世界中に知られる遺跡とはなっていなかっただろう。だが、その一方で、大量の遺物や美術品が遺跡から持ち出され、フランスへと移送されるというという現実もあった。移送のされ方は時期によって大きく異なる。大雑把にいえば、一九世紀後半のドラポルトは、なんら文化財に対する法的整備のない中で、カンボジア国王と美術品交換の約束を取りつけ、ナポレオンが古代エジプトの巨大な彫像をパリへ持ち帰りルーヴル宮殿に展示したように、《巨人の参道》をパリへと持ち帰った。二〇世紀に入ると無法的な遺物移送は制限される。だが、法的整備がなされた後でも、合法的に、フランスへの彫像の移送、さらには、欧米諸国や日本の美術館に彫像類の売却や交換が行なわれ、それは二〇世紀半ばまで続いた。いかなる口実によって、貴重なクメールの彫像が遺跡から持ち出され、フランスへ、そして、北米、日本へともたらされたのか。ここには、今日的に見れば深刻な政治的問題が横たわっている。今日に至るアンコール遺跡の考古学史は、フランスが行なった考古学的調査の学術的貢献と植民地主義時代の政治的な負の遺産が幾重にも重なり交錯しながら織り上げられている。その交錯のありようを本書は描き出したいと思う。

本書は基本的に編年的に叙述を進める。それぞれ、その時代を代表する人物や学術機関や出来事をクローズアップして詳述するが、あわせて微細な年譜的情報も挿入する。アンコール考古学史の歴史活劇として読むことができると同時に、学史年表としても活用しうるようなものを目指した。また、多数の未刊行の古文書資料や視覚的資料を利用していることも付け加えておきたい。

第一章は、一八六〇年代から一九〇〇年までのアンコール遺跡の踏査状況について、ルイ・ドラポルトを主人公として物語る。再発見されたばかりの遺跡をフランス人はどのような眼で眺めたのか、遺跡踏査の目的は何だったのか、いかなるプロセスによってフランスへと遺物を移送したのか、その目的は何だったのか、などを検討する。また、ドラポルトは多数のアンコールの寺院の「復元図」やレプリカを製作している。それらを分析することによって、現在とは異なる一九世紀の考古学の理念と理想を明らかにしよう。

第二章では、一九〇〇年から一九二〇年までの時代を扱い、本格的な学術的調査機関として設置されたフランス極東学院の創立理念と活動内容について叙述する。植民地の遺跡群を前に、草創期の学院はいかなる調査を行なったのか。遺跡調査のための法的制度はどうなっていたのか。さらには、植民地に学術機関を設置したフランスの目的は何だったのか、いかなる理想を掲げていたのか。その理想は植民地の政治政策とも深く関わっているだろう。

第三章と第四章も同じく時代的には一九〇〇年から一九二〇年代を舞台とするが、実際に植民地の考古学に従事した調査員たちにスポットライトを当てたい。新たに創設された極東学院は、アジアの植民地考古学という新しい学問を開始したといえる。初期の調査にあたったメンバーの大半は伝統的な東洋学の教育も考古学の教育も受けたことのない学問的にはアマチュアであった。彼らは植民地に派遣され、その地で現場叩き上げのキャリアを積み上げていった。一方、フランス本国には東洋学を修めたエリート研究者がおり、植民地から送られてくる考古史料や古美術品を利用して、現地を訪れることなく、現地調査員とは異なる方法によって考古学的研究を展開した。一九二〇年代にはパリにもアンコール考古学を研究できる教育研究施設が充実する。アンコール遺跡の研究を巡って、植民地現地と本国フランスとの二重の研究体制が形成されるのである。両者の間には幾つかの齟齬が生起し、それがアンコール遺跡の考古学の歴史をより複雑にしている。そして、フランス内部の研究組織の齟齬が、現地の遺跡に甚大な被害をもたらすようにもなってゆく。その様相について詳述したい。

第五章と第六章は一九二〇年から一九三〇年代にかけての、アンコール遺跡が世界的に注目された時代を舞台とする。この時期、極東学院による考古学的調査は飛躍的な進展を見せるが、そうした学術的成功の背後では、比較的よく知られた「アンドレ・マルロー事件」やごく最近まで極秘にされてきた学院による古美術品販売など、スキャンダラスな事件や出来事が次々と起っていた。こうした事件の実態を古文書資料に基づいて正確に復元したい。これらの出来事は紛れもなく植民地考古学の負の遺産だが、しかし、いたずらにスキャンダルを煽るのではなく、考古学史の中に事件を位置づけ、なぜ、次々と問題ある出来事がこの時期に起こったのかを分析する。そして、逆説的にも、こうした負の事件が、実は考古学の成功と深く関わっていたことを明らかにしよう。

第七章はパリ国際植民地博覧会が開かれた一九三一年のパリに舞台を移し、この博覧会で顕在化した一九三〇年代のアンコール遺跡の考古学の諸問題について熟考する。この博覧会には原寸大の壮麗なアンコール・ワットのレプリカが建立された。精密な細部を有する学術的にも正確なレプリカには、極東学院の調査成果が反映されていた。内部では学院の三〇年にわたる活動を伝える展覧会も開催された。また、博覧会のパヴィリヨンの装飾には、アンコール・ワットの図像のほか、考古学に従事する調査員や原住民も登場した。メトロポール（パリ）において、アンコール遺跡とその考古学はどのように表象される運命にあったのか。分析を通して、我々は、植民地の考古学がいかにフランスの植民地政策の（虚構の）成功を傍証する証拠として利用されたのかを知ることとなろう。

第八章では一九四〇年代前半、すなわち第二次世界大戦中のアンコール考古学の状況と日本との関わりについて論じる。一九四一年、日本は仏印進駐を開始したが、この軍事行動に連動するように、日本の学術機関は、インドシナとの「文化協力」事業を展開する。フランス人研究者と日本の研究者との「教授交換」、日本の古美術品とクメールの遺物を交換する「古美術品交換」、美術展の交換事業などが次々と実現するのである。そして、多数の日本の知識人や美術家、仏教使節、ジャーナリストがアンコール詣でを果たす。日本国内ではアンコール遺跡に関する著作物も次々と刊行される。日本において、アンコール遺跡が一般的に広く知られるようになったのは、この戦時のことであった。日本もまたフランスによる植民地考古学とけっして無関係ではなかったことを最後に確認したい。

第一章　ルイ・ドラポルトとアンコール遺跡復元の夢

ギメ美術館の展示品とドラポルト

ギメ国立アジア美術館一階の正面展示室を飾るクメール彫像群にあって、ひときわ目を引くのはプリヤ・カン寺院（アンコール）の参道にあったとされる群像彫刻《巨人の参道》（一二世紀末〜一三世紀初頭）である（図2）。綱引き合戦よろしく七つの頭を持つナーガ（蛇）を引っぱるデーヴァ（神）の姿は、この彫像がヒンズーの天地創造伝説「乳海攪拌」を表現する彫刻の一部であることを伝えている。この美術館が展示する最大規模の群像をパリに請来したのが、本章の主人公ルイ・ドラポルトである（図4）。のちに海軍大尉となるドラポルトは、当時保護国としたばかりのコーチシナに派遣され、一八六六年のメコン河流域の踏査に従事する。その途上、廃墟となったアンコール遺跡群に出会い一目惚れした。そして一八七三年、今度は自らがインドシナ調査隊を組織して隊長となりアンコールを再訪する。この時、この巨大な群像を含むオリジナルの彫像や浮き彫り、碑文のある石板など約七〇点の遺物と現地で採取した大量の鋳型をパリへと持ち帰ったのであった。オリジナルの彫刻と鋳型を元に製作したレプリカは一八七八年のパリ万国博覧会で日の目を見た。展示会場の様子を描いた当時の報道版画は、この彫

図4　ルイ・ドラポルトの肖像写真.

像の巨大さとそれを仰ぎ見る観客の驚きを伝えている（図28を参照のこと）。この時アンコール遺跡の彫像が初めてヨーロッパの人々の前に現れたのである。

一般的に、フランス人によるアンコール発見の物語は、一八六三年にカンボジアを訪れて遺跡群の存在を欧米に伝えた植物学者アンリ・ムオから始めるのが常である。[*1] ドラポルトは真の意味での発見者ではない。彼がアンコールを訪れたのはムオの三年後のことで、しかも、ドゥダール・ドゥ・ラグレ海軍大尉が率いる調査隊の一員にすぎなかった。この調査報告『インドシナ探検旅行』は同じ調査に携わったフランシス・ガルニエによって一八七三年に公刊されている。[*2] ドラポルトの初めての著書『カンボジア旅行、クメールの建築』の刊行が一八八〇年だから、出版物の面でもガルニエの方が先んじていた。[*3] また、一八六〇年代にアンコール遺跡を訪れた西欧人はフランス人だけではない。一八六四年にはドイツの民俗学者アドルフ・バスチャンが、一八六六年頃には清朝を訪れた写真家として知られるスコットランド出身のジョン・トムソンがアンコール遺跡にまで足を伸ばして写真に収めている。[*4] 一八七六年にはイギリスの著名な建築史家ジェイムズ・ファーガソンが『インドと東アジアの建築の歴史』（『建築史』第三巻）を刊行し、アンコール遺跡の建造物を高く評価していた。[*5] その意味で、一八六六年にアンコール遺跡を訪れ、一八八〇年に著書を出したドラポルトは、再発見者としては三番手ないし四番手の一人という地位にとどまるだろう。しかし、本書を開始するにあたって、私はルイ・ドラポルトを最初の主人公としたい。その理由は二つある。

一つは、彼がヨーロッパに初めてアンコール遺跡のオリジナル彫像を運び込んでクメール美術館を創設し、将来を見据えた組織的で継続的な考古学的・美術史的研究を企図したからである。

　もちろん、彼の研究には今日の学術的水準から見れば誤りも多いし、建造年代については実証的に何一つ明らかにしていない。だが、遺跡の美的価値と美術史的価値を説き、遺物の様式分析によってアンコールの歴史の一端を解明しようと試みた彼は、考古学の歴史を辿ろうとする本書の出発点としてふさわしい人物である。一八八〇年の著作においてドラポルトは、たとえば彫像の細部を的確に捉えたスケッチ（図5）を発表しているが、これは彫像の様式的分類を目指すものであり、二〇世紀に本格化するクメール彫刻の美術史的研究を予告するものとなっている。

　その一方で、彼の著作には現実の光景とはかけ離れた幻想的で神秘的なアンコール・イメージも多数挿入されており、前近代的な西欧人の東方幻想の多面性を典型的に示している。来るべき二〇世紀の学術的研究を予告しつつも前近代的なエグゾティスムに満ちたこの書物は、現在に続くアンコール

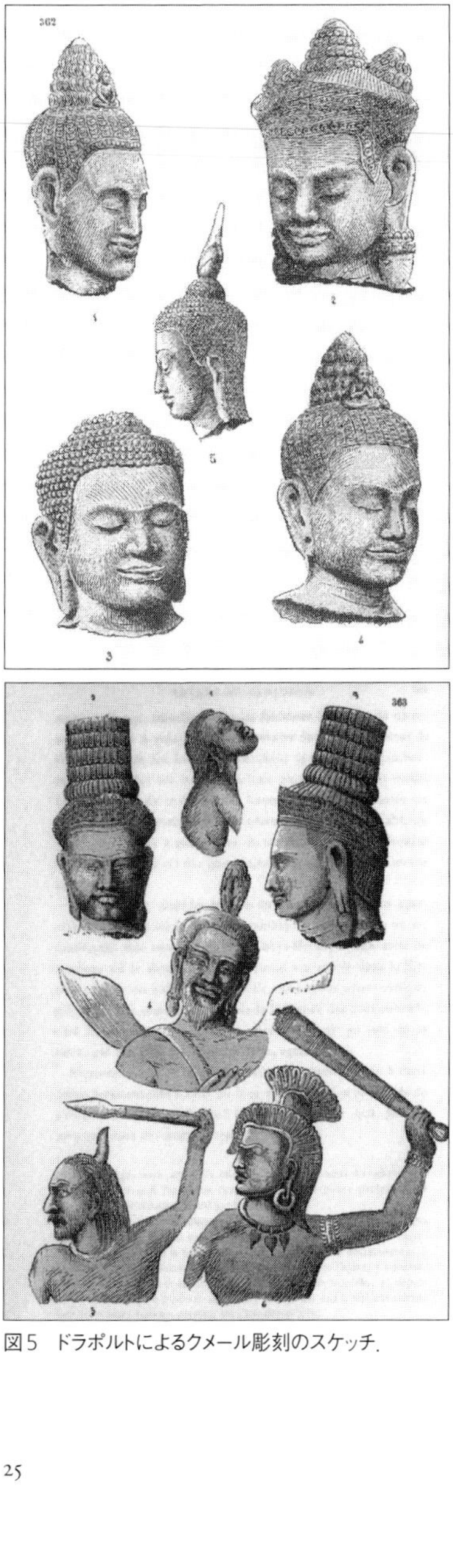

図5　ドラポルトによるクメール彫刻のスケッチ.

考古学の始まりを告げると同時に、我々が捨て去った一九世紀の神秘的なアンコール像を伝える証言となっている。彼の著作と活動を振り返ることで、我々は、一九世紀と二〇世紀の転換期にいかなる考古学史上の変化があったのかを明らかにすることができるだろう。

ドラポルトを主人公とするもう一つの理由は、彼が、植民地の踏査を行なった一九世紀後半期のフランス人の典型を理想的に生きた人物だからである。

一九二九年に刊行された『探検家ルイ・ドラポルト、そのクメールの遺跡調査』と題する本がある。[*6] ルネ・ドゥ・ボヴェなる筆名でドラポルトの妻が書いた青少年向けの偉人伝である。ここには、軍人として七つの海を航行し、その途上でアンコール遺跡の美に魅せられ、退役後は美術館学芸員として美術史研究に没頭したドラポルトの一生が語られている。ドイツのハインリッヒ・シュリーマンやスウェーデンのスウェン・ヘディンなどの世界的に有名な探検家に比肩できる偉人がフランスにもいたのだと青少年に語りかけている。多数の植民地を保有する帝国主義時代のフランスを生きる若者に向かって、軍人として祖国に身を捧げつつ、異国の芸術の美を発見した文武両道の理想的偉人として、ドラポルトの生涯が語られているのである。

一九世紀後半期、フランスにはアジア考古学を専門とする学術機関はまだ存在していなかった。次章で論じるフランス極東学院(当初の名称は「インド＝シナ考古学調査隊」)がインドシナ総督府のあったサイゴン(現在のベトナム、ホーチミン市)に創設されるのは一八九九年のことである。フランスでは一八世紀以来、東洋学(オリエンタリスム)の伝統があり、優秀な東洋学者(オリエンタリスト)も多数輩出されていたが、研究の基本は文献学や経学を軸とする中国学と仏教学であり、扱う地理的範囲もアジアの大国である中国とインドに限定されていた。専門家がアジアの考古学的踏査に従事するという時代ではなかった。[*7] 机上の学者であった東洋学者に代わって、アジアの地に足を踏み入れ、考古学的な研究の礎を築いたのは、植民地に派遣されたドラポルトのような軍人たちが中心であった。つまり、学問的にはアマチュアの人々であった。そのような状況の中で、ドラポルトの生涯はいわばアマチュア研究者の成功物語として大きな意味を持ったのである。エリート学者でなくとも、植民地において実践的な調査活動に身を捧げることによって、社会的地位と知識人としての名誉を得ることができることを青少年に教えていたのである。

このように、ドラポルトの生涯は一九世紀後半のフランスの軍人兼考古学探検家の一つの典型と理想を伝えている。彼の活動と思想を追うことによって、西欧人が再発見したばかりのアンコール遺跡をどのように踏査し、それがいかにして西欧へと伝えられてゆくのか、その実態を明らかにしてゆこう。そして、二〇世紀が継承したものと捨て去ったものを正確に見定めたい。

冒険譚としての遺物搬送

一八六二年にアンナン（現在のベトナム北部）との間で成立した条約により、フランスはコーチシナ（ベトナム南部）に東アジア進出の足場を得て、翌年の一八六三年八月にカンボジアと保護条約を結ぶ。そして一八八四年にはフランス＝カンボジア協約を締結し、カンボジアを保護国とすることに成功する。形式的には国王を代表者とする国家としてカンボジア王国を認めつつも、政務権や財務権などの実権をフランス当局が握るという実質的な植民地支配が成立するのである。

一八六三年の保護条約の締結を成功させたのが先述のドゥ・ラグレ海軍大尉であり、この条約のもと、彼はカンボジア国王ノロドムの了解を得て、六六年のメコン河流域調査を行なったのであった。北上して中国との通商ルートの可能性を探るというこの調査はいうまでもなく純粋に学術的な調査ではなかった。しかし、この調査に参加したドラポルトという一人の若者によって、アンコール遺跡の考古学は大きな一歩を踏み出すことになってゆく。[*8]

一八四二年生まれのルイ・ドラポルトはこのとき二三歳。既に海軍士官学生として一八六〇年よりメキシコや南洋のマルティニック諸島を訪れ、海外のフランス植民地を転々とする海軍兵のキャリアを開始していた。[*9] 一八六三年には海軍少尉に昇進してシャム（現在のタイ）に配属された彼は、六六年のドゥ・ラグレの調査メンバーに抜擢され、アンコール遺跡に魅せられるわけである。この体験が彼のその後の人生を決定づけることになるのだが、もともと彼は芸術愛好心が強く、少年期よりデッサンを愛好し（旅の途上で多数のデッサンを行なっている）、ヴァイオリンも演奏していた（彼はラオスの音楽を初めて記録した西欧人とされる）。マルティニック諸島での任務の際には、後の画家ポール・ゴーギャンのように、その風景と風俗に強いエグゾティスムを感じていた。こうした芸術的感性が彼をアンコール遺跡に必然的に導いていったといってよいかもしれない。

ドラポルトとアンコール遺跡との初めての邂逅をもたらしたドゥ・ラグレの調査は、しかし、この隊長の不慮の死（一八六八年三月）によって中断され、一行はすぐさまフランスへ戻ることを余儀なくされる。ガルニエの調査報告によれば、「（インドシナ北部の）伝承を多数収集し、主要な遺跡の位置から旧カンボジアの領土を定める」ことに成功するとともに、カンボジアの碑刻の拓本を幾つかフランスへと持ち帰ったというが、遺跡の美の虜となったドラポルトにとってはこれではまったく不満であった。そして、彼はアンコール遺跡の遺物や美術品をなんとかしてフランスへと持ち帰りたいという思いを募らせてゆく。

フランスに帰国したドラポルトは一八六九年五月に中尉に昇進し、翌年の普仏戦争に従軍する。戦後の一八七二年（三〇歳）にはレジオン・ドヌール・オフィシエ級勲章を得た。そして、彼は一八七三年に今度は自ら隊長となり、再びインドシナを目指す。彼の主要な任務は、中国雲南省を発しベトナム北東部へと注ぎ込むソンコイ河（紅河）を遡って中国との通商ルートを探る調査であった。しかし、この目的はドラポルトにとっては建前にすぎなかった。先の調査で魅せられたアンコール遺跡の踏査こそ真の目的であった。かくして、ドラポルトはあろうことか主要任務のソンコイ河調査に着手する前に、アンコール踏査を優先させる。構成員は、水路測量技師のブイエ、文民技術者のラット、そして、美術館代表者のジュリアン、これにサイゴン到着後、現地で活動をしていた海軍医のアルマンと「芸術とメティエ」博物館の技師ファローが加わった。この考古学踏査は実質的には一八七三年七月から一〇月にかけてのわずか三ヵ月間だが、その限られた時間の中でドラポルトは、約七〇点、一二〇箱に及ぶ遺物資料を遺跡から持ち出すことに成功している。最初から遺物の持ち出しこそが彼の目的であったことがうかがわれるだろう。彼がいかに調査を遂行し、遺物持ち出しを行なったのかを詳しく見てゆこう。

この調査の内容は一八八〇年に刊行されたドラポルトの著作『カンボジア旅行』に詳細に報告されている。カンボジアの風物や文物、遺跡の紹介と考察がこの本の主要部分であるが、そうした記述に加えて、遺物持ち出しの顚末もかなり詳しく書かれている。ある種の宝探しの冒険譚としてこの書を読むこともできるくらいである。

ドラポルト一行が植民地視察を行なう小型砲艦ラ・ジャヴェリーヌに同乗してサイゴンからカンボジアに向かったのは、一八七三年七月二三日のことである。カンボジアに到着するや否や、彼は早々にカンボジア国王ノロドムとの会見を果たし、以下のような言葉で遺物収集の協力を要請している。（以下、本節のドラポルトの引用文は主に『カンボジア旅行』の記述による）

「我が〔フランス〕政府は、豊かな〔クメールの〕芸術的所産を手に入れる許可を請いにやって来ました。我々はその美的価値を認めております。交換としてフランスの美術品を贈呈いたします[*10]」

後述するように、当時、「我々」フランス人がみなクメールの美術品を高く評価していたかは甚だ疑わしい。まだ評価されていないクメール美術品をいち早くヨーロッパに持ち帰り、公衆にその美的価値を知らしめ、あわよくば紹介者としての第一人者の地位を得たいと彼が思っていたというのが正確なところだろう。この目的のために、ドラポルトはフランスからヨーロッパの美術品を持参し、カンボジア国王に献上した。その引き換えとしてクメールの遺物を持ち帰るという交渉を行なったのだった。

フランス古文書館の資料によれば、フランスからの贈呈品リストには、「レンブラント、ルーベンス、ファン・アイクの複製版画」十数点、フランソワ・ジェラールの《アモールとプシュケ》とニコラ・プッサンの《バッカナーレ》の複製画が挙がっている[*11]。アンコール遺跡の遺物や美術品との交換品として複製版画と複製油彩画しか用意していないというのは、余りにも不当な取引のように思えるが、これはドラポルトをはじめとするフランス側の横暴というよりも、それだけ当時はまだフランス人がクメール美術の美的価値を認めていなかった証拠だろう。この美術品交換の交渉はドラポルトの個人

図6　《プリヤ・カンでの彫刻の積み込み》，ドラポルト著『カンボジア旅行』（1880）挿図．

的判断でなされたわけではない。調査に赴く前にドラポルトは、遺跡調査のための補助金の一部を、当時シャルル・ブランが総監を務めていた美術省から得ており、交換品も行政レベルで決定されていた[*12]。アンコールの遺物をフランスに持ち帰ることは、国家公認の任務でもあったわけである。ドラポルトがいかにクメールの美術品を評価していようとも、美術省の高官や役人にその評価が共有されていたわけではない。見たこともないアジアの遺物の交換条件としては、西欧の複製絵画で十分という意識であったのだろう。

さて、一八八〇年の著作においてドラポルトは、美術省から得た補助金を「モニュメントを探し出して発掘し、重い荷物を移動する」ために使用したと記している[*13]。随分と回りくどい説明だが、「重い荷物を移動する」とは、この記述のすぐ隣に添えられた《プリヤ・カンでの彫刻の積み込み》と題された挿絵（図6）を見れば何を意味するのか一目瞭然である。発掘した彫像類の移動に他ならない。ミランダなる署名が入ったこの挿絵にはプリヤ・カン遺跡から搬出されようとしている三体の彫像と柱頭彫刻が描き込まれている。画面左の木陰に描かれたナーガ上の仏陀は、フランスに持ち帰ったオリジナル彫像として同じ著書で紹介されるものにほかならない（図7）。

　いうまでもなく、こうした大規模な遺物の持ち出しは今日では到底許されない暴挙だが、大英博物館やルーヴル美術館が所有する巨大な古代エジプトや古代ギリシャの遺物を思い出すまでもなく、ヨーロッパ列強国は一八世紀から一九世紀にかけて、諸外国の考古学的遺物を大量に自国へと持ち帰り、現在の美術館コレクションの基盤を形成した。こうした行為は一九世紀後半から二〇世紀前半の帝国主義時代にも継続的に行なわれ、一九二〇年代までは欧米列強が競い合うようにエジプトから中国に及ぶ広大な「オリエント」から大規模な遺物移動を行なっていた。ドラポルトの大胆不敵な行為も、誤解を恐れずにいえば、こうした西欧の伝統の中にあり、それゆえ彼にはその行為がアジアの文化遺産の喪失につながるという罪意識は微塵もなかった。それどころか、数々の障害に直面しながら遺物を移送した自身の苦労を、英雄の冒険譚よろしく堂々と語ってみせる。人目も憚らぬ文化財流出が英雄譚として語られるということの凄さに、一九世紀後半期の考古学の現実の一端を想像してみる必要があるだろう。遺物移動の顛末をより詳しく追ってみよう。

図7　《プリヤ・カンの崩れた回廊から出土した彫像》,
ドラポルト著『カンボジア旅行』挿図.

国王との交渉を終えたドラポルトはプノンペンから西に位置するアンコール遺跡へと歩みを進め、まず、アンコールの東一二〇キロメートルほどの位置にある巨大遺跡プリヤ・カン・コンポンスヴェイ（大プリヤ・カン）、コー・ケー、ベン・メリアなどの寺院を踏査している。そして、特に最初に訪れたプリヤ・カン・コンポンスヴェイにおいて多数のオリジナル彫像を入手することに成功した（現在ギメ美術館所蔵の作品MG一八一〇七〜一八一〇九、一八一四〇、一八一九七）。これらの遺跡は今日もなお十分に調査が行き届いていない状態にあるが、ドラポルトの時代はさらに激しく寺院や祠堂が崩れ落ちた状態にあったようである。瓦礫の中に埋もれた遺物を容易に発見することができたとドラポルトは記している。

「瓦礫をかき分けて道を作りながら歩みを進めてゆくと、次々と仏像の破片が見つかった。損傷は激しいものの美しく、（…）イタリア・ルネサンスの作品と見紛うばかりであった。そして、それほど傷んでいない二つの建造物にようやく出会った。そこには、バラモン教と仏教の小さな三尊像が、出来の良くない彫像やあるいは真に価値ある多数の小像に紛れて、積み重なっていた」[*14]

こうしてドラポルトは比較的破損の少ない彫像を選別して遺跡から持ち出すことができたのであった。遺物の移動は、遺跡周辺の「約一〇〇名のクメール人と野生人」を雇って行なわれたという。[*15]《プリヤ・カンの沼地での古代彫刻の移動》と題する挿画（図8）では、五〇名のクーリーが巨大な一体の彫像を運んでいる。こうした大掛かりな遺物搬送を担当したのは同行のブイエとアルマンであった。ドラポルトは搬出可能な遺物を手に入れるや否や東部の遺跡踏査もそこそこに、新たな獲物を狙

図8　《プリヤ・カンの沼地での古代彫刻の移動》，ドラポルト著『カンボジア旅行』挿図．

う狩人のように、一路、アンコールへと向かった。

アンコールに到着したドラポルトは、アンコール・トムのバイヨン寺院、アンコール・ワット、そしてアンコールのプリヤ・カンを中心に踏査を行なっている。当時もなお仏教寺院として使用されていたアンコール・ワットを除いて、他の遺跡は密林に埋もれていた。バイヨン寺院の全体像を把握するためには「六〇名の原住民が一二日間」生い茂る樹木を伐採し続けねばならなかったという。[16]『カンボジア旅行』一〇一頁の無題の挿画（図9）はその時の様子をイメージにしたものだろう。バイヨン寺院に関しては、宝探しのためだけに障害物除去の作業に時間を費やしたのではなかった。ドラポルトの目的は建造物の全体像を把握し、平面図と復元図を作成することにあった（復元図に関しては後ほど詳細に検討する）。また、アンコール・ワットでは第一回廊の「全長三二メートルに及ぶ五四枚の壁面レリーフ」（『ラーマーヤナ』の戦闘場面）を六週間もかけて鋳型に取る作業を指揮した。[17]パリに帰ってからレプリカを作製し、公衆に見せるためにである。さらに、同じく廃墟然としていたアンコールのプリヤ・カンにおいて、例の巨大参道彫刻の一部を持ち出したはずである。奇妙なことに、そして残念なことに、ドラポルトはこの参道彫刻についての長文の記述とデッサンを残しているにもかかわらず、その発掘作業や鋳型を取る作業には言及していない。[*18] そのため、後述するように、この巨大彫像をめぐっては今日もなお幾つかの疑問点が残っている。

さて、七月に開始された遺跡踏査という名の宝探しも一〇月には打ち切りを余儀なくされる。コーチシナ総督府の要請によって、本来の任務であるソンコイ河踏査に向かわねばならなくなったからである。次から次へと搬送可能な遺物や鋳型をできる限り集めたドラポルトに待っていたのは、移送の困難であった。三ヵ月間に手に入れた大量の遺物と鋳型を、限られた船によって、アンコール遺跡群のあるシエムリアップからプノンペンを経て、サイゴンへ、そしてフランスへと移送せねばならないという難題である。これがいかに困難な作業の連続であったか、ドラポルトは悪びれることなく、次のように得意気に語っている。

図9　ドラポルト著『カンボジア旅行』の無題の挿図.

「〔本来の任務に向かうために〕急いで砲艦ジャヴリーヌ号に戻らねばならなかった私は、この砲艦に我が調査隊が収集した古美術品のほんの一部を積み込むことができたにすぎなかった。残りは数艘の小船に載せて曳航せねばならなかった。不幸なことに、湖を横切る強風を受けて一艘の小船が転覆し、積荷も失われてしまった。また、他にも小船にさえ載せることができず置き去りにされた彫像もあった」[19]

運び出した彫像類が湖に沈むというスキャンダルをこともなげに語ってみせるドラポルトにいかなる罪意識もない。沈んだ彫像は、後日、「〔ジャン・〕ムラ氏の尽力によって、沈んだ沼地から回収されて」、フランスへと渡ったという。川岸や湖岸に置き去りにされた彫像類は、再び計画された一八八二年の踏査によって回収されることとなろう。

また、大プリヤ・カンの遺物搬出に関しては、次のような報告がなされている。

「初期調査において収集したプリヤ・カンの考古学遺物の積荷の一部に関しては、逗留の期間が短く、そのまま置き去りにせねばならなかったが、技師のペノー氏の指揮によって、後日、困難で危険な急流を下らせることに成功した。これらの遺物の包みは、筏を先導した迷信を信じる現地の野生人によって一時は放棄されたが、クメール人の仲介のおかげで、無事、スタング村に到着した。そこで湖へと向かう船に積荷を移し、その後、〔エティエンヌ・〕エモニエ氏が蒸気船によってプノンペンまで移送した」[20]

プリヤ・カンの遺物搬出については《フランスへ持ち込んだ彫像群のプリヤ・カンからの急流の移送》（図10）と題する挿絵がある。[21] 画面右下の巨大なドラゴンのごときワニは冒険譚の英雄性を高める演出だろうが、彫像を積載しての筏の急流下りは危険極まりなく、文化財保護の観点からは到底容認できる行為ではない。一点でも多くの彫像をフランスへ持ち帰ろうと願ったドラポルトは「美術品の質よりも移送可能か否かを優先」し、遺物を危険な旅の道連れとしたのだった。

ところで、こうした引用文からわかるように、遺物移送にはドラポルトだけではなく、現地の植民地官吏でドラポルトとは別にクメールの碑文調査を行なっていたエティエンヌ・エモニエやジャン・ムラが関わっており、フランス当局による組織的な作業であったことがわかる。加えて引用文には、クーリーとして働いた「現地の野生人」に何度も言及されている。挿絵に黒い肌で描かれる人物たちで、ベトナム、ラオス、カンボジア各地で生活する少数部族の原住民だが、彼らと「クメール人」とを区別している点もここで注目に値するだろう。

図10 《フランスへ持ち込んだ彫像群のプリヤ・カンからの急流の移送》，ドラポルト著『カンボジア旅行』挿図．

こうして遺物はまずプノンペンに移され、サイゴンへと渡り、そして最終的にフランスのパリへと至った。後日、パリへ戻ったドラポルトは、到着した遺物の荷解きを行なうが、その時の様子をこう記している。

「〔移送した〕鋳型についても、復元作業は困難を極め、また悪天候や移送時の衝撃によって完全なかたちで持ち込むことが困難であり、オリジナルの繊細さを完全に伝えるものではなかった[*22]」

この一節で触れられるのは現地で採取された鋳型についてであるが、移送の「衝撃によって完全なかたちで持ち込むことが困難」であったと報告されている事実を無視するわけにはいかない。カンボジアでの急流移送や悪天候のみならず、サイゴンからフランスへの輸送時の「衝撃」によって、遺物が無数の傷を負う危険性があった。あたかも命を賭ける冒険譚として語られるドラポルトの物語において、最大の危険に曝されたのは移送された考古学的遺物や古美術品なのであり、人的被害によって失われた遺物もあったであろうことを我々は忘れてはならない。

ドラポルトの遺物移送は単にカンボジアの文化財の流出に関して問題をはらむだけではなく、文化財の保護の観点からも大いに疑義を呈すべき行為であった。だが、彼にも文化財保護の思想が少なからずあったことだけはここで指摘しておこう。遺跡からの遺物持ち出しの言い訳をするかのように、彼は遺跡修復と保存の必要性を主張している。

「崩壊しているとはいえインドシナの寺院郡の研究はまだ可能である。だが、早急に研究を開始せねばならない。建造物の崩壊(破壊)は、おそらくシャムの侵入を受けた最初の時代に始まったと思われるが、その時代以降も厳しい気候や繁茂する植物に脅かされ、着実に崩壊が進行している。(…)それでもなお、幾つかの建造物の全体であれ、部分であれ、まずはそれほど崩壊していない建造物、特に重要で、しかも住民たちの住居からそれほど遠くないものを選択し、保全することは可能であると思われる。我々が庇護するノロドム国王は、間違いなく、進んでこのような作業に協力することであろう[*23]」

しかし、ドラポルトが続けて述べるように、当時、「もっとも重要で現在もなお比較的保存が行き届いている廃墟群はシャムの領土に」あった。それゆえ、カンボジア国王に対してなしたように、遺跡調査の協力を求める交渉をシャムの「バンコク政府」に対しても行ない、早急に保全作業に乗り出さねばならないと彼は提言している。この交渉が実を結ぶのは、ドラポルトの主張から約三〇年後の一九〇七年のことで、アンコール遺跡群の本格的な保全作業が開始されるのはこの年を待たねばならなかった。

むろん、ドラポルトの遺跡保存の必要性の主張は、純粋に学術的なレベルでなされたものではない。彼の考え方が植民地支配を正当化する当時の植民者の意識とも深く結び付いていたことを指摘しておかねばならない。のちのフランス極東学院の創設時に明確となる植民地における考古学の政治性については次章で詳しく検討するが、ドラポルトもまた廃墟と化したアンコール遺跡と植民地の荒廃を結び付け、植民地考古学の正当性を主張していることをここで確認しておきたい。遺跡保存の必要性を訴えたあと、彼は、次のように続けている。

「〔アンコール地方の住民は〕不幸にも大部分の偉大な廃墟をなすがままに放置するしかなく、廃墟は近づくことすら難しいものとなり、崩れ落ちた残骸は獰猛な蛇や無数の猛獣の格好の棲家となってしまった。もはや文字通り瓦礫の山にすぎなくなったこれらの建造物を前にして行なうべき最良の救済策は、そこで偶然に発見できた無傷の数少ない断片をできるかぎり採集することである。かくして、我々は、与えられた使命（ミッション）の中で、瓦礫から多数のオリジナル作品を回収し、今日（一八八〇年）、〔フランスの〕クメール美術館に展示したのである」[*24]

当時その地を統治していたシャムの国王が遺跡を保存しない以上、新たな保護者（植民者）となったフランスが遺跡を保護するしかない。ドラポルトはこう訴え、遺跡から遺物を持ち出し、フランスへ移送することも、遺跡保全の一環であると正当化したのであった。

ドラポルトのクメール美術観

アンコールの遺物をパリへと移送したドラポルトには、その美的価値についての確信があった。今日でこそ世界文化遺産として名高いアンコール遺跡群の美的価値に異義を唱える者などいないだろうが、当時は違った。たとえば一九〇一年にアンコール遺跡を訪れたピエール・ロティはバイヨン寺院の塔を「ずんぐりとした巨大な松笠」に喩え、有名な四面塔の尊顔が湛える笑みを「中国の怪物の不敵な笑いよりも不安を与える」と評した。[*25] ヨーロッパ文化とはまったく異質の、しかも廃墟と化して全体像の把握もままならない遺跡とその遺物に対して、ためらうことなく高い美的価値を与えたドラポルトの評価はきわめて例外的なものであった。

ドラポルトは初めてこの遺跡を訪れた時、その美を直感的に感じ取ったようである。最初の踏査から一六年後の著作に書かれた記述を鵜呑みにはできないだろうが、彼は次のように語っている。

「奇妙なこれらの廃墟を目撃し、私もまた本当に衝撃を受けた。私はしかし、これらの建造物の大胆な荘厳さよりは、全体の完全なるハーモニーに感銘を受けずにはいなかった。インドと中国の混合によって生まれたクメール美術は、極東のアテネ人と称すべき芸術家たちによって洗練、昇華され、（…）広大なアジアにおいて、最も美しい人間的な表現となった。（…）一言でいえば、これは〔ギリシャとは異なる〕もう一つの美のかたちなのだ[*26]」

彼以前にアンコール遺跡を実見したアンリ・ムオが、その建造者を「オリエントのミケランジェロ」と喩えたのに対し、ドラポルトは古典芸術を創出した古代ギリシャの「アテネ人」と呼んだ。さらに続けて、彼は古代エジプトやアッシリアの美術も引き合いに出す。

「これほどまでに長きにわたって無視されてきた偉大な芸術的建造物を前に、私はこれをヨーロッパに知らせたいという欲望を禁じえなかった。古代クメールのコレクションによって、我が国の美術館を豊かにしたいと感じずにはおれなかったのである。その占めるべき位置は、エジプトやアッシリアの古代美術に匹敵する」

クメール美術の中に、彼は西欧美術の起源となった古代美術に匹敵する美的価値を認めたのだった（正確な建造年代を把握していなかったドラポルトは、歴史的価値については言及していない）。既に一九世紀後半期には、古代エジプトと古代ギリシャの美術が考古学と美術史研究の核となっており、クメール美術が研究に値する美的価値を有することを説明するために、これらの美術が比較に持ち出されたとしても不思議ではない。彼に言わせるなら、古代ギリシャ美術のように、アンコールの遺物もまた西欧の知識人の研究対象となるにふさわしい美術であり、「我が国の美術館」すなわちルーヴル美術館に古代美術とともに展示すべき美術なのであった。

ドラポルトはクメール美術の「美」を語るにあたって西欧の古代美術を比較に持ち出したが、一般的によく比較の対象とされていた近隣のインドやインドネシアの美術を知らなかったわけではない。クメール彫刻の「美術史的」分析を試みた『カンボジア旅行』の第一〇章において、ドラポルトは次のように記している。

「我々はこの章で、古代カンボジアの建造物とインドのあらゆる時代の寺院やジャワの寺院との数々の類似点について語るつもりはない(…)。いかに類似していようとも、クメールの建造物は、既にご覧いただいたように、極東のいかなる国の美術とも比べようもないほど優れているからである[*27]」

クメール美術がインドやジャワの美術よりも優れているとの主張には、美的評価とは別の意味が透けて見える。別の箇所でドラポルトはこうも書いている。

「過去の輝かしい記憶を豊富に有するインドシナの統治者たる我々〔フランス人〕は、この国〔カンボジア〕において、ジャワにおけるオランダ人、そしてインドにおけるイギリス人たちと同じような学術的役割を果たすために召還されたのだ[*28]」

当時、インドの遺跡は大英帝国によって、インドネシアはオランダによって発掘調査されていた。クメール美術こそ極東随一の優品であり、これに匹敵するのは西欧の古代美術をおいて他にはないと訴えることによって、カンボジアを保護国とし、アンコールの独占的な調査を行なうことのできるフランスの特権性を強調したいわけである。ドラポルトには明らかにイギリスやオランダの考古学への対抗意識があった。特権意識と対抗心は、二〇世紀のフランス人考古学者たちに引き継がれてゆくこととなろう。

こうしてドラポルトはアンコール遺跡から出たクメール美術を非常に高く評価した。大胆にも、「クメール美術はインド美術を凌駕すると同時にカンボジアを地理的中心とするこれらの地域の芸術を要約する」とさえ述べる。[*29] そして彼は、「フランスにおいて、やがてクメールのコレクションを軸として、極東のあらゆる考古学的モニュメント」が集められることになるだろうと予言するのである。後の歴史を考える上でとても興味深く記憶しておくべき含蓄ある言葉である。本書第三章で詳述するように、この予言は的中し、フランスにおいてはクメール美術を極東の軸とする独特の東アジア美術史構想が練り上げられてゆく。そして、一九二〇年代に至って構想が現実のものとなり、ギメ美術館に視覚化されることとなる。その延長線上に序章で紹介した正面玄関にクメール美術を設置する今日のギメ美術館がある。

クメール美術の優秀性を説いたドラポルトの美学的かつ美術史的根拠についてもう少し具体的に検討しておこう。

クメール美術を称賛する彼のキーワードは「全体の調和（アンサンブル、ハーモニー）」である。たとえ

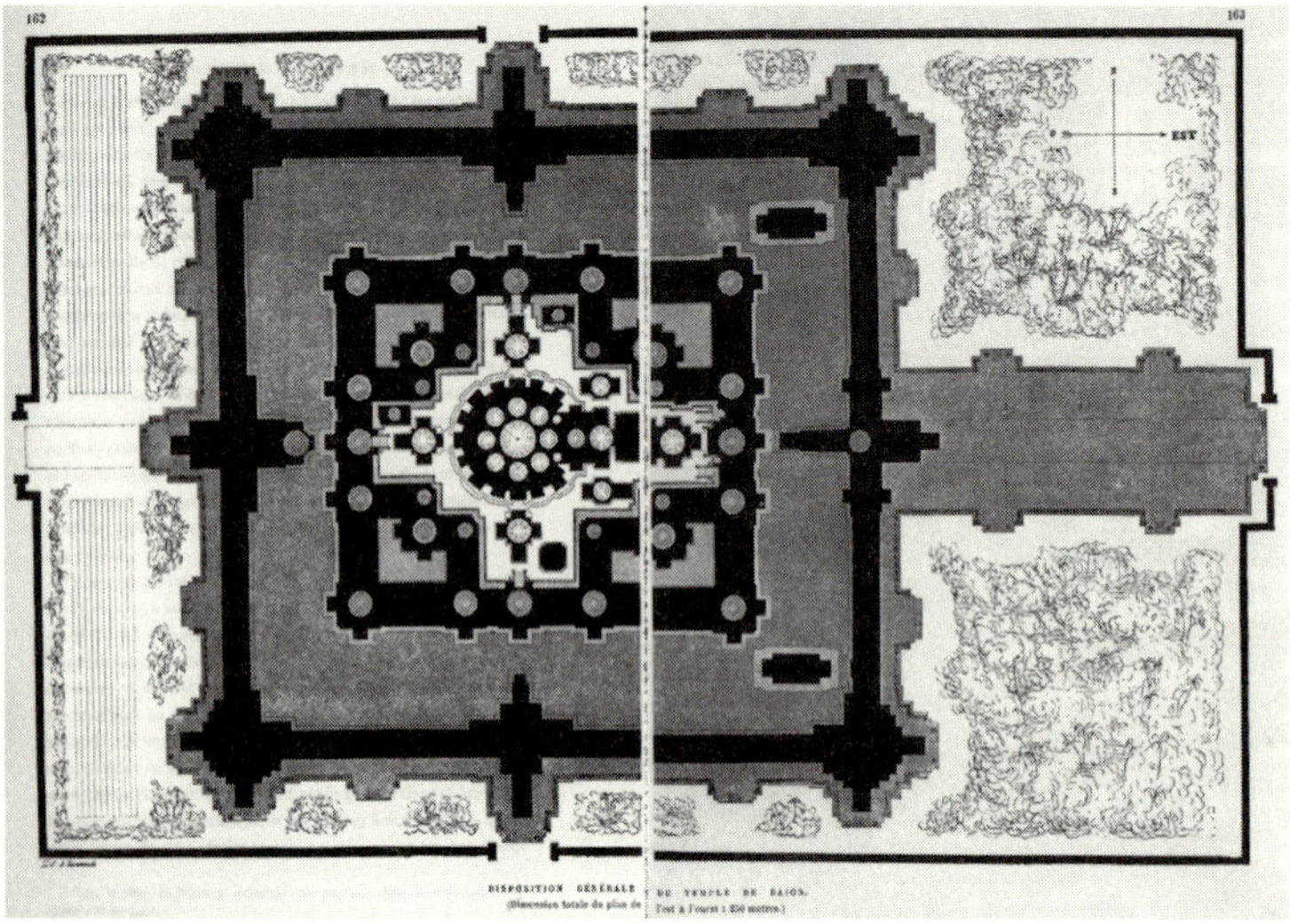

図11 《バイヨン寺院の平面図》，ドラポルト著『カンボジア旅行』挿図．

ば、アンコールの建造物は何よりも「調和」において抜きん出ている。対照的にインドの建造物は「空想的(ファンタスティック)」で、「統一性」を欠いていると彼は診断する[*30]。この評価に、統一性や調和や合理性を批評規準とする古典主義的でアカデミックな美術観を読み取ってよいだろう。ドラポルトはエグゾティックな珍奇な美的遺物としてではなく、美の王道を行く古典的美術としてクメール美術を評価したのである。それがゆえに、古代ギリシャの美術に匹敵すると主張したのである。ピエール・ロティがバイヨン寺院に不気味さを感じ取ったように、廃墟化した当時のアンコールの建造物は、カオスに満ちたそれこそ空想的で神秘的な感覚を観る者に与えていたのであり、ドラポルトはあえてその対極にある「調和」という概念を持ち出したものと想像される。そして、それが異例の主張であったがゆえに、彼は、廃墟然とした不気味な外見とは対照的な幾何学的統制のとれた平面図や復元図を作成し、自身の著作物に多数収録した。たとえば、《バイヨン寺院の平面図》(図11)を見てみよう。鉱物の結晶

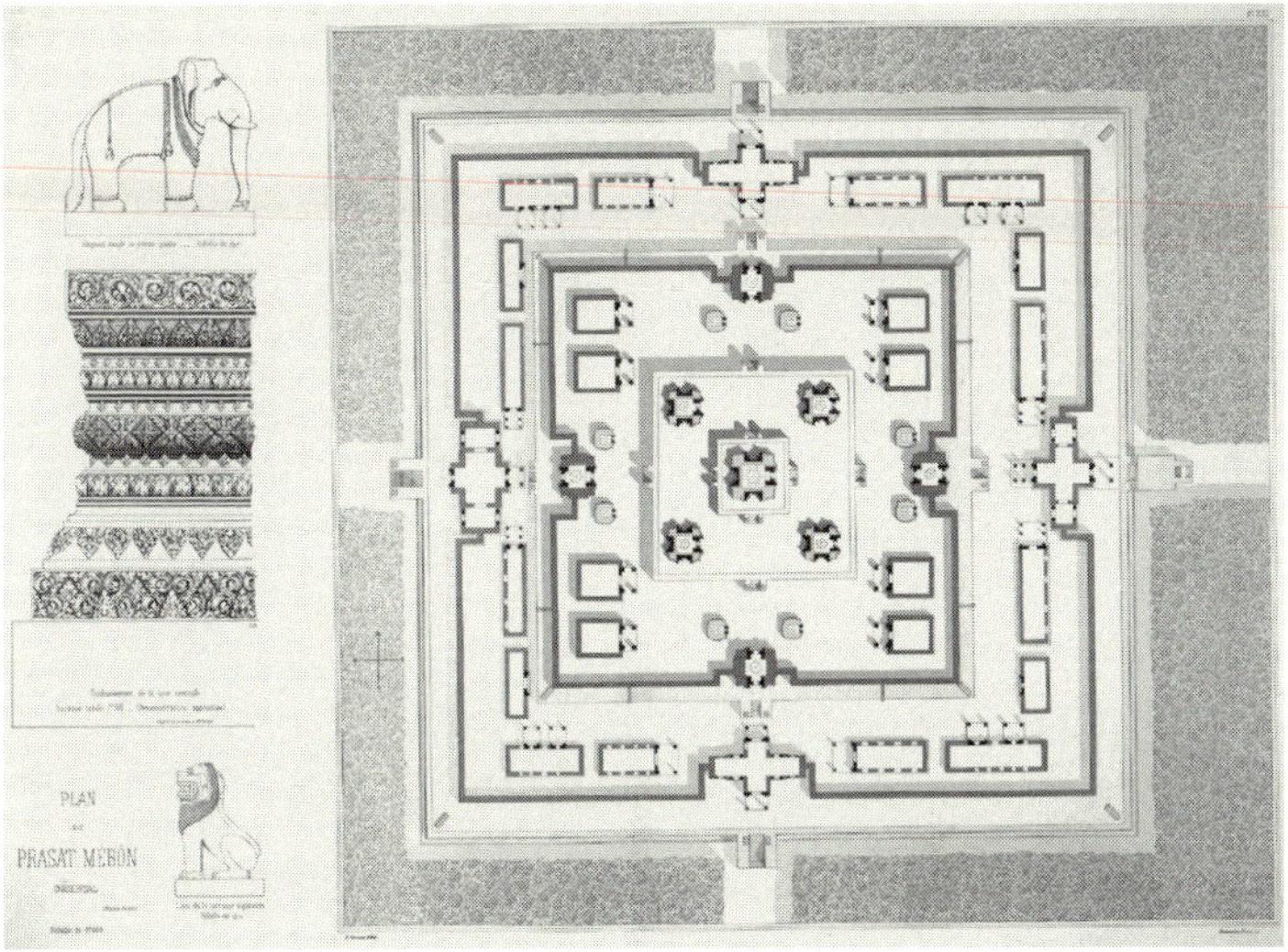
図12　《メボンの平面図》，ドラポルト著『カンボジアの建造物　第1巻』（1914）挿図．

を思わせる美しい平面図で、ドラポルトの主張する建造物の「調和」を表現して余りあるものとなっている。密林と土砂に埋もれた当時のバイヨンでドラポルトが考古学的に正確な測量をしたのかどうか疑わしい。ここには復元図と同様に彼の想像が介入しているだろう。より正確さを期した彼の晩年の著作においても、《メボンの平面図》（図12）に典型的になっているように、繊細な線と彩色によって、さらにいっそう美しい平面図が作製されている。もはや一個の芸術作品と呼ぶにふさわしい出来である。

さて、ドラポルトはこのように平面図を製作して「神々の台座」となる建造物の構造に「調和」を見出したわけだが、この矩形の構造に関して面白いことを言っている。彼は平面図を示しながら、ここにエジプトのピラミッドと類似した構造を見出すのである。そして、「クメール建築の起源」について考察を重ねながら、多様な彫刻的要素を一つの構造体として提示する「ピラミッド」構造の建造物が、エジプトを起源として、カルデア（古代バビロニアの地方）、セイロン、ジャワ、そしてインドシナへと伝播した可能性があるというのである。[*31] さらに中南米のマヤやペルーにも同じ構造の建造物があると注記する。

ほぼ同じ頃、日本の建築史家や美術史家も法隆寺のエンタシスの起源を古代ギリシャの神殿に求めようとしていたが、[*32] 同様の誇大妄想的な普遍的美術史観をドラポルトもまた共有していた。

エジプトからの影響を示唆しながらも、ドラポルトは奇妙なことに近隣の大国であるインドからの影響は重視しなかった。歴史的な問題よりも、美的価値を優先する彼はインド美術との影響関係について、次のように述べている。

「インドの芸術は、〔クメール人にとって、〕出発点でしかなかった。下絵を手に入れて巧みに自己のものとした彼らは、彼ら固有の趣味と独創性によって、芸術作品に仕立て上げたのである[*33]」

こうした語り口は、ほぼ同時期に日本美術を評価したフランスの日本美術愛好者たちの論法に非常によく似ている。中国の影響を受けつつも、日本の美術は独特の発展を遂げて、固有の優美さに到達したと評価されていた。

よく知られるように、ドラポルトが『カンボジア旅行』を公刊した頃、すなわち一八八〇年代のパリはジャポニスムの渦中にあり、日本美術こそが極東アジアにおける最も優美で調和ある美術であるとする言説も現れはじめていた。一八九〇年には、古代ギリシャの専門家エドモン・ポティエが「ギリシャと日本」と題する論文を発表し、日本美術と古代ギリシャ美術の比較検討もなされている。[*34] フランスにおいてこの観点が修正され、日本美術に影響を与えた中国古美術の地位が復権するのは二〇世紀初頭のことである。残念ながら、クメール美術こそ極東の最高の芸術だと主張したドラポルトは、パリで注目を集めていた日本美術についてはいっさい言及しておらず、彼の日本美術観はわからない。

パリにおける初めてのクメール美術展示

日本美術を愛好する当時のジャポニスムには全く関与しなかったドラポルトであるが、しかし、一八七〇年代に東アジアの考古学的踏査を行ない、カンボジアの古美術品をフランスへ持ち帰った彼に、ほぼ同時期に中国や日本を訪れて美術品を蒐集したエミール・ギメ（一八七六年）やアンリ・チェルヌスキとテオドール・デュレ（一八七〇年）への対抗意識がなかったとはいえないだろう。

単なる偶然か、あるいは必然か、ドラポルトとギメは、パリで開催された同じ一八七八年の万国博覧会において、ともに極東で入手した古美術品を一般に公開することとなった。場所は万博のために建立されたトロカデロ宮内の「古代美術と非西欧の民族誌的美術」ギャラリーである。初めてパリの公衆の前に現れたクメール彫刻（図26を参照のこと）は、エミール・ギメが蒐集した「インド・中国・日本のコレクション」と並んで展示されたのである。その意味で、ドラポルトによるクメールの遺物移送は、一八世紀以来のオリエント探検史の一頁としてとともに、一九世紀の東方趣味の延長線上に生起したジャポニスムとも連動した歴史的事件として記憶されるべきものであった。

ジャポニスム研究によってつとに知られるように、日本を訪れたギメは主に仏像や仏画などの宗教的遺物を蒐集した。一八七八年の万博展示会場の写真（『ル・モンド・イリュストレ』誌、一八七八年一一月一〇

図13　1878年のパリ万国博覧会における日本美術の展示風景,『ル・モンド・イリュストレ』誌，1878年11月10日.

日、図13）は、彼のコレクションの内容をよく示している。[*35] エグゾティックな植物とともに並べられるのは小ぶりの仏像や仏具である。壁には旅に同行した画家フェリクス・レガメーによる日本風俗を描いた油絵が掛かっている。

序章で紹介したように、今日、ギメが蒐集した日本の美術の大部分は展示されることなく収蔵庫に眠り、対照的にドラポルトのクメール美術コレクションは美術館の顔というべき一階正面口を飾っている。しかし、一八七八年の万国博覧会では事態は大いに異なっていた。この万博には、ギメの蒐集品に加えて、公式参加した日本政府からの出品もあった。会場の「諸国民通り」には日本パヴィリヨンが、トロカデロには日本の民家も建てられ、陶磁器や漆器を中心とする工芸品も多数紹介された。パリの日本ブームが顕在化し始めた時期であった。公衆の注目度という点では、ドラポルトのクメール美術よりも、ギメの日本美術のほうが勝っていた。[*36]

折からのジャポニスムを追い風として、エミール・

ギメは、翌年の一八七九年に故郷のリヨンにギメ美術館をオープンさせている。一方、ドラポルトは、一八七二年の踏査を終えて、パリにアンコールの遺物を持ち込んだものの、念願であったルーヴル美術館に展示することは果たせず、クメール美術の美的価値をヨーロッパ人に認めさせるという彼の計画にも暗雲が立ち込めていた。

ここで、クメール美術がパリで初めて展示されるに至る経緯を詳しく追ってみよう。

長い船旅を終えてドラポルトの「戦利品」がパリに運び込まれたのは一八七三年のことだが、アンコールの遺物は必ずしもパリに歓迎されたわけではなかった。貴重な遺物の入った積荷は荷解きされることなく、まず、ルーヴル美術館に持ち込まれた。しかし、ドラポルトの証言によれば、「当時、ルーヴル宮には、この重要なコレクションを展示するための十分に広い展示スペースがなかった」[*37]。彼はこう表現しているがどうだろう。遥か遠方の極東から運び込まれた再発見されたばかりの考古学的遺物を、ルーヴル美術館は迎え入れる心づもりがあっただろうか[*38]。結局、展示はかなわず、「多様な遺物を梱包した奇妙な形の箱が一二〇余り、エジプトの古美術品展示室に隣接する通路に一ヵ月以上も」積み上げられた状態のままになった。ドラポルトはルーヴル美術館での展示という夢を断念せねばならなかった。さらに彼は一時的な保管場所を探し求めて「産業宮にもシャンゼリゼ宮にも要請したが、そこにも場所はなかった」。ドラポルトの落胆はいかほどであったろう。やむを得ず、彼は、ゴール地点であったはずのパリから再び遺物を郊外へと移動させねばならなかった。とりあえず、パリから北へ五〇キロメートルほどに位置するコンピエーニュ城に展示することが可能となったからである。

一八世紀にルイ一五世の別荘として建設されたコンピエーニュ城は、一八七〇年までの第二帝政下

図14　コンピエーニュ城クメール美術館の展示風景，エミール・ソルディ著『知られざる芸術，トロカデロの新美術館』（1881）挿図．

にナポレオン三世の居城となっていたが、主人を失ってからは利用されずにいた。そこには巨大な彫像の展示にうってつけの広大な空間があった。それがドラポルトに割り当てられたのである（今日も、美術館として使用されている）。こうして七〇点のオリジナル彫刻やアンコール・ワットで採取した四〇点の鋳型、そのほか、水彩デッサンや写真資料が一堂に展示されることとなった。アンコール遺跡の遺物は、パリ郊外に一応の棲家を得て、「クメール美術館」の名のもとに一八七四年に一般に公開されたのであった[*39]（図14）。

しかし、時代はまだ得体の知れないアジアの神像を見るためだけにパリ郊外まで足を運ぼうという空気にはなかった。ドラポルトの思いは一般の公衆までは届いてはいなかった。クメール美術がパリの美術愛好家の関心を引き、それがブームとなるのは一九二〇年代を待たねばならない（この現象じたいがアンコール考古学の発展と軌を一にしている）。公衆の無関心についてドラポルトは次のような報告を残している。遺物がコンピエーニュに到着し、初めて荷解きが行なわれた時のことである。

「我々はようやく積荷を解き、埃まみれのバラバラの断片を取り出した。断片は一見しただけではどう組み合せたものかわからず、的確に組み上げて理解可能な彫像にする必要があった。このデリケートな修復作業を指揮する私の作業室に最初に訪れた数少ない訪問者たちは、みな、彫像の奇妙で朽ち果てた相貌にまずは驚いた。これまでまったく知識のない、遠方からはるばる来たこの芸術が、偉大な芸術なのか否かと自問しながら、訪問者たちはみな首を傾げていたのである[*40]」

それでもドラポルトは諦めることなく、「研究と美術コレクション展示の中心地であるパリで公開されることになる日が真の意味での公開というべき」だと心に誓い、ルーヴルにクメール美術が展示される日を待ち続けた。そしてその日は比較的早く訪れることとなった。それが一八七八年の万国博覧会である。後ほど詳しく検討するように、一九世紀のアジアの美術品展示に関して、万博が果たした役割はきわめて大きい。

海軍大尉としての任務の傍らではあったが、一八七六年に一年間の休暇を得たドラポルトは、万博展示に向けて、コンピエーニュの美術品の整理と鋳型を利用したレプリカ製作に精力を傾ける。そして万博を迎え、トロカデロ宮の「古代美術と非西欧の民族誌的美術」ギャラリーにクメールの彫像やレプリカの展示を実現したのだった。

万博によってパリでの初公開の夢を果たしたドラポルトは、これを好機と見て展示会場となったトロカデロ宮内に、博覧会後も常設展示を続けることのできる「カンボジア古美術展示室」を確保することを画策し、建物の地下にその場所を手に入れることに成功する。万博終了後の一八七九年、トロカデロ宮は「トロカデロ美術館」の総称のもとに、古代エジプト美術から西欧中世、そしてルネサンスの美術作品（主にレプリカ）を展示する美術館として開館するが、その左翼の「古代歴史美術館」の一隅にクメール美術を設置するスペースを手に入れたのである。[*41] ルーヴル美術館入りという夢は果たせなかったものの、パリ市内での展示という目標は達したのであった。

それでも、大半の美術品はまだコンピエーニュ城に展示されたままであった。すべての美術品を展示するためには展示室の拡張を図らねばならなかった。本章で度々引用している一八八〇年の彼の著書『カンボジア旅行』は、こうした時期に書かれたものである。この著作の出版には、万博を訪れたパリの公衆に向かって、クメール美術の美的価値を説き、展示室の拡張とさらなるコレクションの充実を図ろうとするプロモーション的な目的もあったのである。

ドラポルトの著作はこれまで見てきたように遺物の発見と移送をめぐる冒険譚としてのみならず、パリでの展示を果たした彼の新たなる野望を示す書として読み直すこともできる。平面図や復元図のほかに彼は彫像のデッサンも多数挿絵として掲載しているが、それらは当時はトロカデロ宮のカンボジア展示室とコンピエーニュ城のクメール美術館に展示されていた作品であった。いわば、この書はパリに請来されたクメール美術品の図録でもあったわけだが、そのコレクションを示しながら、ドラポルトはこう語っている。曰く、「クメールの古美術コレクションは端緒についた」にすぎず、「あらゆる種類の標本を網羅」すべく、さらに「新たな探検家たちが新たな宝物を収集」し続けねばならない。万博の機会に便乗してかろうじてパリに展示室を確保したという状況にあったにもかかわらず、彼はさらなるコレクション充実の方針をぶち上げるのである。そしてさらに「フランスとインドシナとの関係が良好になるにつれて、我がクメール美術館は所蔵品の量と質を向上させてゆくことだろう」との希望的観測を書き付けたのだった。[*42] この予測はしかし間違ってはいなかった。

クメール美術館からインドシナ美術館へ

ドラポルトにとって、「展示室の確保と出版の実現はゴールではなかった。ここから彼の第二の人生が始まる。著書を上梓した一八八〇年、彼は決意を新たにして二〇年間勤めた海軍を辞し、請来した美術品の研究と美術館の充実に全精力を注いでゆく。不惑の年齢を間近にした三八歳にして、軍人から文人オリエンタリストへ転身を図るのである。

まず、彼はコレクションの充実のために新たな踏査旅行を計画する。彼にとって三度目となるインドシナ踏査が実行に移されたのは一八八一年一〇月三日から一八八二年二月一五日にかけてのことである。この調査についてここで詳述する必要はない。当時のアジア踏査としては非常に短期間の調査として計画されている。それだけ目的がはっきりしていたということである。すなわち、先の踏査で移送できずに放置した彫刻類や鋳型を回収し、美術館の充実のためにパリへ持ち帰ることだけが目的であった。現在、国立古文書館に残る資料によれば、この調査の目的は、「クメールの古代建造物の芸術的かつ考古学的研究を現地で完遂するとともに、クメール美術館を補完すべき彫刻とモニュメントを現地で収集するため」であった。[*43]

こうして一八八〇年代にもコレクションを増やし続けたドラポルトは、一八八九年にトロカデロ宮内のカンボジア古美術展示室の拡張に成功し、コンピエーニュからすべてのクメール美術品を移動させた。そして、新たに「インドシナ美術館」の名称のもとにコレクションのすべてをパリで公開した。[*44] 奇しくも同じ一八八九年、リヨンに美術館を構えていたエミール・ギメも、パリ進出を図り、イエナ広場に現在のギメ美術館を開館させる。ギメがパリの本拠とした場所は、ドラポルトがインドシナ美術館を手に入れたトロカデロ宮から徒歩で三分もかからない場所であった。

この時から、同じ極東の美術を展示するインドシナ美術館とギメ美術館の複雑な関係が始まる。そして、ドラポルトとギメという創設者が没した後の一九二〇年代には、インドシナ美術館がギメ美術館に吸収合併されることとなる。これについては第四章で検討することとして、ここでは新たなインドシナ美術館でのドラポルトの仕事を詳しく見ておこう。

一八八九年に新たに展示室を増設して開館したトロカデロ宮内のインドシナ美術館は、この年以降、一〇〇点以上のクメールのオリジナル彫刻作品のほか、現地で採取した多数の鋳型と写真資料を展示・収蔵する施設となり、クメール美術の研究の場として本格的に機能し始めた。一九一〇年に刊行された目録には一六二点のクメールのオリジナル彫刻作品が登録されている。[*45]

ドラポルトは、コレクションの充実と展示の整備に積極的に関与した。一八八〇年に海軍を辞した彼はボランティアで、美術館の整備と拡張に従事したのである。一八八九年には「トロカデロ美術館クメール・コレクション学芸員」に任命されているが、無給の肩書きにすぎなかった。[*46]

一八八一〜八二年の三度目のインドシナ踏査によって健康を害したドラポルトは、その後、アンコール遺跡を訪れることはなかった。しかし、継続的にインドシナに派遣される調査団に、彫像や鋳型の提供を求め、美術館の所蔵品を増やし続ける。特筆すべきは一八八七〜八八年のリュシアン・フルヌローによる調査である。当時、コーチシナで建築技師をしていたフルヌローをアンコール遺跡へ向かわせたドラポルトは、一三点のオリジナル彫刻と五二〇点に及ぶ大量の鋳型とデッサン類を美術館のために入手した。さらに、二〇世紀に入っても、インドシナに創設されたフランス極東学院に依頼をし、主に鋳型や写真資料を入手し続けた。後述するように、インドシナ美術館の名にふさわしいコレクションを揃えるために、アンコールの遺物だけではなく、ベトナム中部のチャンパ遺跡の遺物や鋳型も収集するのである。[*47] また、フランスでは一九〇六年と一九二二年に内国植民地博覧会が開催されるが、その博覧会のために移送された彫刻類の一部を博覧会後に入手するなど、あらゆる機会を利用して、コレクションを充実させていったのであった。

ところで、ドラポルトが創設に奔走した美術館は、当時から「クメール美術館」、「カンボジア美術館」、「インドシナ美術館」などと名称が混乱して呼ばれてきた。それゆえ今日の研究書においても名称の混乱が見られる。一つの独立した建物ではなく、トロカデロ宮の一角を占めるだけの施設であったため、固定した名称が浸透しなかったものと想像されるが、本書では、ドラポルトが用いた呼称を尊重し、コンピエーニュ城に一八七三年に開設された施設を「クメール美術館」、万博の翌年の一八七九年からトロカデロ宮内で一般公開された施設を「トロカデロ美術館カンボジア古美術展示室」、展示室を新たに増設した一八八九年以降を「インドシナ美術館」と呼ぶことにする。一八八八年までは、主にドラポルトがカンボジアで手に入れた彫刻や鋳型が収蔵品の中心であったため、「クメール美術館」ないし「カンボジア美術館」と呼んでよいが、一八八九年の増設以降は、クメール美術のみならず、「インドシナ全域の芸術作品」および「オランダ政府から贈呈されたジャワの寺院建築遺物や彫像」も展示されており、その意味でも「インドシナ美術館」と呼んでしかるべきだろう。[*48]

インドシナ美術館のレプリカ展示

さて、ドラポルトのインドシナ美術館には、今日の一般的な美術館とは大きく異なる特徴が一つあった。この美術館にはオリジナルの美術品だけでなく、現地で採取した鋳型をもとにして製作されたレプリカも展示されていた点である。*49 しかも、ドラポルトは美術館のもっとも目立つ重要な場所に巨大なレプリカを展示したのである。バイヨン寺院の四面塔レプリカ（一〇分の一の寸法）（図15）がその一例である。これはいったいどういうことだろうか。

今日、（古代ローマ時代に作られた古代ギリシャの彫像のレプリカや有名画家による模写を除いて）レプリカが美術館に展示されることはほとんどない。オリジナル主義と呼ぶべき思想が現在の美術館を支配している。しかし、一九世紀後半期はそうではなかった。この時期、世界各地に美術館が続々と誕生するが、大抵の美術館は、古代エジプトや古代ギリシャ・ローマの遺物を中心として、レプリカを堂々と展示していた。フランスに限っていえば、二〇世紀半ばまで、古代彫刻のみならず、フランスの中世教会の遺物の原寸大のレプリカも多数製作され続け、重要な美術資料として展示されていた。

インドシナ美術館が設置されたトロカデロ美術館の主要部は先に触れたように古代エジプトから西欧中世、ルネサンスに至る美術作品のレプリカを展示する場となっており、通称「比較彫刻美術館」とも呼ばれていた。中世彫刻室の入口を描いた当時の版画を見れば、比較彫刻美術館の様子を想像することができよう（図16）。ここを訪れれば、たとえば、フランスで最も有名なロマネスク建築の一つヴェズレーの聖マドレーヌ教会のティンパヌムにあるレリーフ《栄光のキリスト》やシャルトル大聖堂のフ

図15　インドシナ美術館のバイヨン寺院四面塔レプリカ，古写真．

図16　トロカデロ比較彫刻美術館入口，『ル・マガザン・ピトレスク』（1883年7月）挿図．

アサードと彫刻群、フランス人なら誰もが知っているランス大聖堂の天使ガブリエルの微笑に出会うことができた。オリジナルしか展示しない現在の美術館では、当然ながらこれほど大規模なフランスの中世遺物を見せることは難しい。一九世紀の公衆は、比較彫刻美術館を訪れ、壮大なスペクタクルに酔いしれたことだろう。また、学生や研究者にとっては、現地を訪れずともレプリカを通していつでも作品に接することのできる最良の研究の場となった。その教育的効果は絶大であった。少なくとも教育的観点からは、こうしたレプリカ美術館の意義を再び見出して再考する必要もあるだろう。

（後記。私がこの文章を執筆していたのは、二〇〇七年の上半期のことだが、まさにその時期にパリの「比較彫刻美術館」の一部が復活した。シャイヨー宮のパッシー翼を占めていた人類博物館が、ケ・ブランリーの新美術館の創設計画（開館は二〇〇六年六月）によって二〇〇四年に閉鎖されたが、その場所が三年のリノヴェーションを経て、「建築・遺産博物館」として開館したのである。二階は二〇世紀のフランスの建築に関する展示に充てられているが、一階はロマネスクからルネサンス時代に至る建築装飾のレプリカ群（一九世紀後半期から二〇世紀前半にかけて制作されたレプリカの再利用）、三階はロマネスクとゴシック時代の壁画のレプリカ（主に一九三〇〜四〇年代に制作）が展示され、ドラポルトが在りし日の一九世紀末の壮大なスペクタクル空間が見事に再生されている。さっそくそのスペクタクルを体験しようとパリに駆けつけた私は想像以上のスケールに酔いしれた。残念ながら再利用されたのはフランスの歴史的建造物のレプリカのみであるが、いつか、ドラポルトが作製したクメールの遺物のレプリカも再び日の目を見る時が来ることを願う[*50]。

それはさておくとして、レプリカ展示が一般化していた一九世紀的な美術館状況を理解した上で、我々はドラポルトのインドシナ美術館の展示状況を考察してみなければならない。インドシナ美術館は、この比較彫刻美術館に隣接していたのであり、観る者は、古代ギリシャや西欧中世の原寸大レプリカ彫刻とまさに「比較」しながら、クメールの彫像を眺めていたのである。ドラポルトは中世フランスの巨大なレプリカと比較されることを前提にして、自らのインドシナ美術館の展示計画を立てねばならなかったはずである。だからこそ、美術館の展示室の中央に、オリジナル彫像ではなく、見栄えのするバイヨン寺院の四面塔レプリカ（図15）を設置したのだろう。また、後ほど詳しく検討するように、先に見た現在のギメ美術館正面入口を飾る巨大なプリヤ・カンの《巨人の参道》もまた、ドラポルトの時代には、ある意味でレプリカといってよいものであった。

インドシナ美術館は一九三〇年代にはギメ美術館と統合し、その後、ドラポルトが作製したレプリカは一時行方不明となるが、一九七三年にラ・ソム県のサン・リキエ修道院の倉庫に保管されていることが確認された[*51]。遺憾ながら著者は未見であるが、一九世紀末期のインドシナ美術館の展示を伝える複数の古写真によって、レプリカがいかなるものであったのかを知ることができる。これらの写真（特に図15）とドラポルトの証言に基づきながら、ドラポルトのレプリカについて考察を深めてゆこう。まず、この写真に収められた四面塔のレプリカは具体的にバイヨン寺院のどの部分のコピーなのであろうか。『カンボジア旅行』（一八八〇）に次のような記述がある。

「一八七八年の万国博覧会において、アンコールの南門の十分の一の寸法のレプリカを見せることができた。（…）この模型は、クメール美術の多様な標本を寄せ集めたもので、調査隊の資料と私が作成した復元図に基づいて、ローマ賞受賞者の彫刻家（エミール・）ソルディ氏が製作したものである。一五七頁をご参照いただきたい[*52]」

図17 《アンコール・トムの門（復元図）》，ドラポルト著『カンボジア旅行』挿図.

この記述によれば、ドラポルトはパリでクメール美術を初めて披露することができた万博において、バイヨンの南門のレプリカを制作したようである。これが写真のレプリカに相当するのだろうか。ドラポルトが参照を指示する一五七頁の挿絵《アンコール・トムの門》（図17）を観察しよう。一見するだけで、印象が随分と異なることに気付くだろう。四面塔はほぼ同じと言えるかもしれないが、門の破風や壁面の装飾がまったく違っている。この引用部でドラポルトが言うように、クメール美術を代表する「多様な標本を寄せ集めた」結果、デッサンとはことなる異種混成的なモニュメントとなったのだろうか。

この著作には、もう一ヵ所、レプリカに言及した記述がある。長い引用になるが、レプリカ制作の必要性に言及した重要な箇所でもあるのでここで検討しておきたい。

「〔クメール建築の〕フリーズや楣《まぐさ》やエンタブラチュアには、きまって魅力的な装飾に包まれた繊細な人物像がはめ込まれ、眩い世界が展開されている。プリヤ・カンやプノン・ボックの遺跡のそうした場所から、我々は少数の彫像と頭部を持ち出したが、(…)しかし、これらの美しい断片に加えて、建築構造を完璧に提示するモニュメントを我々は展示したいと思った。調査の時間と方法に限界があり、完璧を期すことはできなかったが、それでも本書の表紙に示した寺院の門を構成する断片を我々は持ち運んできた。また一七三頁と三二七頁のバイヨン寺院の塔のデッサンや二〇九頁のアンコール・ワットのデッサンに描かれた小建造物の列柱付き玄関口に見られる建築要素を部分的に持ち帰っていた。それゆえクメール建築の本質をなす特徴的な構造全体を再構成することは、それほど困難でも費用を要するわけでもなかった[*53]」

アンコール遺跡にある建造物の美的価値を真に理解するためには、パリに運び込まれた単体の彫像や断片的装飾を見るだけでは不十分であって、建築構造全体と彫像や装飾との関係を知らねばならないという主張はきわめてまっとうである。彫像や装飾を含めたクメールの建造物全体の優秀性を説き、その「全体の調和」を高く評価したドラポルトであってみれば、典型的な建築構造を示すレプリカの製作は不可欠であった。しかしながら、この記述を信じるならば、バイヨン南門のレプリカを作るために、ドラポルトはバイヨン寺院祠堂の塔のみならず、プリヤ・カンで採取した建築材の断片やアンコール・ワットのデッサンも利用したことになる。まさに「多様な標本を寄せ集めた」わけなのだろうが、これでは現実の遺跡にある南門とは似て非なるものとなるのも必然であろう。これはもはや現物に忠実なレプリカというよりは、ドラポルトの空想的産物と言ってよい。

しかし、ここに挙げた二つの引用部だけでは、写真のレプリカを万博の際にドラポルトが作成した南門レプリカと同定することはできない。なぜなら、晩年のドラポルトは、レプリカに関して、幾分異なる証言を残しているからである。一九二三年出版の『カンボジアの建造物』第四巻において、彼はインドシナ美術館の歴史を回想し、こう書いている。

「美術館を代表する展示品として、神の顔を象《かたど》った五〇基余りの四面塔を有するバイヨン寺院の建築物が必要だと考えた。そのためには、巨大な四面塔の一つを建築構造もろとも持ってこなければならなかった。我々が選んだのは、頂上を望む中央テラスにある嵌め込み式の小塔である。こうして中央の神域の一つが再現され、美術館の中央に設置されることとなった[*54]」

ここで「美術館を代表する展示品」としてレプリカを展示したという彼の言葉をまずは強調し、レプリカが美術館の補助的展示物ではなくて中心であったことを確認しておきたいが、本節の我々にとって見逃しえないのは、彼がバイヨンの「中央テラスにある嵌め込み式の小塔」をレプリカとして選択したと書いている点である。続けて彼は、そのレプリカに「門、楣を支える列柱、付け柱」、「めくら窓と聖人たち」などすべての要素を装備して、「バイヨンの建築的配置の正確なイメージ」を伝えるようにしたと書いている。

晩年のドラポルトの記憶違いなのか、意図的な操作なのか、一八八〇年の著作では「南門」といっていたものが、晩年の著作では祠堂内の「小塔」に変わっている。確かに写真に収められているレプリカを見れば、「列柱、付け柱」と「めくら窓と聖人たち」が装備されていることが確認できるので、晩年の著作で言及されるものが、写真に残るレプリカであると見て間違いはない。

残念ながら、他に重要な資料を見つけることができなかったので、推測になるが、おそらく、ドラポルトは記憶を操作したわけではないだろう。単なる仮説だが、ドラポルトはまず一八七八年の万博のために南門をモティーフとしたレプリカを制作したのだろう。その後、一八八九年の新たなインドシナ美術館の開館にあわせてそのレプリカに改変を施し、祠堂内の小塔に作り変えたのではないだろうか。

さて、レプリカ制作をめぐる次なる問題点に話題を移そう。実のところ、写真に収められたレプリカが、南門のコピーなのか、小塔のコピーなのかは、それほど重要な問題ではない。いずれの場合にしても、制作された四面塔のレプリカは、今日の我々の眼で見れば、すなわち現在の学術的水準から評価するならば、現実のアンコール遺跡の建造物とかけ離れた空想的なモニュメントとなっているといわねばならないからである。

写真のレプリカには現実のバイヨン寺院にはありえない様式の装飾的細部が多数組み合わされている。ドラポルトが「多様な標本を寄せ集めた」と言う通りである。結果として、時代錯誤的でキッチュかつハイブリッドな混成物となっている。具体的にいえば、バイヨン寺院は一二世紀末から一三世紀初頭の造営になるアンコール王朝末期の様式を持つ建造物なのだが、壮麗かつ優美な寺院に仕立て上げるためだろうか、ドラポルトは様式の異なるアンコール・ワットに見られる盛期の装飾様式をためらうことなく混合しているのである。先の引用文からも読み取れるように、レプリカ製作にあたってドラポルトは、バイヨン遺跡からだけではなく、アンコール・ワットから採取された建築部材や鋳型も用いたのであり、現実の遺跡に忠実な復元を行なおうとはしていないことは明らかである。

非常に意地悪な見方をすれば、このレプリカは、一九世紀後半期の万国博覧会におけるアジア展示でお馴染みの、西欧人が生み出した実像からかけ離れたアンコール風の空想的建造物である。学術的復元というより、博覧会のための見世物であり、その意味で、ドラポルトの復元に対する姿勢は、スペクタクルとして空想のオリエントの品々を提示してみせた一九世紀の万国博覧会の精神を反映している。遠い異国の美術品は、学問的な実証性を欠いたまま、不確かな情報と東洋への幻想によって復元され、多くの場合、異国情緒溢れるエグゾティックな珍品として好奇の眼に晒されたのである。実際、ドラポルトのレプリカはその後のレプリカ製作の見本ともなって、一九〇六年にマルセイユで開催された内国植民地博覧会に登場した出来の悪いカンボジア・パヴィリヨンへと受け継がれてゆく。

レプリカに見る一九世紀末の遺跡の状況

しかしながら、ドラポルトは、でたらめな空想に任せて様式も時代も異なる断片を組み合わせたわけではない。彼がレプリカの製作に取り組んだ一八八〇年頃には、アンコール遺跡群に建つ寺院の正確な建造年代はほとんどわかっていなかった。むろん、解明の鍵となる碑文は集められてはいた。ドラポルトも参加した一八六六年のドゥ・ラグレの調査においても、アンコール・ワットやバイヨン寺院において拓本を採取し、報告書『インドシナ踏査』に五点の史料を掲載している。また、ドラポルトが指揮した一八七三年の踏査でも、同行のアルマンを中心に碑文収集を行ない、九点の史料を学術誌『極東年報』に発表している。これを読んだジャワ生まれのオランダ人仏教学者ヘンドリク・ケルンが解読に取り組み、「スールヤヴァルマンやジャワヴァルマンという名の王」が存在していたことを明らかにしたことはよく知られている。フランス人ではなくオランダ人が初めて碑文を解読したということで、フランスの東洋学者たちが自国の研究の後れを痛感し、後々に語り継がれてゆくからである（研究の「後れ」の意識については本書第二章を参照のこと）。これが契機となり、一八七〇年代末から一八八〇年代にかけて、植民地官吏としてインドシナ調査を行なっていたエティエンヌ・エモニエが碑文収集を本格的に開始し、碑文解読に向けて、本国フランスのサンスクリット学者たちとの金石学研究の連携を確立しようとしていた。それでも、一九世紀末期に解明できていたことはといえば、幾つかの王が神像を奉納した年代などにとどまり、遺跡の寺院の建立年代を特定する決定的な研究はなされていなかった。九世紀から一一世紀にかけてアンコールの寺院が建立されたであろうという推測が成り立っていたにすぎない。

とりわけドラポルトが美術館の目玉としてレプリカ製作に取り組んだバイヨンは、建立年代の特定に最も時間を要した寺院の一つであった。現在認められているように一二世紀末期にジャヤヴァルマン七世が建立した仏教寺院、すなわち一二世紀初頭のアンコール・ワットの建立後に建造されたという歴史的事実が明らかになるのは一九三〇年頃のことである（本書第四章を参照のこと）。碑文収集と解読に熱中したエモニエでさえ、一九〇三年の著作『カンボジア誌』第三巻に次のように書いている。

「クメール美術は、後のアンコール・ワットの巨大伽藍において最後の輝きを放ち、おそらくは最高の優美さで綜合されるのだが、しかし、このアンコール・トム（バイヨン寺院）においても、その初期の段階から、力強さと独創性において、既に絶頂に達していたといわねばならない[*55]」

バイヨン寺院は当時の金石学的知識と遺跡の崩落の激しさから、アンコール・ワット建立以前の初期のクメールの建立物であると信じられていたのである。

ここで、ドラポルトが訪れた当時のバイヨン寺院の状況をあらためて確認しておきたい。この寺院は、アンコール遺跡群屈指の壮大な建造物として観光客を集めている今日の復元された姿とは異なり、生い茂る樹木に埋もれたまさに森林に沈む廃墟といった状態であった。ドラポルトの著作にも、当時の様子を伝える《バイヨン入口の門の廃墟》（図18）と題する挿絵がある[*56]。この図を信じるなら、四面塔は大量の土砂に埋まり、小門や壁面装飾を観察することはできない。お世辞にも上出来とはいえないこのデッサンでは真実味を欠いているの

図18 《バイヨン入口の門の廃墟》，ドラポルト著『カンボジア旅行』挿図．

図19　「バイヨンの回廊と塔」，エティエンヌ・エモニエ著『カンボジア誌』第3巻（1900）挿図．

で、当時撮影された写真を見ておこう。一九〇三年のエモニエの『カンボジア誌』第三巻にも《バイヨンの回廊と塔》と題する写真（図19）とデッサンが紹介されている。[*57] やはり大量の土砂に建造物が埋まり、独立した寺院というよりは岩壁の石窟のようである。一九〇一年にバイヨン遺跡を調査したシャルル・カルポー（第三章を参照のこと）による写真もまた、当時の廃墟としてのバイヨンの様子を伝える貴重な資料である（図20）。

先にピエール・ロティが四面塔に不気味さしか見なかったと少々批判的に紹介したが、ロティがバイヨンを訪れたのは一九〇一年一一月のことで、この写真を撮影したカルポーに招待されてのことだった。彼が見ていたバイヨンは荒れ果てた廃墟だったのである。一九一二年に発表された小説『アンコール詣で』における四面塔の描写を引用しよう。

「（遺跡を）離れる前に、私はこれらの塔を見上げた。頭上に重く圧しかかる塔は緑の中に埋没していた。そして私は、突如として、私を見下ろす凍りついた偉大な微笑みを感じ、それまで経験したことのない恐怖に震えたのだった。（…）幾世紀も繰り返された緑の繁茂も、破壊的な激しい雨も、この顔の微笑みだけは消し去ることはできなかった。その皮肉に満ちた笑みは、中国の怪物の不敵な笑いよりも不安を与えるものだ」[*58]

図20 シャルル・カルポー撮影《ジャングルに覆われたバイヨン寺院》(1901).

バイヨンの四面塔は小説家のヴィジョンにおいて怪物以上に不気味な存在へと変貌する。わずか三日間の訪問で一冊の小説を書き上げ、しかもアンコール遺跡に美的価値を見出しえなかった悪しき事例としてロティのこの小説は槍玉にあげられることが多い。しかし、彼が、目撃したのは今日の復元された寺院ではなく、瓦礫の山と化した廃墟だったことを忘れてはなるまい。カルポーの写真を見れば、ロティの幻想的な記述にもある程度は共感できるのではないだろうか。しかもロティは、パリのインドシナ美術館のレプリカに感銘を受け、カルポーの招待に誘われて遺跡を訪れていたのだった。復元され整備されたパリの美術館のレプリカとは似ても似つかない現地の姿に戸惑うのも当然ではなかったかと想像される(ただし、ロティが『アンコール詣で』を発表するのは、アンコール訪問の一〇年後の一九一二年のことである。この頃には、バイヨンの遺跡保全作業は十分に行なわれていた。つまり小説発表時にはロティの描写は既に時代錯誤的であったわけで、ロティに対する批判も的外れというわけではない)。

いずれにせよ、ドラポルトが目にしたバイヨン寺院は土砂と樹木に埋もれる荒廃した廃墟であった。それゆえ、比較的保存状態がよく、当時においても仏教徒たちに寺院として活用されていたアンコール・ワットこそ、アンコール遺跡群の最高にして最後の建造物であると信じて疑わなかったのである。こうした時代背景を踏まえれば、彼がバイヨンのレプリカになぜアンコール・ワットの装飾鋳型を用いたのかも理解できるであろう。彼は土砂に埋まったバイヨンの台座部分がどのような装飾様式になっているかを見ることはできなかった。復元は想像力で補うしかない。そこで、当時は時代的に後の建立と信じられていたアンコール・ワットの様式を利用したのである。すなわち、アンコール・ワットよりも前に建造されたバイヨン寺院においても、既に絶頂期のアンコール・ワットの様式が確立していたかもしれない、否、確立していたに違いないと信じて、理想的な復元を試みたのであった。前述の通り、後年のエモニエもまたバイヨンにおいて美術様式は「既に絶頂に達していた」と書いていた。

一九世紀の復元の理想

以上のようにドラポルトが現実に見た廃墟のバイヨンの姿を確認するならば、今日の学術的水準から彼が製作したレプリカの空想性と非学術性を指摘して嘲笑するだけではまったく意味がない。かつてあった不可視の建造物の「調和」を想像し、理想的なレプリカを創造しようとしたドラポルトの営為の中に、一九世紀特有の時代精神を積極的に読み取らねばならないだろう。

一九世紀後半期のフランスでは、教会や修道院を中心に中世の建造物の修復と復元が盛んに行なわれていた。繰り返される革命（国内紛争）と戦争が引き起こした破壊と略奪のヴァンダリスムの後、国家主導の文化財保護の意識が高まり、荒廃した「歴史的建造物」の研究と修復、そして復元が国家的事業として認識されるようになっていたのである。[*59] 先のトロカデロ宮の比較彫刻美術館も、大局的にみれば、こうした流れの中で登場したものであるといってよい。[*60]

しかしながら、この時代の復元に対する思想は今日とはまったく異なる驚くべきものであった。一九世紀の復元観を代表するものとして、よく引き合いに出されるのがフランスの中世建造物の修復と復元を積極的に行なった建築家ヴィオレ・ル・デュックの定義である。一八六六年に刊行された百科辞典で「復元（修復）restauration」の項目を担当した彼は次のように定義した。

「ある建造物を復元するということは、それを維持することでも、修理することでも、改造することでもない。いかなる時代にも存在しなかったであろう完璧さを備えた状態に新たに作り直すのである[*61]」

復元とは昔日のオリジナルの状態へ戻すことを意味するのではなく、作られた当時には達成できなかった理想の状態を新たに創造することだとヴィオレ・ル・デュックは言う。この思想に基づいて、彼はフランスの中世教会の「復元」に実際に取り組んでいた。理想的で「完璧」な様式でバイヨンのレプリカを作製したドラポルトもまた、この時代の思想を共有していたと見て間違いないだろう。

可能な限り完璧な建造物に「作り直す」という一九世紀の復元精神は、ドラポルトの考古学的業績を理解する上できわめて重要である。なぜなら、本節で検討している彼の一八八〇年の著作『カンボジア旅行』と晩年の一九一四〜二四年の著作『カンボジアの建造物』全四巻において、多数の「復元図」が作成され、挿絵として発表されているからである。レプリカと「復元図」の作成こそが、ドラポルトの考古学の最大の目的かつ業績であるといっても過言ではない。

正直に告白すれば、研究を開始したばかりの頃の私は、しばらく『カンボジア旅行』の挿図に多数の「復元図」が含まれていると気付かずにいた。現在では多くの遺跡が「復元」されて整備されているため、熟慮することもなく、ドラポルトもまた我々がいま目にしている遺跡の姿を前にしてデッサンしたものと勝手に思い込んでしまっていたのである。それにしては様式的に珍妙なデッサンが多く、一九世紀の考古学はいかにいい加減だったのだろう、などとそれこそいい加減な感想を抱いていたのだが、こうした誤解を通して、私は考古学史、ひいては歴史を知るためには、現在の状況に惑わされることなく（つまり現状そのものを批判的に観察し）、当時の状況を知る（想像する）ことがいかに大切であるかを痛感したのであった。

さて、ドラポルトの『カンボジア旅行』には、既に紹介したように、ドキュメンタリー風に遺跡踏査や遺物搬出の状況を伝える挿絵（図6、8、9、10）や彫刻作品のデッサン（図5、7）、平面図（図11）、当時の遺跡の状況を伝える実景図（図18）などが含まれているが、これらの図とともに、ありし日の寺院の全体像を描いた多数の復元図が含まれている。[*62] 総計一七五点の挿絵のうち復元図は一四点で、挿絵の下に括弧つきで「復元図」と記載されている。数としては少ないが、見開きページで遺跡の全体像を伝える最も目立つ挿絵はすべて復元図である。たとえば大プリヤ・カン遺跡を東側から眺めた遠

図21 《大プリヤ・カンの東門（復元図）》，ドラポルト著『カンボジア旅行』挿図.

図22 《プリヤ・カンの廃墟の眺望》，ドラポルト著『カンボジア旅行』挿図.

景《大プリヤ・カンの東門》（図21）では、夕陽を背に三基の塔が浮かび上がる寺院の勇姿が描かれている。[*63] あたかもドラポルトがこうした光景に遭遇したかのような迫真的描写だが、王都へと帰還する国王一行の風俗が、過去の歴史の一ページであることを告げている。この復元図は一九世紀のフランスで流行した歴史画や歴史的風景画を連想させずにはいない。ドラポルトが、アカデミックな作画美学のもとに、歴史画を描くように復元図を作ったと考えてよかろうが、また逆に、過去の歴史をまさに「復元」してイメージ化するアカデミーの歴史画それ自体が「考古学的」産物であったと評してよいかもしれない。

一方、同書には、プリヤ・カンの当時の「実景」を伝える挿絵《プリヤ・カンの廃墟の眺望》（図22）も掲載されている。[*64] こちらはさながらジョヴァンニ・バッティスタ・ピラネージの古代ローマの廃墟図といったところだろうか。このように、現実には崩落した建造物を前にして、想像によって石材を組み立て、地面に埋没した不可視の部分を類推し、そこに人間や象などの動物を描いて臨場感あふれる理想的情景にしたのがドラポルトの「復元図」なのである。

ここで私は、想像力によってドラポルトが復元図を作り上げたと説明しているが、彼自身はこれを想像の産物とは考えず、「真実を伝える」れっきとした学術的資料とみなしていた。前述のように、クメール建築の全体の「調和」を主張するドラポルトであったが、そもそも、彼自身は全体を見ることができなかった。彼は言う。

「森林に埋もれたクメールの廃墟は、ギリシャやエジプトの廃墟のように全体を把握することはできない。そこで見ることができるのは細部だけであり、遠くから眺めてみても、これら偉大な建造物を正確に捉え切るには不十分である[*65]」

失われた全体像を知るためには、崩れ落ちた建築石材の残骸を拾い集め、頭の中で組み立てるしかない。彼にしてみれば、収集した残骸の「建築学的研究」によって、「想像力を付け加える」ことなく全体像を組み立てたのが復元図であった。先の引用部に続けて彼はこう主張する。

「しかし、いかに破壊の状況が激しくとも、残存している部分も十分にあり、ほぼ完璧な建築学的研究を行なうことも可能だろう。私が読者に提示した復元図は、それゆえ、真実を伝えるものだと思っていただきたい。現場で採取した資料になんら想像力を付け加える必要もなかったのだから」

ドラポルトがここで言う「想像力」とは、空想や幻のようなものとして理解すべきだろう。発掘によって採取した断片を頭で組み上げる作業は、ドラポルトの考えでは「想像」の範疇に入るものではない。今日の進展した学術的状況においてドラポルトの復元図の誤りを指摘することはたやすく、それがほとんど「空想」に近い復元だと批判することもできるが、ドラポルトはこれを、想像力を一切交えぬ学術的な図だと主張した。我々は彼の主張をそのまま字義通りに受け止める必要がある。復元図が示すのは彼の自由な芸術的空想ではなく、当時のアンコール考古学の学術的限界であると考えなければならない。そう考えなければ、彼の復元図の意義を理解し損ねてしまうだろう。

インドシナ美術館のレプリカ製作に取り組む意図を表明したドラポルトの先の言葉（五九～六〇ページを参照のこと）において、彼は、現地でスケッチしたデッサンを用いてレプリカを製作できると述べていた。ソースとして用いることのできるデッサンとして彼が具体的に挙げるのは「一七三頁と二二七頁のバイヨン寺院の塔のデッサンや二〇九頁のアンコール・ワットのデッサン」（《バイヨン寺院》図23、《アンコール・ワット》図24）であるが、驚くべきことに、このデッサン自体が「復元図」にほかならない。想像で組み立てた復元図をソースとしてレプリカを作ると言うのだから、出来上がったレプリカも想像的なものとなるのは必然であったわけである。しかし、繰り返すように、ドラポルト自身は復元図

図23 《バイヨン寺院（復元図）》，ドラポルト著『カンボジア旅行』挿図.

図24 《アンコール・ワット（復元図）》，ドラポルト著『カンボジア旅行』挿図.

図25　《バイヨン（復元図）》，ドラポルト著『カンボジアの建造物 第1巻』挿図．

図26　図25の細部．

を学術的成果と自負していた。晩年の一九一〇～二〇年代、ドラポルトは学術性を強く意識した著作『カンボジアの建造物』の執筆に取り組んだが、その第一巻において、再び《バイヨン》の復元図を作成している[*66]（図25）。精密な線で細部の装飾が鮮明に描き込まれている。しかし、基本的な建築構造と装飾配置はかつての著作の復元図とほとんど変わってはいない。両側に配された小塔をじっくり観察してみよう（図26）。崩壊した現地の寺院ではほとんど失われている壁面の女神のレリーフや「めくら窓」や破風装飾が細かく「復元」されている。そして何よりも注目すべきは、この図がインドシナ美術館のために製作された一〇分の一サイズのレプリカにそっくりであるという事実である。この事実からも、彼の復元図とレプリカが、その時々の気紛れな空想によって「捏造」されたものではないことが裏づけられよう。たとえ今日の我々の眼には空想的産物に見えようとも、それは、ドラポルトの生涯ぶれることのない揺るぎない確信に支えられた学術的産物であり、かつ、彼の時代の考古学の可能性と限界を提示しているのである。

参道彫刻をめぐる謎

前節で検討したバイヨン四面塔のレプリカは一〇分の一サイズの純然たるコピーであるが、ドラポルトが制作したレプリカの中には復元に関して、よりいっそう複雑な問題を呈するものもあった。パリに到着した遺物を紐解く場面についてドラポルトが記した言葉（五一ページ）を今一度、思い出そう。積荷から「バラバラの断片を取り出した」彼は、「一見しただけではどう組み合わせたものかわからず、的確に組み上げて理解可能な彫像にする必要があった」と述べていた。遺跡から持ち出したモニュメントの大半は複数の石材の組み合わせから成っており、展示するためには再び幾つもの断片をつなげて構築しなおさねばならなかった。その際、オリジナルの石材に欠けた部分をレプリカで補って、一つの彫刻作品として示すこともあった。そしてその時にも、「復元図」に基づいて、異なる遺跡で採取した断片や鋳型を利用したようである。

図27　《プリヤ・カンの入口（復元図）》，ドラポルト著『カンボジア旅行』挿図．

さて、ここで検討したいのはギメ美術館入口を飾るプリヤ・カンの《巨人の参道》(図2)である。

プリヤ・カン(アンコール)の参道には、バイヨン南大門と同様に、ヒンズーの伝説にある乳海攪拌の場面が表現され、蛇(ナーガ)を綱に見立て、デーヴァ(神)とアスラ(阿修羅)の綱引き合戦が視覚化されている。ドラポルトによる復元図《プリヤ・カンの入口》(図27)を見よう。全体像はこの絵で十分に想像できるだろう。物語では一体のナーガを引き合うのだが、参道彫刻では二つに分割され、向かって左側にデーヴァ、右側にアスラが配置されている。

興味深いことに、この参道の群像に関しては、ドラポルトがパリに持ち込んだ当時の様子を伝えるデッサンが二点残っている。そのうちの一枚は《一八七八年の万国博覧会におけるカンボジア古美術》(図28)と題するもので、この群像が万博で展示された状況を報じる報道版画である。[*67] この図をじっくり観察しよう。鱗のあるナーガの胴体を抱える三体の神像が見える。だが、その顔は三者三様、すべて異なるタイプの顔である。先に説明した

図28 《1878年の万国博覧会におけるカンボジア古美術》，ドラポルト著『カンボジア旅行』挿図．

ように乳海攪拌の物語は敵対するデーヴァとアスラの綱引き合戦であり、敵対し合う両者が肩を寄せ合っていては話にならない。報道版画の製作者が間違えた可能性もないわけではないが、おそらくはドラポルトが、クメールの神像の多様性を一つの作品で示そうとしたものと思われる。先のバイヨンの四面塔と同じように、アンコール遺跡を代表する三種の顔のタイプの彫像を併置して「復元」することで、クメール美術の全体像を伝えようとしたのではないだろうか。

ドラポルトは乳海攪拌の伝説をまったく知らなかったわけではない。著作の本文では、「一方の列が神々で、もう一方の列が悪魔たちであろう」と記しているからである。[*68] 実際、彼が描いた復元図（図27）を観察するならば、ほぼ同じタイプの顔の彫像を同列に並べて描いている。ゆえに、パリでドラポルトが行なった復元の「誤り」は意図的である。とはいえ、復元図の方もどうもおかしい。左右両側ともほぼ同じタイプの顔で、デーヴァとアスラの区別がなされているようには見えない。復元図もまた現実の遺跡とはかなり違うのである。なぜ、こうした復元図となってしまったかは、実際に遺跡を訪れてみれば、たちどころに理解できる。現地では、（一五世紀のアンコール放棄の際になされたのであろうか）神々の頭部の大半は跡形もなく破壊され、頭部を失った胴体しか残っていないからである。それゆえ、ドラポルトは、この復元図においても、発掘した彫像を手がかりに、失われた頭部を想像で補わねばならなかったのであった。

ここにおいて、読者は狐につままれたような感覚に襲われるのではなかろうか。ドラポルトの復元図とパリに持ち帰った彫像群を前にして、我々はいったい何を信じればよいのだろう。

まず、復元図であるが、ここにはドラポルトがパリに持ち帰ったはずの先頭の彫像群が描かれている。むろん、あくまでも「復元」であるから、自らが持ち去った彫像も含めて全体図を示したということに気がつけば納得はできる。しかし、持ち帰った彫像群が様々な異なるタイプの顔の組み合わせであるということは何を意味するのであろうか。この彫像群はオリジナルではないということなのだろうか。ギメ美術館は現在、レプリカを展示しているというのだろうか。しかし、序章冒頭で紹介したように、この彫刻のキャプションにはレプリカであるとは記されていない。

さらに奇妙なのは、今日、プリヤ・カン遺跡を訪れるならば、参道の先頭には巨大なナーガが失われることなく存在している。ということは、やはり、ギメ美術館に展示されているのはレプリカで、ドラポルトは実はオリジナルを持ち帰らなかったのか。逆に、美術館にあるのがオリジナルであるとすれば、現地の彫像こそがコピーなのだろうか。ドラポルトの復元は、本物とコピーが交錯する複雑怪奇な謎を投げかけずにはいない。

この謎を解くためには、まず、ギメ美術館の展示作品と一八七八年の万博の展示光景を伝える版画を比較検討せねばならない。万博に展示された彫像群には三体の神像の顔が見えるが、ギメ美術館が現在展示するのは二体のみである（図29）。万博展示と現在の展示方法は異なっているのである。実は、この群像は、一九九七～二〇〇〇年にクレディ・アグリコールからの補助金によってなされた最近の修復（復元）によって今日の状態になったものである。この群像は、総重量一一トン、三一個の石材か

図29 《巨人の参道》，12世紀末～13世紀初頭，プリヤ・カン（アンコール）遺跡出土．

図30 《7つの頭部のナーガをもつ神像，プリヤ・カンの橋欄干の群像頭部の残骸》，ソルディ著『知られざる芸術，トロカデロの新美術館』挿図．

ら成るものだが、ドラポルトが復元した後に再び解体され、一九九七年まで展示されることなく、バラバラの石材のままギメ美術館の倉庫に保管されていた。その復元にあたって、ドラポルトの展示方法を変更し、乳海攪拌の物語に忠実に、学術的な修復（復元）を行なったのであった。

ドラポルトの時代に描かれた群像デッサンがもう一枚ある。《七つの頭部のナーガを持つ神像、プリヤ・カンの橋欄干の群像頭部の残骸》（図30）と題するもので、一八八〇年にトロカデロ美術館に「カンボジア古美術展示室」が常設された際のガイドブックに掲載されたものである。[*69] この挿絵のキャプションは、これが復元ではないことを伝えている。すなわち、これがドラポルトの持ち帰ったオリジナルであり、「残骸」なのである。威圧的なナーガもコピーなのであった。さらに、これにもう一体の神像とアスラの頭部のコピーを組み合わせて、ドラポルトはオリジナルともコピーとも評し難い「理想的な」レプリカを万博では作り上げたのであった。ルーヴル美術館の最も有名な彫刻《サモトラケのニケ》（一一八片の断片と右翼のコピーを合成して製作）を想起するまでもなく、オリジナルに学術的なコピーを付加して展示するという復元的展示方法は、今日の美術館においても認められる方法であるが、いくら理想とはいえ、表現する物語内容を無視するような復元は認められない。復元理念の変化と学術的進展によって、新たな展示方法がギメ美術館では採用されたのであった。

しかしながら、ドラポルトがどこからこの「残骸」を持ち出したのかを明らかにすることは難しい。今日に伝わる復元に関する資料をすべて実見しえたわけではないので確かなことは言えないが、この謎を解くのは困難だろうと思われる。パリに持ち込んだドラポルトが復元のために手を加えただけでなく、ドラポルトの後、二〇世紀に入ってからは、今度は現地において遺跡の「復元」がなされたからである。失われた部分を遺跡周辺で発掘された断片などによって補いながら、今日の姿に生まれ変わったのだった（特に一九三〇年代のアンコール遺跡の復元作業については本書第五章を参照のこと）。ドラポルトがパリに持ち込んだ群像だけでなく、現実の遺跡そのものが、もはやオリジナルとは言い難いわけである。少なくとも、ドラポルトの時代の遺跡の状況とはまったく異なった姿に変貌している。どの彫像が本来参道にあったものなのか、現時点において確かな答えを導き出すことはもはや不可能と言ってよいだろう。ドラポルトに端を発するアンコール遺跡の復元の問題は、その後に行なわれた復元、さらには今日もなお行なわれている遺跡の復旧作業にもつながる非常に微妙で困難な問題であり続けている。

考古学的スペクタクルと万国博覧会

以上のように、ドラポルトは復元図とレプリカの作成に固執した。彼以前のアンリ・ムオやフランシス・ガルニエの著作には復元図はいっさい含まれないし、それ以後にも、彼ほどに復元図にこだわったものはいない。一九世紀末期になるとアンコール遺跡の寺院は盛んに写真に収められ、写真資料が主要な研究資料と位置づけられてゆくが、そのような時代になってもドラポルトはデッサンによる作画と復元図に固執し続けた。

彼がこれほど復元図とレプリカ製作にこだわったのは、先に検討したように、クメールの建造物の美的価値を主張するためであったろう。彼にとって、復元図こそ、自身の考古学的調査と美術史研究の成果を示すゴール地点であった。実証的精神と理想主義とが混在した一九世紀の復元の思想を背景として、アンコールの建造物の威容をモニュメンタルに提示することが彼の学術的目標だったのであり、また、これが彼の考古学の限界でもあった。この点において、ドラポルトの考古学はすぐれて一九世紀的な営為であったと言えるのではなかろうか。

アンコールを踏査し、現地での遺跡保存作業の必要性を訴えつつも、彼自身がなした活動はといえば、現実に存在しない理想の復元図を作ること、現地ではなくパリに美術館を作ること、そして、その美術館に自らが作ったレプリカを展示することであった。現地で恒久的に学術的活動を続けるという選択肢は彼にはなかった。それよりも、パリの公衆に復元図やレプリカを「見せる（提示する）」ことを優先したのである。完全な理想的姿で見せること、これはヴィオレ・ル・デュックの復元思想を貫く原理であるが、同時に、この原理はドラポルトが生きた一九世紀後半のパリにおいて特別な意味を持っていた。世界各地の文物を「見せる」機会として万国博覧会が定期的に開かれた時代であり、公衆の目に訴えるスペクタクルの演出がことのほか重視された時代であったからである。

本節ではこうした視点から万博とドラポルトの考古学の関係について考察してみたい。両者の関係は単なる比喩的な関係にとどまらない。先に触れたように、ドラポルトの遺物移送と展示は、パリの万国博覧会と具体的に密接に関わっていた。一八七三年の踏査から持ち帰ったクメール美術を初めてパリの公衆に示しえたのは一八七八年の万博においてであった。万博という機会がなければ、果たしてパリで公開しえたかどうか疑問である。また、最初の万博展示というきっかけがなければ、あれほど大掛かりなレプリカを制作しようとはしなかったかもしれない。さらに、そもそも、ドラポルトの遺物収集とコレクションの目的自体が、当初から、万博展示を念頭においてのことだった可能性もあろう。希少な極東美術を持ち帰れば、少なくとも万博において展示しうるだろうとの見立ては十分にあっただろう。いずれにしても、一八七八年、一八八九年、一九〇〇年と一一年ごとにパリで開催された万博は、その都度、パリのクメール美術コレクションを充実させ、それを公衆に知らしめる重要な機会となった。ドラポルトは万博を利用して、美術品を収集し、その数を増やし、半恒久的な展示場所を手に入れ、さらに、その場所を拡張したのである。

先述のとおり、ドラポルトは一八八七〜八八年にフルヌローをアンコールへ向かわせて彫像類と大量の鋳型とデッサンを入手し、翌年に拡張公開されたインドシナ美術館の展示資料とした。この年がパリで四度目の万国博覧会の年であったことはおそらく偶然ではないだろう。

まず、注目すべきことに、エッフェル塔が建ったこの一八八九年のパリ万博において、アンコー

図31　1889年パリ万国博覧会のカンボジア・パヴィリヨン.

ル・ワットを模したパヴィリヨンが建造されている（図31）。中央塔一基のみを復元した奇怪なパヴィリヨンだが、これ以後、二〇世紀の博覧会において幾度も作られたアンコール・ワットのレプリカの記念すべき第一号である。確かに当時の写真を見る限り、一基の塔だけが淋しく聳えるこのパヴィリヨンは、現実のアンコール・ワットの雄姿を想起させるものではない。だが、細部を仔細に検討してみるならば、このレプリカが、比較的復元としてよくできていることがわかる。そして、その姿は、フルヌローが作成したアンコール・ワットの水彩デッサン（図32）に非常によく似ている。パヴィリヨン建設にあたって、フルヌローのデッサンも活用されたのであろう。

　このパヴィリヨンは、全体の調和を視覚的に提示しようとしたドラポルトの復元図やレプリカとは異なる発想のもとに作られている。現実には失われた寺院の在りし日の姿を復元しようとする意図はない。もとより、アンコール・ワットは遺跡の中では保存状態のよい寺院で、細部を欠きつつも塔は崩れることなく残っていた。その意味では、このパヴィリヨンは「復元」ではなく「写し（コピー）」というべきで、ドラポルトの復元の思想とは根本的に異なる発想で建造されたと言わねばならない。しかしながら、一基だけが聳える奇異な光景は、ドラポルトが作製した四面塔のレプリカとある種の共通性を感じさせないだろうか。

既に分析したように、ドラポルト自身は学術的成果として復元図やレプリカを提示したが、結果的には、様式的に異質な断片から成る寄せ集めのレプリカを産み出してしまった。この点において、一八八九年のアンコール・パヴィリヨンに接近する。すなわち、両者とも、全体的に見れば現実には存在しない空想的モニュメントだが、細部の正確さという点では鋳型やデッサンを利用した精巧なものとなっている。いずれにも「細部の考古学的正確さ」と「全体の非現実性」という二つの矛盾する要素が見出されるのである。

図32　リュシアン・フルヌロー《アンコール・ワット》(1889)，水彩デッサン．

この特徴について、ある種の文化研究的分析を行なってみたい。鋳型や現地でのデッサンを利用して達成される細部の正確さは、一九世紀後半期の実証的な学問的精神を反映していると評価しえよう。これに対し、全体が醸し出す非現実性は、当時流行していた東方幻想としてのオリエンタリスムやエグゾティスムに通じる特徴である。すなわち、ここには、一九世紀の新しい科学的な実証精神と一八世紀以来の西欧に伝統的なエグゾティスムが混交して表れているのである。

図33　《プリヤ・カンの廃墟の回廊での遭遇》，ドラポルト著『カンボジア旅行』挿図．

我々は、同種の矛盾する精神が混交するさまを、ドラポルトの一八八〇年の著作『カンボジア旅行』にも見出すことができる。既に我々はこの書の挿画を多数見てきたが、あらためて複数の挿絵を並置して眺めてみたい。実証的な遺跡の平面図や発掘した彫像の断片の緻密なデッサン（図5、7、11を参照のこと）が描かれる一方で、エグゾティスムを掻き立てる神秘的なカンボジア・イメージも多数紹介されている（図10を参照のこと）。近代的な学問精神と前近代的な幻想的イメージが奇妙にも混交しているのである。エグゾティックなイメージの例をさらに幾つか紹介しておこう。《洞窟での宗教儀式》と題する挿絵では神秘的な洞窟での宗教的儀式が恐怖小説の一齣のようなタッチで描かれている。[*70] また、《プリヤ・カンの廃墟の回廊での遭遇》（図33）では、暗闇に沈む神像の首に絡みつく大蛇との「遭遇」が陰鬱な情景のもとに描き出されている。[*71] 一八〜一九世紀に流行したゴシック小説にこそふさわしいこうした挿絵は、たとえ、ドラポルトがこれに似た光景を目の当たりにしたのだとしても、西欧人が描いてきた非西欧の表象、いわゆる未開ないし野蛮な世界を描いたステレオタイプの虚構のイメージの系譜にあると言わねばなるまい。

このように分析するならば、我々は、ドラポルトのレプリカや挿絵に対して、植民地主義的な視点からの解釈を加えることができるだろう。すなわち、そこに植民者が表明する「文明教化の使命」の二重の論理を見出すことができる。エグゾティックなイメージは植民地の未開性や野蛮さを表現し、その地を征服することを正当化する。一方、精緻なデッサンによって学術性を提示するイメージは、荒廃した植民地の遺物を蘇らせるという近代的営為を視覚化していると分析できよう。アジアの未開性とヨーロッパの近代性を対比することによって、伝統的な文明教化の使命をヨーロッパ人に与え、フランスによるカンボジア支配を正当化するのである。無意識であれ、ドラポルトは、こうしたイメージをステレオタイプに繰り返している。先に見たバイヨンでの障害物除去作業の様子を伝える無題の挿画（図9）は、文明教化のプログラムを典型的に示している。そこでは、発掘を指導する統率者としてのフランス人とその指示に従う原住民が、版画というモノクロームのメディアの特性を生かしつつ、白と黒の対比によって、明確に区別されている。植民地の未開性と西欧の近代性が対置されるのである。

植民地の未開性と西欧の近代性の対比は、一八八九年のパリ万国博覧会の展示にも顕著となっていた。この万博において、エッフェル塔とアンコール・ワットという二つの塔が出現したわけだが、アンコール・ワットの塔や植民地パヴィリヨンは、エッフェル塔と中心とするメイン会場から少し離れたアンヴァリッドに隔離するかのように配置されていた。そしてそこでは、日夜、そこがパリであるとは思えないエグゾティックな催しが開かれ、西洋人の好奇心を満たしていた。そもそも、ここに、ささやかな一基のアンコール・ワットの塔が復元されたのは、メイン会場における鉄製の巨大で近代的なエッフェル塔と対比するためであったのではないかとも想像される。[*72]

晩年のドラポルト

パリでアンコールの遺物を見ることができなかった時代、ドラポルトはクメール美術専門の美術館の創設に尽力し、考古学的成果として、多数の復元図とレプリカを制作した。しかし、今日、彼をアンコール考古学の第一人者として想起し、考古学者として高く評価する者はいないだろう。危険な遺物輸送、様式の正確でない復元図と想像的なレプリカ…、彼のなした考古学的業績は、現在に至る二〇世紀の考古学によって修正され、時に否定されて忘却される運命にあった。一八九八年には本格的な学術的調査研究機関のフランス極東学院の前身となる「インド＝シナ考古学調査隊」が結成され、アンコール遺跡の考古学も実証を重んじる近代的学問としての性質を急速に整備し始める。魅惑的なスペクタクルを提供したドラポルトのインドシナ美術館も、彼が没すると間もなく、レプリカとオリジナルとが明確に区別され、オリジナル彫像はギメ美術館に移設される。レプリカのみの展示場となったインドシナ美術館はレプリカとともに一九三〇年代半ばにはパリから姿を消すこととなる。この急速な学問的環境の変化がいかにして起こったのか、これが次章以降の本書のテーマとなるが、その前に、第一章を閉じるにあたり、ドラポルトの晩年に目を向けておきたい。

ドラポルトが世を去るのは一九二五年のことである。晩年の彼はクメール美術を取り巻く学術的環境の劇的な変化の中を戸惑いながら生きていたに違いない。晩年の約一〇年間、ドラポルトは、自らの踏査と美術館の整備活動を総括すべく、全四巻の大型本『カンボジアの建造物』(一九一四〜二四)の執筆と刊行に没頭していた。既に何度か言及した著作だが、副題には、「一八七三年と一八八二〜八三年に彼〔ドラポルト〕が指揮した調査、および一八七四～七五年にファロー〔ガスパール・ファロー〕氏が行なった補完的調査により収集された資料に基づく」とある。最初の踏査からは四〇年以上の月日が過ぎており、調査報告としてはあまりに遅すぎる出版物である。時代遅れの感は否めない。一九一二年には七〇歳を迎えていた彼は、いかなる思いを持って自身の踏査と調査研究を振り返り、執筆に臨んでいたのだろうか。

大判の精密な平面図と復元図を新たに作成し、遺跡の状況とクメールの美術について詳述したこの書物は、冒険譚として読むことのできた一八八〇年の『カンボジア旅行』とはうってかわり、学術的な調査報告というにふさわしい体裁を備えている。物語的要素は排除され、空想的でエグゾティックな挿絵も一掃されている。ドラポルトによれば、この書物は二度の調査を「要約」する報告書であり、「インドシナ考古学委員会の決定により、公教育省とインドシナ総督の協力のもと、調査後四〇年を経て、ようやく出版することができた」という。[*73]

四〇年も出版できなかった理由については報告書に触れられていないが、幾つかの資料によれば、出版計画は一九一〇年頃には立てられていたようである。たとえば、一九一一年三月に、フランス極東学院からドラポルトに対して、彼が作成した図面などを学院が発行する『フランス極東学院紀要』に掲載したいという依頼があったとき、彼はこの要請を断っている。「既にインドシナ考古学委員会が（…）資料集の出版を決定」しており、その報告書において自らが収集した資料を公開したいと述べ、「もし出版が実現しなければ、資料をお貸しします」と、丁重に断りの手紙を締めくくっている。[*74] この言葉どおり、一九一四年に第一巻が刊行されるのだが、運悪く、この年に第一次世界大戦が勃発する。第二巻以降は、戦後まで刊行できない情勢となったようである。

出版時期の延期とともにドラポルトも老いてゆく。残された人生が長くないことを意識しながら、彼は自らの学術的貢献を研究報告書という形で残しておきたいと望んだことだろう。しかしながら、一九二〇年といえば、フランス極東学院の組織的で継続的な調査活動も二〇年を経ようとしていた。ドラポルトの報告書はますます時代遅れと認識される可能性があった。一九一〇年頃には、自らが収集した資料の学術的価値に自負を抱き、活動を開始したばかりの極東学院（アンコール遺跡の調査が本格的に開始されるのは一九〇七年のこと）にはまだまだ負けないといわんばかりに学院の資料利用の要請を拒んだドラポルトであったが、一九二〇年代の晩年の彼は、自らを「二流の東洋学者」と卑下していたという。報告書の第二巻以降には時代遅れの嘆きを散見することもできる。たとえば、一九二三年に刊行された第四巻において、ドラポルトはこの著作を「不完全にしかなすことのできなかった踏査の記録を収めたもの」と呼び、「興味深い建造物の復元の試みも行なったが、既にそこには誤謬を見出せるだろう」、そして、「いくつかの細部の修正も既に極東学院の仕事によってなされている」と書かざるをえなかった。[*75]

フランス極東学院が現在保有する古文書には一九二〇年代にドラポルトが当機関に送った手紙が数点保管されているが、それを読めば、かつての考古学的知識の誤謬を少しでも修正しようとしている彼の姿を想像することができる。たとえば、一九二〇年六月二二日の手紙において、彼は、極東学院の考古学部長で、その時期には学院院長代理も務めていたアンリ・パルマンティエに対し、アンコール・トムの「勝利の門」の細部の写真とスケッチを依頼している。[*76] とはいえ、資料を受け取ったドラポルトは、送付された写真をそのまま調査記録に掲載したわけではない。写真資料とスケッチをもとに、彼はかつてのように、しかし、より精度の高い復元図を作成しようと努めるのである。送付さ

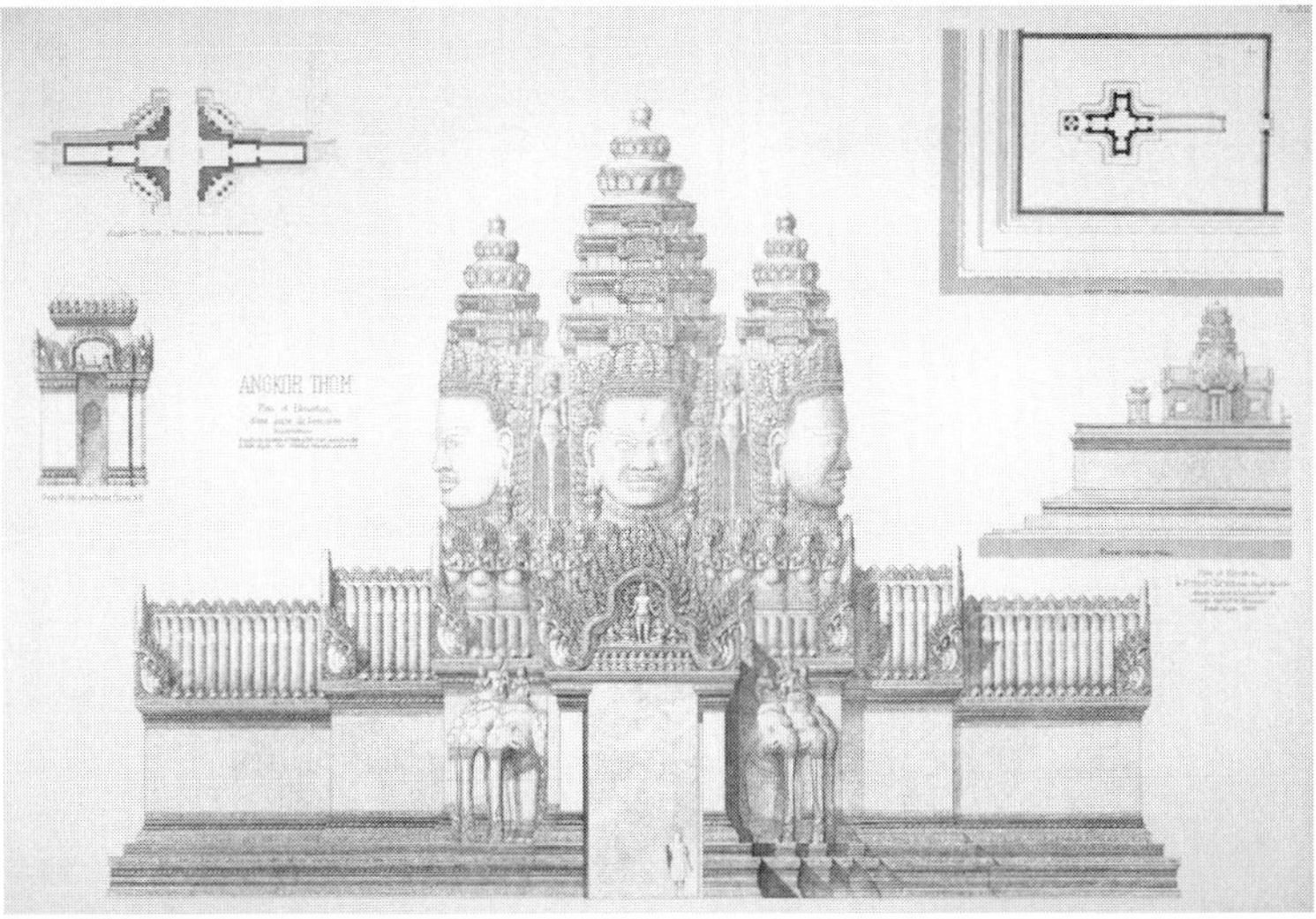

図34　《アンコール・トムの城壁門の1つ（復元図）》，ドラポルト著『カンボジアの建造物 第3巻』（1924）挿図．

れた資料によって、自らが集めた資料では確認しえなかった「バイヨンの北門の破風に匹敵する（…）繊細で極上の細部」が勝利の門にも施されていたと確信した彼は、新たな復元図を完成させるのであった[*77]（図34、《アンコール・トムの城壁門の一つ（復元図）》）。

　ドラポルトが一九二〇年代に至っても写真製版ではなくデッサンによる建造物紹介に固執していたという事実は特筆に値するだろう。写真によって遺跡の状態を伝えるよりも、理想的な細部を備えた復元図をデッサンによって提供することに生涯こだわり続けていたのである。当時の出版印刷技術においては、写真よりもデッサンの方が、細部を伝えるには適していたという事情もあるだろうが、復元図こそが自らの考古学的達成であると自覚していたがゆえのことであろう。第一次世界大戦後の厳しい財政難のもと、上質の紙に精緻なデッサンを印刷することは困難であったにもかかわらず、彼は大判の復元図の発表に固執し続けたのであった。

　パルマンティエとの手紙のやりとりに表れているよう

に、晩年の著作の出版には極東学院メンバーの協力が不可欠であった。現地に駐在する調査員が提供する新資料なしには、新たな復元図を作成することができなかった。また、報告書の第二巻以降の出版そのものに関しても、ドラポルトは実のところ極東学院に協力を仰がねばならなかった。大戦後のパリの不況下にあって、こうした大型の学術的研究書を刊行しえたのは、極東学院の初代院長で一九二〇年にはパリに戻っていたルイ・フィノが、ドラポルトのために公教育省やインドシナ総督府に資金援助を要請し、奔走したからであった。[*78] 自分よりも三〇歳以上も若い学院メンバーたちに協力を仰がねばならない古老の研究者の気持ちとはどのようなものだろう。しかし、ドラポルトは彼らに対してこの上なく丁重な表現で感謝の意を述べている。その謙譲な言葉遣いは、八〇歳を迎えようとするアンコール研究の第一人者のものとしては感動的ですらある。そうした言葉を読めば、晩年のドラポルトがけっして第一人者として奢ることなく、自称「二流の東洋学者」とは卑下し過ぎだが、新たなアンコール遺跡研究に取り組む若い世代の研究者に自らがなしえなかった仕事の未来を託すというような気持ちで晩年の仕事の完成に勤しんでいたものと想像される。

それでも彼は己の復元図のオリジナリティと学術的意義に関しては自負を持ち続けていた。次のような言葉も報告書に見出すことができる。

「ここに紹介する資料は、少なくともこのようなかたちでは未発表のものばかりである。長期間の忍耐強い研究と廃墟の発掘によって明らかにするしかないこの種の芸術の知識は今もなおほとんど進展していない。我々の研究とエモニエ氏の素晴らしい著作があるだけである[*79]」

極東学院が創設されたとはいえ、次章で詳しく検討するように、アンコール遺跡の謎はまだまだ解明されていなかった。実証を旨とする現地考古学の調査員が、ドラポルトのように一足飛びで「完全な」理想的姿を提示する復元図を作成することもなかった。たとえ学術的に問題があろうとも、彼が残した復元図に変わる新たな資料もいまだ登場しておらず、その意味ではオリジナリティを失ってはいなかった。少なくとも彼はそう信じ、自らの仕事と同世代のエモニエの仕事のみが今の段階では最良のものだと控え目ながら主張したのであった。東洋学者としてのキャリアはなくとも、たとえ時代遅れとなった情報があったとしても、ドラポルトは、アンコール遺跡踏査の第一人者としての自負を最後まで捨ててはいなかったのである。

本章の最後に、ドラポルトの著作と日本との関わりを示す小さなエピソードを一つ紹介しておきたい。一八八〇年の彼の著作『カンボジア旅行』は一九四四年七月に当時プノンペンの日本領事館員であった三宅一郎によって邦訳されている。

一九四四年といえば、第二次世界大戦のさなかで、一年後には敗戦を迎えるという時期である。そんな折にアンコール遺跡に関する翻訳書などよく出版しえたものだと思われるかもしれない。だが、こうした想像とはまったく逆に、この時期にはアンコール遺跡関連の著作物が日本で次々と刊行されている。詳しい事情は本書第八章で検討するが、ここでは簡単に概略を示しておきたい。二度目の世界大戦が勃発するや、フランスは早くも一九四〇年六月にナチス・ドイツと休戦協定を取り結ぶ。この機に乗じて日本はその年の九月よりいわゆる北部仏印進駐を開始、翌年七月には南部進駐も完了する。そして、軍人や財界人とともに研究者もまた次々とインドシナへと渡り、アンコール遺跡を伝える書物が多数出版されることになる。戦争末期にはインドシナ地域を武力制圧することになる日本にとって、新たに大東亜共栄圏の一部となろうとしていた当地の歴史と社会を伝える書物は、まさに時宜に適ったものだったのである。

いかに沢山のアンコール関連の研究書が出版されたかは、次の当時東京工業大学助教授の藤岡通夫の言葉に暗示されている。

「近時大東亜戦の進展に伴ひ、所謂南方物の出版が増加し、翻訳書乃至それに準ずる書も次々と現れるに至った。実に慶ぶべきことではあるが、一面に於て此等の中に内容の如何はしいものも少なくない。それは訳者が内容に対する完全な理解もなく、単に語学の力にのみ依って翻訳することに起因する事が多い様で、時には訳者が果して解っているのか疑はしいと思はれるものさへある。また原著の選択を誤っているものもあって、著者が如何に権威者であっても、既に出版の年月が古い為に今日となっては価値がない書もある。殊にアンコール遺跡の研究の如き、近来急に進歩をとげて一九二七年前の著書はその内容に著しい誤説が含まれて居り、今更翻訳の価値もないのであるが、それにも拘らず翻訳されて事新しげに書肆の店頭に並べられるのは却って世を誤る恐れを少しとしないのである。従来著名な割に正しい認識の欠けていたアンコールの遺跡が、これ等の新著によってその誤説がさらに普及されることを私は恐れている」[*80]

情報量が多いので長い引用になった。ドラポルトの『カンボジア旅行』は藤岡のいう「一九二七年前」の著作であり、学術的には「出版の年月が古い為に今日となっては価値がない」時代遅れの書物に違いない。藤岡は専門家としてこの種の書物の邦訳出版に警鐘を鳴らしたのである。ブームに踊らされるのではなく、実証的な学術書を邦訳せよ、と。今なお頻繁に耳にする言葉だろう。ちなみに、藤岡が特記する一九二七年とは、本書第四章で詳述するフィリップ・ステルヌの著作の刊行年で、ステルヌの問題提起によって、アンコール遺跡のバイヨン寺院の建造年代が大きく修正されることとなった考古学史の画期である。

しかし、藤岡の言葉に抗うように、三宅一郎はドラポルトの書の出版にこだわった。藤岡が三宅を「語学の力にのみ依って翻訳する」訳者と思っていたのか否かはわからない。藤岡の著作物の参考文献抄には三宅による訳書が一点も挙げられていないのでその可能性はある。少なくとも、一般読者は、大学教員でない三宅が藤岡のいう「専門家でない」訳者だと思ったかもしれない。三宅自身もまた、自らが大学人でないことを強く意識していたのではないだろうか。「専門家でない」三宅は、「二流の東洋学者」を自称するしかなかったドラポルトの晩年の不遇を自らにもいくばくか投影していたのではないかと私には思われるのである。そう思うのは、三宅がドラポルトの訳書に寄せた「訳者序」において、次のように書いているからである。もしドラポルトが読むことができていれば、我が意を得たりと大いに喜んだことだろう。

「最近、我国に於ても南方諸民族に対する真摯な関心漸く高まり、特にアンコオルに関する書が数多上梓され、又されつつあることは、国運の進展と共に誠に同慶に堪へぬところである。しかし、東洋の指導者たる日本人は、あくまで誠実冷静に夫々の道に精進せねばならない。殊に学問の道、芸術の道に於ては然りである。方今、アンコオルの書多きも、敢へて本書を訳出、世に問うたのは、実に前記縷々と述べて来た次第と此の点にあるのであって、やや肯綮を外れ極端に失するかも知れぬが、ドラポルトを読まずしてアンコオルを論ずるのは、万葉を知らずして短歌を云々し、サンスクリットの概念なくして印欧言語学を喋々するに等しいと言っても過言ではあるまい。徒に新奇を追ふのは危険である。勿論、古い妄説にとらはれるのも愚であるが、凡そ芸術や宗教の世界、いや何事にもまれ、《歴史》を無視することは許されぬ。先代の業績の上に後代の成果が築かれて行くのである[*81]」

第二章　フランス極東学院の創設とその政治学

初代院長の選出をめぐる謎

死の直前の一九二三年に出版した自身の考古学の集大成となる著作の中で、ルイ・ドラポルトはアンコール研究の第一人者として、自らとエティエンヌ・エモニエの名を挙げた。

エモニエは一八六九年に海軍陸上戦隊少尉としてインドシナに駐在し、ドラポルトと同じく一八七〇年代から近世クメール碑文の解読に取り組んでいた。[*1] ドラポルトが建造物の美的価値に魅せられて美術史研究を行なったとすれば、エモニエは忘却された歴史を解明すべく碑文解読に精力を注いだといえる。現地でクメール語とチャム語を習得し、サイゴンの官吏養成学校で語学教師も務めた彼は、最初の『クメール＝フランス語辞典』を編纂したことでも知られる。[*2] 一八八二年からは公式にフランス・アカデミーの要請を受けて碑文収集のための継続的踏査を行ない、その途上、タケウで等身大のハリハラ像を入手してもいる（この像は一八九〇年にギメ美術館の所蔵品となっている〔MG一四九一〇〕）。

彼の研究の一つの到達点が、前章でも取り上げた全三巻二五〇〇頁に及ぶ大著『カンボジア誌』で、一九〇〇年から一九〇三年にかけて刊行されている。ドラポルトの著作が二〇世紀に入るやたちまちに時代遅れとみなされる運命にあったのに対し、エモニエの著作は今日もなお研究者が参考にすべき古典的文献とされている。少なくとも一九二〇年頃までは、カンボジアに関する最良の研究書の一つであったことは間違いない。アンコール遺跡を中心とする考古学的遺物を主題とした第三巻は、豊富な写真資料を掲載しつつ、遺跡の年代設定の試みも行っており、考古学史の上でも重要な著作である。

さて、『カンボジア誌』を刊行しはじめた一九〇〇年、エモニエは五六歳で、三〇年に及ぶ研究の成果を公表した彼は、まさに学者として円熟期にあった。この一九〇〇年、サイゴンにあった総督府のもとに、本格的なインドシナ研究を行なうための恒久的調査研究機関「フランス極東学院」が誕生している。しかし、エモニエはこの学院の院長はおろか研究メンバーにもなっていない。学院院長に抜擢されたのは、パリ国立図書館に勤務する実績のほとんどない三四歳のルイ・フィノであった。

フランス極東学院は植民地主義時代に創立され今日も活動を続ける数少ない調査研究機関の一つであり、その活動はアンコールの考古学史と深く結び付いている。本章以後、我々の考古学史は、この学院の活動とともに語られることとなろう。まずは、この第二章において、フランス極東学院誕生に至る時代背景と草創期の学院の活動を振り返り、特に創立理念の背景にある政治性について分析を行なってみたい。

前章で見たように一八七〇年代よりルイ・ドラポルトはアンコール遺跡とクメールの美術をパリに紹介する仕事に身を捧げ、一八八九年には念願のインドシナ美術館を設立した。同じ頃、アカデミーの命を受けたエモニエが碑文収集を行ない、パリの東洋学者たちとの連携を築き始めていた。こうした状況の中で、個人単位で遂行する調査を束ね、アカデミーが統括する組織的な調査機関を現地に設置しようという機運も次第に高まってきた。折りしも一八八七年、フランスはトンキン、アンナン、コーチシナ、カンボジアを保護領とする「フランス領インドシナ連邦」の結成を宣言した(一八九三年にはラオスも併合し、以後、インドシナの五国が連邦を形成することとなる)。これにより、インドシナ総督府のもとに政府公認の研究機関を設置する計画も現実味を帯びることとなった。そして、まず、一八九八年に「インド＝シナ考古学調査隊」[*3]が結成されるのである。調査隊という名からは想像しがたいが、これはインドシナを本拠地として恒久的に植民地を調査する教育研究機関として構想されていた。その目的を明確にするためであろう、調査隊は一九〇〇年に「フランス極東学院」と改名される(一九〇〇年一月二〇日の政令による名称変更)。[*4] フランスによる東方(オリエント)の考古学調査機関としては、エジプトのカイロとギリシャのアテネの学院に継ぐ第三の研究施設であった。

待望の恒久調査機関が植民地に誕生したわけだが、その院長に抜擢されたのは、実績のあるドラポルトやエモニエではなく、若き研究者ルイ・フィノであった。なぜ、フランスはまだ実績のない研究者に院長という重要なポストを与えたのであろうか。この問いに答えるために、まずは、ルイ・フィノについて語ることから始めたい。彼がいかなるキャリアを持つ人物だったかを知ることで、創立当初の学院の目的、さらには、新たに植民地での学問を開始しようとするフランス・アカデミーの目的を読み取ることができるからである。

ルイ・フィノは、ドラポルトがインドシナの地に第一歩を刻み、アンコール遺跡を訪れようとしていた一八六四年に生まれている。ドラポルトより一八歳年少、エモニエより二〇歳年少である。一八八八年、二四歳で国立古文書学院を卒業し、古文書学者の資格を得ている。その後、国立図書館に配属され、副図書館員(一八九二年)として勤務するかたわら、実用高等学院においてインド学者のシルヴァン・レヴィのもとでサンスクリットを習得する。一八九四年に学位を得た彼は当学院のサンスクリット講座副指導教官も務めた。要するにフィノは図書館では古文書整理を担当し、高等学院でサンスクリットを指導する文献学者であった。その彼が一八九八年のインド＝シナ考古学調査隊の隊長に抜擢されたのである。実績のない三四歳の文献学者が隊長として本当にふさわしかったのだろうか。

調査隊は何を行なおうとしていたのであろうか。

まず年齢に関していえば、世紀の転換点に新たな展開を迎えようとしていたフランスの東洋学界では、当時三〇代の研究者が各方面で重要な任務を与えられ、大きな成果を収め始めていた。フランスの東洋学者として初めて中国大陸を踏査し、西洋人による中国考古学のパイオニアとなったエドゥアール・シャヴァンヌは一八六五年生まれで、フィノとほぼ同世代である。シャヴァンヌは一八九三年に中国北部を踏査して報告書を刊行するや否や、二年後の一八九五年には三〇歳にしてコレージュ・ドゥ・フランスの教授に抜擢されている。また、一九〇〇年代初頭にガンダーラの仏教美術研究で一躍欧米と日本の学界で注目されることになったアルフレッド・フーシェも一八六五年生まれ、敦煌学で有名なポール・ペリオはさらに若く一八七八年生まれである。二〇世紀型の実証的なアジア考古学の第一人者となった東洋学者たちはみなフィノと同世代で、一八八〇年代にパリで東洋学の基礎を修めたエリートたちなのであった。これは単なる偶然ではあるまい。

繰り返すように、一八八〇年代といえば、アンコール考古学史では、ドラポルトが踏査の成果としてクメールの美術品をパリに展示し、初めての著作で復元図を発表した時期である。また、ジャポニスムの風潮のもとエミール・ギメらが日本を訪れ、日本の工芸品や仏像をフランスに持ち込んだ時期でもある。フランスには一八世紀以来の東洋学の伝統があり、有能な東洋学者も輩出されていた。しかし、一九世紀末期までは、東洋学といえば中国とインドの文献学が中心であり、現実のアジアを体験すべく踏査することなどまったくなかった。ドラポルトがパリにもたらしたインドシナの考古学的遺物や碑文も当初は重視されることもなく、碑文の解読がオランダやドイツの学者に先を越されるという事態も起こっていた。こうした状況の中で、一八八〇年代に教育を受けた新世代の東洋学者たちは、早急に自らの手でアジアの実地調査を行なう必要性を感じていた。彼らは来るべき二〇世紀にふさわしい新しいフランスの東洋学を開拓しようとしていたのである。その意味では、フィノの極東学院院長の抜擢は、新たな東洋学の幕開けを象徴的に示す一つの出来事であった。一九〇四年に初代院長の六年の任期を終えてパリに戻ったフィノは、二年後にはコレージュ・ドゥ・フランスの初代インドシナ学教授となり、この分野の権威の一人となる。「インドシナ書誌学・歴史学講座」を立ち上げることによって、新しい時代の学問の方向性を国内外にアピールすることとなろう。

草創期の極東学院の調査の実状

だが、それにしても、である。一八九八年の時点ではフィノに実績はなかった。確かに国立古文書学院を卒業し、高等学院で学位を取得した彼は、将来を期待されるエリート東洋学者の一人ではあった。しかし、考古学調査隊の責任者として彼は適任だったろうか。考古学の専門的教育を修めたわけでもない文献学者に何が求められたのだろうか。[*5]

この疑念に対する答えを、我々は、調査隊の目的を定めた政令の中に見出すことができるだろう。調査隊の目的、さらにはその後の極東学院の目的は、考古学的調査のみにあったわけではなかった。今日の考古学という学問が連想させる遺跡の測量や修復・復元という作業は、緊急を要する重要事項とは位置づけられていなかったのである。一八九八年一二月一五日にインドシナ総督のポール・ドゥメールが公布した「インドシナ考古学調査隊の規則に関する政令」を検討しよう。[*6]確かに第二条には、調査隊の目的が「考古学的かつ文献学的調査」の遂行にあると規定されている。

「当調査隊の目的は以下のとおり。(一) インドシナ半島の考古学的かつ文献学的調査を遂行すること、あらゆる手段を講じて、歴史、建造物、固有言語の知識を高めること、(二) インド、中国、マレーシアなどの近隣地域および文明の学識に貢献すること」

しかし、次の第三条では、「隊長の任務」が次のように規定されている。

「(一) 教育活動を統率し協力すること。サンスクリットとパーリの講義、および実用的な考古学の講義を行ない、西欧人や原住民の聴講生の調査能力を育成すること、そして、遂行すべき考古学的業務に協力しうる状態にすること、(二) 第四条に定める特別研究員の研究と調査を指導管理すること (…)」

調査隊の目的には考古学調査の遂行が挙げられるが、それを統率する隊長の役割は、調査のための隊員教育が第一の目的とされている。具体的にサンスクリットとパーリの教育義務が課せられていることから、この政令作成の時点で、既にフィノを隊長とすることが想定されていたようにも想像される。

また、「西欧人や原住民の聴講生」を「考古学的作業に協力できる状態に」教育することを義務づけるこの条文を前に、我々は、東南アジアでの学術調査を開始するにあたって、いかに人材が乏しかったかを知っておかねばならない。この政令を受け、一九〇〇年一月までの一年間に調査員に任命されたのは、ルイ・フィノと次の四名だけである。
アントワーヌ・カバトン　書記官・司書（調査遂行のための臨時）（一八九九年三月六日の政令）
トンキン第三歩兵連隊隊長リュネ・ドゥ・ラジョンキエール、調査補佐（一八九九年三月三一日の政令）
東洋語学校卒業資格取得学生ポール・ペリオ、特別研究員（一八九九年八月一五日の政令）
コーチシナ郵便電信局第一事務官アルフレッド・ラヴァレ、臨時派遣者（一九〇〇年一月一五日の政令）
フィノのほかは全員、期限付きの臨時調査員である。さらにそのうちの二人は軍人と事務官である。次章で紹介するように、カバトンはサンスクリットの素養がありフィノ自身が直接リクルートした逸材ではあった。のちに敦煌学の権威となって世界的に著名な学者となる中国学者のペリオも、この時は東洋語学校を卒業したばかりの二二歳の研究者にすぎない。今日の留学のような形で現地に派遣されたのであるが、彼の専門はインドシナではなく中国であり、学院に駐在する間もなく一九〇〇年二月には北京に向かっている。*7

このように創立時のメンバーはごく少数で、なおかつ考古学的知識のない「素人」も含まれており、ドラポルトの調査隊の構成員とさして変わりがない。フィノは、本格的な調査実践を行なうための新たな人材を発掘し、育成せねばならなかった。彼はその教育にふさわしい人物として隊長（院長）に選ばれたのである。

調査隊を統率したアカデミーも、最初から大きな成果を期待してはいなかっただろう。実質的な調査よりはまずは現地での教育活動を実践的目的として掲げていた。二〇世紀に大きな進展を見せるアンコール遺跡の考古学にしても、一八九八年の時点では、この地区の遺跡の大部分は隣国シャムの統治下にあり、調査を本格的には行なえない状況にあった。本格的な調査はアンコール地区がシャムからカンボジアへと移譲される一九〇七年を待たねばならない。それまではアンナンやコーチシナの調査活動が主であり、サンスクリット専門のフィノが活躍できる場はあまりなかったといえよう。[*8]

フィノを隊長に抜擢したアカデミーの意図に注目してみるなら、一八九八年の政令には、彼を選出したもう一つの理由が隠されているように思える。まず、第一条を読んでみよう。

「インドシナに恒久的な考古学調査隊を創設する。これは総督の認可を得て、フランス・アカデミーの碑銘文学アカデミーの学術的指導のもとに設置される」

調査隊はインドシナ総督府の武官部門に設置されたが、実質的な指導はフランス本国の「アカデミーの碑銘文学アカデミー」の管理のもとに行なわれていた。隊長の任命権もアカデミーにあった。第五条には以下のような条文も見える。

「隊長は、調査隊の調査活動、執筆中ないし執筆予定の著作物、特別研究員の活動、要するに、調査隊の学術的成果と進展に関わるあらゆる事柄について、毎年、インドシナ総督に報告せねばならない。その報告は、総督から公教育省に伝えられ、アカデミーに伝えられる」

隊長は本国のアカデミーの徹底した管理下に置かれたのである。のちに(一九三〇年)、アンドレ・マルローは小説『王道』の中で、極東学院院長をアカデミーの権威を振りかざす、出世しか頭にない官僚的人物として戯画的に描いている（本書第五章を参照のこと）が、この条文を読む限り、学院はまさにアカデミーの手先であったかのように見えなくもない。

さて、ルイ・フィノは、この条文に書かれた義務を果たし、詳細な活動報告をアカデミーの会議で行なっている。そして、その内容は一九〇一年より刊行された『フランス極東学院紀要』（以後『学院紀要』とのみ記す）に逐一掲載された。アカデミーへの詳細な活動報告義務、さらには報告の一般公開という管理体制のもとで、極東学院が作動し始めたのだった。

『学院紀要』は、単なる学術論文集に収まる雑誌ではなく、学院の調査計画と調査の進捗状況を克明に伝える報告書でもあり、アンコール考古学史を知るための一級の資料となっている。また、インドシナのみならず極東全域の時事的ニュースも充実しており、現代史研究にとっても貴重である。この雑誌は一九二〇年まで年四回発行、その後は年二回発行され、時々刻々変化する植民地の状況をヴィヴィッドに伝え続けた。興味深いことに、後に副題として「文献学と考古学の学術雑誌」と記されるこの紀要も、一九〇〇年の創刊時には、単に「文献学の学術雑誌」と記されていた。草創期の学院の活動が必ずしも考古学を重視していなかった傍証となっている。

ここで、ルイ・フィノによる記念すべき一八九九年の創立元年の活動報告を読み、一年目の調査内容について検討しよう。「インド＝シナ考古学調査隊隊長」改め「フランス極東学院院長」となったフィノは、一九〇〇年二月一日、総督にこの報告を提出している。内容はしかし、一言でいえば、一年の成果として得たものは何もなかった、と報告しているに等しい悲惨なものと言わねばならない。

A四判の紀要に小さな文字で七ページにわたる長文の報告だが、よく読めば実質的な学術的調査としてフィノが挙げているのは、ラジョンキエールによるトンキンと中国との国境付近の調査のみである。[*9] しかも、フィノが紹介するラジョンキエールの言葉によれば、「我が調査隊の目的は、考古学的観点および民族誌的、言語的観点から、モンカイやラオカイの〔中国との〕国境付近を調査することであった」が、そこには、「古代の建造物の形跡はまったく見つからなかった」という。こうした状況ゆえに、フィノは、次のようにこの報告を始めねばならなかった。

「我々の関心を引くインドシナの多様な地域において、我々が作業を開始する場所として選択すべきはカンボジアであると確信している。多数の建造物が我々にそう訴えかけている」

当時はシャムの統治下にあり、学院が積極的に踏査できなかったアンコール地区こそ調査に値するという空しい言葉から、報告を始めねばならなかったのである。さらに当時の状況ではインドシナ地域に活動を限定していては何も成果が得られないと言わんばかりに、「考古学調査隊は、インドシナだけではなく、極東全体において調査活動を遂行せねばならない」と強調している。実際、フィノが自らの活動の成果として挙げたのは、オランダが行なっていたインドネシアの考古学の視察であった。既に考古学的成果をあげていた「バタヴィア学術芸術協会」を彼は表敬訪問し、植民地での実践的な調査方法について学んだのだった。「インドシナだけではなく、極東全体」の研究をせねばならない、という言葉自体は極東学院の野心を示す理念ないし理想のようにも読み取れるが、しかし、現実には、理想的な考古学的調査が未だ実施しえないという逆境から出たネガティヴな言葉であると言うこともできよう。

日本学者クロード・メートル

インドシナだけでなく極東全体に目を向けるというフィノの姿勢は本格的なアンコール調査が可能となる一九〇七年までは、きわめて現実的な選択であった。ペリオが学院最初の特別研究員として中国に派遣されたことは既に述べたが、日本人にとって興味深いのは、日本学者のクロード・メートルの事例である。メートルは一九〇一年一二月に特別研究員として学院に派遣されている。アンコールの考古学史に直結するわけではないが、知られざるこの日本学者について、少し語っておきたい。

一八九八年にパリの実用高等学院を首席で卒業したメートルは、銀行家アルベール・カーンによる一八ヵ月の「世界旅行」留学奨学金を得て、初めて極東を訪れている。[*10] 一九〇〇年の夏にフランスに戻った彼は高校教員を務めながら、さっそくオリエンタリストとしての初めての論文「ヤマト（大和）の美術」を『古代・近代美術雑誌』（一九〇一）に発表する。[*11] 飛鳥時代の美術と歴史について論じたこの論文は、フランス人が初めて本格的に日本の古美術を扱った研究として、ジャポニスム研究者には比較的よく知られている。この論文が評価され、彼は極東学院メンバーとなり、一九〇二年一月にインドシナ入りを果たす。翌年三月には日本を訪れ、学院のために日本研究に資する書籍や美術品を購入している。

その後、二年間の特別研究員の資格延長が認められたメートルは、一九〇四年九月から一九〇五年四月まで院長代理を務めるとともに、学院の「日本語教授」となって日本語教育にも取り組んだ。その間に二度の日本訪問も果たし、『学院紀要』に「建国から足利時代の日本の文学史」（一九〇三～〇四）、

「時評、日露戦争の原因」(一九〇四)と題する論考を精力的に発表している。[*12]
メートルが院長代理を務めた一九〇〇年代後半から一九一〇年代前半期は、アンコール遺跡の本格的調査が開始された重要な時期ではあったが、彼の個人的関心はもっぱらインドシナの教育制度と政治に注がれていた。[*13]実際、彼が院長代理として編集主幹を務めた時期の『学院紀要』は、インドシナ各国と日本の社会現象や政治的動向を伝える「時評(クロニック)」が充実しており、じつに面白く読み応えがある。とりわけ一九〇七年の時評に、ここでは触れておきたい。その政治性ゆえにスキャンダルとなり、雑誌の性質のみならず、学院の業務内容にまで変更を強いられる結果となるからである。
メートルが時評に取り上げたのはベトナムの民族主義運動家として知られるファン・チュー・チンの手紙である。当時、ベトナム(アンナン)では宮廷を批判する住民の反乱が各地で起こっていた。ファン・チュー・チンは、フランスに協力するアンナン宮廷(阮朝)の腐敗を糾弾し、民衆による近代的な政治・法律・経済機関の発足の必要性を訴えるとともに、宮廷官僚の一掃をインドシナ総督に求めていた。急進的な民族主義的主張を含むファン・チュー・チンの総督宛ての手紙を、メートルは「全文仏訳して掲載するに値する」陳情書と評して八ページにわたって掲載したのである。[*14]
その「高度に政治的な」(総督の言葉)内容は、インドシナ総督ポール・ボーを不快にさせずにはいなかった。総督はメートルに宛てた私信において『学院紀要』は考古学と文献学に貢献する学術誌であるがゆえに、政治的内容は盛り込まないようにと忠告し、さもなければ総督みずからが検閲を行なうと述べたのだった。[*15]そして、それ以後、『学院紀要』は政治的言動に配慮した「自己検閲」を余儀なくされることとなる。この一件は、メートル一個人の政治的関心の高さを伝えるだけではなく、初期の学院が現地の政治にも積極的に関わろうとしていた事実を伝える出来事として記憶しておくべきものとなっている。

　メートルは一九一三年には任期六年の正式な学院院長に任命されるが、この任務を果たすことなくフランスに帰国する。第一次世界大戦に招集されたためである。この戦争中、彼にいかなる精神的変化があったのかわからないが、戦後、彼がインドシナに戻ることはなかった。インドシナの政治やアンコールの考古学に関わるよりは、パリの日本学者として再び日本学のキャリアを積み上げる道を選んだといえようか。一九二三年にギメ美術館の副学芸員のポストを手に入れた彼は、同年、後に「アメリカの日本学の父」と称されることになるセルゲイ・エリセエフ（日本留学後、当時はパリで活動）らとともに月刊誌『日本と極東』を創刊し、新たな日本学の可能性の模索を開始した。[*16] 既にジャポニスム思潮も過去のものとなり、フランス人の極東への関心はもっぱら中国、そしてインドシナへと注がれていた。創刊号でメートルは、当時の日本研究の停滞を嘆き、第二の日本ブームの波を起こそうと高らかに宣言している。しかし、この雑誌も、一九二五年の彼の突然の死によってわずか一年で終刊することになる。メートルが急死することなく一九二〇年代の日本学を先導し続けていれば、パリの極東研究もまた変わっていたことだろう。死の年、彼は東洋語学校の日本語科教授に任命される予定であった。

考古学的調査のための法的整備

　アンコール考古学に直接的な関与をしなかった日本学者クロード・メートルが院長代理を務めたこ

とからも類推されるように、初期のフランス極東学院の活動においては、考古学が活動の中心を占めたわけではない。それでも、考古学史上にこの時期、すなわち二〇世紀の最初の一〇年間をあえて位置づけるとするならば、来るべき考古学的調査に備えての準備期間として理解することができるだろう。実質的な成果はなかったが、将来に向けての調査体制の構想が練られ、特にインドシナにおける文化財の取り扱いについての法的枠組が整えられてゆくからである。本節では実践的な考古学調査に先立って整備された法的側面について検討しておきたい。

先に見たように、考古学調査隊結成元年の一八九九年には何一つ具体的な成果を上げることのできなかったルイ・フィノであったが、翌年の一九〇〇年より、リュネ・ドゥ・ラジョンキエールとともに遺跡目録の作成に着手している。保存に値する「歴史的建造物」を捜し求め、その一つ一つを記述する基礎的な作業である。その成果は早くも同年に刊行される『インドシナ考古学集成』に表れているが、主たる考古学的調査の場となるカンボジアの遺跡カタログ『カンボジア建造物記述目録』が刊行され始めるのはその二年後のこと、さらにアンコールの遺跡登録が完了するのは、この地区がカンボジアに返還される一九〇七~〇八年を待たねばならない。[*17] 約八年にわたる包括的な遺跡の目録化をフィノとラジョンキエールは継続的に遂行したわけであるが、この作業は一九〇〇年三月九日に公布された遺跡保存に関する法令に従った活動であった。まずは、極東学院の設立とほぼ同時に制定されたこの法令を詳しく検討してみたい。

この法令は「インド=シナの歴史的・美術的価値を有する建造物と遺物の保存に関する法令」と題されるもので、次のような条文によって始まっている。[*18]

「第一条、歴史的あるいは美術的な観点から、全体であれ部分であれ、その保存が公共の利益となる自然または人為的不動産は、フランス極東学院の院長との協議のもと、インドシナ上級評議員常任委員会の審議を経て、インドシナ総督の政令布告によって指定される。指定解除も同様の手続きによって行なわれる」

極東学院の調査に基づき、インドシナ総督の名の下に当地の歴史的建造物の指定を行なうというのがこの法令の主たる目的である。

本格的な調査活動に先立って歴史的建造物を指定するという法的手続きは、既に当時の日本では採用されていた（「古社寺保存法」の成立は一八九七年のこと）が、文化財の組織的調査がいまだほとんどなされていなかった日本以外のアジア諸地域において、インドシナに適用されたこの法令はかなり早い時期に制定された画期的な法令であった。[*19] その背景には、おそらく、フランス本国の文化財政策が反映されていると見てよいだろう。フランスでは、一八世紀末から一九世紀半ばにかけての一連の革命と紛争により、王統派の建造物や教会に対する破壊行為が深刻化しており、破壊や盗掘を防止する目的で、「歴史的建造物」指定によって国家の利益となる遺物を法的に保存する方法が有効であるという認識が浸透していた。また、二〇世紀初頭には、国教分離（一九〇五年）の時代にさしかかり、国家財産でなくなった中世教会の建造物をいかに保護してゆくかという問題が、考古学・美術史関係者の緊急的課題ともなっていた。[*20] 一九一三年には、中世の宗教的遺物の流出を防ぐために、歴史的建造物の法令の一部改正が行なわれ、国有財産のみならず「公共の利益」となる建造物や遺物もまた保護指定の対象となると改められる。池亀彩氏が適切に指摘するように、インドシナにおいては当初から法令において保護の対象となる遺物の「国益」ではなく「公共の利益(公益)」が問題とされており、フランス本国の一九一三年法を先取りするかたちになっている。[*21] お国事情を反映した文化財保護法が、本国に先立って、植民地インドシナにおいて、パイロット的に適用されたといえるだろう。

しかしながら、いうまでもなく、フランス本国の文化財法とは大きく異なる点がインドシナの法令にはあった。あらゆる条項において、主権を有する人民や国王ではなく、インドシナ総督が決定権を有すると規定されている点である。全二〇の条項からなる法令は大きく四部に分かれ、それぞれ、「(一)インドシナにある歴史的不動産、建造物について」、「(二)動産について」、「(三)発掘と発見について」、「(四)一般条項」と題されている。遺物の持ち出しに関わる「動産」については第一〇条と第一一条で規定されているが、そこでは、「歴史的ないし美術的観点、および公共の利益の観点から保存が必要なインドシナ全土の公共の場にある動産の指定は、極東学院院長の管理のもとで行なわれ」、「総督と常任委員会の承認を受けて」決定されるとある。不動産であれ動産であれ、歴史的建造物指定の候補を極東学院の院長がリストアップし、それを総督が認可するという形式になっている。この規定により、指定を受けた建造物と遺物は、総督の許可なしには譲渡することも、売買することも、そして、修復することもできなくなった(逆にいえば、総督の許可さえあれば譲渡も売買も可能であるということで、インドシナ領内の遺物の国外流出が、この法令で不可能となったわけではない)。

要するに、この法令の第一の目的は、インドシナ諸国の国王や住民に対して遺物を私物化しないよう通達することにあったと理解してよいが、加えて、極東学院メンバーを含む、総督府の役人に対しても厳格な制限を課していた。たとえば第七条には「公共性の理由から、指定された不動産の接収行為は、総督府の事前の許可なしには行なうことができない」とある。注目すべきは(三)の発掘と発見に関わる条項である。第一六条において、「発掘や土木作業」を担当する役人が歴史的遺物を発見した場合の措置が定められているが、ここでも、「その場を管理する責任者は発見した遺物の一時的保存を行なうとともに、ただちに取るべき措置を各地方の責任者に通知しなければならない。通知を受けた責任者は、ただちに総督にこれを伝え、総督の決定を待たねばならない」と規定されている。さらに一八条において、「公的な仕事において、指定対象となりそうなものを発見ないし入手したすべての役人は、ただちに総督にこれを通知しなければならない。前述の規定に従い、総督がその対象の処置を決定する」と強調され、一九条では具体的に「いかなる歴史的建造物も、総督の認可なしには、全体であれ部分であれ、移動することができない」、二〇条で「いかなる歴史的建造物も、総督の認可なしに、全体であれ部分であれ、インドシナの領内から持ち出すことはできない」と定められる。役人であれ軍人であれ、インドシナ領内の遺物を独自の判断で私物化することは禁止されたのである。総督の認可なしには、何もするな、というわけだ。

この法令が制定される以前には、ドラポルトのように、カンボジアのノロドム王の認可のもとに考古学的遺物や美術品をフランスへと移動しえた。しかし、新たな法令のもとでは、総督こそが最終的な判断を下しうる唯一の権威となった。インドシナにおける歴史的建造物の管理責任が、すべて、インドシナ総督という一人の権力に集められたという点が一九〇〇年の法令の最大の特徴である。遺跡管理の責任を負うのは、カンボジア国王でも阮朝皇帝でもなく、インドシナ総督であることを明言したのである。

この一九〇〇年の法令は、基本的にインドシナ支配が続く二〇世紀半ばまで機能し続け、一九〇八年から本格的に開始されるアンコール地区の考古学的調査においても原則として守られてゆくことになるが、断続的に補足と強化が加えられている。たとえば、アンコール地区が返還された後の一九一一年、カンボジア国王によって、「アンコール国定公園指定の法令」が発布されている。[*22] この国王法令には、「アンコール遺跡群に特定の指定地域」が設けられ（第一条）、「指定された地域はフランス極東学院によって管理される」（第二条）ことが明記されている。内容的には一九〇〇年の総督令の「インドシナ」と記された部分を「アンコール遺跡」に読み替えただけであり、特筆すべき変更点はない。重要なのは、この法令が総督ではなく、カンボジア国王によって発布されたということだろう。しかし、総督に代わって国王が遺跡管理の責任を負うようになったわけではない。この法令の目的は、従来の規定を国王に追認させ、国王を通じてカンボジア国民に法令順守を徹底させることにあった。国定公園に指定された場所を住民が私有できないこと、さらに「指定外地域においても、住民は、建造物の石や美術品を私物化することは禁止される」（第五条）ことを強調したのである。一九〇七年のアンコール返還当時、アンコール・ワットはシャムの仏教徒によって寺院として使用されていた。すなわち「私物化」されていた。文化財法の整備と強化は、こうした状況を改め、原住民が使用していた現役の建造物をも歴史的建造物として認知させ、総督府のもとにある極東学院の管理下にあることを周知させたのである。アンコール・ワットに関してはインドシナ総督と僧侶たちの間で取り交わされた交渉（立退き料の支払い）によって、一九一〇年三月に僧侶の立ち退きがようやく完了したところであった。[*23]

同様に一九二三年一〇月一八日にもカンボジア国王による「カンボジアの歴史的建造物指定に関する国王法令」が発布されている。[*24] 内容的には、「歴史的または美術的な価値をもつ建造物や遺物は、一九〇〇年三月九日付のインドシナ総督の法令に従って指定されること」を再確認するだけのものだが、総督の法令をカンボジア国民が遵守せねばならないことをいっそう強調している。総督が「特別に保護すべきと評価した建造物と遺物を指定」するので、「我々は、保護を徹底する権利を総督に一任する」と明記されるのである。こうして国王の合意を取り付けながら、総督による一元管理と極東学院による独占的調査体制がインドシナ全土に徹底されてゆくのである。

法制下の遺物の管理と移動

以上のように、歴史的建造物と遺物の指定と管理に関しては総督が全権を握っていた。しかし、現実問題として、個々の遺物の指定や移動について、総督がすべて関与することなど不可能である。アンコール地区割譲後まもなく完成したラジョンキエールの遺跡目録には九一〇件の遺跡が登録されていた。これを隈なくチェックすることなど到底無理である。

法令にも規定されるように実質的な指定作業は、総督府内に設置された「トンキン古美術品委員会」（一九〇一年九月三〇日設置）、「カンボジア古美術品委員会」（一九〇五年一〇月三日設置）などの各種専門委員会が担当していた。こうした委員会には、必ず極東学院の院長が配属された。一九〇五年からは極東学院に新設された考古学調査部長も委員会の一員となる。遺跡調査の計画や遺物移動の判断は、現実的には極東学院院長と考古学部長によってなされていたと考えてよい。これを象徴する条項が一九〇〇年の法令にある。先述のとおり、第一九条において、「いかなる歴史的建造物も、総督の認可なしには、全体であれ部分であれ、移動することができない」と定められたが、この条項はさらにこう続く。「しかし、極東学院の院長は、保存のために移動が必要であると考えられるすべての指定物を、インド

図35　1920年頃の極東学院．

図36　1920年頃の極東学院美術館（ハノイ）．

シナ美術館へ移送することができる」。

この一文はすぐれて現実的な方策として付加されたものと考えられる。調査の途上で搬出可能な遺物を発見した場合、それを総督に報告して、指示を待っていたのでは調査遂行の大きな障害となろう。指示を待つ間に盗難される危険性もある。それゆえ、学院院長の判断で遺物の移動ができるようにし、総督府内の美術館に運び込むことにしたのである。美術館は一九〇〇年には既に計画され、一九〇一年に総督府内の一隅を確保し、「極東学院インドシナ美術館」の名のもとに開館した（図35、36。開館時の写真はなく、ここに掲げるのは一九二〇年頃のハノイの極東学院美術館である）。[*25]

美術館開設の規定が既に一九〇〇年の法令にあったという事実を我々は見過ごすべきではないだろう。本格的な調査を開始する以前から、遺跡からの遺物移動と美術館での保管の意図があったことを暗示しているからである。原則的には遺物の移動を禁止しつつも、例外的に「保存のために移動が必要」な遺物は学院院長の判断によって移動できた。おそらく、インドシナ総督と極東学院にとっては、この例外こそが遺物の管理体制の核であった。これにより、遺物移動が許されるのは極東学院だけとなり、学院による独占的な調査体制を確立することができるからだ。

では、美術館への移動が許された「保存のために移動が必要であると考えられるすべての指定物」とはいかなるものだったのだろうか。興味深いことに、ルイ・フィノは、先に引用した一八九九年の活動報告において、美術館が収蔵すべき遺物について次のように明確な定義を行なっている。[*26]

「我々は、公共財産であれ、私的財産であれ、何某かの彫像やレリーフを遺跡から剝ぎ取って蒐集し、室内を装飾するイコノクラスト（偶像破壊者）の行為を真似ようというのではない。美術館が収蔵するのは、

（一）完全に廃墟となった建造物から出た彫像、

（二）建造物を構成する一部とはなっていない彫像と持ち去られて失われる可能性がある彫像、

（三）既に剝がれてしまった石碑、

である。この他に研究に値する彫像があれば、鋳型に取って復元することとしたい（…）」

図37　「プリヤ・カン，東参道，ナーガを持つ巨人」，ジャック・ポルシェ著『アンコールの廃墟』（1890）挿図．

調査開始の年に、院長自らが遺物移動に関する発言を行なっているのであり、この事実から見ても、遺物の移動と美術館の設置が学院の最重要課題の一つであったことは間違いない。

しかし、そもそも、「完全に廃墟となった建造物」とは誰が判断するのか。廃墟と判断しさえすれば、物理的に持ち出し可能な遺物はすべて移動できるではないか、とフィノの言葉を非難することもできよう。しかし、ここではとりあえず、彼の言葉の裏に、フランスの美術館コレクションのために遺物移動を計画していたと深読みすることは避け、当時の院長の良識的判断として理解しておきたい。

前章で紹介した古写真（図19、20を参照のこと）が示すように、一九〇〇年頃の遺跡の大半は多量の土砂に埋まり、樹木が鬱蒼と茂っていた。調査ではまず土砂を取り除き、崩れ落ちた瓦礫の中から彫像を一時的に持ち出し、復元のためのデータを収集することは必要不可欠であった。シャルル・カルポー撮影による一九〇〇年頃のバイヨン遺跡の写真（図19）に加えて、ここでは、リュシアン・フルヌローの一八八七～八八年の調査時にジャック・ポルシェが撮影したプリア・カン寺院の様子を掲げておこう[*27]（図37）。百聞は一見にしかず、これらの写真を一瞥すれば、ただちに草創期の学院が法令の作成と遺跡の目録化を急ぎ、遺物移動を合法化した理由が理解されよう。廃墟を呑み込む密林には無数の遺物が散乱していた。さらに、たとえばドラポルトの著作（一八八〇年）などによって、遺跡には考古学的かつ美術史的に貴重な遺物が野晒しになっていることが報告され、それらを撮影した写真も世に出た。原住民に建築資材として再利用される危険だけでなく、欧米からの闖入者による盗掘の危険も十分にあった。早急に遺物管理の体制を構築せねばならなかったのである。

こうして極東学院は、本格的な考古学調査に備えて、遺物移動のための美術館を設置した。遺跡の踏査と美術館への遺物移動は、当時の学院の調査体制においては一体をなす活動であったといってよいだろう。その証拠に、遺跡の調査活動の進展とともに、学院の美術館の数も増えてゆく。たとえば、一九〇一年に設置した総督府内の学院美術館に加えて、一九〇五年八月にはプノンペンに「インドシナ美術館クメール古美術セクション」が新設された。アンコール遺跡群の遺物を運び込むためである。[*28]第四章で詳述するように、この美術館は一九一九年にカンボジア国王の出資を得てカンボジア美術館、別の名を当時のインドシナ総督の名を冠したアルベール・サロー美術館として拡張整備され、今日のプノンペンのカンボジア国立美術館の母体となる。さらにトゥーランには学院美術館チャンパ部門が、サイゴンにはブランシャール・ド・ブロス美術館が設置されるという具合で、遺跡の調査の進展を追って、遺物移動のしやすい場所に美術館が設置されていったのである。

それでもなお、初期の学院の調査体制において、美術館の役割は「保存のために移動が必要」な遺物を収蔵し管理するためであったと院長の字義通りに解釈しておきたい。もとより、総督と極東学院が遺跡の遺物を私物化しようと思えば簡単にできた。遺物を歴史的建造物に指定しなければよいのである。あるいは指定を解除すればよい。やがて、遺物の指定解除が行なわれるようになり、その私物化が現実のものとなるが、それは一九二〇年代以降のことである（本書第四章を参照のこと）。

極東学院創設の政治学

初期の極東学院が実行したアンコール遺跡調査の具体的内容については、個々の学院メンバーを主役とする次章に譲ることにして、ここでは今一度フランス極東学院創設時に立ち戻ろう。明らかにしたいのは、インドシナの考古学、すなわち植民地の考古学を立ち上げたフランス人研究者の目的と理念(理想)、そして、その政治性である。植民地に学術機関を設置するという計画はどのようにして生まれたのか。いかなる目的のもとに植民地での考古学が構想されたのか。その意義は何であったのか。植民地考古学の理論的側面について検討し、分析を加えたい。

まず、一九世紀後半期、フランスのインドシナ学がいかなる状態にあったのかを思い出しておこう。フランスはインドシナ各国を保護領としながらも、現地の文物や美術品を対象とする学問には積極的に取り組んではいなかった。フランスが誇る東洋学の伝統はあったが、オリエンタリストの関心は大国の中国とインドにのみ向けられていた。基本的に文献学的研究を専門としていた彼らにとっては、植民地としてインドシナを手に入れ、その地に自由に行けるようになったからといって、特にインドシナが関心の対象となることはなかったのである。その結果、この地を含む極東地域の研究は他国に後れを取るという「嘆くべき状況」(フィノの言葉)にあった。いち早くインドシナを政治的に掌握しながらも、クメールの碑文研究はオランダの仏教学者ヘンドリク・ケルンの手によって、シャム語の文法研究はドイツの言語学者によって、先鞭をつけられるという屈辱を味わっていた。[*29]

この停滞状況を克服すべく、一八九〇年代に入ると、エミール・セナール、オギュスト・バルト、ミシェル・ブレアルなどのフランス・アカデミーの東洋学者は、東アジアに恒久的な研究所を設立し、研究者を常駐させて、アジア研究を推進する必要があると考えるに至った。こうして創設されたのがインド＝シナ考古学調査隊であり、その名称を変えたフランス極東学院であった。

さて、フランスの極東研究が他国より後れているという認識のもとに創設された極東学院は、当初から、フランス独自の学究理念を明確に打ち出す必要があった。他のヨーロッパ諸国の東洋学とは異なる視点を打ち出すことよって、新しい機関を立ち上げる意義を国内外にアピールせねばならなかったからである。フランス型の新たな東洋学の理念を鮮明にするにあたって、彼らが特に批判の対象としたのは、隣国ドイツの東洋学であった。一九〇〇年、ルイ・フィノは、パリで開催されたアカデミーの会議において次のように発言している。

「おそらく、皆さんもドイツ東洋学の欠点を適切に見抜いた慧眼の学者〔ジェイムス・ダルメステテル〕の論文のことを覚えておられるでしょう。その分析によれば、〔ドイツ東洋学は〕空しい問題提起と解答、歴史感覚の絶対的欠如、そして、何度も同じ材料を取り上げ、慣習的な方法を繰り返す狭いサークルの弊害に陥っている。これらすべての問題は、理論的研究と実践的な知とが乖離してしまっていることに起因している。（…）ドイツの学識は、現在を源泉とせず、真の現実と生を研究してこなかったがゆえに、過去の慣習の呪縛に囚われてしまっているのである。しかし、過去を知り、理解し、そして蘇らせるためには、過去から続く現在を生きねばならない。そうすることでのみ、過去の色合いと声を取り戻すことができるのである。（…）このジェイムス・ダルメステテルの思想こそが、フランス極東学院の将来を規定するものであります*30」

一部のフランスの知識人たちが共有していた愛憎相半ばする反ドイツ感情を露わにしつつ、フィノは、ドイツ流の文献学的東洋学を槍玉にあげた。そして、極東の現実を知ることなく文献解読に耽るだけの東洋学から脱皮を図るべく、フランス極東学院が設立されたのだと訴えるのである。要するに、アジアに植民地を得たフランスは、時代に呼応した実践的な学問、すなわち「植民地学」として東洋学を位置づける方向性を鮮明にしたのであった。

この方針は、一九〇一〜〇二年にフィノに代わって学院の院長代理を務めたアルフレッド・フーシェによって、さらに先鋭化した形で表明されている。一九〇二年九月にドイツのハンブルクで開催された国際東洋学者会議に極東学院の代表として出席したフーシェは、この会議において新たに設けられた「植民地セクション」で発言し、旧来の伝統的な東洋学のありかたを強く批判した。曰く、

「会議全体を貫く旧来の規則、つまり厄介な問題については口を閉ざす限りにおいて何でも話してもよいという規則(…)。従来、この規則があらゆる議論を権威づけてきました。真に科学的で利益に関与しないことが学問であると考えられてきたのです。(…)しかし、これではハンブルク会議はまったく意味がないものとなってしまうだろう。それぞれの植民地が門戸を広く開放しようとしている今、東洋学者が、植民地の問題に関心を持つことが再び求められていることを悟らねばならない」[*31]

フーシェは従来の理想であった「政治や利益に関与しない」学問を、植民地主義時代には無意味なものだと主張した。植民地を踏査して現地の実状を把握し、時には政治的に積極的に介入する実践的な

植民地学として新たな東洋学を発展させねばならないと彼は考えていたのである。フーシェは、この言葉のとおり、イギリスの内政干渉に抵抗して戦争を繰り返していたアフガニスタンに考古学者兼外交官として一九二三年に乗り込み、フランスが以後三〇年間、当地の考古学的調査を独占することを条件とした文化協定の締結を成功させている。そして「アフガニスタン考古学代表団（DAFA）」を結成し、考古学調査を開始したのだった。今日とみに注目されているアフガニスタンの考古学的調査は、こうして、インドシナと同じようにフランスの独占的調査によって開始されたのである。アジアの歴史と文化に精通した東洋学者たちは、新たな帝国主義時代における一流の政治家であったといってよかろう。

このように新たな時代のフランスのオリエンタリストは、「後れ」を取り戻そうとしたというよりは、すぐれて政治的な学問として新しい東洋学を打ち立て、起死回生を図ろうとしたというべきだろう。極東学院の創設はその切り札であった。仏領インドシナ連邦を樹立して世界第二の植民地大国となったフランスは、その政治力のみならず、学問的重要性をも世界に向かって誇示しようとしたのであった。

クロノポリティクスとジェオポリティクス

以上のように、フランスのオリエンタリストは植民地の学問を立ち上げるにあたって、自らの政治性を強く意識していた。次に、この政治性について踏み込んで検討してみたい。

東洋学者が政治性を意識したといっても、自らが実際に政治家や軍人となって植民地政策に直接関与したわけではない。彼らは学問を通じて、植民地支配やアジア諸国への介入を象徴レベルで支えたのである。この点をわかりやすく理解するために、本節では、フランス極東学院の創設理念を、現地の「歴史」に介入するクロノポリティクスの観点、および「地の利」を生み出すジェオポリティクスの観点の二点から簡潔に整理し、東洋学における政治性とはいかなるものかを明らかにしよう。

まず、クロノポリティクス、すなわち、植民地の歴史編纂をめぐる政治性についてである。極東学院を植民地に設置するにあたって、フランスの東洋学者たちは、「インドシナの偉大な過去」を歴史的に「再構築」ないし「蘇生」するという目的を大きく掲げている。歴史学や民族誌や考古学によって忘却された過去の歴史を甦らせ、植民地の近代化を図ろうと訴えるのである。アジアの歴史を知る東洋学者は、一様に、中国やインドを含むアジアの一九世紀を「堕落」の世紀と位置づけていた。そして、この堕落から脱却するためには、アジア人に「過去の栄光」と「伝統」の知識を授けねばならないと考えていたのである。たとえば、フィノは、先にも取り上げたパリでのアカデミー会議において、学院創設の経緯に触れて、次のように述べている。

「インドシナの過去に関心を持つアカデミーのメンバーは、インドシナの植民地において、歴史研究の伝統が完全に喪失した事実を嘆き、現地に文献学者を常駐させようと思い立ちました。(…)原住民に、サンスクリットとパーリ、そして、インドに起源を持つ文明の研究に不可欠な考古学と宗教史を伝授しようと考えたのでした[*32]」

文明国フランスの知によって、堕落した植民地の原住民に過去を思い出させること、フィノはまず自らの院長としての使命をこう位置づけていたのである。先述のとおり、一八九八年の考古学調査隊結成の法令には、インドシナでの教育活動の実践が謳われており、法的にもこの使命の正当性が保証されていた。さらに、東洋学者たちは、原住民への教育がフランスの植民地政策に資するものであることを十分に自覚していた。アカデミー会員にして東洋学の権威であったエミール・セナールは、学院院長に就任したルイ・フィノに次のような激励の手紙を送っている。

「ある一つの国を統治するには、（…）その国に、自らの偉大な過去への敬意を呼び起こさせることが最も効果的な方法だろう[*33]」

セナールのこの言葉に応えるように、フィノは、一九〇八年のコレージュ・ドゥ・フランスでの講演において、「政治は力であり、オリエントにおいては、特に、過去こそが最大の力となる」と語り、過去を学ぶ学問と現在を活気づける政治が直結しているとの認識を示した[*34]。このような理念を確認するなら、まさに過去の蘇生ないし復元を目的とする考古学や歴史学がいかに植民地学にとって重要かつ軸となるべき学問であったか理解できよう。東洋学者は、考古学や歴史学のディシプリンをアジアに定着することで、安定的な植民地支配も可能であると考えていたようである。

アジアの現在を「堕落」とみなし、政治的かつ文化的介入を正当化する論法は、ポール・ペリオの言葉にも見ることができる。一九〇〇年に極東学院の特別研究員となり、調査のために北京へ向かった彼は義和団事件に遭遇し、武装してフランス大使館を防衛したという武勇伝を持つ。その経験からであろう、彼自身は中国との政治的交渉には武力制圧ではなく、歴史教育が有効であるとの持論を披露している。教育活動によって西欧人の考え方を中国に理解させることが中国学者にとっての緊急課題であり、それこそが「最良の政治的政策」なのだと彼は言う。さらに、「中国に対し、我々西欧人が早急に行なわねばならない仕事は、中国人を理解した上で、中国人に中国人とはなにかを理解させることであろう」と語り、中国人に西欧を理解させると同時に、中国の過去の偉大さを思い出させねばならないと主張した。[*35] クロノポリティカルな論理を、後の敦煌学の権威も共有していたのである。

インドシナ諸国の過去を蘇らせ、考古学や歴史編纂によってある種の政治的貢献を果たそうとするフランス人東洋学者のクロノポリティクスは、原住民の教育とインドシナの近代化という植民地における内向きの政策であった。一方、次に検討する彼らのジェオポリティクスは、極東アジアに植民地を得たフランスが外向きにその地理的利点を訴える地勢戦略であった。フランスのオリエンタリストたちは、インドシナに学院を設置にあたって、中国とインドの間に位置するインドシナを調査研究する学術的意義を世界に向かって強調したのである。

フランスがアジアに植民地を保有する目的として、当初は、中国との交易ルートの確保やコーチシナやアンナンでの天然資源から得る経済的効果も期待されたが、よく知られるように、いずれも目覚ましい成果は見られなかった。そのようなフランスにとって、インドシナに植民地を保有する最大の意義は、アジアの広大な土地と多数の人口の支配によって、フランスが植民地大国として威信と重みを増し、外交政策を有利にすることができるという政治的理由にあった。仏領インドシナ連邦樹立から間もなくして創設された極東学院も、国際的に注目される活動を通じて、象徴レベルでフランスの政治的威信の高揚に寄与することが求められたのである。

国際的名声獲得に向けての東洋学者たちの意気込みを最もよく表わしているのが、当時盛んに表明されたフランス独自の極東概念である。彼らはインドシナに創設した極東学院が、インドシナ諸国だけではなく、極東全域、さらにはアジア全体の研究のために必須の研究機関であると力説した。先に紹介したように、一八九八年一二月のインド＝シナ考古学調査隊発足の政令の第一条において、インドシナ半島のみならず、「インドや中国、マレーシアなどの、インドシナ近隣の諸地域の研究に貢献すること」が謳われたが、この条文を踏まえて、ルイ・フィノは一九〇〇年に次のように宣言した。

「極東学院の研究領域はきわめて広大である。インドシナ半島のみならず、インドを含む極東全域を研究領域として包含するものである」[*36]

インドと中国を含むアジア全土を研究対象とするという壮大な理念は、明らかにインドシナ外部に向けられたものである。アジアへの進出を画策していた欧米列強国や日本に向かって、アジアにおけるフランスの存在の重要性を訴える目的を持ってなされている。

アジアに研究所を開設する計画が持ちあがった時、当初、フランスの東洋学者たちは、中国かインドを拠点にしたいと望んでいた。しかし、現実的には、植民地としたインドシナに研究機関を設置するしか選択肢はなかった。そのような中で、彼らは、このネガティヴな要因を逆転させる論理を練り上げてゆく。すなわち、インドシナ（インド＝チャイナ）は、その名の通りインドと中国の中間にあり、両大国の研究に最適な場所である、と。さらに、インドシナ研究のためには、インドと中国を研究せねばならず、ゆえに、東アジア全域を総合的に研究する場として、インドシナほど適した場はない、とまで主張されることとなる。たとえばフィノは、次のような巧みなレトリックによって、インドシナ研究の意義を定義づけている。

「インドシナは、己自身によってはけっして説明されない。この地は、民族と文明の合流地点であり、それぞれの源泉に遡らずには、けっして理解しえないのである。シャムとビルマなしにラオスを研究しえないし、インドなしにカンボジアは理解できない。また、中国なしにアンナンを、マレーシアなしでチャムを研究することはできない。極東は一つであり、それゆえ、極東全体が、学院の研究範囲とならねばならない[*37]」

インドシナが中国とインドという二大文明の狭間、すなわち文明の辺境に位置したがゆえに、両文明を総合的に研究する理想的な場となりうるとフィノは強調するのである。

この一九〇〇年のフィノの発言にある「極東は一つ」なる言葉は、我々日本人にとっては、岡倉覚三（天心）の「アジアは一つ」という『東洋の理想』（一九〇三）の冒頭の言葉を想起させるものとして興味深いのではないだろうか[*38]。岡倉が欧米と（文化的かつ学術的に）対決すべく構想した近代アジアの統一的な歴史的枠組を、ほぼ同じ時期に、逆説的にも欧米列強の代表たる極東学院の院長もインドシナを軸にして練り上げていたのである。

一九〇〇年の時点でフィノが岡倉の言葉を知っていた可能性はない。しかし、一九〇〇年に出版されたフランス語版『稿本日本帝國美術略史』の序文にも同様の理念が表明されており、その影響を受けた可能性は十分にあるだろう。この書は一九〇一年の『学院紀要』にも取り上げられていた。[*39] むろん、岡倉の言葉は当時のインドでの民族主義運動をアジア人として援護すべく発されたという時事性を抜きにして考えることはできないが、彼の没後、アジア大陸への侵攻を正当化するプロパガンダ的理念へと摩り替えられてしまう。岡倉にしてみればまさしく「東洋（人）の理想」として掲げられた現実的意味を持つ言葉だったものが、大東亜共栄を夢想する島国の「理想の東洋」へと変わってゆく。フィノの「極東は一つ」という言葉もまた、彼にしてみれば自らのインド学の知識を活用するための方便であっただけかもしれないが、植民地大国フランスの政治的威信を補強する理念へと発展する。広大なアジア全体を包括するジェオポリティクスとして機能してゆくのである。

また、「極東は一つ」と述べたフィノの発言全体をもう一度読み返すなら、引用文冒頭の「インドシナは、己自身によってはけっして説明されない」という言葉にも二重の解釈を与えることができるのではないだろうか。表面的にはインドと中国の文明を理解しなければインドシナを理解することはできないと読むべき文章だが、深読みをすれば、エドワード・W・サイードが『オリエンタリズム』の冒頭に掲げたカール・マルクスの言葉──「彼らは、自分で自分を代表することができず、誰かに代表してもらわねばならない」──との関連性を指摘しえよう。[*40] サイードがこの言葉を冒頭に掲げた理由は明らかである。稲賀繁美氏が解釈するように、「オリエントは自らを表象することができず、他者の手で表象されねばならない」と読み替えさせるためである。[*41]「極東は一つ」なる理念もまた、ルイ・フィノというオリエントの他者による極東の表象にほかならない。西欧人が命名したインドシナ（インド・チャイナ）という名称もまた他者による表象であることはいうまでもない。

ここで我々は、一九〇〇年にインド＝シナ考古学調査隊という名称がフランス極東学院と変更された事実に今一度注目する必要があろう。すなわち、改名にあたってフランス当局とアカデミーがためらうことなく「極東」を冠した名称を採用したことに留意せねばならない。今日の日本人にとって、極東という概念は、中国から韓半島を経て、日本に至る地域のみを含むのが一般的であり、さらに、それを東アジアと言い換えることも多い。インドシナ地域には、東南アジアの名称が与えられ、東アジアとの文明圏の相違が強調される。それゆえ日本人が極東や東アジアという範疇の中に、ベトナムやカンボジアを含むことはまずないといってよかろう。しかし、二〇世紀初頭のフランスのオリエンタリストは、極東という概念をインドシナに適用し、アジア文明の総合的研究の軸となりうる場としたのである。名称そのものが、インドシナを足場に極東アジア一帯におけるフランスの威信を国際的に顕示しようとする誇大なジェオポリティクスを反映しているのである。

いずれにせよ、この日本とフランスにおける極東概念のずれは熟考に値する。

一般的に、日本で構想される「東洋美術史」においては、アンコール遺跡やチャンパ遺跡の美術は、日本が属する「東アジア文化圏」の外部に位置づけられている。しかし、果たして旧仏領インドシナ地域は「東アジア」の外部（他者）なのであろうか。そうであるなら、なぜ外部となったのか。

確かに、日本美術とクメール美術の影響関係は相互に希薄であり、日本美術史の延長線上に東洋美術史を組み立てる限りにおいては、インドシナの美術は他者となろう。小学館の『世界美術大全集東洋編』（全一七巻）においても、「東南アジア」の美術の総称のもとに、クメールやジャワの美術がまとめられて一巻を与えられるにとどまる。[*42] しかしながら、日本の美術史において中国や韓半島の美術に比して、クメール美術の研究が重視されないという事実は、単に、クメール美術が東南アジアの美術であり、日本とクメールの歴史的関係が希薄であるから、という理由だけでは説明できない。現在、クメール美術を専門とする「美術史家」は日本の美術史学界には皆無といってよい。一方、フランスでは、数は少ないながらも植民地主義時代以後も継続的にクメール美術研究者が輩出されている。なぜ、日本ではクメールの美術史家がこれまで育ってこなかったのか。いうまでもなく、半世紀以上にわたってカンボジアを支配したフランスの研究者が独占的に研究してきたからである。カンボジアの美術を研究するためにはフランス語の習得が不可欠であり、東洋美術の専門家には難題となる。また、植民地時代以後の政治的混乱と悲劇の歴史も美術史研究を妨げた。要するに、日本の研究者は、美術史家であれ、考古学者であれ、東洋学者であれ、自国の学問的伝統の外部にあったクメール美術の研究を、「歴史的に」敬遠してきたのである。

このように考えるならば、現在の日本人が共有している「東南アジア」と「東アジア」の文化的差異の認識そのものが、近代アジアをかつて分割的に統治した西欧列強と大日本帝国の植民地主義政策の区分によって歴史的に強化されてきたといわねばならない。アンコール遺跡で行なわれた植民地考古学のあり様を「(日本が関与した)東アジア」の外部での出来事、すなわち他者の出来事として認識すること自体、我々の学問体系の内部に植民地学的伝統が残存している証左であるとあらためて意識化する必要もあろう。

一九九〇年代より、中国や韓国の研究者を交えて、新たな東洋美術史の枠組を構築する試みの必要性が訴えられはじめている。しかし、アジア考古学と美術史学の総合を図ろうとする時、その前提となる「東アジア」と「東南アジア」の文化的差異の認識は研究に大きな歪みをもたらさずにはいない。本節で指摘したように、二〇世紀初頭のフランスの東洋学者は、インドシナと日本に同じ「極東」という概念を与えた。そして初期の極東学院においては、日本研究者のクロード・メートルが院長を務めたし、また、一九二六年の東京日仏会館の創設にあたっては、時の院長代理のアルフレッド・フーシェがハノイの極東学院との連携の強化を図り、インドシナ総督府からも資金が投入された（本書第八章を参照のこと）。極東学院と東京の日仏会館を極東の共同研究機関とみなすフランスの研究者もいた。[*43]日本とフランスの間には極東理解に大きな隔たりがあったのだった。今日、「東アジア美術史」ないし「東洋美術史」の再編を目指す研究者は、こうした歴史的に形成された概念上の歪みをどれほど意識しているであろうか。

確たるディシプリンがあるわけではないが、「東洋美術史」という言い方は比較的一般化しているといえるだろう。この名称のもとに、一つの物語として語り得る歴史があるかのような錯覚を与えられる。だが、実際のところ、近代におけるアジア各地の考古学調査と美術史編纂は、それぞれの地域を統治する西欧列強と日本によって、独自に進められただけで、各国の歴史編纂作業は、総合的に一つにまとめ上げられることはなかった。植民地分割の版図を忠実になぞるように、日本は韓半島と中国北部を、フランスはインドシナを、オランダはインドネシアを、イギリスはインドを、独占的調査研究領域とし、その地の美術史編纂に従事した。極東学院が日本の考古学調査に参加することはなかったし、その逆もない。韓半島は日本人考古学者の独壇場であり、アンコールはフランス考古学の独占地であった。そして各国の専門家たちは、本国の都合に適った東洋概念を創出し、美術史編纂を行なった。結果として、植民地宗主国の欧米列強と日本が各々に都合のよい調査結果を用いて、褶曲と断層を持つ均整のない複数の「東洋美術史」が形成されることとなった。そしておそらく、今日もなお、概念的歪みを内在させた曖昧な「東洋美術史」が流通し続けているのではないだろうか。

今日、日本の考古学者や美術史家たちは、明治から昭和前期にかけて構築されてきた自国の考古学や美術史学の学史的問題点を強く意識するようになっている。しかし、その一方で、日本の外部、さらには東アジアの外部における歴史編纂作業については、いっこうに日本人研究者の関心の内部に入ってはこない。植民地主義時代の再検討作業の常として、たとえポストコロニアルを標榜しても、その検討範囲はかつての植民地を出ることはほとんどない。学界では、植民地主義時代の政治版図を反復する互いに不干渉なコロニー化が生じる。しかし、真の意味でのポストコロニアル研究は、植民地時代に構造化された学問領域を脱植民地化することによってのみ可能であろう。本書において、私は、「カンボジア」における「フランス」人の考古学・美術史の学史を語っているわけだが、その目的はカンボジア人に保護国時代の考古学のあり様を伝えるためでも、フランス人に植民地主義時代の考古学者の行状を伝えるためでもない。もとより、私は日本語の読める読者、すなわち日本人に向かって本書を書いている。アンコール遺跡で行なわれた考古学・美術史の歴史が、日本の外部、東アジアの外部で行なわれた日本とは無関係の歴史ではないと考えているからである。アンコール遺跡の考古学史に限らず、近代の帝国主義時代を潜り抜けてきた東洋美術史編纂のプロセスを正確に追うためには、日本人だからといって、日本人考古学者や美術史家の功罪にのみ注目するのではなく、アジア全体を見渡したより広い視野のもとに歴史を観察しなければならない。そして、各国の考古学的調査結果とそれを統合する理念が、どのように接木され、歪な外形を持つに至ったのかを見極めねばならないのである。

第三章　本国の理念と植民地の実践のはざまで（1）——現地調査員の現実

二枚の写真より――ヤヌスとしての東洋学者

「極東は一つであり、それゆえ、極東全体が学院の研究範囲とならねばならない」――一九〇〇年のパリのアカデミー会議において、フランス極東学院院長のルイ・フィノは自らが率いる学院の研究範囲をこう規定した。植民地としたインドシナを拠点に、極東全体を、さらにはアジア全域を研究対象とすると宣言することで、極東学院の学術的かつ政治的存在の重みをパリの東洋学者に向かって少々大袈裟に示してみせたといってよい。だが、フィノはほぼ同じ言葉を異なる文脈においても使用していた。すなわち前章で確認したように、本格的な考古学調査を遂行しえない一九〇〇年代初頭にあっては、インドシナに調査を限定していては目ぼしい成果も得られない。それゆえ、ネガティヴな発想として、インドシナ外部にも眼を向けようと提案するためにもこの言葉を使ったのである。

一つの言葉が文脈によって多様な意味を持つことを示す最良の例である。かたや宗主国のアカデミーに向けては、堂々たる理想を言祝ぐ誇大妄想的なアジア研究構想を表明する言葉となり、かたや植民地の調査員に向けては、実に現実的で問題回避的な弁明として機能する。とりわけオリエンタリズムをめぐる言説を分析する場合、こうした意味論的多義性には細心の注意が必要だろう。我々はいずれの意味を東洋学者ルイ・フィノの真意として信じればよいのであろうか。

さしあたり、ここではいずれが真実なのかを決定する必要はない。ある種の政治性を含意する言葉に二枚舌はつきものである。我々はむしろ、一つの言葉が持つ二重の意味の落差自体が、一人のフランス人オリエンタリストの複雑な立場を暗示しているのだと考えるべきであろう。

図38　ギメ美術館中庭での集団肖像写真，1920年初頭に撮影．

二〇世紀の植民地主義時代を生きたフランス人東洋学者には、少なくとも二つの顔があった。本国向きの顔と植民地向きの二つの顔を有する双頭のヤヌスである。本国に向いた顔はアカデミー入りという野望を持ったエリート研究者の顔であり、植民地用の顔は過酷な現地調査を遂行する探検家ないし実務労働者としての顔だ。フランスを遠く離れて活動していた彼らは、本国と植民地という歴史も環境も大きく異なる二つの場所を生きていたのである。

ここに二枚の集団肖像写真がある（図38、39）。一方はスーツにネクタイを締め、石造りの堅牢な建造物の前に整列している。胸にポケットチーフのクラシックで洗練された装いを見せる者もいる。眼鏡をかけ正装に身を包む男たちは、政治家でなければ大学教授といったところだろう。警備員らしき帽子姿の男も数名見える。この集団写真は一九二〇年代初頭にパリのギメ美術館中庭で撮影されたものである。もう一方は対照的に、白い作業服に身を包む男たちが大勢写っている。前列中一名を除いてネクタイをしている者はいない。

図39　アンコール保存局前での集団肖像写真，1950年代前半に撮影．

央の初老の男は裸足にズック靴だ。その右隣の男は半ズボン。こちらは、第二次世界大戦後にプノンペンのアンコール保存局前で撮影された写真である。

ギメ美術館前の写真には、当時の館長で、この写真撮影の後すぐにコレージュ・ドゥ・フランス教授となるエジプト学者のアレクサンドル・モレを中心に、学芸員として活躍していた仏教美術研究者のジョゼフ・アッカン、若きクメール美術研究者のフィリップ・ステルヌ、日本滞在経験もあるロシア人日本学者のセルゲイ・エリセエフらの顔が見える。一方、アンコール保存局前の写真の中心にいるのは、両大戦間期の遺跡保全の立役者にして、第二次世界大戦後に再びアンコール保存局長として活躍したアンリ・マルシャルである。「マルシャルありて、アンコールありき」と言わしめた人物である。彼を囲むのは遺跡保全に携わった作業員や保存局の局員である。マルシャル以外にはフランス人らしき姿は見えない。

二枚の写真は撮影時期が異なるので、両者の比較は必ずしも適切ではないことを認めねばならない。しか

図40　敦煌莫高窟「蔵経洞」内のポール・ペリオ，1908年撮影．

図41　ポール・ペリオ，撮影年代不詳．

し、それでも、パリとプノンペンの研究環境の違い、地理的かつ心理的な距離の大きさを伝えて余りある写真ではないだろうか。少なくとも私には、オリエンタリストのヤヌスの顔をこれほど可視的に示す例はないように思える。二つの場所はどれほど異質で遠く隔たっていたことだろう。

もう一対、同じような比較を示したい。一九〇七年にいわゆる敦煌文書を調査し、パリに大量の文書を持ち帰ったポール・ペリオの二点の肖像である（図40、図41）。いずれも有名な写真で、一方は、敦煌において大量の文書を「発見」したペリオが、（明らかに芝居がかっているが）一心不乱に調査している姿を撮影した伝説的写真だ。洞窟に積み上げられた無数の経典を背景に、僅かな光のもとで経典の文字を追う無精髭姿のペリオが写っている。もう一方は、一九〇九年にコレージュ・ドゥ・フランス教授となったペリオの肖像写真である。頭髪も口髭も綺麗に整えられている。古風な学者姿の左胸には勲章が輝く。パリで最高の栄誉に浴した学者の姿がこれだ。敦煌で撮られた写真のまさに研究の虫のような姿と、政治家然とした盛装姿の男が同一人物であるとはにわかには信じ難く、両者のギャップには愕然とさせるものがある。

フランス東洋美術研究のダブルスタンダード

さて、本章と次章では、これらの写真の対比を枕にして、フランスの東洋学者が使い分けた二つの顔の文化史的背景を深く掘り下げてゆきたい。彼らにヤヌスの顔を強いた植民地と本国のあいだには、いかなるギャップが存在していたのだろうか。植民地での彼らの仕事とメトロポール（パリ）での仕事の間にはどのような違いや齟齬があったのだろう。そして、両者の齟齬と断絶は、アンコール考古学の歴史にいかなる影を落としているのであろうか。

前章で検討したように、極東学院の創設にあたってフランス本国のアカデミーが掲げた堂々たる植民地学の理念（理想）と、現実に植民地で開始された困難な調査（現実）とは大きく乖離していた。アジア全域を綜合するとの大風呂敷の理想を宣言する一方で、現実には未踏査の地の開拓から始め、遺跡を発見しては記録し、気が遠くなるような障害物除去作業に没頭せねばならなかった。それゆえ、本章と次章で検討するように、本国で東洋学を修めたエリートが厳しい植民地の現実に向き合うことはきわめて稀で、多くの場合はメトロポールに請来された碑文や古美術品に基づいて研究を発展させようとした。フィノのように例外的に若くして院長に抜擢され現地に赴く事例もあったが、たいていはフランスにとどまって東洋学の研究と教育に従事することに努めていたのである。結果として、現地では植民地官吏や軍人出身の「アマチュア」が調査隊の中心をなしていた。彼らは〈ドラポルトのように〉いわば現場叩き上げの素人東洋学者として考古学的調査を遂行し、いつかメトロポールのオリエンタリストとして成功する日を夢想していた。

パリを離れようとしない東洋学の若手エリート研究者に対して、ルーヴル美術館の東洋部学芸員で、一九〇五年よりルーヴル学院教授を兼任していたガストン・ミジョンは注目すべき発言をしている。一九〇七年にアーネスト・フェノロサの紹介状を持って日本を訪れたミジョンは、半年間、各地の古美術を見て回った。翌年にこの日本旅行の報告を兼ねた著作『日本にて――美術の聖域への旅』を出版するが、その序文に彼は次のように書いている。

「〈日本においては〉考古学的研究はまったく組織されていない。確かに美術への関心はあるが、まったく学術的でない。アメリカやドイツ、フランス、イギリスの大学で学んだ若い学生が、優れた方法を用いて研究すれば、注目を集める重要で学術的な研究をなしうるだろう」[*1]

日本の古美術研究が「まったく学術的でない」とはどういうことか。よく知られるように日本の古美術の専門家たちは一九〇〇年には『稿本日本帝國美術略史』を完成し、堂々たる古美術の正史を構築していた。確かに天皇の治世による時代区分を採用したこの書は、共和国フランスの美術史家には異様に見えたかもしれないが、選別した作品や年代設定に関しては、当時の学術的成果が十分に反映されており、「まったく学術的でない」というのは事実誤認も甚だしい。[*2] それにもかかわらず、ミジョンが、東洋には方法論がなく西洋がこれを提供する、といわんばかりの態度をとったのには理由があった。単に西洋の優秀性を誇示したかったわけではなく、若いエリート研究者たちを東洋、とりわけ極東アジアの研究へと導くためであった。ミジョンはこう続けている。

「極東美術研究に関して我々はいまだに〔ウィリアム〕・アンダーソンのコレクション・カタログ〔一八八六年〕を利用するほかない。この研究が現在、どれほど時代遅れか、嘆かわしいばかりである。フェノロサ氏は（…）事実上、何も書いておらず、将来書くこともないだろう。このような状況において、我々フランス人によるハノイの極東考古学院の創設は大事件となった[*3]」

「ハノイの極東考古学院」とはフランス極東学院のことである。日本では学術的研究はなされていないし、欧米でも未だ十分な仕事はない。極東学院が創設されたのだから、若者は現地で思う存分に研究をすべしと、この国立美術館学芸員兼ルーヴル学院教授は鼓舞するのである。既に、ポール・ペリオは極東学院の特別研究員として中国の調査を、クロード・メートルは日本の調査を行なっていた。彼らに続けというわけだ。そして、最後にこう付け加える。

「優れた方法論を学んだエコル・ノルマルの学生たちも早く気づいてほしい。アテネの学院にばかり注目するが、そこにはありきたりの碑文研究しか残されていない。かたや、イスラーム世界や極東世界には未解読の無数の謎が潜んでいる。（…）成すべきことが山ほどある。学生たちは、そこで、美を手に入れるとともに、栄光を手にすることになるだろう」

当時のフランスは、エジプトのカイロとギリシャのアテネに二つの研究所を保有していた。パリで文献学や金石学を修め、考古学者を志すエリートの大半はそのいずれかの研究所への留学を望んだ。しかし、ミジョンは、そこへ留学しても成果は得られない、つまりは出世できないと言う。逆に、新設された極東学院には「未解読の無数の謎」が山積みだった。その謎を解いて立身出世せよ、というのである。こうした激励が必要なほどに、極東研究はきわめてマイナーな存在であった。

一九〇五年に極東学院の考古学調査部長に就任したアンリ・パルマンティエも、パリのエリートが極東に眼を向けないことに苛立ちを感じていた。

「我々の言語・文学・宗教を育んだ文明の古都ローマとアテネに関しては、フランスのエリートたちは非常によく知っている。対照的に、インドシナは混沌から姿を現したばかりの地であり、その母語であるサンスクリットと中国語はヨーロッパでは非常に限られた学者にしか研究されていない。インドシナの美術については、近年アンコールが発見されたにもかかわらず、まったく知られていないといってよい」[*4]

パリの国立美術学校出身の建築技師であったパルマンティエは植民地での実践的経験を重ねることによってオリエンタリストとしての確たる地位を手に入れた人物であった。だからこそ、東洋学のエリート教育を受けた若者が極東に眼を向けないことに苛立ちを隠せなかったのだった。

しかしながら、ミジョンのいうように、エリートたちはインドシナで「栄光を手にする」ことが果たしてできただろうか。たとえ東洋学の素養を持ったパリの学生が現地入りしたとしても、草創期の極東学院においては院長フィノのように、現実には自ら修めた学識を生かすことはできなかった。極東学院メンバーのキャリアを社会学的に分析したピエール・サンガラヴェルーは、『極東学院、あるいは外縁の学院』（一九九八）において、皮肉たっぷりに、しかし的確に次のように書いている。

「極東学院への派遣を志願した本国の研究者は、現地に身を置くや、自らの研究を放棄せねばならなかった。極東学院での滞在は、自分の研究の継続というよりは、むしろ、現地での東洋研究キャリアの新たなる始まりにすぎなかった*5」

このような二〇世紀初頭の状況を確認するならば、新設された極東学院は、単に従来の東洋学に実践的調査研究という新分野を切り拓いたというにとどまらない大きな意味を持ったと考えねばならない。すなわち、極東での実践的東洋学という新しいスタンダードを用意することによって、伝統的な東洋学との間にある種の亀裂を生み出し、メトロポール（パリ）と植民地という方法論的にも理念的にも異なる二つの研究の場を設定したことになる。繰り返すように、本章と次章で私が明らかにしたいのは、この二つの場の乖離的状況とその考古学史への影響である。

前置きが長くなるが、ここで植民地と本国との二重の研究体制に注目する意義について、もう一言だけ付け加えておきたい。

アンコール遺跡の考古学史を語ろうとする時、現地で行なわれた遺跡調査活動を編年的に記せば最もわかりやすい歴史となるだろう。しかし、現実には考古学的研究や美術史研究は現地以外においても進展していた。パリにはインドシナ美術館やギメ美術館があり、そこでも当地の研究者が独自に研究を重ねていたのである。そして、植民地とパリの二つの調査研究の場が複雑に縺れ合いながら、フランス人によるアンコール考古学およびクメール美術史の編纂作業が進行していたのである。この歴史の現実を活写せねば、学史編纂としては大きな欠落を有することになろう。さらに、二つの場の競合と対立という解釈軸を設定しない限り、二〇世紀前半期に生起した様々なアンコール考古学史上の問題を正確に理解することは難しい。

一般的に、植民地における学問の歴史について考える場合、植民者であるフランスの欧化（近代化）主義と被植民者であるカンボジアの国民主義を対立項として設定するという（ポストコロニアル研究でお馴染みの）方法論も確かに有効だろう。たとえば、英国人研究者とインド人研究者によるインド美術史構想の対立、あるいは日本の場合では、西欧の諸制度の導入によって開始された美術史構想と国粋主義的な日本史観との対立などが、同系の問題として想起することができる。しかし、アンコール遺跡の考古学に関する限り、この二項の対立図式では考古学史や美術史編纂上に浮上した問題を理解することができない。政治レベルでは、とりわけ一九二〇年代以降、植民者と原住民の抗争が顕在化したが、考古学や美術史などの学術文化の水準では明確な対立が浮かび上がってこないからである。その一方で、フランス人研究者間の対立、特に本国と現地の研究者の対立的関係がアンコールの考古学史の節目ごとに間歇的に顕在化する。両者の方法論や理論の相違、東洋美術史構想に関わる歴史観のずれが論争や対立を生み、遺跡保存の根幹に関わる問題にまで深い影を落としている。原住民を無視するかたちで、アンコール研究の場として、いずれが「内」でいずれが「外」なのか、決定不能なままに本国と現地が対立しつつ、アンコールの考古学史を織り上げているのである。

このような視点に立ち、我々は遺跡の現場での調査の実態とフランスでの研究の進展を対比的に浮かび上がらせてゆきたい。少々錯綜した物語構成となるが、まず第三章において現地調査を遂行した個々の調査員の活動について語り、その後、第四章において現地の実情からかけ離れたメトロポールの活動について叙述する。一九〇七年にアンコール遺跡地区の調査が行なわれるようになって以降、両者の齟齬は様々なレベルで露呈する。アンコール研究の主導権争いの中で、遺跡保全にとって深刻で危機的な問題も胚胎されることとなろう。

現地調査員のキャリア（1）――文献学者カバトンと遺跡目録作成者ラジョンキエール

日本の帝国主義時代にも、韓半島から中国北部にかけて大規模な考古学調査が行なわれ、日本考古学を代表する錚々たる面々が派遣されたことはよく知られている。[*6] 対照的に、インドシナの考古学のために派遣されたフランス人の大半は考古学者でも美術史家でもなく、学者ですらなかった。考古学とも東洋学とも無縁だった軍人や文人官吏や建築家が、植民地の考古学に魅せられ、キャリアを積み上げてゆくさまはまさに小説のようにドラマティックである。各人物を深く掘り下げて、伝記を書けばどれほど面白いものができるだろう。本書ではそういうわけにいかないし、私にそのような能力もないが、初期の調査員の経歴をここで幾つか紹介しておきたい。彼らの経歴を辿ることで、当時の植民地考古学の実態をより鮮明に理解することができるからである。

極東学院に派遣されたメンバーの経歴については、先に引用したサンガラヴェルーの著作『極東学院、あるいは外縁の学院』でも取り上げられている。副題に「植民地学の社会史・政治史的研究の試み」を掲げるこの著作は、学院の歴史に関する唯一のクリティカルな研究書で、本章の記述もこの書に負うところが大きい。残念ながら、フランスでもこの著作は注目されず、極東学院の初期のメンバーたちは、いまだ人名辞典に掲載されることのない無名の人物が大半である。それでも、この書の刊行以降、極東学院関係者による学院の歴史編纂が積極的になされ、二〇〇一年には『アジアへ向けた一世紀』と題する学院の「正史」、および翌年には『アジア研究者』と題する極東学院メンバーの人名目録が刊行されている。[*7] また、ウェヴ・サイトにはアンコール遺跡の考古学に従事したフランス人に関するものも充実しつつあり、一〇年前に比べるとはるかに情報が入手しやすくなっている。[*8] こうした情報に私が独自に調査した結果を追加して、人物略歴を描写することとする。

極東学院の前身インド＝シナ考古学調査隊の活動はまず一八九九〜一九〇〇年に、ルイ・フィノとアントワーヌ・カバトンの文献収集作業によって開始されたと前章で述べた。フィノについては前章で詳述したので、ここではアントワーヌ・カバトンから現地調査員の略歴叙述を始めよう。[*9]

カバトンの在任期間は二年と短い。彼はパリで東洋学を学んだ数少ない調査員の一人で、学院の任務の後はパリでも一定の成功を収めている。その意味では、本章の主旨にはそぐわない例外である。しかし、現地経験を終え、パリで成功した例外的事例を押さえておくことで、逆に、そうならなかった大半の現地メンバーの憂鬱をより一層理解することもできよう。また、彼を通じて、現在の我々には理解が難しい「植民地学者」の成功とはいかなるものであったのかを知ることができるだろう。

カバトンはまずパリで薬学と医学を修め、聖アントワーヌ病院の助手を務めていた。ほぼ同じ世代で海軍医として南洋を訪れ、やがて中国考古学へと足を踏み入れてゆくヴィクトル・セガレンと同じように、カバトンもオリエントへの憧憬を募らせ、病院勤務と並行して国立東洋語学校でアラブ語を、そして実用高等学院においてサンスクリット語を修得した。一八九〇年頃には、医学ではなく文献学を志すようになり、国立図書館の特別研究員として極東関連書籍の目録作成の仕事に従事した。ここで同じく国立図書館に勤務していたフィノと出会う。一八六三年生まれのカバトンはフィノの一歳年長で同世代であった。考古学調査隊隊長としてインドシナへ渡ることになったフィノが真っ先に同年代の同僚であるカバトンをリクルートしたのも自然の流れであった。

カバトンの専門は特にアラブ語でイスラーム文化に関心を持っていた。インドシナに渡った彼の仕事は必然的に東アジアのイスラーム教圏であるオランダ領東インド（インドネシア）へと向かっていった。フィノがバタヴィア学術芸術協会を視察した時には彼も同行した（一八九九年）。しかし、本格的な調査を開始する間もなく、馴れない地で病を患ったカバトンはパリへ戻り、再び図書館員となった。現地調査の成果の発表はパリに戻ってからのことである。まず、彼はインドシナでの文献収集の成果としてチャム族の研究「チャム族の新研究」を『学院紀要』（一九〇一）に発表、次いで一九〇六年にはエモニエとの共著『チャム語＝フランス語辞典』を刊行した。[*10] チャム族には一一～一二世紀以降イスラーム教文化が浸透しており、チャム語はベトナム語やクメール語とは異系で、マレー語やインドネシア語に近い。インドシナの研究とはいえ、彼自身のアラブ語とマレー語への関心を反映したものであった。こうした業績が評価され、彼はフランスでは珍しいマレー語の専門家として一九〇六年に国立東洋語学校のマレー語教師のポストを手に入れる（一九二〇年に教授）。その間に、『オランダ領インド（インドネシア）』（一九一〇）を刊行するなどして、東アジアのイスラーム文化の専門家としての地位を築いてゆく。この書は翌年に『ジャワ、スマトラとオランダ東インドの島々』のタイトルのもとに英訳刊行され成功を収めた。[*11]

パリでの教職の合間にアルジェリア、チュニジア、スペイン、ポルトガルを訪れたカバトンは、東アジアへのイスラーム文化の影響についての研究を深めてゆく。中東や西欧のイスラーム世界と東アジアとの言語的かつ文明的な親近性を証明するという独創的な研究を展開したのだった。その成果はたとえば「一六〜一七世紀のインドシナにおけるスペインとポルトガルの資料」(一九〇八)、「インドシナのマレー人」(一九一二)、「一七世紀のカンボジアとラオスにおけるオランダ人」(一九一四)、「インドシナのイスラーム」(一九二七)に見られる。アジアと中東、そして西欧を結ぶイスラーム文化圏を知る希少な専門家である彼は、ナジール・アブドゥル＝カリムの言葉を借りるなら、新しいフランスの東洋学の特徴である「辺境(ゾーン)研究」の代表者であった。[*12]

現地でチャム語やマレー語に磨きをかけたカバトンは、本国において語学教師のポストを手に入れ、「辺境」の言語を駆使することのできる植民地学者として活躍した(今も昔も語学が身を助けるということだろうか)。彼の専門が伝統的な東洋学であったならば、あるいは考古学や美術史であったならば、このような成功は難しかったであろう。

カバトンと同じく創設時のメンバーで、後の考古学の発展に大きな事績の残したのが次のエティエンヌ・リュネ・ドゥ・ラジョンキエールである。[*13] 前章で紹介した遺跡目録『インドシナ考古学集成』と『カンボジア建造物記述目録』全三巻を作成した人物である。

リュネ・ドゥ・ラジョンキエールは一八七九年に植民地歩兵団の一員となり、一八八三年より少尉としてインドシナに配属されていた。フランス語でいうところの「熱帯人(ブルサール)」として、インドシナの地理のみならず各地の治安を知り尽くす軍人であった。未知の土地を踏査して廃墟となった遺跡を探索するためには彼のような人物が必要不可欠であり、その意味では初期の学院に典型的なていもよい。彼が極東学院の一員となったのはフィノとの「偶然の出会い」によってである。歴史の悪戯といってもよい。インド＝シナ考古学調査隊が結成された一八九八年、ラジョンキエールは一年の公定休暇を得てフランスに帰国し、その年の一二月、再び任務のためにインドシナに戻ろうとしていた。そして、そのサイゴン行きの船の中でフィノと偶然出会うのである。アンドレ・マルローの小説『王道』において、初めてカンボジアを訪れようとしていた主人公クロードが船上で植民地を熟知する謎の人物ペルケンと出会い魅了されたように、フィノもまた植民地を知るラジョンキエールの話に耳を傾け、植民地の状況について話し込んだのではなかろうか。[*14] 一八六一年生まれのラジョンキエールはフィノより三歳年長で、頼れるインドシナ踏査経験者として学院のメンバーとなるには最適であった。さっそく、フィノは調査メンバー入りを打診し、ラジョンキエールはそれを承諾した。

彼は当時危険とされた未踏査地帯、いわゆる未帰順地帯も調査しつつ、森林に埋もれた廃墟を探索し、その位置と遺跡の状況を記録した。当時、フランスがインドシナ全土を植民地として掌握したとはいえ、とりわけ現在のベトナムとラオスの国境付近には多様な民族が各々の村を形成しており、政治的交渉を行なわねば踏査できない危険な場所も多々あった。後述するように、そうした場所で命を落とした学院メンバーもいる。ラジョンキエールはこうした危険を克服しながら調査を行なったのである。彼が作成したのは、遺跡分布の記録だけではない。言語や風俗に関連する幾つもの民族誌学的地図も作成している。今日ではむしろ、民族誌学（エスノグラフィー）において、比類なき地図作成者（カルトグラフ）として知られているようである。

『カンボジア建造物記述目録』を完成するにはアンコール地区がカンボジアに返還される一九〇七年

を待たねばならなかったが、その後のラジョンキエールの行動は早く、その年の一一月六日には調査を開始している。[*15] そして翌年には全九一〇の遺跡を登録した第三巻を刊行した。そこには、のちにマルロー事件の舞台となるバンテアイ・スレイ寺院の遺跡などの欠落もあり、一九二四年に抜本的な見直しがなされるが、それまで二〇年近くにわたって遺跡を把握するための唯一の基礎的資料であり続けた。（逆にいえば、彼の仕事を引き継ぐ者はおらず、それが、マルロー事件を誘発する結果となったともいえよう。本書第五章を参照のこと。）

一九〇七〜〇八年のカンボジア踏査を最後に、ラジョンキエールは一九〇九年に植民地歩兵団を退役し、学院メンバーを退く。パリに戻った彼は一九一三年にその貴重な目録によってアカデミーのボルダン賞を授与されている。退役後も死の一九三二年まで極東学院特派員として、学院を遠くからサポートし続けた。

現地調査員のキャリア（2）——二人の調査員の死、カルポーとオダンダール

学院メンバーによる遺跡の目録作成作業と並行して、フランスのアカデミーは、カンボジアの特定の重要な遺跡の測量や平面図の作成のために新たな特別調査員を極東学院に派遣している。シャルル・カルポーとアンリ・デュフールである。

カルポーは前章で見たバイヨン遺跡の写真（図20）を一九〇一年に撮影した人物である。写真技師として彼は、アンリ・デュフールとアンリ・パルマンティエが指揮したバイヨン遺跡やベトナムのドン

ズオン、ミーソンの初期調査に随行した。当時の遺跡の状況を伝える貴重な写真は現在、ギメ美術館に約三六〇点所蔵されている。極東学院と関わったのは一九〇一～〇四年の三年半のみであるが、彼はアンコール考古学史を語る上で欠かすことのできない、ある意味で伝説的な人物となっている。理由はその悲劇的な人生にある。初期の極東学院の調査に関わった人物が、いかなるキャリアを経てインドシナに渡り、数奇な人生を辿ることになるのかを象徴する人物の一人である。

シャルル・カルポーは一九世紀フランスを代表する彫刻家ジャン＝バティスト・カルポーの子で、その妻アメリーとの間に一八七〇年に生まれた。偉大な彫刻家の父はシャルルが五歳の時に他界する。父を亡くした彼は兄姉とともに母親に育てられた。兄ルイは植民地歩兵仕官、姉ルイーズは彫刻家となった。シャルルも父と姉の影響を受け、彫刻家を目指していたものと思われる。だが、いかに有名な彫刻家を父としていても、フランスの芸術制度は世襲制ではなく、父親の威光によって芸術家になれるわけではない。特に国家的な芸術保護が大きく制限された第三共和政のもとでは、芸術家の没後に残された遺族は財政的窮状に陥ることもしばしばあった。[*16] いかにして故人の作品を国家や画廊に購入してもらうかが、遺族にとっては死活問題となっていた。カルポー家に関しては母親も裕福な家系の出身であり、こうした窮状にあったわけではないが、彫刻家を目指して鋳型採取技術と写真技術を身につけたシャルルも、一八九四年に『カルポー・ギャラリー』と題する父親の作品集を刊行し、彫刻家の作品の普及に努めている。[*17]

さて、この『カルポー・ギャラリー』を出版した時期、シャルルは鋳型と写真の技術を買われ、パリのインドシナ美術館に助手として勤務していた。レプリカ製作や写真撮影を行ないながら、やがては彫刻家となる夢を持っていたと想像されるシャルルだが、一八九四年に転機が訪れる。あるジャーナリストが新聞記事で母親アメリーを中傷したのである。偉大な彫刻家の未亡人であるにもかかわらず、商業主義に陥って、芸術家を裏切っている、と。さらに彫刻家の晩年に関する愚劣な噂にまでその記事は言及していた。シャルルはこの記者に憤慨して決闘（一八九四年七月三日）を宣言し、スキャンダルとなった。決闘は回避されたが、当時、二四歳のシャルルにとって、この事件は将来に大きな禍根を残すものとなる。偉大な父を持ったがゆえに、彼は常にその名から逃れられないことを悟らねばならなかった。そして、不安から逃れるかのように、彼はパリを離れる決心をし、アルベール・サロー（のちにインドシナ総督、フランス首相となる）の推薦状を得て、一九〇一年一〇月にフランス極東学院のメンバーとなったのだった。

彼はまず一九〇三年四月までは特別研究員として、それ以後は実務作業長として学院の調査に関わる。鋳型採取と写真技術を習得した即戦力として彼は活躍する。インドシナ各地の考古学的調査に彼は必ず同行し、廃墟と化した遺跡の姿や残された彫刻を写真に収めていった。特にバイヨン遺跡の状況を伝える最初の本格的刊行物である『アンコール・トムのバイヨン遺跡、アンリ・デュフールとシャルル・カルポーの調査によって収集した資料に基づくレリーフ群』全二巻（一九一〇～一三）は注目すべきものである[*18]。

しかし、カルポーの活動は一九〇四年三月に突然の終わりを迎える。度重なる体調不良にもかかわらずバイヨン遺跡のレリーフ群を写真に収めていた彼だが、その仕事中にマラリアと赤痢を併発して倒れるのである。治療のためフランスへの帰国便の到着を待っていた彼だが、六月二八日、サイゴンであっけなくも絶命してしまう。三四歳の若さであった。

初期の極東学院の悲劇を代表する彼の死に対して、アンリ・パルマンティエが『学院紀要』に、アルフレッド・フーシェが『アジア雑誌』に追悼記事を書いた。[*19] 翌年、カルポーの亡骸と遺品がパリに戻ると、プティ・パレ美術館で彼の業績を称える展覧会（六月）も開催される。さらに一九〇八年には母親の手によって、『アンコール、ドンズオン、ミーソンの廃墟』と題する著作も刊行された。インドシナから母親に宛てた手紙と日記を収録したこの書物は、植民地考古学の実状を伝える一級の史料となっている。[*20] 本国フランスにアンコール遺跡の存在を知らしめたのは著作物として発表された数々の寺院の写真や調査結果だけではない。こうした調査員の悲劇もまた、アンコールの名をフランス人の心に刻み付けてゆくことになった。シャルルの最後の仕事場となったバイヨン遺跡の近隣には一九三四年五月に建立された記念碑がある。碑文には「シャルル・カルポー、科学と芸術のために死す」と刻まれている。アンコールはカンボジアの歴史の証言者であるとともに、フランス人の記憶のトポスでもある。

一九〇四年六月のカルポーの死は極東学院が経験した最初の悲劇ではなかった。そのわずか二ヵ月前の四月八日、もう一人のメンバーがインドシナで絶命していた。プロスペル・オダンダールである。オダンダールの死は学院の歴史のみならず、フランスの植民地史の悲劇として記憶され、数々の植民地小説や歴史書に語られるところとなっている。

オダンダールが学院の調査に関わったのは一年にも満たない。一九〇三年三月に学院特派員に任命され、実際に調査を開始したのは一九〇四年二月である。その二ヵ月後、彼は目的を果たすことなく他界する。殺害されたのである。

オダンダールはトンキン第四狙撃隊の中尉として一八九〇年八月にインドシナ入りした軍人であった。ベトナム中部の山岳地帯からラオスにかけての調査に従事していた彼は、一八九七年にラオスの警視官に任命され、主に南部のサヴァンナケート県とアタプー県の管理を任された。多様な民族からなる原住民との交渉を通じて、彼はチャム族の風習と文化に関心を持つようになったという。

極東学院はチャンパ遺跡とチャムの古美術の調査のために、オダンダールに白羽の矢を立てた。既に学院は未踏査地域の調査のためにラジョンキエールをメンバーに迎えていたが、当時、最も危険とされていたラオスの地方部の調査には新たにオダンダールを必要としたのであった。オダンダールもまたメンバー入りの要請を歓迎した。一九〇三年は彼の一年間の休暇の年に当たっており、パリに一時帰国した彼はさっそく来るべき調査に備え、実用高等学院においてパーリとサンスクリットの講義を受けている。彼もまた「熱帯人」から東洋学者への転身を夢見て、積極的に行動を開始したのであった。このとき彼は三六歳であった。

休暇を終えてインドシナへ戻った彼は一九〇四年二月よりラオスを目指す調査を開始する。時の院長代理に送った二月四日の手紙では「アンナン〔ベトナム〕の山岳地帯のダクラクからアタプー〔ラオス〕へ北上し、そこからサラワンを目指す」計画だと伝えている。三月二三日の手紙〔院長代理に宛てた最後の手紙〕では、ダクラクに隣接するチェオ・レオに到着したことが告げられ、その間にバンメトート北部六五キロメートルの地点にチャムの寺院の遺跡を発見し、五日間の発掘調査をしたと報告されている。しかし、同時にこの時、オダンダールは次の調査の困難にも言及している。「この地からコントゥムへの途上においては、民族誌学的調査の成果が得られないのではないかと恐れています」。この地域はモイ族やジャライ族など複数の部族が暮らしており、民族誌学的調査には魅力的であったが、未帰順の住民との交渉は困難を極めていた。彼の不安は的中し、最悪の結果を迎えるのである。

殺害に至る経緯については、調査に同行したベトナム人随行員によって詳細に報告され、ルイ・フィノが長文の追悼記事の中で明らかにしている。[*21] オダンダールは調査遂行の交渉を行なうため、この地域の少数部族を統率する「サデート」（呪師集団とフランスのオリエンタリストは記述する）と会見する。当初「サデート」はフランス人との政治交渉に前向きであったらしい。オダンダールは水牛一頭を貢物として差し出すという条件で「フランス人との平和を保証する」という政治的交渉に一端は成功した。だが、水牛を用意した当日の四月七日、呪師集団の集落に入る門前で部族たちに取り囲まれ、槍で刺されて火に焼かれたという。

オリエンタリストへの転身を夢見ていた三六歳のオダンダールの無残な死は、フィノをはじめ当時の院長代理であったアルフレッド・フーシェを大いに悲しませた。一九〇四年五月一三日にパリのアジア協会において追悼の辞を述べたフーシェは「一九〇〇年に北京で当時の特別研究員ペリオ氏が経験した苦悩」の後、再び、アジアの研究者に最大の不幸が襲ったと語っている。[*22]

オリエンタリストの政治性に言及した前章で取り上げたように、フーシェのいう「一九〇〇年の北京」とは義和団事件のことである。北京に派遣されていたペリオもフランス領事館内で武装集団に取り囲まれた。フーシェは、アジアにおいて調査を敢行する東洋学者が直面せねばならない政治的困難に言及しているのである。さらに彼が一九〇二年の国際東洋学者会議で述べた言葉（一二四ページ）をここで思い出していただきたい。「東洋学者が、植民地の問題に関心を持つことが再び求められている」と述べ、まずもって政治的であることが二〇世紀の東洋学者には不可欠だと主張していた。その意味で、フーシェにとって、オダンダールの死は、まさに政治的使命を担ったオリエンタリストの殉死と理解されたに違いない。

他の現地調査員たちのキャリア紹介を続けねばならないが、ここで、東洋学者と政治の問題に対する本書のスタンスについて一言述べたほうがよいだろう。本章を読み進めてきた読者は、私がインドシナで調査を行なったフランス人に同情し、彼らの政治的行為を肯定しようとしているのではないか、さらには植民地に介入した宗主国の植民地主義的行為を正当化しようと思っているのではないか、と不審に思っているかもしれないからである（本書の終章で報告するように、韓国で本書の内容の一部を講演したとき、私はそのような批判を受けた）。

私は本書に登場するオリエンタリストの政治的行為に対して、善悪の判断をするつもりはない（そもそも近代の政治に善悪など存在しただろうか）。フーシェの言葉に明示されるように、植民地主義時代のオリエンタリストは学問が政治であると強く自覚していた。政治性なしには学問が成立し得ない、政治的であるがゆえに学問足りうる、そのような認識すらあった。こうした自覚的なオリエンタリストの行状や事績に対して、現在の我々が、たとえばエドワード・サイードの『オリエンタリズム』を盾にして、それを学問の名を借りた政治にほかならなかったといったところで、堂々巡りのトートロジーで意味がない。

サイードがタイトルとした「オリエンタリズム」とは、従来は単に「東洋学」を意味する言葉であったが、彼の著作が注目されて以降、この言葉はまずもって西洋人が東方に向けた支配的で軽蔑的な態度を指すものに変わり果てた（少なくとも日本では）。私はサイードの分析の骨子に異議を唱えるつもりはない。しかし、サイードに依拠して、オリエンタリスムを短絡的に政治的悪として非難して事足れりとする言説が横行するようになった現状には異議を唱えたい。そもそもサイードの件の書が流行したのは、当時の我々がオリエンタリスム（東洋学）とは何であったかをまったく知らなかったからであろう。かりにフーシェがこの書を読んだとすれば、何を当たり前のことを書いているのだと思うだけである。

私の目的は東洋学がいかに政治的であったかを明らかにすることではない。これは目的ではなくて前提である。この前提のもとに、私は、ある意味で政治史としてのアンコール考古学史を書き、政治的達成としての今日の考古学・美術史学の姿を浮かび上がらせたいと思っている。二〇世紀のアジア考古学が政治抜きでは成立も成功もなかったことを確認したいのである。その政治が悪だというのであれば学問もまた悪である。政治的悪のもとに豊かな学問的成果がもたらされるという現実もある。今日、オリエンタリストの言説や行動の政治性が非難されるのだとすれば、（前章で紹介した一九〇二年の東洋学者会議の方針に顕著なように）学問と政治を切り離し、学問に内在していた政治的な部分を忘却しようとしたからにほかならない。さらにいえば、現在に至る学問の伝統を擁護するために、我々はそこに内在しているはずの政治性を切り離し、それだけを集中的に非難するよう仕向けたのである。こうした現状においては、植民地主義時代を生きたオリエンタリストの事績に対して、せいぜい、彼らの学問的業績は素晴らしいが、政治的には問題がある、というような的外れな評価をするしかない。我々が継承した学問を擁護するために、その犠牲としてかつての学者の政治性が非難される、彼らオリエンタリストはこうした屈折した不幸な運命のもとにあるのだ——これが、本書のタイトルを「オリエンタリストの憂鬱」としたゆえんである。こうしたまったくの都合のよい学問礼賛と政治批判の現状にある学問史を克服し、すぐれて政治的であったオリエンタリスムの一つの歴史を描き出すことが本書の目的なのである。

現地調査員のキャリア（3）——建築家の仕事、デュフールとパルマンティエ

現地調査員の経歴に話を戻そう。ここまで四人の経歴を検討した。植民地学者として活躍したカバトンを除いては、東洋学の教育を修めていないアマチュア研究者であった。彼らは植民地での実践的調査を積み重ねることによって、考古学者ないし東洋学者としてのステイタスを手に入れたいと願っていた。次に紹介するアンリ・デュフールとアンリ・パルマンティエも東洋学者でも考古学者でもなかった。彼らはパリの国立美術学校を卒業した建築家であった。

デュフールはカルポーとともに一九〇一年にバイヨン遺跡とアンコール・ワットの初期調査に従事した臨時調査員である。活動期間はわずか三ヵ月間でその活動についても既にカルポーの紹介の時に触れた。ここであえて取り上げるのはその経歴、すなわち建築家であったことに注目したいからである。デュフールは民間建築視察官としてカンボジアに派遣されていた。当時、フランスは、世界各地の植民地に多数の建築家を派遣していた。公共建造物や駐在員のための住宅、さらには道路などのインフラストラクチャーを整備するためである。植民地は合理的な建築都市の理想を実現する絶好の実験的場として政治家と建築家にとって魅力的な場所であった。こうして植民地入りした建築家たちは、その工学的知識を買われ、時として考古学調査に借り出されることも多かった。

第一章で検討したように、一九世紀の遺跡復元の理想は「完璧さを備えた状態に新たに作り直す」ことにあり、そのためには当然ながら建築学や工学の知識は不可欠であった。二〇世紀に入り、遺跡保護のための法令も制定され、復元の理想も大きく変化するが、それでも、特にアンコール遺跡群の

ように崩壊の度の激しい遺跡については、一九三〇年代に入ってからも基台から組み上げ直すというアナスティローシス工法が有効な手法として採用され、建築工学の知識が必須のスキルであり続けた（本書第五章を参照のこと）。建築家は極東学院の考古学調査において常に求められる人材であったのである。

二〇〇三年夏にインドネシアで開かれた国際会議のペーパーセッションにおいて、マリー＝ポール・アルガンは極東学院の建築家を主題とする発表をし、二〇世紀前半期には一五名以上の建築家が学院の考古学調査に参加したと報告している。[*23] この間に学院メンバーとなった総数は七一名なので、約二〇パーセントが建築家だったことになる。建築学的知識が考古学にどのように生かされたのか、建築家としてのキャリアが植民地考古学にいかなる影響を及ぼすことになったのか、こうした問題提起を行ない、建築学と考古学の相互影響関係を分析することの重要性を適切にもアルガンは指摘している。

建築家出身の学院メンバーの中で考古学者として最も活躍した一人が次に紹介するアンリ・パルマンティエである。初期のアンコール考古学の立役者の一人である彼の活動を辿れば、おのずと建築家が果たした役割を理解することができるだろう。

パルマンティエは三〇歳を迎える一九〇一年に学院の特別研究員となり、一九〇五年には考古学調査部長として正式メンバーとなる。それ以来、一九三二年の退官までインドシナ考古学の第一線で活躍した。さらに退官後もフランスには帰国せず、極東を終の棲家として七八歳を迎える一九四九年まで、名誉考古学部長として発掘と執筆活動を精力的に行なった。半世紀に及ぶ活動を通じて、膨大な量の調査報告、遺跡目録、クメールやチャンパの美術研究書を残している。学院の草創期から二〇世紀半ばまで休むことなく考古学調査に従事し続けた者は彼ただ一人であり、その経歴がそのまま学院の考古学史となっているといっても過言ではない。

国立美術学校の建築科を卒業したパルマンティエは、インドシナ入りする以前に、既に北アフリカにおいて輝かしい成果をあげていた。一八九五年の卒業の翌年から彼は五ヵ月間、北アフリカのフランスの植民地チュニジアの公共土木課に勤務する。そこで古代ローマ時代のドゥガ遺跡の調査に従事するのだが、その際に作成したサターン(バール)神殿の調査記録と復元図が、一八九七年のフランス芸術家協会のサロン(パリ)で最高賞を獲得するのである。学院の考古学調査部長となった一九〇五年にもチャンパ遺跡の調査報告書によって、フランス建築家中央協会から褒賞を授与されている。他の調査員の証言によれば、パルマンティエの記録は全体のプランから細部の装飾の描写まで精緻かつ正確に記録されており、建造物の記録は彼の仕事だけで完璧であったという。[*24]

植民地経験を持つ優秀な建築家として学院メンバーとなったパルマンティエは考古学調査の即戦力となり初期のアンコール考古学を統率した。彼の仕事の大半は調査報告で、その性質上次々と修正される運命にあるが、以下の三点の著作は不朽の事績として称えられている。初期の仕事を代表する『チャムの建造物の記述目録』(一九〇九)、ラジョンキエールの目録を補完した『極東学院考古学報告I、カンボジア建造物目録補遺』(一九一三)、そして学院が総力をあげて一九二〇年代に作成した『バンテアイ・スレイ』(一九二六)である。[*25] 最後の著作とバンテアイ・スレイを世に初めて紹介することとなった一九一九年の彼の論文については第五章のマルロー事件を取り上げる際に詳しく検討することにしたい。

二つ目に挙げた著作に代表されるように、パルマンティエは考古学調査記録の補完的作業にも精力を注いだ。他の学問にも増して考古学は継続的調査の積み重ねによって進展してゆく学問であり、過去の調査記録の整理と更新は欠かせない。その意味では、半世紀に及ぶ長期の継続的な彼の仕事は、学院による独占調査体制とともに、考古学という学問にとっては理想的な状況をつくり出したと言うこともできよう。一方、彼はチャンパやクメールの古美術研究も行ない、美術史家としても大きな足跡を残している。一九二〇年代にクメール美術の編年化を試み、「クメール初期美術(プリミティヴ)」、「クメール古典美術(クラシック)」という概念を用いて様式的分類を試みたのは彼が最初である。[*26]その時代区分は同時代のパリのエリート研究者たちを大いに刺激した。

パルマンティエの功績は学院メンバーの教育という面でも大きかった。パリから派遣されてくる建築科出身の新メンバーに考古学調査の方法を指導したのは彼であった。六歳年少で一九〇六年に学院メンバーとなった建築科出身のアンリ・マルシャルは、考古学の初歩をパルマンティエから学んだと述べ、その指導の的確さを称えている。[*27]また、若い建築家たちにとって、パルマンティエは、考古学的知識と技術の教師であるばかりか、植民地の考古学者として第二の人生を開始しようとしていた彼らの将来的なヴィジョンを具体的に示してくれる貴重な存在でもあった。

マリー＝ポール・アルガンが指摘したように、建築科出身の調査員が多大な考古学的功績を残したことは確かであるが、一方で、彼ら技術畑出身の建築家の活躍は、逆に実践経験の乏しいフランス本国の東洋学のエリートとのあいだに方法論をめぐる大きなギャップを生むことにもなった。現地(植民地)とパリ(メトロポール)との対比を主題とする本章と次章にとってはこの点の方が重要である。

メトロポールの東洋学者や美術研究者たちは、学院の調査員をリクルートする際、候補者となった建築家たちの東洋学的知識の欠如をいつも嘆いていた。たとえば、一九〇九年にパリに戻っていたルイ・フィノは、学院への派遣候補者と面会したあと、当時の院長代理クロード・メートルに宛てて次のような不満の手紙を書いている。

「私はその候補者に、インドシナという国が存在していること、そして考古学という学問があることを教えねばなりませんでした。彼はそのいずれも知らなかったのです。(…)国立美術学校が候補者として推薦するのは、いつもこうしたどうしようもないエリートばかりです。今しばらくはこうした状況に我慢せねばならないのだろう。しかし、現状では、原住民を募集する方が間違いなく有益だと私は思う[*28]」

フィノの嘆きも理解できるが、しかし、東洋学の素養のある建築家など当時のフランスではまず期待できなかった。そのような教育を授ける施設は存在していない。東洋の考古学の教育すら一九二〇年代までは行なわれることがなかった。

文献学者のフィノとは違って、建築家出身のパルマンティエはパリの建築家たちに積極的に植民地で仕事をするよう呼びかけている。一九一八年、考古学部長と院長代理を兼任していた彼は、雑誌『建築』において、建築家志望の学生に考古学を学ぶことを勧めている。そうすれば、「フランスにおいて、建築家としての夢を果たせずにいる不遇な建築家」でも、インドシナで名誉ある仕事ができるだろうと説くのである[*29]。先に引用したように、彼は東洋学を修めたエリートがエジプトとギリシャにばかり眼を向け、極東に関心を示さないことに憤慨していた(一四六ページを参照のこと)。東洋学者がアンコールに来ないのならば、我々建築家がやるしかない、そういわんばかりの文章であり、実践的調査員として数々の実績を挙げたパルマンティエの面目躍如たるところがある。

　フランス本国では獲得し難い建築家としてのポストを、植民地で手に入れてやがては故郷に錦を飾ろうという将来設計は、植民地の政治家や行政官たちが共有していた立身出世の夢とも重なるものだろう。しかし、植民地で得た栄光は必ずしもメトロポールでの成功には直結しなかった。学院で活躍した建築家のほとんどはその後も植民地の建築家として現地にとどまり続け、フランス本国で仕事を得ることはなかった。考古学部長のみならず、アンコール保存局長、院長代理まで務めたパルマンティエにしても、退官までの三〇年間を極東学院の仕事に捧げ、その後もパリの職を手に入れることはなかった。一九二六年に公定の休暇期間中の一年間をパリで過ごした後、一九四九年の死までフランスに戻ることはなかったのである。

現地調査員のキャリア（4）――アンコール保存局長、コマイユとマルシャル

　初期の学院メンバーの経歴をあと三名だけ追っておきたい。一九〇七年に本格的に始まるアンコール遺跡の考古学に深く関わった三名である。

　一九〇七年三月二三日に調印されたフランス＝シャム条約により、シャム（タイ）の統治下にあったシエムリアップ、シソフォン、バッタンバンがカンボジアを保護国とするフランスに割譲（バッタンバンとアンコールは一七九四年にシャムに併合）され、以後、カンボジア国王の庇護のもとに、フランス極東

学院が独占的に当地の調査活動を行なうこととなる。

条約締結後、学院はまずアンコール遺跡の調査を専門とするアンコール保存局をプノンペンに創設した(一九〇八年三月五日)。その初代局長に就任したのが次なる人物ジャン・コマイユである。[*30]

彼は一八九六年にカンボジア警備隊の一員としてインドシナ入りしていた。その経歴を買われて一九〇一年には極東学院の秘書兼主計係に任命されている。主計係として彼は主に学院の美術館の整理に従事し、一九〇二年に開催されたハノイの植民地博覧会のための学院の展示なども担当した。この二年間に一度だけ、コマイユは遺跡調査を行なっているが、パルマンティエの言葉によれば、「彼にとっては初めての考古学的業務であったが見事に成し遂げた」という。[*31]

しかし、コマイユは武官としての出世には興味がなく、警備隊の一員として学院の仕事を継続する意志はなかった。結果として、一時、公務を離れていた彼であったが、一九〇七年のアンコール保存局の新設によって幸運にも正規の学院メンバーのポストを手に入れることになったのである。再びパルマンティエの証言を引用するなら、保存局長に任命されたことに関して、彼は初めて「真の自分の仕事を見つけることができた」と常日頃語っていたという。この言葉を裏付けるように、その後八年間、彼は公定の休暇を取得することもなく、また、彼の妻が病気でフランスに戻らねばならなくなった後にもアンコールに留まり、遺跡整備の任務に従事し続けた。

コマイユが最初に取り組んだのはアンコール・ワットの整備である。一九〇八年二月九日には、考古学調査部長としてパルマンティエがアンコール入りし、具体的な調査計画を立て、遺跡の復旧に重点を置く方針を打ち出していた。[*32] この方針に基づき、コマイユはアンコール・ワットとアンコール・トムの第一次保存活動を開始し、大量の土砂と樹木の除去作業を行なう。前章で見たように廃墟となった遺跡の復旧のためには、まず土砂などの障害物を取り除く土木作業を行なわねばならなかったのである。アンコール保存局長にとっての「障害物」は他にもあった。当時、仏教寺院として使用されていたアンコール・ワットには僧侶たち、そして彼らが使用する木造施設があった。アンコール地区の返還後、前述の通り、インドシナ総督は直接僧侶たちと交渉を開始し、一九一〇年に僧侶の立ち退きが完了する（一一六ページを参照のこと）。この立ち退き作業の直接の任務にあたったのもコマイユであった。

アンコール・ワットの整備は一九一一年にひとまず完了し、カンボジア国王による「アンコール国定公園指定の法令」（一一六ページを参照のこと）に至る。カンボジア国民に向けて指定区域内の遺物の私物化を禁じることを再確認する法令で、学院による独占的調査体制を徹底する意味があったことは先に確認したとおりだが、加えて、インドシナ総督府には、アンコール遺跡周辺の交通網を整備し、諸外国からの観光客を誘致しようという目的もあった。既に、条約締結後の一九〇七年の秋には三ヵ月の間に二〇〇人以上の観光客がアンコール・ワットを訪れたという。遺跡の整備はむろん考古学調査の基礎として欠かせない作業ではあるが、一方でそれは、遺跡を早く見たいという観光客、見せたいというインドシナ当局のためでもあった。実際、コマイユの任務はアンコール地区の交通路の整備にまで及んでいた。さらに彼は国定公園となった翌年の一九一二年には『アンコール遺跡ガイド』を公刊し、観光客の受け入れも一応の態勢が整ったことを公にしたのだった。[*33] 初代アンコール保存局長は、さしずめ今でいえば観光課の職員でもあったのである。管財課出身で事務的能力も優れていたコマイユは適任だったわけである。

考古学的貢献としてコマイユが次に取り組んだのはバイヨン寺院の整備であった。何度も繰り返す

図42　ジャン・コマイユ《バイヨン，1913年5月》，水彩デッサン．

ことになるが、この遺跡は密林に埋没していた（図19、20）。カルポーによる写真を見れば、コマイユがどれほどの過酷な作業を行なわねばならなかったか想像できるだろう。それでも彼は土砂や樹木の除去作業に終始するのではなく、考古学的測量を行ない、実測記録と平面図を少しずつ作成していった（現在、一二点の大判の平面図が残っていることが確認されている）。また、仕事の合間に建造物の水彩デッサンも行なっている[*34]（《バイヨン、一九一三年五月》、図42）。いつ果てることない土木的作業に従事しながら、コマイユはいつか一冊のバイヨン寺院の考古学的モノグラフを世に問う希望を持っていたのである。しかし、彼にもまた予期せぬ死が突然訪れ、その希望は叶わない。

コマイユの死も極東学院の悲劇として記憶されている。一九一六年四月二六日、彼は遺跡整備に携わる作業員たちの給料を運搬中に盗賊に襲われ、三日後に絶命する。バイヨン寺院の全貌を眼にすることを夢見て復旧作業に従事した彼が甦ったバイヨンの姿を見ることはなかった。

現在、バイヨン寺院の傍らにコマイユを顕彰する石碑がある。一〇周忌を記念して一九二六年四月に建てられたものである。また、一九一三年にコマイユがバイヨン寺院で発掘したナーガ上の仏陀には「コマイユ仏」の名が与えられた。こうして彼もまたアンコール考古学史上に刻まれる伝説の人となった。

一九一六年のコマイユの死は、極東学院にとって大きな痛手であった。アンコールの整備という学院の中核になろうとしていた作業がストップしたのである。保存局の後任の人選を早急にせねばならなかった。しかし、本国ではドイツとの激しい戦争(第一次世界大戦、一九一四～一八年)が長期化の様相を見せており、学院の人材不足は深刻であった。さらに、殺害という最悪の不幸によって空いたポストに着任する人物には、相当の覚悟と勇気が必要であっただろう。

そのような中で、アンコール保存局長となったのがアンリ・マルシャルであった[*35](一九一九年就任)。既に我々は、本章冒頭で示した集団写真によって彼の姿を目にしている(図39)。その鋭い眼光に、命を賭してでもアンコール遺跡の考古学に従事しようという強い意志を読み取ってもよいだろう。彼はまず一九三三年までの二四年間を保存局長として活躍し、翌年からは考古学調査部長として退官の一九三八年まで学院の考古学を指揮した。その後、一時フランスに戻るも、第二次世界大戦中の動乱のインドシナに彼は舞い戻り、一九七〇年に九四歳で他界するまで、アンコール遺跡の保全に従事し続けた。彼の葬儀の二日後にはクメール・ルージュがアンコール地区を制圧したという。まさに命を懸けて生涯をアンコールの考古学に捧げた人物であった。「マルシャルありて、アンコールありき」といわれるゆえんである。

アンリ・マルシャルは一九〇一年にパリの国立美術学校を卒業した建築家であった。転機が訪れるのは一九〇五年のことである。先のパルマンティエの言葉に従うように、彼はまず植民地の建築技師としての道を選択し、カンボジアの公共建築視察官、次いでコーチシナの公共建築視察官(一九一二年)となる。この間に各地の公使館建設などに従事しつつ、カンボジアの伝統的建築や美術品に対する理解を深めてゆく(第六章を参照のこと)。彼が極東学院の正規メンバーとなるのは、コマイユの後任としてアンコール保存局長となった一九一九年であり、この時から、(パルマンティエの指導のもとに)植民地の考古学者としての人生が始まるのである。

コマイユと同様に就任当初は遺跡保全のための障害物除去や道路整備に従事せねばならなかったが、建築家として独自の能力も発揮させていった。たとえば崩落の危険にあった遺跡に対しては、局部的な補強を行なった。バイヨン、プノン・バケン、バプーオンにおいては、モルタルやセメントによって亀裂を充填する近代的工法を用いて、ある意味で大胆な修復作業に取り組んでいる。真の意味でのアンコール遺跡の修復・復元を開始したのはマルシャルであったといってよい。

建築家出身の考古学者としてのマルシャルの最大の功績は一九三一年より開始されたアナスティローシス工法による遺跡の復元である。これについては一九三〇年代の考古学を主題とする第五章で大きく取り上げるので、ここでは詳述しない。失敗も懸念されたこの工法によって、マルシャルは、バンテアイ・スレイ寺院とバイヨンの中央祠堂の大規模な復元工事(一九三一〜三三年)を敢行し、成功させる。これが以後のアンコール遺跡の考古学に決定的な影響を与えることとなる。

バンテアイ・スレイの復元を終えた一九三三年、マルシャルは保存局長を後任に譲り、前年に退官していたパルマンティエの跡を継いで考古学調査部長に就任する。そして、六三歳で退官を迎える一九三八年まで務め上げた。それから、間もなく二度目の世界大戦を迎えようとしていたフランスへと戻るが、その途上、ジャワやインドに立ち寄り、さらにエジプト、ギリシャの考古学調査地を視察、その成果を著書『インドと極東の比較建築学』（一九四四）で公にした。[*36] 建築家出身の考古学者としての集大成をこの書によって示し、その後はメトロポールで執筆活動に勤しむという選択肢もあったはずだが、実践派としての彼の経歴はここで終わらなかった。大戦中の日本の仏印進駐期に再びアンコール遺跡へ戻り、混乱の中で異常な略奪や荒廃に遺跡が晒されないよう尽力したのだった（本書第八章を参照のこと）。さらにその後も混乱が続くアジアに留まり続けたマルシャルは、一九四六年には極東学院の臨時メンバーに再任され、インドのポンディシェリでの考古学調査隊長、そして二度目のアンコール保存局長として一九五三年五月まで活躍した。一九五四年から一九五七年までは新たにラオスの公共土木省の建築局長として働く。一九五七年に八一歳でこの職を辞した彼は、その後公職に就くことはなかったが、彼もまたパルマンティエと同じようにフランスには戻らず、カンボジアのシエムリアップに一九七〇年の死の年まで暮らし、保存活動を続けた。現在、マルセイユの海外古文書館には「元アンコール保存局長の思い出」と題するマルシャルの手記が保管されており、のべ四〇年間にわたってアンコール遺跡保存・復元作業に従事した彼の活動を振り返ることができる。[*37]

現地調査員のキャリア（5）――カンボジア生まれの芸術局長、グロリエ

一九一〇年代よりアンコール考古学に深く関わった異色のキャリアを持つ人物について最後に語ろう。ジョルジュ・グロリエである。[*38] 彼が重大な影響力を持つ一九二〇年代以降の活動については第

五章と第六章でじっくり検討するが、初期の学院メンバーの中でとりわけ注目に値する経歴の持ち主であるため、ここであえて取り上げておきたい。

ジョルジュ・グロリエは植民地官吏の息子として一八八七年にプノンペンで生まれている。保護国カンボジアで生まれたフランス人の第一世代である。この出自を背景に彼はカンボジアの美術行政に深く関与してゆく。彼の文化的かつ政治的な活動は、他の学院メンバーやパリのエリートと異なる独特の位置にあった。

カンボジアで生まれたグロリエは本国で教育を受けるため、二歳の時に母親とともにフランスへ渡った。マルセイユで高校まで過ごし、その後、パリの国立美術学校に入学する。画家を目指していた彼はローマ賞第二等を獲得する成績を収め、一九〇八〜一〇年のフランス芸術家協会サロンに作品を出品している。しかし、彼はイタリア（ローマ）留学よりは、生誕の地インドシナへの「帰郷」を望み、まず一九一〇〜一二年にインドシナに渡り、画家としてのキャリアを模索する。その成果は一九一三年のオリエンタリスト画家協会展覧会（パリ）で披露された。またこの頃、アンコール遺跡をモチーフとしたポスターと切手のデザインの仕事を美術省より依頼されている。植民地画家として着実に地位を築きつつあった。[*39]

一つの転機が訪れたのは一九一三年のことである。パリに戻った彼はアンコール協会の事務局長となるが、この年、協会とフランス公教育省の命によってアンコールを訪れ、伝統的文化の調査を行なうこととなった。その成果は一九一六年の著書『アンコールの影、古代カンボジアの知られざる寺院についての覚書と印象』[*40]に見えるが、そこで彼は、フランスのインドシナ支配の影響によって、クメールの文化が衰退の危機にあるとの認識を示す。この危機意識がのちの彼の仕事を決定づけることとなる。

第一次世界大戦の開戦によってグロリエはフランスに一時戻るが、戦中の一九一七年、二度目のインドシナ総督を務めていたアルベール・サローは、カンボジアでの新たな文化政策のためにグロリエをカンボジアに呼び戻す。一九一七年に「クメールの伝統文化の復興」を目的とするカンボジア美術学校が創設されることになり、その校長に彼は抜擢されたのである。さらに一九二〇年には当地の芸術政策を統括するカンボジア芸術局の局長に就任した。芸術局は「廃れた現地の芸術的伝統を回復する」ことを目的に「現地の職人のための施設」や「国立クメール考古学・美術館」などの設置と連携を司っていた。[*41]彼はその目的を実現し、一九二〇年にはカンボジア美術館（通称アルベール・サロー美術館）を開館させている。

美術行政に直接関わったグロリエは、まさに政治にコミットしたオリエンタリストといえるが、しかし、カンボジア生まれで芸術家肌の彼の「伝統文化」に対する考え方は、他の学院メンバーとは異なっていた。彼は極東学院の活動にかなり批判的であった。たとえば、一九二一年に「クメール美術と考古学のプロパガンダとなる雑誌」として『クメールの美術と考古学』を創刊するが、彼によれば、この雑誌は極東学院の発行する「専門家しか読まない」『学院紀要』とは異なり、カンボジア国民、フランスの芸術家、一般人に開かれた美術雑誌であった。[*42]また、学院の「学者」はアンコール遺跡を頂点とするクメールの「伝統的」美術が既に完全に失われたかのようにみなしているが、それは誤りで現在もなお少数ながら優れた職人が伝統工芸品を作り続けており、これを保護し、さらなる育成を図らねばならないと主張した。こうして彼はサロー総督が掲げる植民地融和政策のスポークスマンとして、カンボジアの学生や職人に伝統工芸を指導し、フランスでの植民地博覧会（一九二二、一九三一年）

や装飾芸術博覧会（一九二五年）の折りにはその作品を展示し、世に問うたのだった。

グロリエは、過去の遺跡や古美術の調査研究のみならず、現在のクメール文化を発展させる必要性を説いた。彼にとって美術館は、古美術や考古学的遺物の「収蔵庫」ではなく、「美術学校に学ぶ実習生が、カンボジア文明の最高の芸術モデルを見出す」ことのできる生きた場所であった。[*43] 彼は芸術家の視点から、古美術の歴史的価値を見直し、それを現代的にアレンジすることによって新しいカンボジアの伝統文化を創出することを目指した。現地の職人や学生の教育だけではなく、彼みずからもサロー美術館や一九三一年のパリ国際植民地博覧会のカンボジア・パヴィリオン（図59）の設計に従事して、カンボジアの「伝統」とフランスの近代性の「融合」を模索した。また、カンボジアを舞台とした小説も書いていた彼は、一九二九年に『土へ戻る』によって、植民地小説大賞を受賞している。[*44]

芸術局長としてのグロリエの活動は一九四二年の退官の年まで続く。驚くべきことに、植民地時代のカンボジアの文化政策は彼ひとりの手にほぼ独占的に委ねられていたのだった。その功罪はあらためて深く検討せねばならない。[*45]

第二次世界大戦中に退官を迎えたグロリエだが、妻と子供二人だけをフランスに帰国させ、自身はプノンペンに留まる。既に日本が南部仏印進駐を完了させ、その影響はアンコールにまで及びつつあった。そのような環境の中で、彼は、「日仏印文化協力」に与せず、反日運動に加っていたといわれている。カンボジアを第二の祖国とするフランス人であり、両国の文化的融合に人生を捧げた彼にとって、日本によるカンボジア支配は自らの存在理由を否定する耐え難いものであった。戦中の彼の活動は詳らかではないが、日本が敗戦する間際に彼は憲兵隊の手に落ち、一九四五年六月一八日に獄中で非業の死を遂げた。[*46] 彼もまた悲劇としてのアンコール考古学史の登場人物の一人であった。

一九二〇年代以降に活躍するヴィクトル・ゴルベフや、ルイ・フィノの後を継いで院長となったジョルジュ・セデスについては、一九二〇～三〇年代の考古学史を検討する第五章で詳述することとしたい。初期の極東学院によるアンコール遺跡の考古学とその特徴を理解するためには、本章で紹介した一〇名余りの経歴を押さえておけば十分である。要点のみ繰り返し整理しておこう。彼らの大半は東洋学も考古学も修めていない軍人や政府役人、建築家などのアマチュア学者であり、現地で実践的にキャリアを積み上げていった。過酷な現実に直面し命を落とした者も少なくない。また、学院の在籍期間が終了してもインドシナにとどまり続ける者もいた。第二の故郷としてインドシナでの生活を選択した者もいれば、学院の活動に間接的に関わり続けることを選択した者もいる。だが、いずれの場合でも、フランスへ戻る積極的な理由、すなわちフランスで職を見つけることができなかったということがインドシナにとどまり続ける選択に多かれ少なかれ作用したことは間違いない。

では、彼ら実践派の植民地考古学者が現地で活動をしていた頃、本国フランスの研究状況はいかなるものであったのであろうか。パリ（メトロポール）においてアンコール考古学やクメール美術研究に従事したエリート学者とは、いかなる経歴の持ち主で、どのような方法論で研究に従事していたのだろうか。その研究の理念とはいかなるものだったのか。こうした問いに次章で答えてゆきたい。

第四章　本国の理念と植民地の実践のはざまで（2）——メトロポールの発展

二〇世紀初頭のパリの東洋学事情

極東学院メンバーがインドシナで活動を開始した二〇世紀初頭、パリの東洋学者やアジア美術研究者はどのような活動をしていたのだろうか。既に一九世紀末には、ギメ美術館やチェルヌスキ美術館のようにアジアの古美術品を収蔵する美術館も複数存在しており、そこには学芸員もいた。

本章ではメトロポールの東洋学や東洋美術史の教育研究体制と研究理念について考察しよう。主役となるのは、一九一〇年頃にパリの研究諸機関のポストを得て、(インドシナや他のアジア諸国に赴くことなく)一九二〇年代にメトロポールで活躍した研究者たちである。彼らは第一次世界大戦後のパリに新しい世代のための東洋美術館や東洋美術研究機関を作り上げてゆく。その活動と背景となった理念を明らかにすることによって、植民地の考古学との思想的かつ方法論的齟齬を浮かび上がらせたい。そして、この植民地とメトロポールとの齟齬ないし亀裂が、二つの場で同時進行したアンコール遺跡の考古学史にどのような影響を及ぼすことになるのか、これが、本章が明らかにしたい最終目標である。

まず、本章の主役となる四名の人物の名を挙げよう。生年順に挙げるならルネ・グルセ(一八八五年生)、ジョルジュ・セデス(一八八六年生)、ジョゼフ・アッカン(一八八六年生)、フィリップ・ステルヌ(一八九五年生)である。このうち、アッカンとステルヌは前章で紹介したギメ美術館中庭の集団肖像写真にその姿を見ることができる。

さて、彼らは世代的にいえば、初期の学院メンバーたちよりも一〇歳程若い。ジョルジュ・グロリエと同世代のエリートである。世代の問題はルイ・フィノについて論じた第二章でも言及したが、ここでも重要である。一八八〇年代に生まれた彼らは（第三共和政下の新しい教育制度のもとで青年期を過ごし）一九〇〇年頃に高等教育機関に進学、一九一〇年頃に学位論文を提出する。ちょうど極東学院が創設され、調査報告や研究資料がパリへと発信される時期に、彼らは学生として研鑽を積んでいたのである。現地調査の成果を活用することができた最初の世代である。また彼らは、前世紀末に実証主義的な東洋学を創始したパイオニアたち、すなわちシャヴァンヌやフーシェやルイ・フィノの成功を目の当たりにしながら東洋美術研究者としてのキャリアを開始し、直接的にパイオニアの薫陶を受けた世代であった。創始者の後を継ぐフランスの新たな東洋学の「第二世代」と呼んでよかろう。前章で分析したルーヴル学芸員ガストン・ミジョンの言葉を思い出そう。ミジョンは一九〇八年の著作において、パリのエリート学生に対し、極東学院に留学して栄光を摑めと鼓舞していた。第二世代のエリートたちは、まさにこの時期に東洋学を修め、一九二〇年代に栄光を手に入れてゆく。しかし、例外はあるものの、彼らが栄光を手に入れたのは植民地においてではなく、メトロポールにおいてであった。

しかし、ここで注意が必要である。一九二〇年以前のパリには、アジアの考古学や美術史を専門に学ぶことができる教育機関は存在していない。極東学院が現地に設置されてからも、基本的には一九世紀から変わらない教育研究体制が維持されていた。いつの時代も変革には時間がかかる。大学が偉大であった時代、さらにエリート社会のフランスにおいては、現地の考古学が開始されたからといって、すぐに新しい研究機関が立ち上がったわけではない。では第二世代の東洋学エリートは、いかなる道程を経て、東洋美術のスペシャリストとなっていったのだろうか。

二〇世紀初頭のフランスにおいて、東洋学者を輩出した高等教育機関は、国立東洋語学校と実用高等学院である。これにコレージュ・ドゥ・フランスの講義、アジア協会などでの調査報告会、あるいはギメ美術館での公開講座を加えたとしても、東洋の美術や考古学について学ぶ機会は限られていた。

考古学と美術史に関していえば、国立古文書学院とルーヴル学院に専門の講座が設置されていたが、中心はエジプト学と古代学（古代ギリシャ・ローマ）であり、加えて、フランス中世とイタリア・ルネサンスの研究ができたくらいである。[*1] アジア美術の教育などはありえなかった。一八九〇年代には一般の大学でも美術史講座が誕生するが、状況は同じであった。インドシナに極東学院が設置され、アジアの考古学や美術史が一つの学問分野として認知される可能性はあったが、また、本国の教育制度には反映されていなかった。特に、フランスでは伝統的に、考古学や美術史学といったディシプリンによる区分よりも、地域による学問区分が優先される傾向にあった。地域別の学問布置はフランスの各種学会の区分に決定的となっている。たとえば東洋に関するものでいえば、一八二二年に創立されたアジア協会をはじめとして、一八三三年のインドシナ協会、そして、一九一七年のオセアニア学会に至るまで、地域別に区分された学会が学問ディシプリンよりも優先される。イギリスの一八八七年設立のボンベイ人類学学会やインド・ビルマ考古学調査協会のような学問分野別の組織は長らく結成されなかった。[*2]

こうした状況の中で、一般的にフランスの東洋研究者は国立東洋語学校で語学を修得し、その後、実用高等学院で方法論（ディシプリン）を学ぶという道程を歩んでいる。そのプロセスを二点に整理して概括しておきたい。

まず、国立東洋語学校での語学修得である。[*3] インドシナ進出に伴い、東洋語学校では一八七四年よりベトナム語が教えられていた。植民地主義の波に乗って資格取得者は少なくなかったが、大半は行政職や経済関連の職種を志望する学生であった。東洋学者を志す学生はほぼ全員が中国語を選択している。さらに彼らは中国語を修めた後に各種アジアの言語を学んだ。研究者を目指す学生の多くは複数の言語を学び、中国との比較を通して東アジアを理解したのであった。たとえばポール・ペリオは、中国語、モンゴル語、トルコ語を修得し、中央アジアの研究に向かった。道教研究で有名なアンリ・マスペロは中国語とベトナム語の資格を取得している。こうして、東洋語学校において、中国学ないし漢学の素養を基盤として、中国周辺のアジアの研究へと向かうという方向性が定着した。ここでの東洋学とは、中国を軸とするアジア文明の比較学であったといってもよいだろう。[*4]

一方、実用高等学院では、これとは異質な東洋学の方法を学ぶことができた。[*5]「第五セクション宗教学講座」に、シルヴァン・レヴィやアルフレッド・フーシェらインド学者が教鞭を取り、学生を指導していたからである。東洋語学校が中国学の拠点であったとすれば、ここはインド学を学ぶ場であり、仏教理解を軸にしてアジア文明を捉えるパースペクティヴと方法論が教授されたのである。フランスにおけるアジア宗教学の伝統の一つとして、エミール・ギメの美術館構想を想起してもよいだろう。ギメが目指したのは、宗教学を軸とする東洋研究の発展であった。彼は一九〇七年に至っても、自らの美術館の将来について次のように語っている。

「ご存じのように、私が実現した美術館は複合的な研究機関であり、哲学研究の工場のようなものである。それゆえ、ここでの私のコレクションは工場の材料にすぎない。(…)将来的には、宗教的史料により広いスペースを与えるべく、芸術的作品を選別的に削減しようと考えている」[*6]

今日ではアジア美術の殿堂とされるギメ美術館も、創始者はといえば世界中の宗教的遺物を展示する「宗教博物館」を構想していた。それゆえ、一九一〇年代までは、古代エジプトやギリシャの神像、あるいは中南米のミイラなども展示されていた。インドのコレクションは多くはなかったが、ミシェル・ブレアルやエミール・セナールなどのアカデミーのインド学者が、美術館の顧問となっていた。ギメ美術館は、創立者エミール・ギメが没する一九一八年までは、美術史や考古学の研究の場ではなく、宗教学研究の場なのであった（本章後半において、ギメの「宗教博物館」が一九二〇～三〇年代に「アジア美術館」に変貌するプロセスを詳述しよう）。その意味では、ギメ美術館は、クメール美術に美的価値を見出したドラポルトのインドシナ美術館とは好対照であった。このように、フランスには、宗教学を基盤としてアジアを理解する方法論がもう一つの東洋学の軸としてあったのであり、それを支えていたのが実用高等学院であった。

ただし、いずれにせよ、特筆すべきは、中国学であれインド学であれ、アジアの二大文明を中心にアジアを一つの総体として把握するという理念がフランスの東洋学には顕著となっている点である。「極東は一つ」と宣言した極東学院院長ルイ・フィノの言葉をここで思い出してもよかろう。インドシナという狭間においてインドと中国の学問を総合しようというジェオポリティクスは、パリの東洋学の伝統からも必然的に出てくる理念であった。

パリの東洋美術史料

以上のように、パリにはまだ東洋の考古学や美術史を専門に学ぶ教育制度は整っていなかった。第二世代の東洋美術研究者たちは、中国学やインド学、あるいは西洋の美術史を学びながら、メトロポールにもたらされつつあった資料を利用しながら、独自に自らのアジア美術研究を発展させてゆかねばならなかった。それでは具体的にクメールの古美術に関して、彼らがどのような資料を利用できたのかを確認しておこう。

まず、一九〇〇年代には、いうまでもなく極東学院が刊行する著作物を利用することができた。エモニエの『カンボジア誌』全三巻(一九〇〇～〇三)やラジョンキエールのカンボジア遺跡目録も利用することができた。特に『学院紀要』が伝える詳細な調査記録によって、現地の考古学の最新の情報を逐一把握できたことは重要である。当時はまだ遺物の年代や様式についての決定的な研究は登場していないが、基礎的な調査資料が次々ともたらされていた。ある意味で、この状況はメトロポールの若き研究者には独創的な研究を展開しうる理想的環境であったといえるかもしれない。数少ない基礎的資料をもとに、高等教育機関で学んだ方法を用いて、理論的な研究を行なうことができたからである。

次にクメールの古美術史料や碑文史料に関しては、これまたいうまでもなく、一八八〇年代より継続的に収集に努めていたインドシナ美術館とギメ美術館が貴重な史料を提供していた。第一章で検討したように、一九一〇年頃のインドシナ美術館には一六二点のオリジナルのクメール古美術品と無数の鋳型と写真資料があった。のちに極東学院院長となる若きジョルジュ・セデス(本書第六章において詳述する)は、この頃、実用高等学院のフーシェのもとで宗教学を学びながら、並行して、インドシナ美術館のコレクション目録を作成する仕事にも従事していた。[*7] 彼が一九一一年に提出した学位論文「アンコール・ワットのレリーフ」は、この美術館の収集品を研究した賜物だといってよい。

考古学や美術史を学ぶ学生にとって、視覚的資料は欠かせない。パリに請来された遺物や古美術品、あるいは鋳型に加えて、彼らにとって貴重であったのは現地で撮影された写真資料である。文字資料や断片的な彫刻だけでは、遺跡の全体像を把握するにはどうしても無理がある（だからこそ、ドラポルトは全体の復元図制作にこだわり続けた）。二一世紀の学生には想像し難いだろうが、写真資料こそが、異国の地の考古学と美術史を学ぶ若者にとって最も貴重なものだったといっても過言ではない。当時の状況を伝える一例として、ジャック・ドゥーセが蒐集した写真をここで紹介しよう。有名な服飾デザイナーであったジャック・ドゥーセは古美術蒐集家としても知られていたが、二〇世紀初頭から蒐集した美術品を売却し、世界各地の美術書と写真資料を集め始めた。そして、彼はそれを考古学や美術史の研究者や学生に活用させるべく、一九〇九年に美術史図書館を創設した。現在もなお、パリ大学美術・考古学図書館として研究者に活用される「ドゥーセ図書館」の始まりである。まだまだ視覚資料の乏しかった時代、考古学や美術史を学ぶ学生たちは、ドゥーセ図書館でまだ見ぬ異国の美術と初めて対面したのであった。そうした学生の中に、本章の主役の一人、フィリップ・ステルヌもいた。ジェルマン・バザンは『美術史の歴史』に次のような回想を残している。

「ソルボンヌでまだ数人の学生しかいなかったエミール・マールのゼミ（一九〇六年よりパリ大学文学部で開講された中世キリスト教美術史の講義）を受講していた時のことである。フィリップ・ステルヌ（…）と私は、驚異の場所を発見することになる。そこはまるでアリ＝ババのアジトで、あらゆる時代の美術書と写真資料が書架に並べられていた。（…）書籍に写真が挿入されていなかった時代、ドゥーセが世界中から蒐集した写真資料は研究者の救いとなった。たいていは二四×三〇センチメートルか三〇×四〇センチメートルの大判写真であった[*8]」

この図書館にはアンコール遺跡の写真もあった。ドゥーセが直接、極東学院に依頼して手に入れたものであり、現地の最新の調査状況を伝える写真であった。ドゥーセは、学院に対して、自らの美術史図書館のための資料であるがゆえに、「碑文の写真ではなく、美術と建造物の写真を」撮影し送付するよう依頼している[*9]。

このように、メトロポールの美術館や図書館は極東学院へ資料提供を呼びかけながら、視覚資料を充実させていった。このような依頼のケースでは、極東学院が何らかの資金援助を得て、その代償として写真資料などを提供していたわけだが[*10]、逆に、学院がやむをえず資料をパリに送付せねばならなかった場合もあった。インドシナの美術品ではないが、一九〇〇年にポール・ペリオが中国の北京で入手した一五二点の書画と書籍(中国、チベット、モンゴルで収集した経典)がそうである。これらの資料は一九〇三年まで極東学院が保管していたが、その年の六月に襲った台風によって被害を受けたため、一九〇四年に本国へ送付することとなっている。一二~一五世紀の書画はルーヴル美術館へ[*11](今日はギメ美術館所蔵)、太平経、史記、妙法蓮華経などを含む文字史料は国立図書館と国立東洋語学校へ委託された[*12]。

パリの各種研究教育機関はこうして現地から入手した資料によってコレクションを充実し、東洋美術研究を取り巻く環境を改善していった。そのような状況の中で教育を受けた(身をもって資料収集の重要性を知っていた)若きエリートたちは、一九二〇年代にそれぞれのポストに就くと、さらなる史料収集と整理作業を進めてゆくことになる。

パリのオリエンタリスト（1）――ジョゼフ・アッカン

ここでようやく本章の主役を登場させよう。まず、一九二〇年代のパリで大活躍するジョゼフ・アッカン、ルネ・グルセ、フィリップ・ステルヌの三名のキャリアを検討したい。一九一〇年代に美術館学芸員となり、一九二〇年代以降にパリのアジア美術研究を先導した彼ら若き「学芸員＝東洋学者」たちは、一言でいえば、東洋美術館と研究教育機関を刷新し、メトロポールの東洋美術研究を自立させた。その過程の中で、ハノイの極東学院との間に決定的な溝を穿ってゆくこととなる。

まず、三人のうち最も年長のジョゼフ・アッカンの生涯を紹介しよう。彼はアルフレッド・フーシェに代表される「政治的な」オリエンタリストの第二世代であった。

アッカンは一八八六年にルクセンブルクに生まれている。[*13] 出自はフランス人ではない。興味深いことに、フランスで活躍した東洋美術研究者には出自を外国に持つ者が少なくない。[*14] 彼は高等教育を受けるためパリに出て、まず一九〇七年に政治学院を卒業、次いで一九一一年にフーシェの指導のもとに実用高等学院を卒業する。一九一六年に提出された博士論文は「チベット絵画に見る仏陀の伝記的表現」であった。[*15] しかし、「ギリシャ＝インド仏教美術」の権威で一九二〇年代にアフガニスタン調査へ乗り出すフーシェの弟子であったことが、後のキャリアを大きく左右してゆくことになる。高等学院を卒業したアッカンは就職のためすぐにフランス国籍を取得し、一九一二年にギメ美術館の副学芸員となる。そして、一九二〇年代に始まる当美術館の再編作業とアフガニスタンの考古学調査を指導してゆく。

ところで、一九一〇年代初頭にパリの学芸員ポストを手にするこの世代の活動を語ろうとすれば、一九一〇年代の仕事に言及することなく一九二〇年代について語らねばならなくなる。世界大戦を迎え、研究活動が大きく制限されるからである。それゆえ、本来は本章では一九〇〇～二〇年の学史について語らねばならないのだが、パリの状況については一九二〇年代を中心に語るしかない。フランスに帰化したアッカンもまた、一九一四年八月に開戦と同時に前線へ向かう。最も激しい戦場として知られるヴェルダムの戦闘にも加わった彼は一九一七年に負傷するが、翌年には再び戦地へと戻った。三度の負傷を受けながら終戦まで最前線で戦い続けるのである。終戦時には中尉となり、レジオン・ドヌールの受勲者となっていた。

戦後パリに戻ったアッカンは再びギメ美術館の職務に就き、一九二三年に学芸員に昇格する。後述するように、美術館は創立者のエミール・ギメを一九一八年に失い、大きな変革の時期を迎えていた。それまでの「宗教博物館」から「東洋美術館」へと変貌しようとしていたのである。この変革の指導的立場にあったのがアッカンであった。

しかしながら、彼は美術館の変革に直接関わることは少なかった。一九二四年にはフーシェのアフガニスタン調査に同行、さらに一九三一年には、シトロエンの中央アジア調査隊を率いた。この時彼は日本まで足を伸ばし、一九三〇～三三年の三年間、東京の日仏会館の館長も務めている（第八章を参照のこと）。

後述のグルセやステルヌがパリを離れることがなかったのとは対照的に、戦争と中央アジア踏査に身を投じたアッカンは、パリのエリートらしからぬ勇敢な実践的植民地学者の顔も持ち合わせた人物であった。彼は日記に、「危険に晒された時こそ、人格が試されるのだ」と書き付けていたという。また一九二〇年代に行なわれた彼のアジア美術史の講義では、「理解するためには、感じ、愛さねばならない、そして生きるためには、危険に身を投じねばならない」と若い学生たちに伝えていたという。[*16] 彼は師のフーシェから学識のみならず、オリエンタリストとしての政治的態度も受け継いでいたのだった。

一九二〇〜三〇年代のフランスはインドシナだけでなく、アフガニスタンも政治交渉によって独占的に考古学調査をする権利を手に入れた。フーシェの後継者の一人としてアッカンはアフガニスタン考古学代表団(DAFA)を率いて一九三九年まで都合五度の考古学調査を行ない、大規模な発掘を行なうとともに、大量の遺物をフランスへと持ち帰り、ギメ美術館に収蔵した。[*17]

一九三九年、フランスが二度目の世界大戦に参戦した時、アッカンは(戦闘的とはいわないまでも)すぐれて政治的なオリエンタリストとして、再び戦地へと赴く。アフガニスタンでの活動が評価された彼はカーブルのフランス外国人部隊に配属され、部隊長となったのである。間もなくフランスがドイツに降伏し、対独協力政策のヴィシー政権が誕生すると、彼はカーブルのフランス外交代表となることを求められるが、これを拒絶する。そしてすぐさま、ロンドンで自由フランスのレジスタンス活動を展開していたシャルル・ドゴールのもとに合流した。そこでもオリエンタリストとしての経歴を買われ、インドとの協力関係を取り付ける政治的活動に携わる。しかし、これが彼の最後の仕事となった。一九四一年二月一〇日、ロンドンを経ってフランスへと向かう汽船に乗ったアッカンは、ブルターニュのフィニステール岬の沖合で魚雷の攻撃を受けて海に沈んだのだった。

武勇伝に満ちた生涯からはいかにも厳格で勇ましい人格が浮かび上がるアッカンだが、平時には人柄は至って温厚で、誰からも好かれる人物であったようだ。一九三一年の日本滞在期に彼が開いた勉強会に足繁く参加していた東洋学者の石田幹之助は次のような冗談交じりの証言を残しているので紹介しておこう。

「アッカンさん、その名の日本的発音に似ず、至って善漢・好漢だという評判で、堂々たる偉丈夫で第一次大戦に戦場で殊勲を立てられたとかで、これがその時受けた疵痕だよと指されたことがありました[*18]」

パリのオリエンタリスト(2)——メトロポールの寵児、グルセとステルヌ

国外調査でギメ美術館を留守にすることの多かったアッカンに代わって、一九二〇年代のパリの東洋美術館と教育体制の整備に大きく貢献したのが、ルネ・グルセとフィリップ・ステルヌである。

この二人はメトロポールにもたらされたアンコールの遺物やその他の視覚資料を最も有効に活用し、本国で栄誉を手に入れた東洋美術研究者の代表である。第二次世界大戦後にグルセはアカデミー会員にして国立美術館総長に、ステルヌはギメ美術館の館長になった。両者とも東洋美術研究者として最高の地位を手に入れるのである。

二人はともに一般の大学の文学部出身であった。一八八五年生まれでモンペリエ大学の歴史講座を卒業したルネ・グルセは、まずにパリの美術省の文書官となり(一九一二年)、国立図書館の資料整理を担当した[*19]。彼の回想によれば、この時に東洋史の研究を本格的に開始したという。

第一次大戦に従軍した後、グルセは幸運にも、パリの国立東洋語学校の歴史と地理を講じる教授のポストを得た。これを機に彼は東洋史の専門家として、研究論文のみならず、学生や一般向けの概説書も含めて旺盛な執筆活動を展開する。そして早くも一九二二年に全四巻からなる大著『アジア史』を刊行し、一躍注目を浴びるパリの東洋史家となった。[*20]

グルセの東洋史の特徴は、広大な地理的範囲と長大な歴史的パースペクティヴのもとにアジア各国を関連づけた点にある。各地域の歴史や文物を特化して実証的に研究するのではなく、普遍史的な観点からアジアを一つの総体として捉えたのである（この理念および方法論の意義については次節で詳しく分析する）。その結果、公刊される著作はいずれも大著となった。『アジア史』に次いで一九二六年より刊行され始める全四巻『オリエントの文明』（～一九三〇年）、一九三四～三六年の全三巻『十字軍の歴史』、一九四二年の『中国の歴史』などがその代表である。[*21]

グルセの東洋史のもう一つの大きな特徴は、二〇世紀初頭に次々とアジア各地で発見されていた考古学的遺物や古美術を歴史叙述の資料として活用したことである。総合的なアジア史の導き手として積極的に視覚的資料を用い、著作にも多数の図版を挿入した。彼の著作は、まだ東洋美術の通史が編纂されていなかった一九二〇年代、貴重な東洋美術史概説としても十分に活用できるものであった。

グルセの関心は一九二〇年代半ばには一般的な歴史研究から美術研究へとシフトしていたといえるかもしれない。東洋語学校の歴史学教授であったにもかかわらず、彼は、一九二五年に、ギメ美術館の副学芸員となる道を選んでいる。前年から学芸員のアッカンは国外調査でパリを留守にすることが多く、折からの美術館の再編やアジア美術史教育機関の創設事業（これらについても後ほど詳述する）のために、グルセに白羽の矢が立ったのであった。かくして彼は美術館学芸員となるとともに、一九二八年に開設されるルーヴル学院のインド考古学・美術講座の教授を兼任する。さらに、ギメ美術館の再編の山場を越えた一九三三年には、パリ市のアジア美術館であるチェルヌスキ美術館の館長となり、一九五二年の退職の時まで作品展示や特別展の運営などの一切を取り仕切ったのだった。

第二次世界大戦中のヴィシー政権下、グルセは美術館職を一時解任されるが、その間は国立東洋語学校でアジア史を講じる傍ら、毎年のようにアジア史関連の著作物を刊行した。戦中戦後、彼の著作は、二度の大戦を引き起こしたヨーロッパ文明を（アジアという他者の側から）再考するための最良の書として研究者のみならず一般読者にも歓迎され、今日もなお、現行版の著作が多々ある。そして彼は単なるアジア史家、美術史家の枠を超えたフランスの知を代表する知識人となった。一九四六年、彼はアカデミー会員となるとともに、国立美術館総長に就任している。

一九四九年一〇月にはフランスを代表する知識人として、第二次大戦後の日仏交流の再開の任務を担当し、日本を訪れている。奈良や京都の寺社を巡り、日仏会館や東方学会、東洋文庫の主催で講演会も行なった。[*22] アジア美術の宝庫として正倉院を称賛した彼の言葉は今日もなお日本人に語り継がれている。当代きってのオリエンタリストの一人として日本に迎えられた彼であったが、彼にとってはこの時が最初にして最後のアジア旅行であった。旅行後すぐの一九五二年、グルセは六七年の生涯を閉じている。

グルセとともに一九二〇年代のギメ美術館の再編とパリの東洋美術教育制度の整備を実質的に切り盛りしたのが次なる人物フィリップ・ステルヌである。先に引用したジェルマン・バザンの回想（一八七ページ）に見えるとおり、彼も一般の大学出身だが、当時では数少ない美術史を修めた研究者の一人である。

西洋美術史を学びながら、彼は一九一〇年代より、特にクメール美術の研究を志し、ドラポルトのインドシナ美術館を研究の場としていた。この美術館ではジョルジュ・セデスが資料整理を行なっていたが、彼がタイに渡った一九一七年以後、ステルヌが資料整理の仕事を引き継ぎ、ドラポルトとともに当館の学芸員として頭角を現してゆく。特に一九二〇年代には、パリの東洋美術館の再編が行なわれ、ドラポルトが没した一九二五年にはインドシナ美術館とギメ美術館の統合が計画、そして実行に移される。一八九五年生まれのステルヌは、まだ三〇歳であったが、ドラポルト亡き後、この大きな変革期の指導的立場に立って、統合を成し遂げた。パリの美術館再編が新しい世代の仕事であることを象徴する事実といえるだろう（統合後はギメ美術館学芸員となり、一九七九年に亡くなるまで、この美術館と深く関わり続ける）。

若きパリのクメール美術研究者フィリップ・ステルヌの名は、大胆な美術館改革の実行手腕のみならず、学術面でも一九二〇年代に一躍知れ渡ることとなる。一九二七年に刊行された著書『アンコール遺跡のバイヨンとクメール美術の発展』ゆえのことである。[*23] 大学の美術史講座出身のステルヌは、アジアの美術研究に、西洋美術史の方法論を応用することをためらわなかった。特に当時のパリで流行していた様式分析を用いて、パリに請来されていたクメール彫刻を検討し、作品の制作年代を類推したのである。時に碑文資料を無視（ないし否定）して様式分析だけで理論的に制作年代を割り出し、さらに、バイヨン寺院の建造年代の通説を大きく覆す大胆な仮説まで提出した。一度もアンコールを訪れたことのない三〇代のメトロポールの学芸員が通説を覆す理論的書を公刊したのである。通説を覆すとは、要するに極東学院メンバーの調査結果に真っ向から対立するということを意味する。話題にならないわけがなかった。

ステルヌが用いた様式分析という方法論とそれが披露された著作をめぐる一連の出来事は、アンコール考古学史における一大画期であり、また前章と本章で論じている植民地とパリの二つの研究の場の亀裂を証言する重要な事例となっている。詳しい内容の紹介と分析は、本章の最後にあらためて行なうこととしたい。

グルセの東洋美術史理念

現地調査を実際に行なうことなくパリで業績を積み上げていったグルセとステルヌの方法論は、当時のパリにおいて知の潮流となっていた理論的手法を取り入れたもので、植民地で活動する調査員たちの手堅い実証的な考古学的調査研究とは一線を画していた。まず、ここではグルセの方法論について深く検討しておこう。

先述のとおり、グルセは東洋史家として非常に広範な地理的版図を視野に入れた東洋史を構想していた。『アジア史』や『東洋の文明』のような大著において、彼はギリシャからインド、中国、そして極東(インドシナおよび日本)までの歴史を扱い、そこに一つの連続体としてのアジア像を浮かび上がらせた。たとえば彼は一九二四年に刊行された『東洋の文明』第一巻において、次のように語っている。

「私がこの四巻本で伝えたいのは、考古学的事実の細部にわたる情報ではない。私が望むのは、各々の様式や時代を統合する一筋の流れを提供すること、そして、美術の歴史を再度、一般史の中に置き直すことである」[*24]

また一九三〇年刊行の同書第四巻にもほぼ同様の言葉が見える。

「ここで私は全体の見取り図を作成し、各々の美学の連続性を提示した。（…）普遍的な人文主義に則って、価値観の相対表を作成すべく努力したのである」[*25]

これらの文章に本書第二章で検討した「極東は一つである」（ルイ・フィノ）、あるいは「アジアは一つ」（岡倉覚三）という一九〇〇年頃に発された統一的なアジア理解を促す言葉との関連性を見出すことができよう。しかし、一九二〇年代のグルセの言葉には、これらとは異なる要素が付け加わっている。「考古学的事実の細部にわたる情報」を伝えるつもりはない、と明言する態度である。ここに一九二〇年代までに積み上げられてきたアジア考古学の実証的調査の結果に対しての新たな問題提起を読み取らねばならない。

極東学院によるアンコール遺跡の調査や一九二四年から本格化するアフガニスタンの調査、その他にもシャヴァンヌやペリオ、ヴィクトル・セガレンによる中国調査など二〇世紀に入って各地で一気にアジア考古学調査が開始され、欧米に多種多様な考古学的遺物がもたらされる。結果として、一九〇〇年頃に表明されていた「アジアは一つ」なる「理想の東洋」のヴィジョンは崩れ、「多様なアジア」という新しいイメージも具体的に提起されつつあった。実際、アジアの総合史の代表的著作であった岡倉の『東洋の理想』も、この時期には時代後れの書と評価されるようになっていた。[*26] それにもかかわらず、グルセは、多様なアジア像を前にして無効になりつつあった統一的アジアの理念をあえて再び取り上げたのである。

一般的にアジアの考古学史では、一九二〇年代は偉大な実証主義の時代であり、欧米列強国と日本が競い合ってアジア踏査を行なった時代である。だが、奇妙にも、この時期にはグルセのような総合的なアジア美術史の試みも復活を遂げている。この矛盾を理解するには、本章のキーワードであるメトロポールとアジアの現地との研究体制の二重化という視点が有効だろう。アジア大陸では実証主義的な考古学調査が積み重ねられ、次々と新しい事実が発見されていた。その一方で、ある意味で無秩序に押し寄せる多数の細かな考古学的情報を総合的に理解する歴史観の必要性も、特にメトロポールで意識化されていたのである。この点について、初代極東学院院長のルイ・フィノは興味深い証言を残している。グルセの『アジア史』(一九二二)を論じた書評での言葉である。

「現在の我々に欠けているのは、アジア諸国民の歴史を一つの纏まった物語で関係づける書物である。(…)確かに岡倉とその弟子たちが繰り返す『アジアは一つ』なる主張は不当かもしれないが(…)、しかし、それでも、アジアは歴史的に一つの糸で繋がれており、あらゆる要素が相互作用によって生まれたことを認めねばならない[*27]」

極東学院院長として現地の実証的調査に従事しつつも、コレージュ・ドゥ・フランス教授としてパリのアカデミーの権威にもなりつつあったフィノならではの、なんとも歯切れの悪い言葉となっている。日々積み重ねられていた考古学調査を評価しつつも、メトロポールの理論的な歴史観も認めねばならない。特に、第一次世界大戦後のフランスにおいては、人文主義的で平和主義的な普遍史が求められる学術的（かつ政治的）環境にもあった。こうした時代であればこそ、アジア諸国を総合し、さらにはアジアと西欧との歴史的関係を一つの糸で結び付けるようなグルセの壮大な普遍史が歓迎されたのである。[*28]

グルセの包括的なアジア美術史は、植民地で働く調査員にはとりたてて興味を引くものでなかっただろう。彼らには日々の調査が目前にあったのであり、夢物語のごとき大きな物語は必要なかったろう。

理論のメトロポールと実証の現地という対立図式は、後述するフィリップ・ステルヌの著作をめぐって顕在化するのだが、アンドレ・マルローの『王道』（一九三〇）にも敵対的関係を暗示する面白い場面が描かれているのでぜひ紹介しておきたい。あくまでもフィクションであるため、これを論拠に植民地とメトロポールの対立が明確に存在していたと主張するわけにはいかないが、しかし、それがクリシェとして通用するほどに一般的にも認知される対立であったということも許されよう。

この小説の主人公はパリでクメール美術の研究をし、独自の理論で論文を発表した若き研究者クロード・ヴァネックである。彼は臨時調査員の資格を得て、インドシナへ旅立ち、サイゴン到着後、さっそく極東学院院長と面会する。その場面で交わされる会話が非常に興味深い。クロードの理論的な論文を話題にして、架空の学院院長アルベール・ラメージュは次のような感想を述べるのである。[*29]

「あなたが昨年発表されたアジア美術についての興味深い報告を大変関心を持って読ませていただきました。また、それから、正直に言いますとあなたがいらっしゃるというので初めて読んだのですが、あなたの学説も拝見しました。あなたが披露されました考察には納得したというより、魅力を感じました。本当に私は引き付けられたのです。あなた方の世代の精神には興味があります…」[*30]

院長はパリの若者の理論的学説を理解しようとしない。実証性を欠く美学的な思索であって、自分達の考古学とは異なる次元のものとみなした。一方、主人公クロードは、自らの理論が院長に受け入れられないであろうと十分に予期していた。会話の最中のクロードの内面をマルローは次のように描写している。

「クロードは文献学を修めた考古学者が他のそうではない研究者に対して抱いている滑稽なまでの敵意を知っていた。ラメージュはアカデミー会員になることを夢見ているのである」[*31]

マルローの『王道』は次章の中心主題なので、引用はこれだけにしたい。ここでは、マルローが理論的研究を嫌悪する存在として学院メンバーを描写している点のみを確認するに留めたい。

東洋美術館の再編成（1）——ギメ美術館の変革

さて、メトロポールの研究者の理論の重要性は、単なる机上の空論でなかった点にある。グルセやステルヌは自らの理論を応用して、パリの研究教育体制を整備してゆくのだ。そのプロセスを追って

図43　ギメ美術館1階中国室（陶磁器），1931年以前に撮影．

ゆきたい。

まず注目すべきは、既に何度か言及しているパリの東洋美術館の大規模な再編（一九二〇〜三〇年代）である。一九一〇年代から一九二〇年代初頭にかけて、インドシナ美術館にはセデスとステルヌが考古史料の整理を行なっていた。一方、ギメ美術館にはアッカンとグルセがいた。彼ら若きエリートたちは連携を図りながら、美術館を新世代の東洋美術史観を反映させた研究施設へと変貌させてゆく。一言でいえば、創設者エミール・ギメが構想した一九世紀的な「宗教博物館」から、二〇世紀型の考古学と美術史を反映した「アジア美術館」へと大きく方向転換するのである。

一九二〇年までのギメ美術館の展示は、創始者エミールの構想に従って次のようになっていた。

一階（1）中国と日本の陶磁器（図43）、中国と日本の絵画

（2）アンティノエ（エジプト）のミイラ

二階（1）インド・チベット、中国の宗教

図44　ギメ美術館「マンダラ」(東寺大講堂仏像群レプリカ)古写真，撮影年代不詳．

(2)インドシナ、シベリアの宗教
(3)日本の宗教と歴史[*32](図44)

三階
(1)日本の世俗美術
(2)古代ギリシャ、イタリア、ガロワの古代
宗教
(3)古代エジプトの古代宗教
(4)中央アジア、イスラーム美術

特徴を二点に整理できよう。まず、エミールの宗教博物館構想を反映して、エジプトとギリシャ、ローマを発して中東を経て、アジアに至る広範な宗教的遺物を展示していた点、そしてもう一つは、一九世紀後半のジャポニスムの影響のもとに、宗教美術の枠を越えて、日本と中国の陶磁器や浮世絵や工芸品が重要な位置を占めている点である。今日のギメ美術館の中心を占めるクメール美術の大半は、まだインドシナ美術館にあった。エミールがとりわけ情熱を持って実現させたのは二階の日本の宗教美術展示で、そこには日本の仏師に複製させた東寺大講堂の仏像群「マンダラ」が

図45　ギメ美術館1階イエナ通り側「バイヨン室」，1932年撮影．

中央を飾っていた(図44)。複製が美術館の重要な場所を占めるという状況はドラポルトの美術館と同じである。これも前世紀のスペクタクルとしての美術館のあり様を伝える一例といってよかろう。

こうした初期の展示が、一九二〇年に開始される変革計画によってまったく様変わりする。特に大きな改編が行なわれた一九三二年以後には、以下のような展示形態になっている。

一階　クメール美術、インドシナの美術(ドラポルト室他)(図45)

二階(1)インドとジャワの美術

(2)アフガニスタン美術(セナール室)

(3)中央アジアの美術(ペリオ室)

(4)チベットの美術(バコ室)

三階(1)中国絵画と陶磁器(ペトルッチ室)

(2)日本美術(浮世絵、漆器、「マンダラ」)

この時点で既に今日のギメ美術館の状況に非常に

近い形となっている。一階の美術館の顔としてクメール美術が展示され、続く二階にアフガニスタンや中央アジアからフランスの調査隊がもたらした考古学的遺物が配置される。そして、かつて美術館の中心を占めていた日本の工芸品や仏教美術が最上階へと押しやられるのである。古代エジプトやギリシャ、イタリア、フランスの宗教美術展示は姿を消した。劇的な変化だといってよいだろう。この激変に至るプロセスを、幾つかのポイントに絞って編年的に辿ってみよう。

まず押さえておきたいのは、美術館の変革の契機である。最も重要な出来事は一九一八年一〇月一二日の創立者エミール・ギメの死であった。さらにその後継者のジャン・ギメも一九二〇年に交通事故によって不慮の死を遂げる。これにより、ギメ家の手を離れた美術館は、国有化の方向へと進む。創立者とその家族を失ったギメ美術館は宗教博物館としての役割を終え、学芸員たちが主導するアジア美術の殿堂として近代化を図ることとなったのである。

ジャン・ギメ没後の一九二〇年一一月二三日、ギメ美術館顧問委員会が開かれ、館長となったエジプト学者のアレクサンドル・モレを中心に、さっそく美術館の変革計画が検討された。[*33] この時点での再編の要点は以下の三点に整理できよう。一つは収集の地理的範囲を「中東、極東、エジプトに限定すること」、すなわちギリシャやフランスなどの西欧部門を美術館展示から除外すること(古代ギリシャ・ローマの遺物はリヨンのギメ美術館へと送られた)、二つ目は「純粋に芸術的な価値を持つ史料と宗教的な価値を持つ史料とを峻別すること」、そして三点目が「考古学史料室」を設置することである。一九二〇年の計画の時点では、エジプト美術は美術館から「追放」されていない。エジプトも「オリエント」の一部だから、という理由であるというよりも、当時はまだエジプト学者のモレが館長を務めていたことが配慮されたと考えた方がよいだろう。そのモレも一九二三年にはコレージュ・ドゥ・フランス教授になって、美術館を去る。それに呼応するかのように一九二五年にエジプト美術のルーヴル美術館への移送が決定し、今日のごとくアジア美術のみを展示する美術館となった。二点目の「芸術的な」史料と「宗教的」史料との「峻別」という言葉の解釈は難しい。変革後の展示構成を見る限り、この決定の要点はジャポニスムの遺産というべき日本と中国の世俗的芸術（陶磁器、浮世絵など）を、美術館から追放とはいわないまでも、目立たない場所へ移動することにあったと推察できよう。[*34] 三点目の考古学重視の方向性とあいまって、（近代の）美術工芸品を美術館の主力展示物から外すことが目的だったと見てよいだろう。

この改革計画において最も注目すべきは、いうまでもなく、三点目の「考古学史料室」の設置である。新しい世代の学芸員の関心はもっぱらここにあった。彼らは新しい美術館の目玉として、二〇世紀初頭よりフランスの踏査によってもたらされていたアジア各地の考古学的遺物や古美術品を選んだのである。各展示室には、踏査を行なったオリエンタリストの名が冠された。一九二一年四月には中国北部の考古学的遺物が「シャヴァンヌ室」に、中央アジアの遺物が「ペリオ室」にそれぞれ展示される。さらに（次章で紹介するヴィクトル・ゴルベフの提案によって）「写真資料室」も設置され、中国南部を踏査したヴィクトル・セガレンの調査隊の記録やチベット踏査のバコの調査記録などが展示された。[*35] さらに、一九二三年からは、アルフレッド・フーシェによるアフガニスタンの遺跡調査が始まり、さっそく現地で購入された三五点のアフガニスタンの考古学的遺物が「アフガニスタン室」に展示される。[*36] エミール・ギメの生前には影も形もなかったアジア各地の考古学的遺物が表舞台に登場したのである。

考古学史料室開設に連動して、ギメ美術館は一九二一年に新たに『ギメ美術館考古学紀要』を刊行し、第一分冊に中国を踏査したシャヴァンヌとセガレン、第二分冊にペリオの中央アジア踏査とジャック・バコによるチベット調査の概要を伝えた。[*37] 発刊の辞において、「近年最も注目されている考古学調査」の結果を迅速に伝えるべくこの雑誌を公刊したと表明されている。雑誌を編集した学芸員アッカンは、展示室のオープンに合わせて収集資料の学術的価値を公衆に伝えることを急いだのであった。こうして、アッカンを中心とする若きアジア美術研究者たちは、自分たちの直接の師でもあるアジア考古学のパイオニアの功績を称える展示室を開設し、それを美術館の顔とすることによって、変革後の美術館の新しさをアピールしたのである。

東洋美術館の再編成（2）——国立美術館統合とインドシナ美術館の終焉

一九二〇年の計画においてアジアの考古学的遺物を美術館の中心に据えることが決定されているが、しかし、この段階では、特にクメール美術の展示がその核として想定されていたわけではない。すなわち、この時点ではまだ、クメール中心の今日の美術館の姿からはほど遠い。一九世紀末にエティエンヌ・エモニエが収集した遺物が少数収蔵されてはいたが（九九ページを参照のこと）、大多数のクメールの遺物はすぐ近くのインドシナ美術館に収蔵されていた。これらの収蔵品をギメ美術館に移動することが次なる大きな変革となる。

この変革が画策され始めたのは一九二五年頃のことである。そしてこれは、ギメ美術館の国有化の動きと連動していた。美術館関係者と美術行政家たちはこの頃より、ギメ美術館を国立化し、ルーヴル美術館のアジア美術部門と位置づける計画を進めていた。具体的にこの計画が決定されるのは一九二七年のことで、実施されるのは一九二九年である。

ギメ美術館の国有化に伴って、同じく国立の美術館であったインドシナ美術館との統合が画策されるのはいわば必然であった。逆に統合のために国立化を急いだと見ることもできる。いずれにせよ、一九二五年一二月、ジョゼフ・アッカンは両者の統合をギメ美術館の常任委員会の議題としてあげている。そして、その統合が、「クメールとチャンパ、シャムのコレクションを学術的に再配置し、より良い教育的展示を実現するために」不可欠だと説明した。[*38]

トロカデロ宮の一翼を占めていたインドシナ美術館のコレクションは、そもそも国の任務でドラポルトが収集した国有物であり、ギメ美術館が国有となった以上、距離的に近い二つの美術館を統合した方が合理的である。とりわけ一九二〇年代の美術館は第一次世界大戦後の経済不況の影響をもろに被り、緊急を要しない文化施設の予算はどこも貧窮を極めていた。国立のアジア美術館の統合は、管理の一元化によって財政的負担を軽減するためにも必要だったのである。

しかし、それでも、統合の目的として、アッカンが学術性と教育性への配慮に言及した点を特に強調しておきたい。この統合によって、メトロポールのクメール美術研究の場が一元化され、考古学史料と古美術史料が充実した近代的学術研究施設を実現することができた。当時、インドシナ美術館の学芸員であったフィリップ・ステルヌもアッカンの申し出を異議なく受け入れている。パリのアジア美術研究環境の充実を願っていたステルヌにとっても、この統合計画は理想的なものであった。

両者の統合が決定した一九二七年には、後述するように、国立美術館学芸員を教授とするルーヴル学院で、クメール美術を講じる「インド考古学・美術講座」も開設される。美術館を一元化することによって、ルーヴル美術館のアジア部門たるギメ美術館で考古学・美術史資料を観察し、ルーヴル学院でそれらの歴史や様式を学ぶという教育体制も明確になる。この研究教育システムにおいて、なによりも重要なのはアッカンやステルヌ、グルセら学芸員たちに与えられた役割の重大さである。彼らは自らの研究理論を基盤にして美術館を秩序づけ、その美術史料を用いて、自らが教授となって学生たちを指導したのである。メトロポールのクメール美術の研究教育は、少数の彼らエリート研究者によって掌握される体制になったのである。

インドシナ美術館とギメ美術館の統合に関して、もう一つ美術館の近代化にとってきわめて重大な決断がなされている。すなわち、ギメ美術館に移設されたのは、オリジナルの彫像や古美術品のみであった。ドラポルトが生涯をかけて作成したレプリカやその元となった鋳型はギメ美術館の展示からは除外され、インドシナ美術館に残されたのである。

オリジナル古美術品の移動は一九二七年にまず五二点がなされ、次いで一九三一年と一九三五年に暫時的に行なわれ、一九三七年にすべてのオリジナル品がギメ美術館に収蔵された。一方、インドシナ美術館はレプリカと鋳型だけを保管する場所となったわけだが、その役割もすぐに終わる。ギメ美術館への配置換えを終えた一九三七年は「近代生活における芸術と技術の国際博覧会」の年に当たり、トロカデロが再び会場となった。この時、インドシナ美術館を含むトロカデロ宮は、新たに建築されるシャイヨー宮のために解体された。インドシナ美術館も姿を消す運命にあった。残されたレプリカと鋳型は展示場所を失い、前述のように、一九七〇年にラ・ソム県のサン・リキエ修道院の収蔵庫で発見されるまで、文字通りのお蔵入りとなったのだった。

東洋美術館の再編を実質的に実行したステルヌとグルセは、レプリカを新たな美術館から追放した。この決断が学術的観点からなされたことはいうまでもなかろう。完璧な復元という一九世紀の理想のもとに制作された大胆なドラポルトのレプリカは、二〇世紀の考古学と美術史研究の発展の中で、時代後れの非学術的産物とみなされる運命にあった。考古学展示室と銘打ち、その学術性を前面に打ち出した新しいギメ美術館に入り込む余地はもはやなかったのである。

さて、レプリカの追放劇をいま確認した我々には、美術館統合がなぜ一九二五年に計画されたのか、そのもう一つの理由がわかるだろう。インドシナ美術館の創設に尽力し、レプリカと復元図の作成に没頭したドラポルトの死である。彼は一九二五年五月三日に他界した。ギメ美術館のアッカンは、彼の死を待っていたかのように、その年の一二月にインドシナ美術館との統合の提案を持ち出したのだ。人情的にはなんと薄情な、と慨嘆したくなる事実だが、これも学問的進歩がもたらした必然である。第一章の最後に見たように、晩年のドラポルトは自らの調査報告と美術館コレクションの集大成たる『カンボジアの建造物』全四巻を一九二四年に完成させていた。この書はドラポルトの生涯の記憶となるとともに、間もなく姿を消すことになるインドシナ美術館の最後の記憶ともなってしまったのである。ドラポルトには思いもよらぬことだったろう。否、自らの仕事を書物の形で永遠に残そうとした彼は、自らの死とともに美術館の終焉も予期していたのかもしれない。

一九二〇年に始まるギメ美術館の大変革は、新世代の考古学・美術史の誕生を可視的に示す出来事であったが、それは一九世紀の理想の美術館の死を宣告することでもあった。メトロポールの東洋美術館は、エディプスよろしく「父」を殺し、その記憶を抹消することによって、近代的な学術的研究教育施設に代替わりを果たしたのだった。[*39]

一九二〇年代までギメ美術館にあったレプリカについても一言付け加えておこう。エミール・ギメ生前には、この美術館にもレプリカが多数展示されていた。東寺の仏像群「マンダラ」がその代表である。このレプリカは実のところ教育的観点から一九三二年まで三階に展示されていたようである。いつ収蔵庫に眠ることになったのかは定かでないが、一九三七年の美術館統合の完了時点には展示されなくなっている。これをもってギメ美術館からレプリカはすべて姿を消した。

よく知られるように、このレプリカは一九九一年に再び展示されるに至っている。著名な仏教学者のベルナール・フランクの尽力により、ギメ美術館の別館として日本と中国の仏像を展示する「パンテオン・ブディック（仏殿）」が開館し、そこに新たな場所を得たからであった。[*40] 今日、ギメ美術館は、本館は一九二〇〜三〇年代に形成された考古学・美術史美術館として、一方、別館は創立者エミール・ギメの構想した宗教博物館の記憶を伝える施設として棲み分けされている。

以上、メトロポールの東洋美術館改革のプロセスを辿ってきた。ギメ美術館とインドシナ美術館の統合を中心に語ってきたが、その間にも、ギメ美術館は、次々と新しいクメールのオリジナル彫像をインドシナから手に入れてもいた。たとえば、一九三一年に開催されたパリ国際植民地博覧会のために極東学院が出品した彫像類を譲り受けたり、あるいは一九三六年にフィリップ・ステルヌが美術館コレクションの欠落を補うために新たな資料を入手したりもした[*41]（この一件については本章で後述する）。この変革期には美術館の収集方針も自ずと変化した。かつてのように単に見栄えのするものや数量を増やすというものではなく、様式的あるいは編年的な欠落を補って、学術的な一貫性ある展示を可能にするコレクション形成が目指されるようになったのである。ルネ・グルセは既に一九二七年の時点において、アジア美術館として専門化してゆくギメ美術館の将来について次のように書いている。

「各々の美術館は、地域や時代を限定して美術作品を収集し、可能な限り最良の一貫性ある展示を行なう方向へと向かっている。この傾向が完遂したならば、ギメ美術館は、インドとインドシナ、中央アジア、チベット、アフガニスタンを専門とする美術館へと変貌するだろう[*42]」

「一貫性ある展示」とは、アジアを地域別に分け、それぞれを編年的に展示するという今日では一般的な展示方法であるが、逆にいえば、一九二〇年代までのパリの美術館はそのような展示ではなかった。グルセとステルヌが作り上げた学術的な美術館は、単にレプリカを追放したというにとどまらない。それまでの美術館のあり方を根底から変えるものでもあり、その衝撃は今日の我々の想像を大きく超えるものであったと考えたほうがよい。

一九一〇年代まで、基本的に寄贈や遺贈によってコレクションを形成したフランスの美術館では、寄贈者のコレクションに一室を与える展示が主流であり、地域別、時代別の展示は二の次であった。たとえば、フランス中世美術研究の泰斗アンリ・フォシヨンは一九一七年に発表した論文でこう書いている。曰く、フランスの美術館は新旧の美術も東西の美術も、大芸術も装飾芸術も、オリジナルもレプリカも雑然と無秩序に並んでおり、古代から同時代の美術まで編年的に整理されたドイツの美術館とは対照的である、と[*43]。驚くべきことに、この指摘は批判するために書かれたわけでなかった。続けてフォシヨンは、学術的でないフランスの展示方法のほうが「詩的」で好ましいと、美術史家にあるまじき発言をするのである。こうした無秩序な美術館が一九二〇～三〇年代に激変し、学術的に秩序だった美術館に変貌したのである。一九三二年に改革の進むギメ美術館を訪れたモリス・バレスは、

「もはや異質な遺物や価値の不釣合いな雑多な断片的作品、眩暈を引き起こす名もなき物たちは姿を消した」と報告し、彼の場合はこの変化を歓迎した。[*44]「詩的」で無秩序な「想像の美術館」を愛するのか、それとも学術的に秩序だった美術館を好むのか、我々は今一度熟考してよいのかもしれない。だが一九二〇年代のメトロポールの学芸員は後者を選択した。その選択のプロセスを我々はアンコールの考古学史の観点から追ってきたわけであるが、ある意味で、この激変は我々のテーマをはるかに越えた美術館の存在理由そのものにかかわる大問題である。いずれにせよ、大規模な再編によって、フォシヨンが「詩的」と評した「眩暈を引き起こす名もなき物たち」が、学術性の名のもとに美術館から消え去ったのだった。

本節の最後にもう一度、一九三二年の改編後のクメール展示室の写真を見よう（図45）。この年に新たに設置された「バイヨン室」の様子である。その名の通り、バイヨンから出土した遺物だけが集められている。大きな彫像はない。派手なスペクタクルを演出したレプリカは姿を消した。アンコール遺跡の全体像を示そうとしたドラポルトの意志は引き継がれなかった。代わって、展示において優先されたのは、様式的分類と編年的展示である。ここに、様式的研究によってバイヨン遺跡の制作年代を修正したステルヌの研究成果が反映されていることは明らかである。自らの研究成果を示すための展示室であるといっても過言ではない。

一九三〇年代のギメ美術館の改革を研究したアンヌ・ジャネとミュリエル・モーリアックは、新しく生まれ変わったギメ美術館は、国教分離（一九〇五年）の国フランスの「非宗教性（ライシテ）」を反映した結果であるとの見識を示しているが、この説明だけでは余りに不十分だろう。[*45]確かに再編を経て、かつての宗教博物館としての個性は消えたが、しかし、展示物の大半は仏教やヒンズーの宗教的遺物であることに変わりはない。強調すべきは、改編後の美術館が、アジアの宗教的遺物から神聖な宗教的価値を奪い、美術的価値、歴史的価値を持つ古美術品として一般に認めさせたということである。蒐集家の宗教的趣味を反映したコレクションとしてではなく、学術的に研究・分類された考古学的史料、美術史的作品として、美術館に展示されるようになったのである。コレクターのお宝お披露目の場から、研究者としての学芸員の成果を示す場へと劇的に変わったのである。

東洋美術教育体制の確立――ルーヴル学院におけるアジア美術教育

実際、ギメ美術館の専門化ないし近代化は、学芸員たちの専門分化と軌を一にして進行した。アッカンはチベットやアフガニスタンの仏教美術、ステルヌはクメール美術、グルセは中央アジアを中心とするアジア史というように学芸員の専門性が明確になり、彼らに続く者たちもそれぞれの特定の専門分野を持って、専門化された美術館のポストへ配属されてゆくこととなった。

一九二〇年頃までは、アジア美術を所蔵する美術館の学芸員は、特定の専門領域を有していたわけではなかった。一九世紀末のギメ美術館ではレオン・ドゥ・ミルエやエミール・デザイが学芸員となっていたが、彼らはエジプトから日本までの広範な美術を扱うジェネラリストであった。先に紹介したルーヴル美術館東洋部のガストン・ミジョンも同じであり、彼は中東のイスラームの工芸品から日本の浮世絵に至るまで幅広く研究する「応用芸術」の専門家であった。また、チェルヌスキ美術館の学芸員だったアンリ・ダルデンヌ・ドゥ・ティザックは小説家で、学芸員としての仕事を通じて、中国の古美術の専門家となった人物である。極東学院に派遣された調査員と同じように、メトロポールの学芸員も東洋学や東洋美術の「アマチュア」が大半を占めていたのである。

それが一九二〇年代になると、高等教育機関で東洋学や美術史やアジア史を学んだエリートが学芸員ポストを占めるようになる。アッカンやステルヌの他にも、たとえば、ギメ美術館には、わずかな期間ではあったが一九二三〜二五年には副学芸員として日本学者のクロード・メートルがいたし、正規のポストを得られなかった外国人の学芸助手として、極東美術の専門家のラファエル・ペトルッチや日本学者のセルゲイ・エリセエフがいた。彼らは各々に研究者として専門分野を持っていたのであり、その専門性が学術的な美術館への変革の大きな原動力となったのだった。

美術館と学芸員の専門性が顕著となったということは、アジアの考古学と美術史が、フランスにおいて学問としての一定の市民権を得たということを意味しているだろう。それを象徴するのが、一九二〇年代半ばにルーヴル学院に開講されたアジア美術講座である。受講生は少なかったとはいえ、パリの高等教育機関において初めてアジア美術がディシプリンとして自立した画期的な出来事である。ルーヴル学院はその名の通り、ルーヴル美術館を中心とする国立美術館の学芸員を養成するための専門学校であり、講師は国立の美術館学芸員が担当していた。ギメ美術館の国有化と専門化に連動して、アジア美術講座が設置されたのであった。

講座の内容を検討しよう。まず一九二六年に開講されたのが「アジア美術講座」で、ルーヴル美術館東洋部の学芸員ジョルジュ・サルが教授に任命された。続いて一九二八年に「インド考古学・美術講座」が開設される。そしてここでクメール美術が講じられた。教授と教授代理に任命されたのは、東洋美術館改革の立役者の三名、アッカン、グルセ、ステルヌである。制度上、三人が学芸員として自動的に教授となったわけだが、インドシナで考古学的調査に従事していた調査員には心穏やかならざるところがあったのではなかろうか。現地での調査経験を持たないパリの学芸員が、教授の肩書きを与えられ、若者たちにアジアの考古学と美術史を講じたのである——フランスを代表するアジア美術の専門家というお墨付きを国から得たのだ。

それぞれの講座の各年の授業内容は以下の通りである。

「アジア美術講座」
一九二六〜二七年　中国の美術
一九二七〜二八年　中国絵画とその他の極東の絵画との交流史
一九二八〜二九年　銅器と鉄器——中国美術とイスラーム美術
一九二九〜三〇年　イスラーム美術、その起源と極東美術との交流

「インド考古学・美術講座」
一九二八〜二九年（アッカン担当）　古代インド美術
一九二九〜三〇年（ステルヌ担当）　六〜一四世紀のクメール美術、プレ・アンコールとアンコール
一九三〇〜三一年（グルセ担当）　チベットと中央アジアの美術
一九三一〜三二年（ステルヌとグルセの担当）　古代インド美術、絵画[*46]

この授業構成はいかにもフランスらしい。講座の大枠としては、前者が中国中心、後者がインド中

心という旧来の東洋学の伝統を感じさせるが、中身はといえば、前者では、中国と日本との美術交流、あるいはイスラーム美術との交流という横断的な視点が重視され、中国の周辺地域への目配りも行き届いている。後者についても同様である。インドの仏教美術を軸に周辺のカンボジア、チベット、中央アジアの美術が各年のテーマとなっている。アジアの大国の美術のみを講じるのではなく、比較文化的方法によって周辺国を包括的に理解するカリキュラムとなっている。ここに大国の狭間にあるがゆえに中国もインドも研究できると述べたルイ・フィノのインドシナ学の理想、あるいはグルセ流の総合史としてのアジア美術史の思想の反映を容易に読み取ることができよう。

さらに本章にとって重要なのは、講義内容が一九二〇〜三〇年代に再編成されたギメ美術館の展示にそのまま対応している点である。というよりも、ギメ美術館の展示品に対応して授業が編成されたといった方が正確なのかもしれない。変革後のギメ美術館は、一階にクメール美術を据え、それを鑑賞したのちに二階のインドの美術、そしてアフガニスタンとチベットへ向かうという導線を完成した。ルーヴル学院の授業もまた、アジアにおける周縁的な美術の知識を広く修め、その上で大国の美術の理解を深めようとする内容であるといってよかろう。

美術館展示と教育が直結するかたちで示されるこの導線は、良くも悪しくもフランス独特のアジア美術史理念を反映したものであったし、その後の美術史編纂にも決定的な影響力を持つこととなった。イギリスやアメリカ合衆国に比べ、どちらかというと大国インドと中国の古美術コレクションが貧弱であったフランスにとって、カンボジアやアフガニスタンという周縁からアジア全体を見通してゆく普遍史的な美術史理念は、一九二〇年代のメトロポールの学芸員たちの支えともなり、美術展示に具体的に反映され、さらには教育システムとして体系化されたのである。

普遍主義、形式主義、そして植民地主義

メトロポールのアジア美術研究者が共有した東洋美術史理念の理解を深めるために、ここで少し時代が先に進むが、一九三〇年代にパリで盛んに公刊された普遍史的な美術史概説に言及しておきたい。一九三〇年代のフランスでは、時代的には原初の時代から現代まで、地理的には世界全体を網羅しようとする美術史概説叢書が『普遍的美術史』なる名称のもとに数多く公刊されている。代表的な四種類の美術叢書は以下の通りである。

『新普遍的美術史』全二巻（マルセル・オベール編）、一九三二年
『起源から今日までの美術』全二巻（レオン・デザイール編）、一九三二年
『始原から現代までの普遍的美術史』全四巻（ルイ・レオ編）、一九三四〜三九年
『美術史』全三巻（S・ユイスマン編）、一九三八年[*47]

これらの叢書では地域別に各章が分けられ、それぞれ編年的に美術の通史が語られるわけだが、どのシリーズにもアジアの美術が大きく取り上げられている。クメール美術も日本美術も、フランスやイタリアの美術と同じ書物の中で語られる環境がここに生まれたのである。むろん概説であるから、学術的に詳細な新知見が検討されるわけではないが、ルーヴル学院におけるアジア講座の開設という出来事と同様に、欧米の美術史学の枠組の中にアジア美術が一部門として組み入れられたことを告げ

る現象として（肯定的であれ否定的であれ）学史的検討に値するだろう。

普遍的美術史叢書の発刊の背景には、アジア美術理解の深まりとともに、当時のフランスの美術史学自体の変化を読み取る必要がある。先述の通り、一九二〇〜三〇年代にパリの国立美術館は統合され、各美術館が専門化した。学芸員も地域別に専門化した。各国の美術を区分けした上で、それらを関連づけながら叙述するというこの叢書の精神は、美術館再編の精神そのものであった。いわば、これらの叢書はパリの美術館配置の見取り図となっているのである。実際、叢書で具体的に取り上げられる作品の多くは、フランスの美術館が所蔵する作品である。

これらの概説が一般読者の心を摑むことができたかどうかはわからないが、少なくとも、美術史を学ぶ学生には基本的な知識を得るための教科書として重宝されたことは間違いない（現在、フランスの どの大学図書館にもこれらの叢書は揃っている）。美術を学ぶ学生は、古代ギリシャやイタリア・ルネサンスやフランスの中世美術だけではなく、アジアの美術も学ぶ必要がある、これらの叢書はそう教え、世界各地の美術が地域研究の一部門ではなく、美術史学というディシプリンの一部であることを明示したのである。折しも一九三一年にはパリ大学（ソルボンヌ）に美術・考古学研究所が新設され、建前としては世界各地の美術を研究できるようになった。学生街のカルチエ・ラタンの南に建設されたシャルル・ビゴー設計による当研究所の外装レリーフ（レプリカ）には、古代エジプト、ギリシャ、中世フランスの美術に並んで、アンコール・ワットのレリーフが装飾に採用されている（図46、47）。

普遍主義的美術史が流行した背景に、大戦間のパリの国際主義的で平和主義的な政治的風潮を読み取ることは容易だろう。たとえば一九三二年の『新普遍的美術史』（オベール編）に序文を寄せたエミール・マールはこう書いている。

図46.　パリ大学美術・考古学研究所（1931年）外装レリーフ.

「今や我々は《造形芸術の普遍的歴史》の必要性を十分に理解している。二〇世紀は一九世紀には想像しえなかった《比較芸術研究》の世紀となることだろう。若い研究者は一国の芸術の研究に没頭する前に、すべての国の芸術を知らねばならない。これまで無知でいたアジア美術も知らねばならないのである[*48]」

図47　同上.

また、同年刊行の『起源から今日までの美術』(デゼール編) の序文を担当したポール・レオンも、同様の普遍主義を宣言した。

「本書は、西欧、地中海、アジア大陸、太平洋を網羅した地図となっている。かつて個別的に研究されてきた各々の文明が、今や同じ一つの帝国に属する地方として、あるいは同じ一つの世界に属する小さな地域として理解されるようになったのである。(…) たとえば日本美術が好例で、この美術はイスラーム世界、仏教世界、さらには西欧世界との関係を如実に示すものとなっている」[*49]

レオンの文章において日本美術が普遍美術史構想を正当化する材料として取り上げられている事実は興味深い。アジア諸国のみならず、西欧との影響関係のもとに美術を発展させた日本の美術史はフランスの美術史家が思い描く普遍史を正当化する格好の証拠として利用されるところとなった。かつてルイ・フィノや岡倉覚三が提唱した「アジアは一つ」という理念がさらに拡大解釈されて、「ユーラシアは一つ」とも評すべきメガロマニアックな普遍史へと変貌したのだった。

こうした状況を踏まえるなら、先に見たルネ・グルセの著作がなぜ一九三〇年代に流行したのかを理解できるだろう。実際、グルセらはこれらの叢書でもアジア美術の執筆を担当し、ここぞとばかりに普遍的美術史の理念に共鳴する。たとえばルイ・レオ編『始原から現代までの普遍美術史』第四巻(一九三九)で「アジア芸術の歴史的枠組と発展」と題するアジア美術の総論を担当した彼は日本美術の役割を次のように紹介している。

「日本は、一〇〇〇年を越える伝統への忠実さが芸術的個性を損なうことなく、維持されている。（…）この独創性によって、日本は、インドと中国、そして西欧からの文化的影響を被りつつも、自らの伝統を汚すことなく、アジアとヨーロッパを吸収し、己自身であり続けたのである[*50]」

グルセは、同じ日本観を既に一九三〇年にも披露していた。

「日本は海外の影響に常に支配されてきた。（…）しかしギリシャが、エジプトやアッシリアから新たな芸術を創造したように、日本も、ギリシャやインド、中央アジアや中国の伝統を混合して、新たな様式を生み出したのである。《アジアの周縁》にあったがゆえに、日本はアジア全体の歴史を要約しえたのであった。日本はすべての文明の綜合となったのである[*51]」

周縁からアジア全体を透視する東洋美術研究者の歴史理念を代表する文章である。

普遍的美術史叢書のアジア美術の執筆を担当したのは、グルセなどのパリの学芸員であった。グルセは一九三二年の『新普遍的美術史』第二巻でも「インドの美術と中央アジアの美術」（クメールとジャワの美術を含む）を担当した。一方、一九三九年刊行の『始原から現代までの普遍的美術史』第四巻（アジア美術編）において「インドの美術」と「インド美術の東への伝播（クメール、ジャワなどの美術）」を執筆したのはフィリップ・ステルヌである。同書の「インド美術の北への伝播（中央アジア、チベットなどの美術）」もまた、ステルヌとジョゼフ・アッカンの共同執筆となっている[*52]。（奇妙にも）アンコールで考古学的調査に従事した極東学院メンバーがこうした概説書の執筆に関わることはなかった。

美術史叢書は教科書的概説であり、専門的な研究書ではない。それゆえ、学史や研究史において重視されることは少ないが、しかし、こうした概説書こそ当時のパリの学界状況を映し出している。今日もそうだが、一般向けの概説は執筆者の社会的地位を重視する。その道の専門家と社会が認めた人物が各項目の執筆にあたることが多い。たとえば一九三二年の『新普遍的美術史』において、ゴシック美術の執筆には中世美術史家のマルセル・オベールが、現代美術の執筆にはフランスの美術史学界の代表者となりつつあったアンリ・フォシヨンがあたっていた。そうした人物と肩を並べて、ギメ美術館学芸員にしてルーヴル学院教授のアッカン、グルセ、ステルヌがクメール美術について執筆したのである。こうした書を通じて、彼らの名もまた、一般レベルでは、フランスを代表する東洋美術史家、考古学者として理解されたはずである。

方法論的齟齬の表面化——ステルヌ著『アンコール遺跡のバイヨン』の衝撃

さて、これらの通史の一つ『始原から現代までの普遍的美術史』第四巻（一九三九）においてクメール美術の執筆を担当したフィリップ・ステルヌは、研究史を振り返りながら衝撃的な言葉を書き記している。

「近年、（クメール美術の）年代考証に修正が加えられた。とりわけ一九二七年以前に刊行された書物には慎重な態度で接する必要があるだろう」[*53]

概説書を手にした一般人や学生に向かって、一九二七年以前の本は学術的に問題ありと指導しているのである。ここで具体的に挙げられる一九二七年とはステルヌ自身の著作『アンコール遺跡のバイヨンとクメール美術の発展――クメール美術の年代に関する研究と論争』が刊行された年である。[*54]つまり、大胆にも彼は自著をアンコール研究史の一大画期とし、それ以前の研究には警戒をせよと書いたのである。

これはどういうことか。ここでようやく後回しにしてきたステルヌの著作を検討し、メトロポールと植民地との方法論的齟齬、理論的対立という本章のテーマを締めくくりたい。

パリの研究教育体制が整い始める一九二〇年代半ばまで、アンコール遺跡やクメール美術に関する重要な研究を発表していたのは現地で活動する極東学院メンバーであった。この分野は彼らの独壇場であったといってもよい。『学院紀要』の報告や論文に加えて、アンコール保存局長のアンリ・マルシャルによる『クメール彫刻』（一九二二）と『カンボジア建築における動物』（一九二二）、カンボジア芸術局長グロリエによる『カンボジア研究』（一九二一）、『アンコール遺跡』（一九二四）、『古代クメール彫刻』（一九二五）、あるいは学院考古学部長パルマンティエの『プリミティヴ・クメール美術』（一九二七）など、毎年のようにクメール彫刻に関する著作が学院メンバーによって発表されていた。[*55]そこに突如としてステルヌの著作が登場したのである。しかもこの著者は、従来の研究に異義を唱えたのだ。当然のことながら、現地の調査員たちは反発した。

ステルヌの著作は、クメール美術の編年に重大な修正を促すもので、アンコール遺跡の考古学史においてはよく知られているが、その内容をまず概括しておこう。

今日、アンコール・トムのバイヨン寺院は一二世紀末にジャヤヴァルマン二世が建立した仏教寺院として知られている。しかし、ステルヌの著作が登場するまでは九世紀末〜一〇世紀初頭の建造物、すなわちヤショヴァルマン一世がクメール王として初めてアンコール（ヤショダラプラ＝「ヤショヴァルマン王の都市」）に建造した寺院と考えられていた。一二世紀のアンコール・ワット以前に建造された、遺跡群中で最も古い寺院の一つと仮定されていたのである。しかし、ステルヌはバイヨン寺院から出土した彫刻の研究によって、この仮説に異義を唱え、二世紀も下らせて一一世紀の建造物、つまりアンコール・ワット建造直前のものと結論し、現地で活動していた研究者との間に論争を巻き起こした。

一九二九年には、この年にバンコクの文学・考古学・美術アカデミーの秘書から極東学院院長となったジョルジュ・セデスが碑文の再検討を行ない、バイヨン寺院が一三世紀の建造物であるとの新たな仮説を打ち出す。[*56] その後まもなく、幾つかの証拠の検証によってこの説は補強され、一三世紀建造説が定説となる。ステルヌの説よりもさらに時代が後退したとはいえ、大筋では、バイヨン寺院の建造年代を後退させるステルヌの問題提起が認められる結果となった。

ステルヌの著作は、単にクメール美術の編年に決定的変更を強いたがゆえに、研究史に記憶される書となっているわけではない。アンコール地区はおろか、東アジアに一度も足を踏み入れたことのないメトロポールの研究者が、現地の学院メンバーの研究をあざ笑うかのように大胆な問題提起を行ない、大筋で、その主張の正当性が認められたという事実に重大な意味があった。また、本章で論じているように、ステルヌの問題提起はまさにパリの研究教育体制が整いつつある時期になされたのであり、パリのクメール美術研究の水準を国内外に強くアピールすることとなった。クメール美術研究の場が、極東学院だけではなく、パリにもあることを告げたのである。

ステルヌが用いた方法論は、現地調査員たちの従来の研究とは大きく異なっていた。この書の衝撃は、編年に関する結論もさることながら、その方法論にもあったことをここで強調しておきたい。この書においてステルヌは、考古学における型式学と美術史における様式研究を基盤にして、「理論的」にクメールの美術史を構築しようとしている。様式の発展史としてクメール彫刻の編年的歴史を記述したのである。それはタイトルに示される「発展」という言葉に明確に意識化されている。冒頭において彼は大胆にも次のように書いている。

「考古学研究において、我々は常に美術の比較研究に関心を払ってきた。様々な美術に長い間親しんできた結果、我々が確信したのは、エジプトやビザンティンの美術も含め、(…)あらゆる美術は発展するということであり、クメール美術もその例外ではない。それゆえ我々は、まず、この仕事に取りかかるにあたって、(…)この(様式的な)展開を追うことに努めたのである。(…)本書の方法は、作品それ自体の検討によって美術の展開を明らかにすることにある。それゆえ、最小限の疑いのない碑文データしか利用しないこととする[*57]」

ここには一九二〇~三〇年代の(西洋の)美術史学が方法論的な拠り所とした「様式分析」と「美術の比較学」の理論的影響が明瞭になっている[*58]。先に見たように図像学の権威であるエミール・マールのような中世フランス美術の重鎮ですら「造形芸術の比較学」を提唱していた。メトロポールの流行の理論をステルヌはクメール美術に応用し、金石学や文献学を中心にした従来の編年研究に揺さぶりをかけようとしたのである。

疑いのある碑文史料は利用せず、造形上の様式を最優先に分析するというステルヌの主張は学院メンバーたちを戸惑わせずにはいなかった。彼らの自負心を傷つけ、苛立たせた。当時、アンコール保存局長であったアンリ・マルシャルはただちにステルヌの著作に反応し、一九二八年の『学院紀要』において批判する。


「〈現地の〉建造物や美術品を実際に見ることなく、寸法が必ずしも正確ではないデッサンや写真だけを検討したステルヌ氏は、自らの理論のみを拠り所として作品を観察したように思える」[*59]

コマイユの後継者としてアンコール保存局長を既に十年近く務めていたマルシャルが一言いわずにはおれなかった気持ちはよくわかる。現地調査を行なうことなく、メトロポールで流行の理論に依拠して、実証的な自分たちの仕事を否定したステルヌを挑発せずにはおれなかったのである。ここに現地調査員としての自負を読み取るとともに、マルローが『王道』で戯画的に示した現地調査員の理論嫌悪の態度を見て取ることができるかもしれない。いずれにせよ、マルシャルは理論を前面に押し出すステルヌに対して、実証レベルの事実誤認を挙げ連ねて批判したのであった。

だが、マルシャルにとっては不幸だったが、ステルヌの研究は結果として従来のクメール美術の編年を大きく覆してしまった。この点を評価しないわけにはいかない。理論偏重の方法を非難しつつも、マルシャルは、ステルヌの書が「まったく新しい発見」をしたことを特筆大書し、「クメールの建造物と様式の発展の編年についての我々の知識を完全に修正」したことを認める。そしてこう続ける。

皮肉の入り混じった文章で、そのニュアンスを感じ取る必要があるので、長文の引用となることをお許しいただきたい。

「この結論は、著者がカンボジアに一度も来たことがなく、〔パリで〕入手しえた写真資料や図像資料だけで研究をなったという事実を知れば、よりいっそう驚きに値するだろう。この方法ゆえに、幾らか困った問題も生じている。写真資料などの視覚資料はいつも不十分なものであるからだ。だが、利点もある。〔少数のサンプルしか用いないので〕様式や時代設定の問題を本質的特徴に還元して考えることが可能で、余りにも無数にあって混乱に満ちたクメール建造物の細部に迷い込むことなく研究をすることができるからである。現地でのクメール美術研究は、多種多様な影響を受けて混沌とする。〔現地の遺跡は〕幾重にも重なり、絡み合う多数のモティーフの反復と混乱を提示し、反復と混乱によって複合的な全体が形成されている。〔…〕この現地の混沌として、混乱をもたらすしかない遺跡に、ステルヌ氏は明晰さと秩序を与えたのである。この点に我々は大いなる感謝をせねばならないだろう。

これで既にステルヌ氏の著書の利点について述べたことになる。つまり、クメール美術の展開に一つの簡潔な図式を与えたのである。おそらくは余りにも簡潔に過ぎ、現実を反映してはいない図式ではあろうが」

なんとも嫌な褒め方だが、この言い回しこそが、ステルヌの新知見に対する現地調査員の歯がゆい思いを余すことなく伝えている。だが、マルシャルは研究者として、ステルヌの書の成果を最大限に評価して見せて、本文を結んでいる。

「いずれにせよ我々はステルヌ氏に感謝している。クメール考古学に関心のある者たちは皆、彼に感謝せねばならないだろう。新たな道を切り拓いたのである。そして、これまで我々が誤った道を歩んでいたことに注意を促したのである。彼は我々に正しい道を指し示し、遅かれ早かれ明らかとなるだろう真実に向かって、最初の道標を打ち付けたのだ。その意味で、彼の著作はクメール美術研究の一大画期となることだろう」

皮肉に満ちたマルシャルの文章には、一つの真理が含まれている。マルシャルはステルヌが行なった様式研究が、メトロポールでしかできない研究だと的確に述べている。現地調査員に理論的研究をする頭脳がないというわけではない。そうではなく、現地には個々の彫刻の様式を分別することが不可能なほど多様で無数の遺物が溢れていた。逆に、メトロポールは様式的に異なる遺物だけを少数、厳選して蒐集していた。各様式の特徴的な彫像が少数ずつ要約的に集められているメトロポールで理論的な様式研究が流行するのも必然であったとマルシャルは指摘するのである。

半ば冗談交じりの皮肉であったろうが、マルシャルのこの指摘は、パリと現地のアンコール考古学の落差を検討する我々にとっては重要である。彼の言うように、メトロポールでは緻密な実証的研究はできないが、様式の比較分析にとっては好都合な環境があった。そもそも様式の異なる美術品だけが、美術館の「一貫した」展示にふさわしいものであった。そしてまた、美術史の教育もそうであろう。様式の異なる少数のサンプルを編年的に並べることによって、明瞭かつ容易に美術の歴史を理解

au-dessus de l'arc et sur l'arc même dont les extrêmités se changent en feuillage enroulé vers l'intérieur d'abord, vers l'extérieur ensuite. Les makaras disparaissent assez vite, remplacés par des fleurons ; les guirlandes et les pendeloques cessent ensuite d'être représentées. L'arc lui-même, enfin, se transforme en branche d'où pendent, non plus des guirlandes, des pendeloques ou des feuilles de face, mais des crosses de feuillage vues de profil. Vers la fin du VIIIe siècle environ, le linteau est devenu bas, pauvre, formé d'une branche s'enroulant à ses extrémités vers l'extérieur, branche d'où pendent des crosses de feuillage et qui n'est souvent ornée que d'un fleuron central (fig. 169, au milieu vers le haut).

Le linteau du IXe siècle (style du Koulen et de Prah Kô, fig. 169, en bas) est, au contraire, haut et richement décoré : c'est le plus beau des linteaux khmèrs. Que s'est-il passé ? Une réaction s'est produite avec innovations, copie de motifs étrangers et reprise de certains thèmes du passé. Le linteau du IXe siècle a emprunté aux linteaux précédents la branche de feuillage s'enroulant vers

Phot. E. F. E.-O.

Fig. 169. — Linteaux khmèrs.

図48　フィリップ・ステルヌ「インド美術の東漸」(『始原から現代までの普遍的美術史』第4巻)挿図, 1939年.

milieu) ; la queue de l'animal a disparu et de tous côtés les têtes auréolées terminent le long corps ; ce corps lui-même, formant balustrade, est isolé du sol par des dés de pierre sur lesquels il repose. Le dos de l'animal permet de préciser

Phot. E. F. E.-O. ou E. A. C.

Fig. 172. — Lions khmèrs. A gauche : VIIIe siècle (Sambor-Prei Kouk). Au milieu : début du Xe siècle (Phnom Bàkhèng). — A droite : fin du XIIe siècle (Bàyon).

Phot. E. F. E.-O. ou D. A. C.

Fig. 173. — Nâgas (serpents) décoratifs khmèrs. A gauche : style de Koh Ker, 1re moitié du Xe siècle. — Au milieu : style d'Angkor Vat, 1re moitié du XIIe siècle. — A droite : style du Bàyon, 2e moitié du XIIe siècle.

図49　ステルヌ「インド美術の東漸」挿図, 1939年.

することができる。大胆にいうならば、この単純な明晰性こそが一九三〇年代頃よりフランスで盛んに講じられた様式史としての美術史の特徴であり、先述の学生向けの普遍史的美術通史の「売り」であった。それは『始原から現代までの普遍的美術史』に執筆したステルヌの論文を見ればまさに一目瞭然である。彼は楣石を四点並べた挿図や獅子とナーガを三点並べた挿図(図48、49)を掲げながら、ひと目でクメール美術の様式的変遷が理解できるように配慮している[*60]。誰もがわかる異なる特徴的な様式を並べて、クメール美術の歴史を平易に説いたのだった。

もう一人ジョルジュ・グロリエの反応も見ておきたい。

一九二〇年にカンボジア芸術局長に就任したグロリエも、現地調査員としての自負を抱き、雑誌『クメールの美術と考古学』を創刊して自論を展開していた。芸術家肌のグロリエが金石学中心のアンコール研究よりは、クメール美術の美学的研究を好んでいたことは先述の通りである(一七五～一七六ページを参照のこと)。

ある意味で彼の視点は、理論的なメトロポールの研究に近かったといってよい。グロリエの研究や主張に、マルローの美学理論との類似を指摘する研究者もいるほどである。[*61] しかし、グロリエの研究は根本的にステルヌの様式研究とは異なっていた。カンボジア生まれのグロリエは独特の感情移入によって、クメール人の芸術的天性やアイデンティティの継続性を美術品に見出そうとしていた。「冷たい」様式分析ではなく、クメールの民族的意志（美術史家アロイス・リーグルの「芸術意志」に似た根源的な力）をクメールの美術に読み取っていたのである。

それゆえ、彼のステルヌに対する批判は、マルシャルとは異なり、実証を蔑ろにするような理論に向けられたわけではない。彼が疑義を呈するのは、様式分析の結果として示される新しい編年体系、すなわち、バイヨンを一一世紀の建造物とするステルヌの（冷徹な）判断であった。グロリエによるステルヌ批判が展開されるのは一九三一年に再版された改訂版の『アンコール遺跡』（一九二四年初版）においてである。[*62]

ステルヌの問題提起により、グロリエは一九二四年に出版した自著を再版するにあたって、バイヨン寺院の記述の書き換えを迫られた。しかし、バイヨン寺院が一一世紀の建造物というのは余りにおかしい、とグロリエは食い下がる。もとより、彼は碑文研究を擁護したいわけではなく、実証的史料に基づいて編年がおかしいというのではない。グロリエが主張したのは「バイヨン芸術に認められる技術的欠陥、怠惰、奇怪さ、放埒な衝動性」であり、芸術的意欲の低下したバイヨンの芸術が、クメール美術の絶頂点をなすアンコール・ワットの直前に制作されたという説にはどうしても納得できないというのである。彼に言わせるならば、論理的とされるステルヌの理論的方法がもたらした結論は、従来の九世紀建造説よりも「非論理的」なのであった。

かくしてグロリエは、一九二九年にセデスが提案した一三世紀建造説を、あまり好まない碑文研究からのアプローチではあったが支持した。絶頂期を過ぎた退廃期の芸術として、バイヨン様式の「技術的欠陥」や「怠惰」を説明することができるからである。様式展開によってクメール美術の美的変遷を明らかにすることにはやぶさかではないが、しかし、ステルヌの様式分析にはクメールの美術全体を見通す美学が欠けていると直感的に見抜いたのであった。

バイヨン寺院が一一世紀の建造物では絶対にありえないというグロリエの美的判断は、現地調査員ならではの直感であったといってよいだろう。日々アンコール遺跡に触れるものにとって、この巨大な遺跡群はマルシャルが述べたように「混乱」に満ちた「複合的な」生きた現実なのであり、その中を生きた者だけにしか、この直感は育まれない。冷たいメトロポールの様式分析は現実を単純化しているだけであり、それでは、アンコール遺跡を解き明かすことはできないとグロリエはいう。一九三一年の改訂版の前言としてグロリエが加えた文章は、一九世紀の探検家のアンコール紀行文さながらに、容易には解明しえないアンコール遺跡の謎と神秘を強調するものとなっている。ステルヌには直接言及していないが、現実を単純化するだけの理論的研究へのある種の批判が含まれているのではないだろうか。三宅一郎による名訳によってその一節を引用したい。

「アンコオルへ這入ることは、この素晴らしい眩耀混迷を垣間見ることである。アンコオルのやうに綿綿と自らを示す古都は少く、しかもおそらくどれも過去の事物を充分に語らず、その神秘、悲喜劇、栄華を十分に偲ばせない。一切のアンコオルの門は神秘幽暗に向かって開かれている。これらの門の彫刻、回廊づたひに聞えてくる何かの囁き、付近で発掘された遺蹟とても、その不明瞭な混迷喧囂の神秘を解き明かさない。もどかしい。寺院が完全に保っていればいるほど、解明すべき問題は多くなる。ただ、この幻の都には、壁に並んでいる神々や女神たちの顔が、そこはかとなく悦楽と諷刺と霊妙の微笑を交へているばかりである」[*63]

ステルヌのアンコール詣で

以上のように、一九二七年のステルヌの書はアンコール考古学に大きな動揺を与えた。結果的には彼の一一世紀建造説も覆されたわけだが、それでもメトロポールの研究水準の高さを示し、パリにおいてもクメール美術研究を行なう研究教育体制が整備されたことをはっきりと告げたのである。学史的意義以上に重要なのは、マルシャルやグロリエの言葉に表れたように、現地調査員たちがメトロポールの（単純化され）整備された研究体制と現地の混沌とした遺跡調査の実態との間に大きな落差があることを意識せざるをえなかったということだろう。理論的研究も重要だが、現地にはそれとは別に行なうべきことが山ほどあった。メトロポールはメトロポール、現地は現地、と両者の断絶と乖離を彼らは完全に事実として受け入れるしかなかった。もはや断絶を解消しようとするのではなく、断絶を前提とするような意識が生まれ、やがて両者の相互の無理解へとつながってゆくことだろう。そして、次章以降で検討するように、一九二〇～三〇年代のアンコール考古学史上に厄介な影を落としてゆくこととなる。

問題の書によって反論に晒されたステルヌの意識には何か変化があったのだろうか。

彼は学院メンバーからの批判には、なんら再反論しなかった。しかし、自身の様式論を修正することもなかった。一九三九年の概説書に一九二七年以前の著作には警戒せよと書いて、様式論的記述を展開したことは前述の通りである。また、一九三三年には『アジア雑誌』に論文「クメール建築の発展とアンコールの都市変化」、一九四二年には著書『チャンパの美術とその発展』を発表するなど、様式の「発展史」としてのアジア美術史を徹底して追究した。[*64] まさにエリートらしく何事にも動じることなく、メトロポールで有効な様式論的アプローチに徹したのであった。しかし、それにしても、一九三六年まで、すなわち四一歳になる時まで、一度もアンコール遺跡を訪れたことのなかった自分の研究者としてのキャリアに負い目を感じたことはなかったのだろうか。

一九三六年一月、ステルヌはフランス国立美術館の調査使節団長として初めてインドシナを訪れ、二月末から六月初旬までアンコール地区を踏査した。現地で彼を迎えたのは、考古学調査部長を務めていた因縁のアンリ・マルシャルである。このあたりのところは、小説、いや映画にでもすれば、非常に面白いものができるだろうが、残念ながら、詳細を伝える資料類は、少なくとも公的文書としては残っていない。[*65]

踏査する遺跡は、マルシャルとの協議によって現地で協調的に決定されたようである。まず、ステルヌは、同行したアジア協会のコラル＝レミュザとともにコーケー、サンボール・プレイ・クック、コンポン・スヴァイのプリヤ・カン（大プリヤ・カン）、プリヤ・ヴィヘアを調査した。コラル＝レミュザは四月に帰国するが、ステルヌは六月初旬までインドシナに滞在し、バンテアイ・チュマールの調査も行なった。

ステルヌとコラル＝レミュザの目的は、当時、彼らが研究に取り組んでいた七世紀の「初期（プリミティヴ）クメール美術」の時代と九世紀末のロリュオス遺跡の時代の間をつなぐ美術様式を確認することにあった。特に、ジャヤヴァルマン二世（八〇二〜八五四）の治世の美術様式の解明を目指していた。九世紀の美術の研究がなぜ空白状態だったのかといえば、長い間、バイヨンが九世紀を代表する美術とみなされてきたからである。バイヨンが九世紀の建造物でないと喝破したのは他ならぬステルヌだった。つまり、彼は自らの問題提起によって様式史としてのクメール美術史の空白部となった九世紀の美術の様式を確認するために、アンコールにやってきたのである。

この調査によって、彼はバコン周辺において特徴的な楣石と石碑を発掘する。次いでマルシャルとともにプノン・クーレン（次章のゴルベフの調査を参照のこと）を踏査し、荒廃した一七の寺院と七ヵ所の寺院跡を発見することに成功する。幸運なことに、その建造物の装飾はまさにステルヌが求める七世紀と九世紀を繋ぐ様式を持っていた。この時発掘された遺物は、ギメ美術館、ハノイの極東学院美術館（ルイ・フィノ美術館）、そしてプノンペンのアルベール・サロー美術館に収蔵された。この共同踏査の成果を持って、ステルヌは胸を張ってパリへ帰ることができたのだった。

興味深いことに、帰国後に書いた調査報告において、ステルヌは調査の成功や様式分析よりも、現地調査の肉体的かつ精神的な厳しさを強調している。彼によれば、調査当初はラジョンキエールの『遺跡目録』に記載された場所を訪れても、わずかな瓦礫があるばかりで、碑文も彫像も発見することができず、「完璧に落胆」し、さらにその落胆は現地の厳しい自然環境と悪天候によってさらに増した。現地のクーリーたちとの生々しい会話や過酷な調査実態を紹介する彼の調査報告は、彼がいかに現地を知らずにいたかを伝えて余りなく、一昔前の調査員の旅行記さながらの時代錯誤の記録となっていて面白い。

だが、ステルヌの初めてのアンコール調査にはもう一つの目的であったといわねばならない。今しがた述べたように、彼は自らの様式史の空白部を明らかにするために調査を行なった。しかし、純粋な研究目的だったとはいえない。本章で繰り返し強調しているように、彼の研究はそのままギメ美術館の展示に直結していた。彼の研究の空白は、ギメ美術館のコレクションの欠落でもあったのである。

一九三六年といえば、インドシナ美術館からギメ美術館へのオリジナル作品の移設が完了した年である。メトロポールにある主要なクメール古美術品が一ヵ所に集められたわけだが、そうすることで、クメール美術コレクションの欠落も明らかとなる。つまり、九世紀のクーレン様式の美術品がそこにはなかった。様式的変化が一望できるように編年的展示を行なっていたステルヌである。彼にとって、九世紀の美術品の「欠落」は、ギメ美術館の変革がいまだ完了していないことを意味した。かくして、「カンボジア国内の収集品から、美術館〔ギメ美術館〕のコレクションを補完するために有用と思われるもので、同種の作品が複数あるものを当局〔フランス極東学院〕と一緒に選択してフランスに送付すること」が、学芸員として、そしてフランス国立美術館の調査使節団長としてのステルヌの最も重要な任務だったのである。[*66]

現在、ギメ美術館には、《ヴィシュヌ神》（クーレン様式、九世紀初頭、MG一八八六〇）（図65）など、作品のキャプションに「一九三六年にフランス極東学院から送付」と記された遺物が複数展示・保管されているが、これらはステルヌがアンコールに赴き、作品選定を行なったものに他ならない。収集された古美術品の大半は九世紀前半から一〇世紀半ばのいわゆるプレ・アンコール期の優品であり、これによりギメ美術館のコレクションの空白が補完されたのだった。第六章で詳述するように、一九二七年のステルヌの問題提起により、一九三〇年代の現地では九世紀のプレ・アンコール期の遺跡の発掘が大きく進展し、彼自身も現地調査によって貴重な遺物を発掘した。ステルヌはそれをあたかも自らの学術的貢献の戦利品であるかのように颯爽とメトロポールへと持ち帰ったのであった。

第五章　アンコール考古学の発展とその舞台裏（1）——考古学史の中のマルロー事件

マルロー事件と考古学史

一九二三年一二月、二三歳のあるフランス人が妻と友人とともにサイゴンに上陸した。植民地省より無給考古学調査員の資格を得ていた彼は、極東学院メンバーの指導のもとにアンコール遺跡の調査を行なうという名目でインドシナ入りしている。しかし彼は独断で廃墟のバンテアイ・スレイ寺院を訪れ、見事な装飾を持つレリーフを切り出し、こっそりと遺跡から持ち帰ろうとした。結局、この盗掘は未遂に終わる。盗掘未遂犯となった男は逮捕され、有罪判決を受けた。この若者が無名時代のアンドレ・マルローであることは比較的よく知られた事実である。

一九二〇年代を生きたフランスの青年にとって、アンコール遺跡での盗掘はもはや夢物語ではなかった。それほどこの遺跡の名は一般に認知され、その考古学調査の結果を独学で勉強し、現地での盗掘を計画することもできたのである。前章で検討したように、この頃にパリの東洋美術研究教育体制が急速に整備されていった。一九二二年にはマルセイユで内国植民地博覧会が開催され、建設されたアンコール・ワットの巨大なレプリカも人気を博した。美術コレクターはクメールの古美術品に興味を示し始めていた。アンコール遺跡を訪れた観光客はマルローのように盗掘には及ばないものの、何か記念となる品々を手に入れたいと願う、そんな時代になっていた。

一九〇七年以来、極東学院メンバーは遺跡調査を継続的に行なっていたが、一九二〇年代に至ると、独自のペースで調査活動に専念することが非常に困難になっていたと想像できる。本国の博覧会のために展示品を選定送付したり、インドシナを訪れる役人や観光客の相手をしたり、観光のための道路を整備したりと、遺跡の普及活動や観光誘致の営業活動も行なわねばならなかった。マルローのような人物の相手もせねばならない。現地の考古学も新たなフェーズを迎えていた。パリでのアンコール遺跡の認知度の上昇は、メトロポールの学芸員のみならず現地調査員の継続的活動の成果でもあるわけだが、しかし、その成功ゆえに、調査遂行の妨げとなるような活動にも取り組まねばならなかったのであった。一九二〇年代は、アンコール考古学が飛躍的に進展する時期であるが、その発展の現場は実のところ混乱に満ち、調査とはかけ離れた問題ある活動も行なわれるようになっていたのだった。

本章と次章では、こうした一九二〇年代以降の現地の考古学の状況を詳細に追ってゆきたい。宗主国の首都が研究教育体制を制度化していった時期、植民地での調査はどのように遂行されていたのか。メトロポールの整備は植民地にいかなる影響を及ぼしたのであろうか。

この問いに答えるために、本章ではアンドレ・マルローによる盗掘事件を題材としよう。マルローはバンテアイ・スレイ遺跡を訪れ、祠堂のデヴァータ、俗に「東洋のモナリザ」と呼ばれる女神が刻まれたレリーフを持ち出そうとした。驚くべきことだが、彼はこの事件を隠すどころか、事件を題材にした小説『王道』（一九三〇）を発表し、自ら世に広めている。[*1] 文学研究者にはマルローの盗掘事件は周知の事実で、既に主要な研究書だけでも、アンドレ・ヴァンドゥガンの『アンドレ・マルローの青春の文学』（一九六四）、W・G・ラングロワの『アンドレ・マルロー、インドシナの冒険』（一九六六）、ジャン・ラクチュールの『マルロー、世紀の人生』（一九七三）などがこの事件に詳しい。[*2] また一九九七年には、ジャーナリストのマクシム・プロドロミデスが先行研究では使用されてこなかった一次資料を用いてマルロー事件の真相に迫っている[*3]（『アンコール、ルネサンス年代記』）。これらを読めば、若きマルローがなぜ盗掘を計画したのか、なぜインドシナへと駆り立てられたのか、インドシナでの経験が後の文芸活動や政治的アンガージュマンにいかなる影響を持ったのかを知ることができる。こうした先行研究を活用した上で、本章ではマルローその人の伝記的部分には踏み込まず、もっぱら一九二〇年代の現地の考古学史的状況と突き合せながら、マルロー事件がアンコール遺跡の考古学にもたらした影響と意味について考えてみたい。マルローは極東学院の調査に協力する考古学調査員としてアンコール遺跡に入った。パルマンティエやグロリエなど本書の主人公たちとも直接会っている。マルロー事件は、極東学院とその考古学的活動に深く関わっており、この事件を追うことで、一九二〇年代の学院の（学史だけを見ていたのでは不可解な）調査活動の過程を説明することも可能である。このような観点に立ち、考古学史の側からマルロー事件とマルローが残した小説を解読することによって、当時の現地の考古学的状況を浮かび上がらせてみたいと思うのである。

事件の概要

アンドレ・マルローは、妻クララ・ゴールドシュミットと友人ルイ・シュヴァッソンとともに一九二三年一二月にインドシナを訪れた。植民地省から調査員の資格を手に入れていた。一九二三年一〇月一日付けで植民地省からマルローに送られた調査許可の書類には、以下のようにマルローの義務が定められている。

「フランス極東学院に協力し、あなたが提示した一〇万フランから二〇万フランの高額の資金を遺跡発掘のためにこの学術的施設に提供すること、そして、調査活動の指揮の一切は極東学院に委ねること、遺跡発掘によって得た遺物の私有権を要求しないこと[*4]」

マルローは無給調査員、つまり自己負担で調査を行なうという条件で現地調査の許可を取り付けていた。発掘に要する資金を自ら提供する条件で、学院メンバーとともに調査を遂行するのである。マルローが提示した一〇万フランから二〇万フランといえば、当時、アンコール保存局長をしていたアンリ・マルシャルの給料は一万四〇〇〇フランであったので、その約一〇倍近い高額の資金提供である。マルローは出自を偽り、パリの裕福な有閑階級の若者で、趣味でアジアの考古学を研究していると吹聴していた。現地調査員との会話では、「オクスフォード大学でサンスクリットを修めた」という嘘もついていたようである。現実には一九二一年に高額の遺産を相続したクララ・ゴールドシュミットと結婚したとはいえ、一九二三年に株式投資に失敗して破産同然の状態にあった。ゆえに彼には一〇万フランの資金提供などできるはずがなかった。盗掘が成功すれば、盗掘品を売却して、資金を支払うことができると目算していたのである。『王道』において彼は、バンテアイ・スレイ遺跡の祠堂の女神デヴァータのレリーフを発見した主人公に「五〇万フランは下らない」と語らせているので[*5]、盗掘によって十分に元が取れると考えていたと思われる。

さて、極東学院の調査協力者としてインドシナにやってきたマルロー一行に対し、極東学院はカンボジア人ガイド一名、調査道具を運ぶための荷車数台と人夫、そして馬三頭を用意した。彫像の持ち出しを考えていたマルローは独自にガイドを一名と一〇名ほどのベトナム人を雇っている。総勢二〇名余りの調査隊となった。[*6] この調査隊には考古学調査部長であったアンリ・パルマンティエもアンコール保存局まで同行している。マルロー調査隊に学院メンバーや調査協力者が同行したのは、単に調査のためという理由だけではなかった。マルロー到着の一ヵ月前の一一月七日に、フランスから総督府にマルローに関する新情報を伝える電報が届いていた。その電報は一行の考古学調査の「真の目的に関する情報」を入手したので、その「活動を厳密に考古学的調査だけに制限するよう、彼〔マルロー〕を監視する」必要があると伝えるものであった。[*7] つまり、植民地省が内密にマルローのパリの銀行口座を調べたところ、提供する資金どころか、金銭にほとんど余裕のないことが明らかになり、マルローの目的が他にあるのではないかと疑念を持ったのだった。そして、すぐにこの情報が現地に伝えられたのである。

当時、学院の院長代理を務めていたレオナール・オルソーはこの報告を受けて、マルローに対して、調査活動を学院が既に調査済みの地域に限定し、未踏査区域には行かないよう書面で厳重に注意した（一二月二四日）。しかし、マルローはこの忠告を無視し、学院の調査が不十分であったバンテアイ・スレイへと向かい、調査に出て僅か一週間で、そこから女神デヴァータのレリーフを含む六〇〇キログラムの遺物を持ち出したのである。同行した調査員に「監視」されていたマルローが盗掘を成功させることなどできなかった。一九二三年一二月二三日の深夜、彫像をプノンペンからサイゴンへと移送しようとするところをマルロー一行は取り押さえられ、その場で逮捕される。罪は、「歴史的建造物破壊および浮き彫り断片横領」であった。彫像類は、すぐさまプノンペンのアルベール・サロー美術館に持ち込まれ、ジョルジュ・グロリエが「バンテアイ・スレイのレリーフである」ことを確認した。

年が明け、一九二四年七月一六日より、盗掘事件の裁判が開始される。マルローはこの逮捕の不当性を主張して裁判を争った。調査員の資格で遺跡を踏査し、調査上必要な遺物を移動させただけで、それが法に触れるはずはないと彼は考えていた。極東学院の指示に反する行為ではあったが、法には抵触していないという彼の主張はけっして不当なものではなかった。歴史的建造物の指定を受けた場所からの遺物持ち出しは原則的に禁止されていたが、それ以外の場所の持ち出しに関しては、制限はきわめて曖昧であったからである。この点については後述しよう。しかし、七月二一日の第一審判決では「懲役三年、および五年のインドシナ入国禁止」という判決が下る。第二審は一〇月八日より開始。刑は軽減され、一九二四年一〇月二八日に懲役一年の執行猶予付きの判決が下り、これで刑が確定した。

マルロー事件に見る一九二〇年頃の考古学の状況

考古学の経験のないメトロポールの若者が初めてアンコール遺跡を訪れ、簡単にレリーフを発見して搬出しえたこと自体驚くべきことである。一九二〇年頃には有名なアンコール・ワットやアンコール・トムは歴史的建造物指定やカンボジア国定公園指定の下にあり、法的に遺物の持ち出しは禁止されていた。遺物搬出が可能であるとすれば、歴史的建造物の指定を受けていない場所、すなわち極東学院の調査が及んでいない未踏査地域に足を踏み入れねばならない。マルローはいともたやすくこれを成し遂げたのである。なぜ、かくも容易に未踏査地域へ到達し、遺物を持ち出すことができたのか。

マルローは独学でアンコール遺跡について調べていた。変革が進むギメ美術館やインドシナ美術館でクメール古美術を実見する一方、国立図書館や東洋語学校で『学院紀要』の調査報告を丹念に読んでいたのだった。当時は本格的調査の対象となっていなかったバンテアイ・スレイ遺跡を彼が知ったのは、一九一九年の『学院紀要』に掲載されたパルマンティエの論文「インドラヴァルマンの芸術」によってであったに違いない。[*8] パルマンティエは一九一四年に偶然発見されたバンテアイ・スレイの廃墟を調査し、様式的発展の途上にある重要な例と位置づけたが、歴史的建造物指定の対象とはしなかった。マルローは現地の専門家が重要性を認めつつも、歴史的建造物の指定を受けていないこの寺院に目をつけたのである。

マルロー自身は逮捕後の訴訟でも、バンテアイ・スレイに着目した理由については語っていないが、『王道』には盗掘を思い付くに至る興味深いプロセスが記されている。その過程を辿りながら、いかにしてアンコール遺跡から彫像を持ち出しえたのかを探ってみたい。そうすることで、当時のアンコール考古学調査の実状の一端が明らかになるだろう。

主人公クロード・ヴァネックは二六歳の国立東洋語学校出身の若者で、『学院紀要』と一九〇八年のラジョンキエールの『カンボジア建造物記述目録』を読み、直感的に盗掘が可能ではないかと推測している。[*9] 小説の舞台も時代設定は一九二〇年頃で、クロードもまた植民地省から無給の派遣調査員の資格を手に入れている。マルロー自身がモデルであることは一読して明らかだ。

小説はインドシナへ向かう船上から始まる。クロードはそこで植民地の事情に通じたペルケンなる人物と知り合い、盗掘の計画を打ち明ける。この時、盗掘成功の可能性を巡って興味深いやりとりがなされている。クロードの盗掘計画に対して、まずペルケンが無謀な計画であると指摘する。植民地官吏や極東学院が遺跡を調査済みで、簡単に盗掘できるような彫像を発見することはできない、と植民地をよく知る者の立場から忠告するのである。これに対してクロードは、調査報告を熟読すれば、学院の調査が不十分で、盗掘も可能だと主張する。クロードが参照するのは一九〇八年のラジョンキエールの「考古学調査団の報告」である。この報告によれば、調査対象となっていない遺跡も多数あり、目録が不完全であることが読み取れるというのである。そして、クロードはこう続ける。

「一九〇八年と戦争〔第一次世界大戦〕との間には重要な調査はなされていません。それに、その後も細かな踏査ばかりです[*10]」

確かに、一九二〇年頃には極東学院による本格的なアンコール遺跡調査も既に一〇年余りの歴史を持っていた。だが、本書第二章で検討したように、アンコール保存局長が行なった主な作業は、アンコール・ワットやアンコール・トムなどの著名な遺跡の障害物除去と簡単な修復であり、小説のクロードがいうように、密林に隠されたバンテアイ・スレイのような無名の小さな寺院の調査はまったく進んでいなかった。

バンテアイ・スレイはラジョンキエールの『カンボジア建造物記述目録』に記載されていない遺跡で、植民地地理調査に派遣されたマレック大佐が一九一四年に初めて確認した廃墟であった[*11]。学院はすぐに遺跡確認のため臨時調査員のジョルジュ・ドゥマジュールを派遣したが、間もなく第一次世界大戦が勃発し、調査は中断された。二年後に調査を引き継いだパルマンティエが現地を訪れ、先述の一九一九年の論文で初めてこの遺跡の状況を公にした次第であった。しかし、遺跡と遺物の存在を確認しただけで、具体的な発掘計画はまだ立てられなかった。こうした状況を『学院紀要』から読み取ったクロードは（そしておそらくはマルロー自身も）、存在を確認しながらも本格的調査を行なわずに放置している遺跡から、彫像や装飾のある建築材を持ち出すことが十分に可能だと考えたのである。

独占的調査の権利を手に入れながらも極東学院は未踏査の遺跡を十分に把握していないというクロード（そしてマルロー）の言葉は注目に値する。学院によるアンコール遺跡の考古学史を追う我々は、一九〇七年の本格的調査の開始から、着々と調査が積み上げられて今日に至ると発展史的に考古学史を理解しがちである。毎年の『学院紀要』の調査報告を読めば、学院メンバーが着々と仕事を積み重ねているとつい考えてしまう。しかし、盗掘者の眼で報告を検討するなら、学院の調査が遅々として進まず、停滞していると理解することもできたのである。

確かに、クロードの証言はあくまでもフィクションであるので、小説だけを根拠に一九二〇年頃の考古学的調査が不十分だったと結論づけるわけにはいかない。しかし、同じような証言を他の人物の著作にも見出すことができる。カンボジア芸術局長として、極東学院とは一定の距離をとっていたジョルジュ・グロリエの証言である。

第三章で述べたように、グロリエは学院の独占的調査体制に対して批判的な立場をとっていた。そして、彼が主幹を務めた雑誌『クメールの美術と考古学』（一九二二）において、学院の考古学調査の問題点を列挙してみせている。[*12] 要点を整理して以下に記してみよう。

アンコール地区の本格的調査が開始されて以来、まずはコマイユが遺跡の保全活動に当たったが、一九一六年の死までの八年間に一冊のガイドブックしか書かなかった。その間にジャン・ドゥ・メクネムやドゥマジュールが臨時調査員としてアンコール入りするも、前者は一年、後者は調査を始めるや戦争が勃発し、徴兵されて戦死した。カルポー、コマイユ、ドゥマジュールなど、アンコールの考古学に従事した調査員は不幸な死を遂げた者が多く、いまだアンコール遺跡を専門とする考古学者は育っていない。そのような中で、継続的に調査に従事しているのは考古学調査部長のパルマンティエだけだが、しかし、彼はチャンパの遺跡については目録などの重要な仕事を残すも、アンコールに関しては「数本の論文」を書いたにとどまる。一時的に調査に加わった臨時調査員の論文を拾ってみても、クメールの美術や建造物だけを専門に扱った論文はほとんど見当たらない。『学院紀要』の論文においても、一九〇〇～二〇年の二〇年間に、カンボジアに関する重要な論文は一〇本もなく、しかも民族誌学や建築に関するものが大半で、クメール美術の論考は皆無といってよい。

グロリエが特に「悲惨な状態」にあると憂いてみせるのは、十分な写真資料を収録した遺跡のモノグラフの作成が決定的に後れているという事態である。彼によれば、二〇〇ヵ所を越える重要なアンコールの遺跡において、十分な調査報告がなされている遺跡は六ヵ所しかない。「パルマンティエが調査を行なったワット・プー、ワット・ノコール、バコン寺院、ロリュオス遺跡群のロレイ寺院、メクネムが調査したベン・メリアの二つの建造物、デュフールによるバイヨンの平面図、マルシャルのアンコール・トムの副次的建造物のモノグラフ」だけであり、一〇年間の調査にしては余りにも貧弱ではないか、と極東学院の考古学調査体制を責めるのだった。その上でグロリエは、考古学調査を学院だけに任せてはおけないので、カンボジア芸術局長として自らも率先して調査を行なうと宣言するのだった。

再びマルローの『王道』に戻ろう。前章において架空の院長ラメージュとクロードの会話の一部を紹介したが、その続きで、未踏査地域を調査したいと訴えるクロードに対して、ラメージュが、たとえ未踏査地域で遺物を発見しても、その遺物を持ち出すことができない、と忠告する場面がある。マルローの盗掘事件の核心に触れる部分だが、ここでクロードは学院の調査の不備に言及している。

ラメージュ「〔現場で発掘した遺物は現地に残し〕報告せねばなりません。その報告を検討した後に、必要な場合は、我が考古学部長が現地に派遣されることになっています…」

クロード「しかし、あなたが今までおっしゃったこと〔未踏査地域は危険であるという話〕を踏まえますと、あなたがたの考古学部長が、私が行こうとしている地域に危険を冒して出向くとは思えません。(…)二〇年もあなた方の調査隊はその地域を踏査しておりません。もっと何とかできたはずです」[*13]

非難の論調はグロリエとほぼ同じである。マルローは小説を書くにあたって、グロリエの雑誌を読んで参考にしたのではないだろうか。[*14] マルローがグロリエの著作に影響を受けた可能性がある箇所がもう一点ある。本筋から脱線するが、興味深いので付け加えておきたい。

院長ラメージュはクロードに遺物搬出禁止の忠告をした直後の場面である。遺物の遺跡からの持ち出しを禁止したラメージュに対して、クロードは苛立ちを隠せない。クロードの内心が地の文、すなわち作者マルローの語りで記述されている部分だが、次のように心理描写されている。

「クロードはこみあげる怒りを抑えていた。いかなる資格でこの役人〔院長ラメージュ〕はクロード自身が発見する可能性がある遺物に対する権利を奪い取ろうとしているのであろうか?」

さらにマルローは続けて、クロードに「あなた〔ラメージュ〕は自分が指導する学院の美術史への貢献以外には、いかなる貢献も認めないと考えているわけですね」と語らせている。[*15]

未踏査の遺跡で新たな発見をしても、本格的調査は学院に委ねなければならない。つまり、研究の優先権（プライオリティ）は発見者にではなく学院にある。こうした個人の自由な研究を阻害する学院の独占的体制をクロード（マルロー）は激しく非難したのだった。[*16]

ジョルジュ・グロリエもまた学院の独占的調査体制がもたらす研究の優先権を問題にしたことがあった。マルロー事件が起こる前年の一九二二年のことである。彼は『学院紀要』に発表された論文をめぐり、自らの研究の優先権を要求する書面を院長に送っていたのである。[*17] その内容はこうである。一九二一年の『学院紀要』（第一分冊）に「プリミティヴ・クメール美術」に関するパルマンティエの論文が掲載されたが、そこでパルマンティエはアンコール時代以前の「プリミティヴ」美術がそれまでまったく注目されておらず、自らの調査によって明らかになったと報告した。これに対してグロリエは、パルマンティエの研究以前に自分がこの芸術について既に報告している、と訴えるのである。

この手紙を受け取ったのは院長代理を務めていたオルソーである。マルローが『王道』で揶揄したラメージュのモデルである。グロリエの手紙は一九二二年の『学院紀要』で紹介されており、マルローはインドシナ入りの直前にこれを読んでいたことだろう。『王道』執筆にあたって、このエピソードを参考にした可能性は高い。

いずれにせよ、マルローによる学院の調査体制の不備の指摘は彼一人の個人的見解ではなく、グロリエにも共有されていた。盗掘事件のような出来事を誘発する可能性も十分にあったのである。

ところで、小説も書いていたグロリエは、インドシナにやってきたマルローと意気投合したのではないかと想像したいところだが、事実は逆である。後述するように、アンコール遺跡踏査の直前にプノンペンで両者は出会っている。パルマンティエやゴルベフなどの学院メンバーがマルローに好感を抱いたのに対し、グロリエだけはマルローを極度に警戒していた。グロリエは、研究一筋の学院調査員とは違う自分と同じ（危険な）匂いをマルローに嗅ぎ取り、マルローがしでかそうとしていたことを敏感に察知したのではなかろうか。

法的根拠の曖昧性と文化財保護法の改正

マルローは学院の調査の不備を突いてバンテアイ・スレイから遺物を搬出した。そして「歴史的建造物破壊および浮き彫り断片横領」の罪で逮捕される。だが、この逮捕は法的に正当な行為だったのだろうか。確かに、マルローは事前に院長から遺物の持ち出しを禁止する旨の手紙を受け取っていた（小説では口頭でラメージュが伝える）。学院への協力を前提とする臨時調査員として派遣された者としては、この通達を守る倫理的義務はあった。しかし、この義務を守らなかったことと法律上の「破壊」や「横領」の罪とは別問題である。本節ではこの点を検討し、歴史的建造物を保護する法令上にも不備があったことを確認したい。マルロー事件は法の見直しを迫る大きな出来事であった。

前述の通り、一九一四年に発見されたものの、バンテアイ・スレイ遺跡は歴史的建造物の指定を受けていなかった。それゆえ、マルローはたとえ院長通達を無視して遺物を搬出しても、遺物保護のため、あるいは研究のためという口実によって言い逃れすることは可能だろう、法的には問題はないだろうと軽く考えていたようである。先に見た一九〇〇年の「インド＝シナの歴史的・美術的価値を有する建造物と遺物の保存に関する法令」において「総督の認可なしに」遺物を搬出することは禁止されていたが、指定を受けていない遺跡については規定がなかった。一九一一年のカンボジア国王による「アンコール国定公園指定の法令」についても、第五条で「指定外地域においても、住民は、建造物の石や美術品を私物化することは禁止される」旨が記されたが、植民地省から公的に派遣されたマルローの遺物搬出行為を「私物化」と断罪することは難しい。それにもかかわらず彼は即刻逮捕され、禁固一年執行猶予付きの判決を受けた。この逮捕と判決には法的には大いに問題があったといわねばならない。

逮捕の要請をしたのはマルローを監視していた極東学院院長とカンボジア芸術局長である。だが、彼らがいかなる法令を根拠としたのか釈然としない。今日の研究者は、『王道』にも暗示されている一九二三年の法令が根拠となったと考えている。小説では院長ラメージュがクロードに口頭で、遺跡からの全面的な遺物持ち出しを禁止する法令が、クロード到着の直前に定められたと述べている。現に一九〇〇年の法令の改定が一九二三年八月二一日に出されていた。[*18] この法令が『学院紀要』に掲載されるのは翌年のことであるから、マルローはこの法令を知らなかった。しかし、改訂された条文は実のところ非常に曖昧である。すなわち、「遺物持ち出しの全面禁止」を伝える記述はそこには存在しない。たとえば第一条には、「総督の認可のもとに、アンナン、トンキン、カンボジアの保護国における歴史的建造物の保護と保存を確証するために(…)規定の計画を定める」としか書かれていない。「規定の計画」とは何か。第三条にも同様に、「総督の認可のもとに、指定、非指定を問わず、歴史的、考古学的価値のある物品の移動の新たな規定の計画を定める」とあるだけだ。奇妙にも曖昧な表現なのだが、この条項にある「新たな規定の計画」によって、遺物の持ち出し禁止が内規で決定されたということなのである。しかし、法令に明文化されていない以上、内規を法的根拠として、逮捕に結びつけるのは常識的には無理ではなかろうか。要するに学院は強引にマルローを逮捕させたのである。マルローは裁判を通じて、学院の調査体制の問題と法的不備を巡って争い、勝利を収めることができると考えていた。裁判は一九二四年の第二審で終了するが、一九三〇年に至っても、マルロー自身は裁判を継続する意思を持っていた。アンドレ・ルソーとのインタヴューにおいて、マルローは最終的には、彫像をギメ美術館に寄贈するつもりだったと述べ、今でも自らが発掘した遺物を取り返し、ギメ美術館に展示したい、との考えをふてぶてしくも公にしている。[*19] 結局、裁判ではマルローの主張は受け入れられず、彼の遺物持ち出しは「横領」と審判された。しかし、それは、検察は裁判においてマルローが正式の調査員であったという証拠を隠蔽するなど明らかに不正な行動をして、彼を盗掘犯に仕立てあげた結果でしかなかった。それだけ、法的に有罪に持ち込むことは難しいと考えられていたのである。

アンコール遺跡保存の法的不備に関して、ここに興味深い資料がある。一九二三年一二月二三日付けで植民地省大臣エドゥアール・ダラディエがフランス大統領に対して提出した書類である。一二月二三日といえば、まさにマルロー逮捕の日である。この文書において大臣は、インドシナにおける文化財保護の法令に不備があると大統領に報告している。マルローには直接言及しないが、法的不備を上層部は認識していたのである。

報告によれば、インドシナには「確かに歴史的ないし美術的価値のある建造物や美術品の保存に関する一九〇〇年のインドシナ総督による法令があるが、（…）長い年月が経つ中で、この条文が十分に機能せず、明らかなる不法行為によって踏みにじられることともなっている」。[*20] それゆえ、一九一三年のフランスの歴史的建造物保護法（改正法）――国有財産に指定された建造物だけでなく、事後的であれ、歴史的価値を有すると判断された建造物や遺物は国外移動できないよう定められた――を、「アルジェリアと他のフランスの植民地」にも適用しなければならない、と提案している。そして即日、この提案に従った政令が大統領より出され、フランス本国において改定された文化財法が植民地にも適用されることとなった。

ダラディエが「明らかなる不法行為」と呼ぶように、この法案にマルロー事件が関係していることは明らかである。注目すべきは、まさに逮捕の当日に提案がなされ、即日に認められたという事実だろう。これは偶然ではありえない。法改正の手続きを進めた上で、逮捕に及んだことを暗示している。インドシナ到着後のマルローは当局の監視下にあった。彼を逮捕するために、急遽、この提案が出されたと見て間違いない。

このように、マルロー事件は、植民地における遺跡調査体制と保存体制に大きな影響を及ぼさずにはいなかった。フランスによるアンコール考古学の歴史においては、いうまでもなくフランス人が犯したネガティヴな出来事であるが、結果的には、学院の調査体制と法的整備を飛躍的に前進させることとなる。新たな法改正が行なわれるとともに、極東学院は歴史的建造物の指定を全面的に見直し、一九二五～二六年に新指定を含めたすべての建造物を『学院紀要』誌上で公表した。[*21] スキャンダルとなったマルロー事件への学院の明確な対応が求められたであろうし、また、新たなる盗掘者の来訪を阻止する必要もあった。小さな活字でびっしり書かれた文化財法関連の資料は全一四三頁の膨大な量であり、短期間の仕事としては驚くべき成果である。指定されたカンボジアの歴史的建造物は全六七〇件、バンテアイ・スレイ寺院も新たに記載された（四六七～四六八番）。

法改正の舞台裏

　ここまでアンコール考古学史におけるマルロー事件の意味を探ってきたが、この事件には他にも不可解な点が多い。そもそもマルローの目的は何だったのか。この問いに明解な答えを与える先行研究はない。本節では考古学史の観点から独自の解釈を一つ提示しておきたい。

『王道』において、遺物移動の禁止を言い渡されたクロードは、それでも、「極東学院だけがアンコール調査の唯一の調査機関ではない」と自己正当化をし、未踏査地域から遺物を持ち出した。マルローがただの盗賊であれば（その可能性もある）、彫像を盗掘したかっただけと結論すれば事足りるが、わざわざ調査員の資格を得ていた事実を踏まえるならば、異なる解釈も可能であるように思われる。すなわち、パリから派遣された調査員として、確信犯的に、学院の独占体制に異議申し立てをしようと意図していたのではないか、という解釈である。

　極東学院は遺物移動を禁止する通達をマルローに出しながら、自らは多数の遺物を遺跡から持ち出していた。ここで一九世紀のドラポルトの遺物移送にまで遡る必要はない。第二章で確認したように、学院は遺跡内で発掘した遺物をハノイやプノンペンの美術館へ移送していたし、フランスでの博覧会の際にはメトロポールに送付することもあった。さらに、驚くべきことに、次章で検討することになるが、マルローがインドシナを訪れる直前の一九二三年の夏には、プノンペンの美術館やアンコール保存局において、遺物を観光客相手に売却することができる法令も定めていた。プノンペンを訪れたマルローは販売の現場を目にしていたかもしれない。メトロポールから派遣された調査員には遺物搬出を許さない一方で、現地調査員は（所定の手続きを踏んだ上で）公然と遺物移動や遺物の売却までできたのである。マルローにとって、これは学院とカンボジア芸術局による遺物の「私物化」にほかならなかった。ここに、一九二三年八月二三日の法改正が曖昧に遺物移動の全面禁止を明文化しなかった理由を求めることも可能だろう。持ち出し禁止であるはずの遺物が公然と販売されているのである。いくら法令に従っていたとしても、これでは余りに体裁が悪い。マルローはこうした現地調査機関のあまり触れられたくない裏の仕事を知っていたがゆえに、盗掘を敢行した可能性もあるのではなかろうか。少なくとも、遺物を搬出したとしても学院から大目に見てもらえるのではないかという打算はあっただろう。

このように仮定すれば、マルロー事件にもまた一九二〇年代のパリと現地の研究体制の二極化の問題を反映した出来事であったといえる。極東学院が法令の改正や古美術品の販売などを通じて独占的な管理体制を強化するのは、まさにメトロポールで研究教育体制の整備が進められた時期のことである。つまり、パリのエリート研究者たちが植民地の調査員を排除するかのように独自の制度の整備を図る一方で、現地においても、メトロポールの調査員を排他するような体制ができつつあった。マルロー事件で顕わになったように、パリから派遣されてきた調査員が調査によってなんらかの発見をしたとしても、その後の調査は学院に譲らねばならない。いかなる考古学的史料も遺跡から持ち出せない以上、現地を離れて新しい研究に取り組むことは実質的に不可能であり、研究者個人の学術的貢献の可能性は完全に閉ざされた。マルローは小説でこうした状況を痛烈に非難したのだが、その非難は盗掘者の身勝手な意見としてではなく、メトロポールの研究者が抱いた不満として読む価値もあろう。

興味深いことに、現地においてマルローを迎えた学院メンバーたちの多くは、盗掘する恐れのある疑わしい人物としてではなく、パリから派遣されてきたエリート東洋学者としてマルローを理解していた。流行の理論によってクメール美術を論じる典型的なメトロポールの研究者とみなしていたのである。後に『想像上の美術館』（一九四七）で発揮されるように、マルローは、比較芸術学的な視点を導入し、理論的な観点からクメールの芸術を語るという本国の方法論を身につけていた。[*22]『王道』の主人公クロードも実証的な考古学だけを信奉する学院メンバーの保守性を嘲笑し、自らの美学的クメール芸術論を披露したが、こうした態度は現地の調査員がいまわしく思う本国流の研究方法にほかならなかった。

学院のヴィクトル・ゴルベフ（次章で詳述）はマルローの人となりについて特筆すべき手紙を残している。一二月三日にプノンペンへ向かう船にマルローと同乗したゴルベフは、「彼の知識の広さと判断の正確さ」に驚嘆したと院長代理に伝えている（マルローの行動は学院メンバーに監視され、逐一、報告されていた）。そしてゴルベフはこう続ける。

「彼は非常に明晰にかつ自信を持って自身の考えについて述べた。彼は淀みなくよく話す。彼をステルヌのような人物だと考えるのは間違いだろう[*23]」

ゴルベフはメトロポールの研究者の代表フィリップ・ステルヌを引き合いに出している。残念ながら、どう違うのかは詳しく語られないが、この証言は、他の学院メンバーがマルローをステルヌと重ね合わせていたことを逆に示しているだろう。自らの計画を悟られないよう、マルローはできる限り育ちのよい金持ちの趣味人を装い、極東美術について言葉巧みに語っていたようだ。ゴルベフのみならず、パルマンティエもマルローに好印象を抱き、とても「別の目的を持っているようには見えない」と報告している。さすがマルローといったところか。

このように、もはや事件から一〇〇年近く経過しようとしている現在、マルローの事件は、単なる有名人のスキャンダルとして取り上げるよりも、考古学史上の問題として考察するほうが有益である。蛇足だが、サイゴンでマルローを出迎えた院長代理のレオナール・オルソーは一九二七年にマラリアに侵され、本国に戻るが、一九二九年に病を苦に自殺したという。[*24] その死に、マルローの文壇での学院批判が影響していたか否かは、いまや確かめようもない。

事件後のバンテアイ・スレイ再調査

さて、マルロー事件は、極東学院の調査体制に変革をもたらしただけではなく、具体的な考古学調査にも大きな影響を及ぼした。大袈裟にいえば、この事件を一つの契機として、考古学調査が飛躍的に進展するのである。そのプロセスを次に追ってみたい。

マルロー事件の裁判が行なわれた一九二四年七月一六日、証言台にパルマンティエが立った。バンテアイ・スレイがいかなる遺跡であるか、盗掘された後の状況が以前とどう変わったのか（どれだけ荒されたのか）、そして、なぜこの遺跡が歴史的建造物の指定を受けていなかったのかなど、遺跡を知る調査員として証言せねばならなかったのである。

パルマンティエは一九一九年の自らの調査記録を淡々と読み上げながら、バンテアイ・スレイがジャングルに埋もれた廃墟だったことを強調した。盗掘による荒廃については、マルロー一行が遺物搬出のために「塔の一部を破壊したに違いない」と証言している。数日間かけて「鶴嘴と石切のこぎりを使って」石材を切り出したのだろうと彼は推測している。だが、非常に興味深いことに、パルマンティエは、最後に、バンテアイ・スレイ遺跡に目をつけたマルローの慧眼を褒め、「非常に才能あるアマチュア考古学者」であると述べている。[*25]

マルロー事件後の一九二五年、極東学院が歴史的建造物の抜本的見直しを図り、インドシナの歴史的建造物リストを『学院紀要』に公表したことは既に述べた。これに加えて、上述のパルマンティエの証言からわかるように、学院は「犯行現場」となったバンテアイ・スレイ遺跡の調査を行ない、「遺跡の損壊」の状況を報告せねばならなかった。こうして逮捕から一ヵ月ほど経た一九二四年一月一七日、パルマンティエとヴィクトル・ゴルベフが遺跡へと向かった。ほどなく、院長ルイ・フィノもパリからインドシナに戻り、調査に加わる。

二月一四日までの約一ヵ月間行なわれた調査によって、三人はまず遺跡の状況を伝える写真、マルローが荒らしたと想定しうる部分の写真を撮影し、一時的な修復作業も行なった。作業の過程において、新たに重要な碑文と「クメール美術の認識を新たにするきわめて重要な彫像」も発見されるというおまけまでついた。[*26]マルロー事件の処理によって、学院は思わぬ発見をしたのである。

この調査をまとめた報告は、裁判が終了した翌年の一九二六年に『極東学院考古学報告Ⅰ、バンテアイ・スレイ』（以後『考古学報告Ⅰ』とのみ記す）と題して刊行されている。[*27]現場の大判写真を多数盛り込んだこの書は、荒廃した遺跡の実状を伝える貴重なものとなっている（図50、53）。また、パルマン

図50　「北経蔵と東楼門Iを臨む遺跡風景，発掘以前」，『極東学院考古学報告I，バンテアイ・スレイ』（1926）挿図.

ティエが建築史的観点から遺跡の全体像について研究し、ゴルベフが美術史的観点から遺物の様式の研究を、そしてルイ・フィノが碑文の検討を行なうなど、この遺跡の全貌が多角的に検証されている。各分野の専門家が実証的研究を行なったこの報告書は、第一次世界大戦後に初めて公刊された本格的な考古学的モノグラフであるといってよい。前述の通り、マルローやグロリエは、一九二〇年頃の学院の考古学調査の不備を批判していた。それに一矢を報いる書がようやく刊行されたのである。皮肉にも、マルロー事件によって、学院の考古学調査は本格始動したのである。

　この報告書の序文にはマルロー事件への言及がある。該当箇所を引用しよう。

「〔一九一六年にパルマンティエが調査をして以来、〕バンテアイ・スレイは特別な研究対象として注目されていた。しかし、緊急を要する学院の仕事のプログラムがあり、すぐに遺跡保全の作業に取り掛かることができずにいた。だが、間もなく、遺憾な事件が起こり、早急に作業に取り組まねばならないことになった。

　一九二三年一二月、古美術品盗掘団がこの寺院を訪れ、鑿を使って、南祠堂の壁を飾っていたデヴァータ数体を引き剥がしたのである。犯罪者は逮捕され、盗掘品は差し押さえられたが、これが契機となって、裁判のために、廃墟の詳細な調査が必要となった。この鑑定調査はパルマンティエ氏に委ねられた。写真撮影を担当するゴルベフ氏の協力のもとに遂行された仕事は、予想外にも、この建造物の建造年代を明らかにする新たな彫像と多数の碑文の発見をもたらすこととなった。その成果は、きわめて重要だと思われたので、ここにすぐに公表し、『考古学報告』コレクションの第一巻とした次第である[*28]」

ちなみに、現在、極東学院図書館が開架している同書のこの頁の余白には、「古美術品盗掘団」と書かれた活字の傍に「アンドレ・マルロー」と鉛筆で落書きされている。学生の悪戯だろう。

パルマンティエの論文と「東洋のモナリザ」

停滞していた学院の考古学調査が、メトロポールからの闖入者によって活気づけられ、文化財保護の法的整備も進められた。その過程を見届けた今、マルロー事件を軸にアンコールの考古学史について語る本章の目的はほぼ達成されたことになる。しかしながら、事件の推移を編年的に追ってきたために、検討を後回しにしてきたことが幾つかある。マルローが参照したと想定される一九一九年のパルマンティエの論文の内容とマルローが搬出した遺物が何かという問題である。この二点について、最後に考察したい。

まずは、マルローが参考にした一九一九年のパルマンティエの論文を検討しよう。

マルローは僅か一週間でバンテアイ・スレイに到達し、装飾レリーフを切り出した。その実行力を指してパルマンティエはマルローを「非常に才能あるアマチュア考古学者」と評したが、しかし、マルローはけっして未踏査の遺跡を独力で発見したわけではない。これは『王道』には書かれない事実であり、注目に値する。小説の主人公はバンテアイ・スレイを偶然発見し、さらに貴重なレリーフをも見つけ出したことになっているが、この部分は完全なフィクションである。マルローはバンテアイ・スレイ発見の手がかりとなった情報を隠そうとしているのであり、ここに彼の自尊心を読み取ってもよかろう。

いずれにせよ、現実には、パルマンティエの論文によって、バンテアイ・スレイの位置を知ることも、さらに、そこに「見事な装飾を持つレリーフ」があることも知ることができた。一九一九年のパルマンティエの論文は、「インドラヴァルマンの芸術」と題するもので、主にアンコール期以前のロリュオス遺跡群の芸術様式を検討した論考である。[*29] 全九一頁の長文の論文で、図版も二七葉付されている。そのうちの一四頁がバンテアイ・スレイの記述に捧げられている。写真図版も一〇頁に及び、中央祠堂前殿と経蔵やレリーフが紹介されている。

裁判では、パルマンティエは、バンテアイ・スレイが廃墟同然だと証言した。一九一九年の論文でも、確かに、中央祠堂の中央塔と南塔の間に塔の一つが大きく崩れ落ち、在りし日の姿を想像することは難しいと報告されている。[*30] 図版IXとして示される中央祠堂前殿の写真はこの言葉を裏付けるものだろう(図51)。壁面にも目ぼしいレリーフはないように見える。だが、図版XIには北経蔵の破風(図52)が紹介され、この遺跡に繊細な装飾を持つ部分もあることが明らかにされている。さらに、一九一四年の発見の際に遺跡から搬出されてアルベール・サロー美術館に収蔵された《坐るシヴァ像》の図版も紹介しており、この種の彫像が遺跡に残存している可能性があることをほのめかしている。そして、裁判の証言とは対照的に、この論文においてパルマンティエはこの遺跡を次のように評価した。

「かなり重要なこの寺院は砂岩の建造物で、規模の小ささが特徴となっているが、表現形式の完璧さと尋常ならざる繊細さによって、補って余りあるものがある」[*31]

図51 「中央祠堂前殿（バンテアイ・スレイ）」，パルマンティエ「インドラヴァルマンの芸術」（『学院紀要』，1919年）挿図．

図52 「北経蔵の破風（バンテアイ・スレイ）」，パルマンティエ「インドラヴァルマンの芸術」挿図．

論文の他の部分でも、各建造物の装飾の特徴を詳細に記述し、たとえば破風には不完全ながら「小さな獅子」や「ナーガ」、「象」、「シヴァ神」のレリーフがあること、中央祠堂の塔には「プラサートの美しい屋根の先端装飾」、「非常に優美な化粧目地瓦」があると記している。[*32] さらに、マルローが遺跡から持ち出したとされるデヴァータの浮き彫りにも言及している。曰く、祠堂の下部には「エレガントな付け柱」と「デヴァータを施した特筆すべきニッチの偽扉」がある、と。[*33]

奇妙なことに、パルマンティエは、俗に「東洋のモナリザ」と称されるデヴァータの浮き彫りには一言触れるのみで、その特徴の記述もなければ、写真も付されない。写真を掲載すれば盗掘の危険があったからだろうか。

いずれにせよ、これだけの情報があれば、盗掘のターゲットとして目星を付けるには十分だろう。遺跡に行き着くことさえできれば、彫像や装飾レリーフの幾つかは発見できると十分に期待できる記述である。

これほどの遺跡でありながら、学院は本格的調査の対象とせず放置していた。怠慢だと非難されても反論しえない。遺跡の重要性を報告しながら適切な措置を講じなかったことにパルマンティエは引け目を感じていたのだろう。裁判において、マルローを才能あるアマチュア考古学者と呼んだのは、そのためだったと思われる。

最後に、マルローが持ち帰ろうとしたレリーフを明らかにしておこう。

今日では一般的な観光ガイドブックにも、マルローがバンテアイ・スレイ遺跡から「東洋のモナリザ」と称されるデヴァータのレリーフを盗み出したと書かれるほど、この事件は流布している。しかし、祠堂には複数のデヴァータがあり、いずれの女神が切り出されたのかはあまり知られていない。研究者の中にはデヴァータの浮き彫りではなく、アンテフィクスやリンテルを持ち出したのではないかと仮定する者もいるが、先の『考古学報告I』でも「南祠堂の壁を飾っていたデヴァータ数体を引き剥がした」と記されているので、この記述に間違いはないだろう。また、当時の新聞記事が伝えるところによると、マルローが持ち出したのは七つの石材で、そのうち「一つは神像で、六つはアプサラ（天女）のレリーフ」であったという。[*34]「アプサラ」とはおそらくは誤記でデヴァータのことだと考えれば、祠堂のデヴァータのレリーフは一体につき三個の石材に彫られているので、六つの石材で二体のデヴァータを持ち出したと推定できる。

この仮定は『王道』の記述とも一致する。「一方の側だけまるごと崩れ落ちた」主要な塔に辿り着いた主人公クロードは、「隅石の両側に彫刻」のある祠堂を見つける。「それは二人の踊り子を表現して」おり、「三個の石にまたがって彫られていた」。これを見たクロードは、「ともかく五〇万フランは下らない」レリーフと目算し、鋸と鑿を使って切り出すのだった。[*35]

一九一九年のパルマンティエの論文では、南祠堂の塔が中央祠堂の背後に大きく崩れ落ちていると報告されているので、『王道』に記される「まるごと崩れ落ちた」建造物は南祠堂であると見てよかろう。その塔が崩れ落ちた南祠堂が一九二六年の『考古学報告I』に写真で掲載されている（図53）。そして注目すべきことに、この写真では偽扉の両側のデヴァータがあるべき場所が空洞になっており、応急処置の丸太で支えられている。この場所にあったデヴァータをマルロー一行は鑿で切り出して持ち出したのである。

現在、修復されて南祠堂に再び戻されたデヴァータの一方は、膝から下が大きく破損している（図

図53　「南東より見た南祠堂」，『学院考古学報告I，バンテアイ・スレイ』挿図．

54）。マルローの仕業なのであろうか。彼のみぞ知ることである。

甦るバンテアイ・スレイ

マルロー事件を契機にしてバンテアイ・スレイ遺跡の調査は加速的に進展した。他の遺跡でも本格的調査が着手され、一九二〇年代後半から一九三〇年代にアンコール考古学がめざましい発展を遂げる。一九三〇年代の飛躍的進展については次章に譲るが、バンテアイ・スレイをめぐる考古学のさらなる進展についてはここで語ってしまっておきたい。

先述の通り、この遺跡に関しては、事件後の一九二四年に大掛かりな調査が行なわれ、二年後に調査報告が公刊された。マルローを介して、この遺跡は一躍注目を浴びることとなったわけであるが、さらなる特筆すべき活動がこの遺跡を舞台に展開される。極東学院による初めての大掛かりな「復元」事業の対象となっ

図54　バンテアイ・スレイ寺院南祠堂南面，現在の写真．

たのである。

遺跡の修復はアンコール保存局長のアンリ・マルシャルの指揮のもとに、一九三一〜三三年の三年間に行なわれた。バンテアイ・スレイが最初の大修復の対象となったのは、比較的小さな規模の遺跡（東西九五メートル、南北一一〇メートルの周壁）であり、パイロット的な復元の試みを行なうには好都合であったからである。場所的にもアンコール・ワットが位置する中心部から約四〇キロメートルとそう遠くなく、長期の作業現場としても問題はない。加えて、一九三〇年にはマルローが『王道』を発表しており、なによりも話題性があった。マルローの小説を読んだフランスの読者なら、この遺跡を訪れたいと必ずや思うだろう。来るべき観光客に備えて遺跡を修復し、アンコール遺跡の中心部からの道路を整備しておく必要もあった。また、事件によって「遺跡が荒らされた」という前提が、実験的な修復対象としては、絶好の口実となったに違いない。

バンテアイ・スレイ遺跡を復元するために採用されたのは、アナスティローシスと呼ばれる方法である。崩壊の進んだ建造物を対象にして、建造物すべてをまず解体し、欠けた部分を他の石材やセメントで補いながら、基礎から再建する方法である。[*36] パルマンティエはこの方法を「全面的修復法」と呼んでいた。[*37] 要するに、これは一九世紀とは学術的レベルこそ違うが、コンセプトとしては「理想的な復元」と呼んでもよい方法だろう。修復の中でも最も大胆な工法であり、今日でも採用の是非をめぐって議論が絶えないが、当時はちょうど一九三一年一〇月にギリシャのアテネで開催された美術的・歴史的建造物の保存と保護のための国際会議において、アナスティローシスによる修復の正当性が学術的に認められたところだった。

この方法は既に一九〇三年より、インドネシアにおいてオランダの考古学調査隊が試みていたもので、一九〇七〜一一年には有名なボルブドゥール遺跡が復元されている。しかし、アンコール遺跡の寺院は脆い砂岩やラテライトによって建造されているため、この方法には不向きであった。修復に向けて一九二九年にオランダの調査員の一人ファン・スタイン＝カレンフェルズがアンコールに招かれたが、アナスティローシスをこの地で採用することは危険との見解を残している。それにもかかわらず、学院メンバーはこの方法を敢行したのである。マルロー事件という前提がなければ、果たしてこのリスクのある復元事業に挑戦していたであろうか。

アンリ・マルシャルはアナスティローシスに取り組むために、一九三〇年にインドネシアに渡り、三ヵ月間、プランバナン（ロロ・ジョングラン寺院）の修復現場で工法を視察した。そして、翌年の一月より、バンテアイ・スレイの工事が開始される。最初に取り掛かったのは南祠堂であった。マルローがデヴァータのレリーフを切り出した建造物である。一九二六年の報告書の写真（図53）を見ればわかるように、上部の塔が完全に崩れ落ち、下部だけが残っていた。

工事を開始するにあたって、まずは発掘調査を行ない、崩れ落ちた石材を収集せねばならない。この作業と並行して緻密な図面の作成と多数の写真撮影が行なわれた。この基礎的調査の後に、いよいよ残存している建造物の解体作業へと移行し、基礎を固め、収集した石材を再び組み上げてゆくのである（図55、56）。修復の様子を伝える当時の写真は、無数の石材が地面に並べられた工事現場を写し出しており、修復というよりは、これから新しい建造物を新たに建てようしている光景にしか見えないだろう。

図55　「バンテアイ・スレイ，南祠堂上階部」，1930年代初頭撮影．

図56　バンテアイ・スレイ寺院の修復現場，1934年撮影．

組み上げられた石材には、補強のために内側から鉄の鉤釘が打ち込まれることもあった。また、破損した石材は「セメントで〔破損部を〕塞いだ」。このセメントには遺跡周辺の赤味がかった小石を砕いて混ぜ合わせ、オリジナルの石材と不調和をきたさないよう工夫された。バンテアイ・スレイ独特の赤土色が全体として保たれたのである。

このように、アナスティローシスによる修復は近代的工法を取り入れながら進められた。原初の状態に戻すというよりは、古い石材に新たな石材を加えて寺院を再建するといったほうが正確である。しかし、いうまでもないが、学術的側面には十分な配慮がなされていた。たとえば、完全に石材が欠損している部分には新たに切り出した石材を嵌め込まねばならないが、マルシャルは、新たに追加する石材には彫刻を施さず、荒削りのまま組み上げることにしている。修復箇所が一目でわかる外観にする道を選んだのである。ここに、アンコール遺跡で採用されたアナスティローシスの大きな特徴がある。ボルブドゥールでは新規に追加する石材にもオリジナルに似せた彫刻が施され、見栄えはするが、一見しただけでは、オリジナルの石材と代用石材の区別が付きにくい修復となった。マルシャルは異なる選択をし、完璧な外観を持つレプリカにけっしてならないよう、修復の跡を残したのであった。

工事は順調に進み、半年足らずでまず南祠堂の修復を終え、次いで一九三二年七月までには北祠堂の組み上げを、そして一九三三年に中央祠堂部の復元を終えている。修復の成功の見通しがついたこの年、パルマンティエは『学院紀要』に次のように書いている。

「この小さなバンテアイ・スレイは、間もなく、その華麗な姿、そして美しい仕上げと繊細な彫刻を持つこの上ない魅力を我々に見せてくれることであろう。〔遺跡へ通じる〕道が自動車用道路に舗装されれば、アンコールからも近いこの遺跡はいつでも容易にアクセスできる場所となるだろう[*38]」

オランダ人研究者の危惧を払拭して復元を成功させた喜びと同時に、フランス考古学の実力を誇らしげに伝える文章である。そして、その成果をメトロポールの研究者と観光客にも披露する意欲を示したのだった。

こうして、バンテアイ・スレイの復元は終了し、マルローが切り出したデヴァータのレリーフも元の場所に戻った。マルシャルは復元後の寺院の雄姿を三枚の写真に収め、院長と芸術局長に送付した。その写真の裏には次のような言葉が添えられていた。「『王道』の著者の行なったヴァンダリズム（破壊行為）が修復によって無に帰しました」、と。[*39] マルシャルにとって、この復元は混乱を持ち込んだメトロポールの文学者を忘却するための儀式であったのかもしれない。あるいはまた、ステルヌの研究によって疵つけられた現地調査員の自信を、取り戻す営為でもあったことだろう。彼はこの復元作業を終えたのち、保存局長としての職務を離れ、後任のジョルジュ・トゥルヴェに他の遺跡の復元を託すことになっていた。

アナスティローシスと復元の思想

バンテアイ・スレイの復元の成功により、アンコール遺跡の保全活動は大きく前進した。他の重要な寺院にもアナスティローシスによる復元を適用することが認められたのである。マルシャルとトゥルヴェは、バンテアイ・スレイの工事と平行して一九三二年にはバイヨン寺院の中央祠堂と外回廊の復元作業に着手している。さらにトゥルヴェの後を継いだモリス・グレーズによって、一九三六年からはバコンにおいて、一九三八〜三九年にはプノン・クロムとプノン・ボック、一九三九年からはアンコール・トムの大規模な復元工事が展開された。こうして、一九世紀半ばに西欧人が発見したアンコールの廃墟が真の意味で甦ったのであった。

ここで私はアナスティローシス工法による「修復」に対して、あえて「復元」という言葉を使用した。これは、作業に従事した多くの考古学者には認め難い（冒瀆的な）言葉であろう。たとえば、第二次世界大戦後のインドシナ戦争中にも遺跡保全作業に従事したベルナール・フィリップ・グロリエ（ジョルジュ・グロリエの息子）は、アナスティローシスが遺跡の「復元」ではないことを強く主張していた。彼によれば、この工法は崩壊の危機にある「建造物を救済する」ための「唯一の有効な方法」であり、壮麗な外観にすることを目的に積極的に採用するものではけっしてなかった。[*40] 彼のいうように、崩壊の激しい石造建造物の復旧には、この方法が最善策である。しかし、アナスティローシスには当時から少なからぬ批判があり、だからこそ「復元」ではないと強調せねばならなかった。最後に、この工法の問題点を幾つか考察した上で、アンコール考古学史上におけるアナスティローシスの歴史的意味について考えておきたい。

いかなる修復であれ、崩壊しオリジナルの姿を失った遺物に手を加える時には、修復者の解釈が介入せざるをえない。崩壊の激しかったアンコール遺跡のようなケースでは、それだけ、修復者、すなわち現地調査員の解釈が占める割合も大きくなる。アナスティローシスは、パルマンティエが「全面的修復」と呼んだように、遺物のすべての部分に手を入れるのであり、それだけ修復者の解釈が介入する度合いが高くなる。周到な研究に基づく解釈であるとはいえ、あくまでもその時代の研究水準を反映した解釈によって、建造物は再建されるのである。その解釈が間違っている場合には、オリジナルとはまったく異なる姿となってしまう可能性もある。実際、バンテアイ・スレイにおいても再建の途上で、幾度か解釈を変更しながら進められた。[*41] 最終的な「完成」もまた、一つの解釈にすぎない。誤った解釈、さらには研究者の都合のよいような解釈を採用すれば、考古学的「捏造」となりかねない——逆にいえば、研究者肌の考古学者にとっては、自らの調査研究の真価が問われる魅力ある復旧方法だといえるだろう（さらに、全面解体を行なうことによって、外見だけではわからなかった新知見を多々得ることもできる）。

また、いうまでもなく、アナスティローシス工法では、多くの場合、オリジナルの石材にも手を加えねばならない。破損しないとしても、補強のために外観から見えない場所に鉤釘を打ったり、セメントなどの近代的な材料で固定したりせねばならない。「完成」した建造物は堅牢さと引き換えに、かつての姿から程遠いものとなることもある（一九三〇年代の修復に関しては、補強材自体の劣化という問題も今日生じている）。

むろん、アナスティローシスの全面復元には利点もある。今日もなおアンコール周辺には、廃墟のまま残された遺跡も存在している。そうした場所では、自然現象で遺物が劣化するのみならず、盗掘も頻繁に行なわれている。建造物の復元によって遺跡を整備し、公園化することによって、こうした危険を回避することができる。結果的に建造物の「救済」となろう。

いずれにせよ、遺物の保全と修復は考古学という学問の根幹をなす仕事であり、修復をめぐる議論は尽きることがない。研究の発展に応じて、その時代の最良の研究水準と工法の科学的水準に応じた修復を施してゆくしかないのである。第一章のドラポルトの復元図の分析で述べたことだが、現在の我々が、学術的観点、技術的観点から、植民地主義時代にフランス人がなしたアナスティローシスによる修復の間違いなどを指摘することはたやすいが、私は本書でそのような間違いを指摘したいわけではない。新たな考古学的見識によってかつての修復をさらに修復すればよいだけである。繰り返すように、その時代に最善と考えられる方策を採用し続けてゆくしかないのである。

本書において考えるべきは、アナスティローシスの是非ではなく、一九三〇年という時期に、現地の調査員がこの工法による修復を最善の方法と判断したという事実そのものであると私は思う。バンテアイ・スレイに関しては、直接的な契機はマルロー事件にあった。しかし、調査を行ない、切り出された部分のみを元に戻して、現状維持のまま遺跡を整備するという選択肢もあったはずだ。なにも「全面的修復」を行なう必要はない。今日では、そして当時においても、現状維持の補強にとどめるという方法も主要な選択の一つである。それにもかかわらず、調査員たちはアナスティローシスを実験的に行ない、その後、次々と他の遺跡にもこの工法を展開していった。彼らはなぜそれが最善だと思ったのであろうか。

おそらく、その答えの一つが、先に見たパルマンティエの言葉に暗示されているだろう。バンテアイ・スレイの修復の終了を意気揚々と伝える言葉である。植民地で活動する学院調査員たちにとっては、メトロポールの研究者や欧米の公衆に向かって、修復した遺跡の壮麗な雄姿を「見せる(=展示する)」ことが、自らの活動の成果を最も輝かしく伝える「最善の」方法であったといえよう。マルロー事件やステルヌの学史的貢献などに反応して、現地調査員たちは自らの仕事の重要性をメトロポールに向かって再び強く主張せねばならない状況にあった。

このように考えるならば、一九三〇年代のアナスティローシスによる遺跡の修復という出来事もまた、一九世紀末のドラポルトの復元図とレプリカに端を発する、一連の「復元」の歴史の中に収まる現象であると分析してよいように思われる。すなわち、アナスティローシスは、「見せる(＝展示する)」考古学の歴史がもたらした必然の帰結である。こう考えるがゆえに、私は、「復元」という言葉を敢えて使用した。もちろん、ドラポルトの復元と一九三〇年代のアナスティローシスによる復元とは、学術的レベルは随分と違う。しかし、考古学的調査の結果を可視的に「見せる」という思想に本質的違いはない。象徴的なことに、バンテアイ・スレイの工事が開始された一九三一年、パリでは国際植民地博覧会が開催され、ヴァンセンヌの森に、まさにアナスティローシスによって復元されたかのような学術的に正確なアンコール・ワットの実物大レプリカが出現している(第七章を参照のこと)。単なる見世物ではあるが、これもまた学術的成果であったことを否定することはできない。見せるための復元の歴史は、この時期、成熟期を迎えていたのだった。

実際、一九三〇年代、アナスティローシスで甦ったアンコール遺跡に、欧米から大量の観光客がつめかけた。それが目的ではなかったにせよ、「復元」が観光誘致に多大な貢献を果たしたことは否定すべくもない事実である(観光誘致が現地調査員たちの資金調達のための重要課題であったことは次章で述べる)。もちろん、通俗レベルの観光誘致と学術的な復元を短絡的に結び付けることは、考古学に対する冒瀆かもしれない。しかし、観光客のために道路を整備して有料の国定公園を開園し、次々と廃墟を復元して甦らせていった一九三〇年代のアンコール国定公園は、巨大なレプリカ群を林立させて訪問客を喜ばせた一九世紀末以来のパリ万博のアミューズメント・パークの延長線上に生まれた理想の公園ではなかったか。

「見せる(＝展示する)」考古学の歴史はけっして終わったわけではない。むしろ、ユネスコによる世界文化遺産がらみで、今日、新たにいっそう発展してゆこうとしている歴史であるといえるかもしれない。年間一〇〇万人を越える観光客を迎えるようになった今日のアンコール遺跡では、その歴史の弊害が早くも露呈し始めている。

第六章　アンコール考古学の発展とその舞台裏（2）——現地の混乱とメトロポールの無理解

学院の新しい顔――セデスとゴルベフ

バンテアイ・スレイを嚆矢とする大胆な遺跡の修復に示されるように、一九三〇年代のアンコール考古学は新たな試みに果敢に挑戦してゆくのであるが、その指揮をとったのは一九二九年に極東学院の新院長となったばかりのジョルジュ・セデスである。四期にわたって院長を務めたルイ・フィノの後を継いだ彼は、真の意味での二代目院長であった。*1

一九二〇年代までの学院の顔はなんといってもルイ・フィノであり（第二章を参照のこと）、第一次大戦中や大戦後など、学院の行方を左右する重要な時期には彼がインドシナに駐在し舵を取った。学院草創期には本国アカデミーに忠実な三〇代の若き院長であった彼も、最後の院長職に就いた一九二八年には既に六四歳、植民地の学問と政治を知り尽くすかけがえのない存在となっていた。彼の経験知と政治力なしには、前章で見た一九二〇年代に顕在化した様々な問題に対処することは難しかっただろう。

この長年の功労者に代わって、セデスが院長となった。一八八六年生まれの彼はこの時四三歳であった。ただちに大胆な修復計画に乗り出すなど、学院が一九三〇年代に新たに取り組んだ果敢な試みと成果に、彼の気概を読み取ることができるだろう。本章では、この新院長のもとで展開した一九三〇年代の考古学の動向を追ってゆこう。主人公はセデスのほか、彼とともに新しい学院の顔となったヴィクトル・ゴルベフ、そして、一九二〇年代より独自の活動を展開させたジョルジュ・グロリエである。彼らは両大戦間の仏領インドシナの政治的状況の変化と混乱に直面しながら、考古学調査体制や文化政策の変革を積極的に推進してゆく。考古学に代表される学術的活動のみならず、それ以外の政治や経済にも深く関わった。その功罪を総合的に検討することが本章の目的となる。

まず、セデスとゴルベフの人物像を略記しよう。

ジョルジュ・セデスはベルリン大学でドイツ文学の学位を取得した変わり種であるが、在学中からカンボジアの碑文研究に関心を持ち、一九〇四年には一八歳にして『学院紀要』に「カンボジア王、バーヴァヴァルマン二世の碑文」と題する論文を発表している。[*2] ついで、パリの実用高等学院においてアルフレッド・フーシェの宗教学講座に在籍し、一九一一年にアンコール・ワットのレリーフに関する学位論文を書き上げた(二五歳)。この期間に彼はドラポルトのインドシナ美術館において収蔵品の整理を行なったことは既に述べた通りである(一八六ページを参照のこと)。彼もまた、メトロポールの第二世代エリートを代表する人物であり、二〇世紀のフランス東洋学の「栄光」を手に入れた数少ないオリエンタリストの一人であった。

論文を提出した一九一一年に彼はインドシナに渡り、文献学・金石学の教授として学院の活動に加わった。一九一八年一〇月にはカンボジア人女性と結婚し、六人の子供をもうけている。その後、一九二六年まではバンコクのシャム国立図書館の司書を、一九二七〜二九年にはバンコク王立アカデミーの書記官などを務めている。

一九二九年に学院院長に就任した彼は、持ち前の文献学的知識によって、さっそくアンコール考古学に多大な貢献をしている。第四章で検討したバイヨン遺跡の建造年代をめぐるフィリップ・ステルヌの問題提起に、碑文解読から決着をつけたのは彼であった。これだけでも学史に残る重要な仕事なのだが、セデスにとっては院長就任のほんの名刺代わりといったところで、この他にも明らかにした史実は数知れない。中国の『新唐書』に見える「室利仏逝」が古マレー語碑文のシュリーヴィジャヤに対応することを証明し、七世紀頃のインドネシア一帯を支配していたシュリーヴィジャヤ王国の存在を明らかにしたことはつとに知られている。一九四七年六月の退官まで院長を務めた後、彼はパリに戻り一九六〇年まで国立東洋語学校の教授として後進の指導にあたった。一九六九年の死の年までに残した著作は三〇〇点を越えるという。日本においても現行版の邦訳『アンコール遺跡』、『インドシナ文明史』、『東南アジア文化史』があり、東南アジア史のフランス人研究者としては最もよく知られた人物だろう。*3

こうした輝かしい文献学的研究の業績の陰に隠れがちだが、セデスは極東学院院長として、抜群の決断力と行動力を示して見せている。アナスティローシスによる修復開始の決断はその一つだが、さらに、アムステルダム美術館やニューヨークのメトロポリタン美術館などの欧米の美術館から古美術品の購入要請があった際には、自ら作品選択から交渉までを行ない、大きな取引を成立させている。そして、それがスキャンダルとならないよう配慮も怠らなかった。また、第二次世界大戦期の日本軍の仏印進駐時には日本との「文化協力」政策を推進し、教授交換や古美術品交換という事業を成功させている(これについては第八章で詳述)。彼もまた象牙の塔にこもる東洋学者ではなく、政治的なオリエンタリストとして植民地主義時代を生き抜いたのであった。

セデスとともに、一九二〇年代後半の学院の変革期から一九四〇年代の第二次世界大戦期まで、学院を代表する顔として活躍したもう一人の人物がヴィクトル・ゴルベフである。

ロシア出身の彼の波乱に満ちた生涯は、ヨーロッパでは比較的よく知られている。彼の美しい妻が彫刻家オーギュスト・ロダンや小説家のアナトール・フランスのモデルとなったばかりか、詩人ダヌンチオに奪われ、スキャンダルとなったからである。考古学史とは無縁のこの悲恋について語ることは控えるが、[*4]愛する妻との別れが、インドシナへの旅立ちの要因の一つとなったことは間違いない。

ゴルベフは、サンクト＝ペチェルブルクの貴族の家系に一八七八年に生まれ、当地の大学を卒業し、さらにハイデルブルク大学で文献学博士の学位を取得した(一九〇四年)。その後、彼は妻とともに、パリを中心にヨーロッパ各地を遊学する毎日を送っていた。パリでは、象徴主義芸術のパトロンとして知られるロベール・ドゥ・モンテスキューやロダン、アナトール・フランスと親交を深め、また、中国踏査を行なったセガレン、インドシナ総督を務めたポール・ドゥメールやアルベール・サロー、さらにはフィリップ・ペタンとも親交があったという。その交友関係の広さは、当時から「公人の友ナンバーワン」の異名を取るほどであった。

裕福で学者として身を立てる必要もなかったゴルベフの関心は、大学で修めた文献学よりも、美術品蒐集とその研究に向けられた。まず、一九〇〇年代よりイタリア美術、特にヴェネツィアのヤコボ・ベッリーニの絵画の研究を行ない著書も公刊している。その研究途上で、彼は次第にアジア美術への関心を深めてゆく。一九一〇年にインドを旅行した彼は、仏教美術を蒐集するとともに、仏教遺跡を撮影して多数の写真をパリに持ち帰った。一九一三年には、パリのチェルヌスキ美術館で自らの蒐集品による「仏教美術展覧会」を組織している。[*5]第四章で触れたギメ美術館の考古学写真資料室の設置(一九二一年)も、彼の写真コレクションによって実現したものであった。

一九一〇年代のパリのアジア美術研究は、彼のコレクションと資金によって大いに助けられたといえよう。その最大の貢献は一九一四年より開始された大判写真豪華カタログ叢書『アルス・アジアティカ』の編集刊行である。この叢書は一九三五年までに一八巻を刊行し、中国、インド、日本、インドシナの美術を紹介し、パリにおける貴重な東洋美術資料となった。インドシナの美術としては、第四巻の『チャンパの彫刻』（一九二二年、パルマンティエ著）、第五巻の『クメールの銅像』（一九二三年、セデス著）、第一六巻の『プノンペン、アルベール・サロー美術館のクメール美術』（一九三一年、グロリエ著）を刊行し、また、タイやインド、インドネシアの美術も紹介している。ゴルベフ自身の手になるものとしては、一九一〇年のインド旅行の際に撮影した写真を中心にして構成した第三巻の『インドのシヴァ神像』（一九二一年、ロダン、ハヴェルとの共著）と第一〇巻の『アジャンタ研究資料』（一九二七年）がある。[*6]

赤十字のロシア代表として活動した第一次世界大戦後、ゴルベフは一九二〇年に極東学院メンバーとなっている。ルイ・フィノの誘いによってであった。西欧各地に友人を持つロシア貴族の彼は、ヨーロッパとインドシナの研究者の連携を図る人物として適任であった（一九二五年に彼はフランス国籍を取得する）。一九二二年のマルセイユでの内国植民地博覧会、一九二九年に開かれた太平洋科学会議など、「海外」で開催されたイヴェントには、いつもゴルベフが学院の代表者として派遣された。一九三一年のパリ国際植民地博覧会では、学院代表として展覧会設営からセレモニーでの接待までを担当し、博覧会を訪れたオランダ女王ヴィルヘルミナと皇太子夫妻の案内も任された。その活躍ぶりから、セデスは常日頃、ゴルベフを「極東学院の知的外交官」と呼んでいた。

第二次世界大戦中の日本の仏印進駐時にはセデスと二人で文化協力事業を実現し、一九四一年五月に来日を果たしている（本書第八章を参照のこと）。しかし、間もなく、彼は病に倒れ、一九四五年四月（六七歳）に他界した。だが、晩年の政治的活動ゆえに、極東学院は長らく公式の追悼文を発表することはなかった。日本との「文化協力」に従事しただけではなく、ヴィシー政権の首領ペタン元帥との長きにわたる友好関係にあったゴルベフは、「コラボラトゥール（戦争協力者）」として糾弾される立場にあったのだった。第二次世界大戦後、彼は学院の記憶から「追放」される運命にあり、追悼文が『学院紀要』に掲載されたのは没後二〇年後の一九六六年のことである。

ゴルベフの新しい考古学の方法

ゴルベフの学院への貢献は教育普及活動や政治的活動に限られるわけではない。アンコール考古学史における彼の貢献を本節で確認しておこう。

彼は彼にしか成し得なかったであろう二つの大きな事績を残している。一つは仏教図像に通じた美術史家としての貢献、もう一つは豊かな財力を背景にした写真撮影や航空機を用いての遺跡観察による新しい考古学的調査研究の導入である。個性的で新しい彼の研究は、そのまま一九二〇年代半ばから一九三〇年代の考古学の新展開に即応していた。

まず、美術史家としてのゴルベフの貢献についてだが、彼にはルネサンス絵画研究の実績、そして中国の仏画・仏像収集とインドの仏教遺跡調査の経験があったことがここでは重要である。美術史学の方法を習得していた彼は、仏教説話の知識を基盤とした図像学的解釈を考古学調査の現場に持ち込み、数々の業績を残したのである。

一例を挙げよう。一九二〇～三〇年代に間歇的に行なわれたニャック・ポアンの発掘調査におけるゴルベフの貢献である。ニャック・ポアンは北バライ（灌漑施設）の中央に一二世紀末に建てられた水

図57 「ニャック・ポアン，バーラハの馬，最初の復元の試み（1924年5月）」，ゴルベフ「バーラハの馬」（『学院紀要』，1927年）挿図.

上の神秘的な小さな仏教寺院で、仏教的宇宙観を表す場所として今日知られている。この解釈の起源となったのがゴルベフの発見であった。乾季には干上がる北バライは、当時は小さな寺院が埋没する森林と化していた。[*7] 一九二一年、この場所から一群の不可思議な遺物が発掘される。断片を組み合わせて復元すると馬の形になった（図57）。馬の脇腹付近に複数の人間の脚が見える。この神秘的な馬が何であるか、碩学ルイ・フィノも頭を悩ませた。

この発掘調査を指揮していたのはアンコール保存局長のアンリ・マルシャルであったが、写真撮影担当としてゴルベフも同行していた。発掘された遺物の復元を写真におさめたゴルベフは、独自に図像学的研究を進め、この神秘的な馬がヒンズーや仏教の説話にある聖獣バーラハではないかとの仮説を立てる。この説話は、ヒンズーの商人たちが交易の途上で、女性だけが棲む島に辿り着き、結婚するところから始まる。女性たちは人食い鬼（仏教の羅刹天ラークシャシー）であった。商人たちはバーラハに化身した観世音菩薩の救いにより、命からがらこの島から逃げ出す。バーラハが彼らを脇腹に隠し、海を渡ったのだった。この説話の図像を幾つか記憶していたゴルベフは、直感的に説話と発掘された馬を結び付けたのである。その成果が発表されるのは一九二七年のことである。[*8] 鮮やかな図像分析の手つきはユルギス・バルトルシャイティスの中世研究を髣髴とさせるもので、クメール美術研究における初めての本格的な図像学研究として評価できるだろう。一九二七年といえば、様式分析によってバイヨンの編年に激震を与えたフィリップ・ステルヌの研究書が発表された年で、学史的にはこの書の陰に隠れてしまったが、様式論と並ぶ美術史学のもう一つの柱である図像学的研究も同じ頃に実を結んでいたことを記憶しておきたい。

ゴルベフの図像解釈に関して、特に重要なのは、この解釈によって、ニャック・ポアンの復元の方針に大きな修正が加えられたという事実である。マルシャルが建築的観点から一時的に行なった復元では、バーラハは寺院の反対側を向き、寺院から旅立とうとしていた。しかし、ゴルベフの仮説が正しければ、商人を救出したバーラハは逆方向を向き、安息の地へ向かっていなければならない。かくして、一九三九年に当初の復元が修正され、今日のような遺跡配置となった。

このように、マルシャルの発掘に同行したゴルベフは美術史学的見地から発掘や復元をサポートする大きな役割を負った。マルシャルが建築学的見地から発掘した遺物を復元し、ゴルベフが美術史的検討によってそれを修正する。さらにその修正を受けて、次の発掘場所を提案する。ゴルベフの活躍によって、こうした考古学者＝建築家と美術史家の連携協力関係が発掘現場において築かれることとなったのである。一九二一年の発掘から一八年を経て復元が修正されたニャック・ポアンの例は、考古学と美術史学の共同作業がもたらす豊かな成果を例証するとともに、学院によるアンコール考古学の成熟を示す一つの到達点といってもよいだろう。

ゴルベフのもう一つの学術的貢献は、いわゆる航空考古学の導入である。一九三二年八月から一九三六年にかけて、ゴルベフとセデスはインドシナに駐留するフランス海軍の協力を取りつけ、アンコール遺跡群の上空に二機の水上航空機を飛ばした。パイロットの隣には、第一次大戦中に上空からの地上観察の方法を身につけたというゴルベフが同乗した。考古学者にはつとに知られるエピソードである。アナスティローシスの導入とともに、新院長セデスの進取の気象を示すものでもあろう。

さて、上空からの観察と航空写真によって、ゴルベフは何を明らかにしようとしたのか。話は再び例の一九二七年に遡る。ステルヌの研究が発表された年である。第四章で詳述した通り、ステルヌは彫刻の様式比較によって、バイヨン寺院の建立年代を一二世紀下らせ一一世紀の建造物であると主張し、物議を醸した。議論はセデスの新研究によって一三世紀建造説へと向かい終息するのだが、一つの疑問が残った。バイヨン寺院を九世紀に位置づける従来の説は、金石学によって明らかにされていたアンコールの初期の歴史解釈の柱となっていた。すなわち、碑文研究から、九〇〇年頃にヤショヴァルマン一世がクメール王として初めてアンコール地区に中心寺院を造営していたことがわかっており、バイヨンがそれであると解釈されていたのである。しかし、バイヨンが一三世紀の寺院であるならば、アンコール初めての都城はどの寺院であったのか。根本的な問いが残されたのだった。

ステルヌによる答えは、アンコール・トム内にあるピミアナカスではないか、というものであった。現場で発掘にあたっていたマルシャルとゴルベフはこの仮説をにべもなく退ける。ピミアナカスは中心寺院としては余りにも規模が小さく、塔もなかったからである。第四章で引用した通り、マルシャルはステルヌを「建造物や美術作品を実見したことがなく、スケールが必ずしも正確ではないデッサンや写真のみを検討している」がゆえに誤った分析をしていると非難したが、この点についてはまさにその通りで、現地で遺跡に日々接している調査員ならば、これがヤショダラプラの中心寺院であるはずがないことはすぐにわかった。しかし、ステルヌの仮説を退ける代案を誰も提起できずにいたのである。

この難問に対して、一九三一年にゴルベフが一つの解釈を提案する。院長宛ての私信の中で、アンコール最初の寺院はプノン・バケンではないかとの直感を披露するのである。アンコール・トムとアンコール・ワットの中間に位置する小さな丘にプノン・バケンは建っていた。大きな二つの遺跡の陰に隠れるような存在であったがゆえに、この小遺跡はほとんど調査されていなかったのである。ゴルベフの仮説はすぐさまマルシャルを動かし、一九三二年にプノン・バケンの発掘が開始された。ここでも二人の連携の威力が発揮されたのである。その結果、プノン・バケンに無数の神域の存在があることが確認された。そしてゴルベフはこう仮定するに至る。

「アンコール遺跡群において、プノン・バケンだけがアクロポリスの宗教的施設にふさわしい自然の丘の上に建てられた寺院である。そしてそこにはヤショヴァルマンが造らせたというリンガも収められている。(…)この寺院は九世紀末に建造された最も重要なものに違いない。もはやプノン・バケンは単なる『丘の上の寺院』ではなく、真の聖なる都市の中心と考えるべきである」[*9]

この仮説を証明すべく実行されたのが、一九三二年八月の航空機による調査であった。上空から眺めたアンコールの密林は、それまでのアンコールの都市像を一変させる姿として浮かび上がった。従来の地図には記載されていない幾つもの旧道の跡が確認されたのである。ゴルベフはそれらを一二〇〇メートル上空から写真に収め、旧道を記録する地図を作成した（図58）。こうして、プノン・バケンが東西の二つのバライを結ぶ旧道の中心に位置することが確認され、旧都の中心である可能性が高まったのであった。[*10]

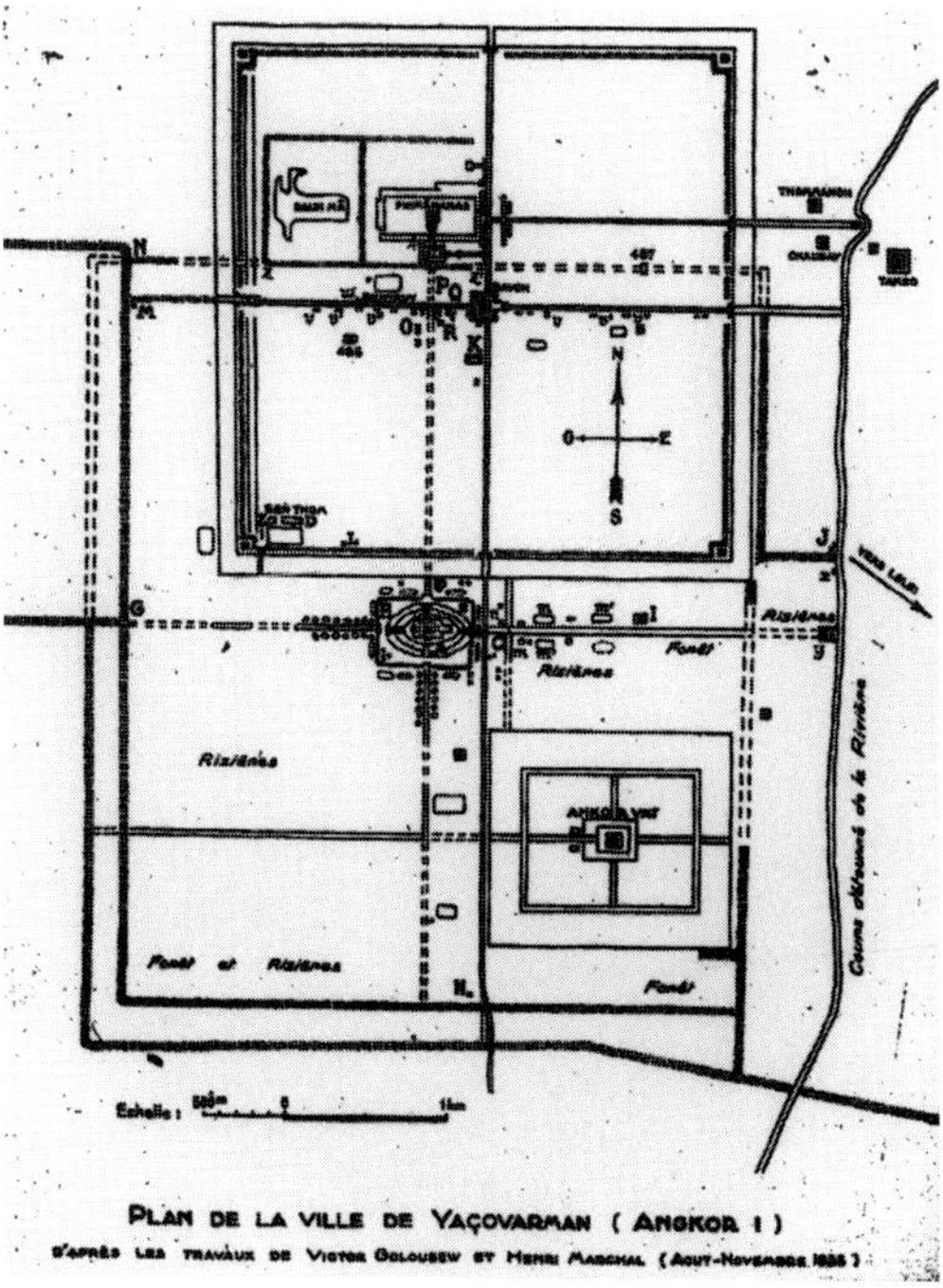

図58　「ヤショヴァルマンの都市平面図（1932年8～11月の調査に基づく）」，ゴルベフ「プノン・バケンとヤショヴァルマンの都市」（『学院紀要』，1933年）挿図．

航空写真によって、アンコールは（ラジョンキエールが作成した）地上に点在する建造物を記載した考古学的地図として表象されるだけでなく、バライと旧道の網目の中にある複合的な水利都市としての姿を浮かび上がらせた。後年の一九四一年にゴルベフは、アンコールの旧都を水利都市として理解しようとする画期的な研究を発表しているが、一九四五年の死によって、この研究は完遂することなく終わる。[*11] その後、よく知られるようにベルナール・フィリップ・グロリエが水利都市論を展開し、今日においても、最も重要なアンコール都市論として認められている。

こうして、一九三〇年代、学院の新たな顔となったセデスとゴルベフを中心にして、考古学と美術史学と碑文学の連携体制が確立し、アンコール遺跡の考古学が飛躍的に進展した。バイヨン寺院の建造年代の特定、プノン・バケンと旧道の再評価、水利都市論など、今日もなお影響力を持つ定説が次々と打ち出されていったのである。アナスティローシスによる「復元」に象徴されるように、アンコールは一九二〇年頃には想像もできなかった新しい姿を出現させたのであった。

ここで再び、こうした現地の考古学の発展の契機となったのがメトロポールからのぶっきらぼうな問題提起（ステルヌ）や闖入者（マルロー）であったことを思い出しておいてよいかもしれない。彼らは停滞していた現地調査を混乱に陥れ、活気づけ、そして、間接的に考古学的進展に一役買ったといえよう。一九三〇年代の考古学の発展は、現地とメトロポールの競合（友好的協力ではない）がもたらした思いがけない豊かな実りであった。学問はいつも友好的協力によって進展するものではない。たぶんに政治的な権力闘争に晒されながら、いがみ合い、憎み合い、戦い合う過程の中で、偶発的に実りがもたらされるのである。それはまさにアンコール・ワットの回廊レリーフやプリヤ・カンの参道の群像に表現された乳海攪拌のごとくである。デーヴァと悪神アスラの綱引き合戦によって、乳海は掻き回され混沌とする。その混沌から、偶発的に不死の飲料アムリタ（甘露）が醸造されるのだ。メトロポールの研究者と現地調査員、そのいずれがデーヴァで、いずれがアスラなのか、それは読者の想像にお任せしよう。

グロリエのカンボジア芸術局、美術学校、美術館

ここで話題を大きく変えよう。

一九二〇～三〇年代のアンコール考古学史を語るためには、もう一人の重要な人物とその人物が指導した機関の活動について検証せねばならない。ジョルジュ・グロリエとカンボジア芸術局である。

グロリエについては第三章において人物紹介し、第五章においてその思想の一端を検討した。彼は極東学院による調査体制の問題を指摘し、芸術局（およびカンボジア美術学校とカンボジア美術館）を率いて、独自の伝統文化政策を展開していた。そもそも芸術局は何を目的とし、いかなる文化政策を推進したのか。極東学院とどのような関係にあったのか。そして、それは現地の考古学にいかなる影響力を及ぼしたのだろうか。

カンボジア芸術局は一九二〇年に設置されたが、その役割を考察するには一九一七年設立のカンボジア美術学校から説き起こす必要がある。カンボジア芸術局設置の法令の第一条に、芸術局の管理は「カンボジア美術学校のフランス人校長に任される」とあるからである。[*12]

カンボジア美術学校は国王法令により、グロリエを校長として誕生した教育機関で、「クメール人の芸術的伝統を研究し、保存し、保護することを目的」（第二条）とした。[*13] この施設は一九〇七年開校の王立装飾美術学校を前身とする。一九〇七年といえばアンコール地区がカンボジアに返還された年である。この年から極東学院による本格的考古学調査が開始されたのだが、調査と並行して、フランスはクメール芸術の「復興」の道を模索する試みを開始したのだった。豊かで高度な芸術性を誇るアン

コール遺跡がシャムのものではなく、カンボジアのクメール人のものであることを、考古学的調査のみならず、同時代の芸術活動によっても国内外にアピールしようと考えたのである。植民地の考古学と芸術教育政策は「過去を蘇らせ、現在を復興する」という理念の上で連動していた。

フランスが文化復興政策を実行した背景には、クメール文化が完全に衰退したという植民者側の現状認識があった。たとえば、返還されたアンコール遺跡群を一九〇七年に踏査したラジョンキエールは、遺跡目録作成と並行して、地域住民に残るクメールの伝統文化の調査も行なっている。しかし、彼は、わずかに絹絣織物（サンポットホール）や絨毯の職人がいるだけで、「アンコールの都を建造した人々とは程遠い」住民しかいないと報告している。そして、「過去のクメール人がこの国にもたらした芸術的感性は突如として消滅」したと結論づけている。[*14] いうまでもなく「突如として」消滅したわけではあるまい。植民者フランスがカンボジアを保護国とし、近代的な欧風文化をこの地に持ち込んでから、半世紀を経ようとしていた。伝統的な文化が「消滅」の危機にあったのだとすれば、その大きな原因の一つは紛れもなくフランスの侵略にあった。

ジョルジュ・グロリエは、こうした状況に敏感に反応し、早くから伝統文化の復興を訴えていた人物であった。一九一四年にアンコール協会とフランス公教育省の支援のもとにアンコールを調査した彼は、「失われた」伝統文化を嘆き、フランス当局に対して、文化の保護を要求する報告書を提出したのだった。

グロリエとは若干異なる視点からアンリ・マルシャルもまた、同時代のクメール文化の問題点を指摘していた。コーチシナの建築視察官として一九一三年よりインドシナ調査を行なっていた彼は、「カンボジアの伝統文化が完全に廃れた」との認識が誤解であり、今もなお腕の良い職人は少ないながらも存在していると報告している。その上で、クメール人には優れた芸術的感性が今なお宿っているのだから、教育によってその感性を育成せねばならないと結論づけたのである。教育は考古学よりも重要だと彼はいう。

「一般人にとって、カンボジアの芸術は〔過去の〕アンコール遺跡に代表されており、現在〔の文化の状況〕は完全に見限られ、無視されている。しかし、私はかつて宮廷内で原住民の彫刻家が見事に楣を彫り上げているのを目の当たりにしたことがある。（…）過去に目を向け、廃墟を復元し、今は亡き芸術家を偲ぶのもよかろう。だが、それ以上に、現在の〔クメール〕民族の中に今なお残存する才能を探し出し、その復興（ルネサンス）の支援に精力を注ぐべきではないだろうか」[*15]

こうした伝統文化衰退の認識と復興の必要性を説く報告を受け、フランスは一九一〇年代後半にカンボジア文化政策に本腰を入れることとなる。先導したのは、一九一八年に二度目のインドシナ総督を務めていたアルベール・サローである。総督みずから、「フランス人が指導する特別な機関」としてカンボジア美術学校を設置し、当地の伝統文化「ルネサンス」を推進する意図を明らかにしたのである。そして、その指導者としてジョルジュ・グロリエが抜擢されたのであった。

マルシャルの報告にあるように、カンボジアにおいて伝統文化は完全に「消滅」していたわけではない。保護国とされながらもカンボジアは国王を擁する国家であり、王宮には伝統的な文化を継承する職人（建築家、装飾家など）や芸術家（音楽家、舞踏集団など）が仕えていた。[*16] それゆえ、グロリエの主張したように、フランスが指導してカンボジアの伝統文化を復興せねばならない、というのは植民者側の都合のよいフィクションである。正確にいうならば、フランスによる文化復興政策とは、カンボジア国王が保護していた伝統文化を国王の手から奪い取り、フランスの指導のもとに新たな伝統を創出することを目的としていたといわねばなるまい（この点は後ほど踏み込んで考察しよう）。かくして、カンボジア生まれのフランス人のグロリエが、指導者として選ばれたのであった。

総督の命を受けたグロリエはすぐに「残存する」伝統工芸の調査を開始し、一三〇名余りのカンボジア職人を集めた。さらに、そこから指導者としてふさわしい人物を選抜し、美術学校を立ち上げる。学校のカリキュラムに関して、一九四〇年頃、プノンペンの日本領事館に勤めていた三宅一郎による小説『カンボジア綺譚』に興味深い記述があるので紹介しよう。

「国立のリセ教育の工芸技術学校は、カンボジアの伝統工芸の職人を育てるのが目的で、女生徒の多くは絹糸の製糸や織り方、それに模様のデザインなどを学習し、男生徒は絵画や彫刻や彫金、とくに仏像の製作やアンコール遺跡の浮彫りのイミテーションの作製を実習していた。そのほかバンドのバックルや鋳造技術、籐細工など多岐にわたっていた[*17]」

三宅が「国立のリセ（＝高校）教育の工芸技術学校」と記すように、美術学校は一五歳の学生を一年生として受け入れ、教育期間は三〜四年間であった。カリキュラムはクメールの古美術に見られる植物の装飾模様や神話の神々の図像のデッサン教育に始まり、その後、「絵画、建築、彫金、彫刻、鋳型、仮面、舞踏装飾品、絹織物、漆器」の専門課程に進んだ。一九二一年の最初の卒業生は二一名（卒業予定者二三名）であった。[*18]

デッサン教育の場となったのは一九二〇年に装いを新たに開館するカンボジア美術館、通称アルベール・サロー美術館である。美術学校は美術館に併設されており、グロリエ校長は美術館の館長も兼任した。彼は美術館に収蔵されるクメールの古美術を模範としてデッサン教育を行なったのである。グロリエの頭には、セーヌ川を挟んでルーヴル美術館に隣接するパリの国立美術学校の姿が理想としてあったことだろう。自らが画学生としてルーヴルの古代彫刻をデッサンしたように、カンボジアの学生にもクメールの古美術デッサンを課したのである。

美術学校に併設されたカンボジア美術館についてもここで説明しておきたい。

グロリエは美術館が考古学や美術史の専門家のための学術的研究機関ではなく、カンボジアの公衆に開かれた文化施設であることを強調した。とりわけ現地の職人が参考にすべき芸術が展示された実用的な展覧の場であると主張し、それまでの極東学院の美術館運営のあり方を批判した（一七五ページを参照のこと）。彼にとって、美術館はカンボジア人が活用すべき生ける施設であり、クメール文化の「復興」に欠かせなかったのである。彼は美術館の整備にも積極的に取り組んでゆく。

カンボジア美術館は一九一九年のインドシナ総督令により設置され[*19]、時の総督の名を冠して通称アルベール・サロー美術館と呼ばれたが、その前身は一九〇五年にプノンペンに設置された極東学院の「インドシナ美術館クメール古美術セクション」である。しかし、グロリエによれば、彼が館長に就任するまで、この施設は「目も当てられない悲惨な状態」にあり、「創設以降の一〇年余り、誰にも注目されず、荒れ果てていた[*20]」。「僅か五×三メートルの狭い二部屋だけのみすぼらしい」この施設には、カンボジア駐在のフランス人が入手した出自の不確かな遺物が次々と運び込まれてくるが、常駐の学芸員がいないので、遺物は選別されることなく、美術館周辺に積み上げられるだけであった。ここでもグロリエは、カンボジア考古学にとっては由々しき事態だったと学院の管理体制を非難してみせる。誇張はあるかもしれないが、一九二〇年以前の美術館の状況を伝える意見として貴重である。
グロリエは自らが館長となって以降、美術館が生まれ変わったと胸を張る。その自負を支えに、彼は美術館での学生のデッサン教育や学生による鋳型制作、さらに学生や職人の手になる工芸品の販売など、次々と新しい試みに着手してゆく。一九三一年に『アルス・アジアティカ』第一六巻として、この美術館のクメール・コレクション目録を作成したグロリエは、誇らしげに己の活動を紹介している。

「アルベール・サロー美術館は、カンボジアの国立美術館である。(…)美術館の組織と運営は、フランス極東学院の管轄のもと、カンボジア芸術局長に一任されている。(…)芸術局はまた、現地の美術学校の指導にもあたり、現地の最良の伝統を復興している。(…)美術学校に学ぶ実習生たちは、この美術館に、カンボジア文明の最高の芸術モデルを見出すことであろう[*21]」

グロリエは、クメール芸術の復興を唱えるスポークスマンとして、カンボジアの文化政策を左右する最重要人物となった。日本でいえば、東京美術学校校長(さらには日本美術院院長)として日本画の復興を唱え、日本美術史編纂と日本の伝統文化政策に大きな影響力を持った岡倉覚三のような役割を果たしたと考えればよいだろうか。

カンボジアの伝統復興は誰のためか

グロリエは純粋にクメールの伝統文化を「復興」させるためだけに美術教育を行なっていたわけではない。植民地での芸術政策には、工芸品生産によって経済を活性化させるという、より現実的で功利的な目的が第一にあった。その実現のためには、教育の枠を超えて、広く公共性を有する文化運動へと発展させる必要がある。その旗印となったのが一九二〇年創設のカンボジア芸術局であった。

芸術局設置の法令第二条には、明確に経済発展に向けた取り組みが記されている。曰く、芸術局長の指導のもとに、「美術学校とカンボジアの職人との間に緊密かつ恒常的な関係を築き」、「芸術家と現地の職人を利用して、経済的運動を組織し、確立」せねばならない、と。[*22] 美術学校での教育による後進の指導に加えて、現役の職人や芸術家とも連携して伝統工芸の復興を図り、具体的に工芸品の販売を促進しようとする目的が明文化されている。

興味深いことに、グロリエは総督に呼び寄せられる以前は、カンボジア経済に関与するアンコール協会を活動拠点にしていた。パリに本拠を置くこの団体はカンボジアの観光誘致と経済復興を推進する国際団体で、一九二〇年頃には、観光客の購買意欲を掻き立てる(西欧人の眼に適う)工芸品の生産が緊急課題として挙げられていた。[*23] この協会の要請と芸術局の目的は合致していた。というよりも、協会の一員たるグロリエが実践的な政策を実行する場が芸術局だったといっても過言ではない。かくして、まずは美術館に「ブティック」が設けられ、観光客を相手に、職人の手になる工芸品や学生が製作したレプリカが販売されることになる。

また、芸術局設置の法令第二条には、「可能な場合は、現地での展覧会や外国での展覧会へ参加」すると書かれている。国内のみならず、欧米に向けて、クメールの工芸品を発表し、輸出産業の一つの柱にすることが最終的な目標だったといえるだろう。事実、芸術局は、一九二二年の内国植民地博覧会(マルセイユ)や一九二五年のパリ国際装飾芸術博覧会、一九三一年の国際植民地博覧会に積極的に参加し、職人や学生が制作した工芸品を展示即売した。さらに、グロリエは著作物を通じてもクメールの工芸品の普及に努めた。編集主幹を務める『カンボジアの美術と考古学』誌において、彼は伝統工芸に関する論考を積極的に掲載し、その芸術性の高さを称揚することによってフランス人の購買意欲を刺激したのであった。その結果、一九二〇年代後半には、パリに「クメールの宝飾品専門店」も登場する。一九二七年のパリでは、「クメールの工芸品がオリエントの美術品の中で最も流行している」という報告までなされている。[*24] 一九三一年のパリ植民地博覧会においても、カンボジア芸術局出品の工芸品は、「衰退した国家の古典的伝統のルネサンス」と評され、他の植民地の工芸品にも増して高い評価を与えられるに至っている。[*25]

いわゆる伝統工芸品の生産と輸出によって国益を高めようという文化・経済政策は、一九世紀後半期に欧州列強国や日本において実践されたものである。ジャポニスム期に欧米に渡った輸出用陶磁器や漆器はよく知られるところだろう。フランスは工芸品(装飾芸術)の輸出に関しては後進国で、国を挙げて装飾芸術復興政策に取り組むも芳しい成績を収めることができずにいた。第一次世界大戦後すぐにパリで国際装飾芸術博覧会が開催されたことに顕著なように、二〇世紀に入っても、こうした運動が継続的に展開されていたのである。その意味では、カンボジア芸術局は、本国の政策を植民地において応用的に実現する機関であったということもできよう。

カンボジア芸術局による伝統文化政策は、他の芸術分野にも及んでいた。笹川秀夫氏が詳しく論じているように、カンボジアの舞踏の「復興」と普及にも、グロリエの影響力は絶大であった。一九二七年には宮廷の舞踏団を強制的にカンボジア芸術局の指導下に置くなど、きわめて強引な問題ある政策を行ない、欧米に向けての文字通りの「売り物」にしようとした。笹川氏のいうように、フランスによるカンボジア伝統文化「保護」とは「植民地支配の謂にほかならない」ことを示す一例である。[*26]

美術の復興政策についても、同様の問題点を指摘できるだろう。グロリエは、（そのようなものがあるとして）純粋なクメールの伝統を甦らせようとしたのではない。むしろ、「新たなる伝統」をフランス人として創造しようとしたと考えたほうが正確である。ここで、グロリエが伝統と称してカンボジア人に作らせた美術がいかなるものだったのかを検討しておきたい。[*27]

まず、グロリエの美術教育がフランスの古典主義的なデッサン教育を基盤としていたことに注目しよう。学生は工芸品製作に取り掛かる前に、西洋のデッサン技能を修得せねばならなかった。デッサンから始まる教育課程は、フランスの装飾美術教育を踏襲したものだといってよかろう。本国でも一八七〇年代より装飾芸術（応用美術）の教育が美術学校で行なわれるようになっていたが、工芸品を作る職人的な技術よりも、デザインを決定する芸術家的なデッサン力が重視された点がフランスの特徴であるといわれている。[*28] 伝統的なカンボジアの工芸職人は、工芸品を制作する前に簡単なスケッチを行なうことはあっても、予め正確なデッサンを準備することはない。デッサン教育はグロリエがフランス人的発想によって採用したものである。彼はフランスで確立された工芸教育の方法をそのままカンボジアにも適用したのであった（とはいえ、カンボジア美術学校が創設された一九一〇年代後半には、西欧ではキュビスムやフォーヴィスムといった前衛的絵画も一定の評価を与えられ、アカデミックなデッサン教育はそれこそ

「衰退」の過程にあったといえる。冗談交じりにいえば、グロリエはクメールの伝統復興だけではなく、本国の古典的伝統教育も植民地で蘇らせたのである)。

グロリエにいわせるならば、美術学校では現地の職人を指導者として「伝統的な」工芸制作指導が行なわれるということだが、フォルムや装飾デザインという工芸品の根幹をなす部分には西欧的なデッサンを基盤とする教育が施されたのである。彼の目的は、西洋のデッサン技法を用いてアンコールの建造物の装飾や図像をあしらった工芸品を新たに作り出すことにあったといってよいだろう。西欧の方法によって、クメールの伝統的図像を表象し直そうとしたのである。

では、なぜ西欧的方法によって、新しい伝統工芸を作ろうとしたのであろうか。ここに我々は二重の目的を読み取らねばならない。一つは植民地政策の理念にかかわる。近代的(西欧的)な考古学的調査によって過去の遺跡を復元するのと同じように、西欧の方法によって、過去の芸術を近代的なものに(つまり、西欧人が理解しうるものに)鋳直し、「現代にふさわしい新しい伝統工芸を作り出す」(グロリエの言葉)のである。グロリエは古美術品のデッサンが「単なる模倣のための技術ではない」と教育現場で強調した。彼のいう伝統復興とは、過去を新たに「創造」することなのであり、その意味ではドラポルト(とヴィオレ・ル・デュック)の復元理念にも通じる思想を彼は持っていたといえよう。

もう一つの目的は、経済的観点から理解しうるだろう。芸術局は工芸品を欧米に輸出販売する目的を掲げていたが、そのためには西欧の規矩に則った工芸品を開発するのが得策である。観光客の土産物のため、パリのブティックのためには、西欧人の眼に適う(誤解を恐れずにいえば)洗練されたクメール工芸品を創造する必要があった。西欧式のデッサンに基づくクメール工芸品という「現代にふさわしい新しい伝統工芸」とは、欧米基準の工芸だったといい直してよい。

図59　パリ国際植民地博覧会におけるカンボジア・パヴィリオン，グロリエ設計．

結局のところ、クメールの伝統工芸の名のもとに芸術局が創出しようとしていたのは、ヨーロッパ人の眼と感性に適した近代的で折衷的なハイブリッドな工芸品であった。実証を旨とする考古学者ではなく、芸術家出身のグロリエが芸術局長に抜擢された理由はここにあったと考えてよかろう。前述のように、グロリエは自ら芸術家として、アルベール・サロー美術館や国際植民地博覧会のカンボジア・パヴィリオン（図59）の建築設計を行なっているが、そこには彼の伝統に対する考え方が如実に表れている。これらの建造物は一見したところ伝統的な建造物風だが、建築構造や内部設備はいうまでもなく近代化されている。外見的にも注目すべきは、美術館やパヴィリヨンの入口に配された破風装飾である。ここには、美術学校の学生による木彫レリーフがはめ込まれている。これは一見伝統的だが、アンコール遺跡の寺院からの「引用」である。石造で細かく装飾された破風を木造建築に応用して、いかにも伝統的に見せているのである。また、これらの建造物では、黄色や緑、青のタイル、黄金の棟飾りなどが屋根の装飾部に使用されているが、これは中国やインドの建築物からの自由な「引用」であった。[*29]

この木造の破風に関して、ヴィクトル・ゴルベフが興味深い証言を残している。[*30] 一九二二年のマルセイユ内国植民地博覧会を視察した報告書である。ゴルベフはカンボジア美術学校が展示した鋳型や宝飾品、金銀細工を「〔グロリエの〕真摯な努力と学生の応用力」の結果として高く評価し、それらが、既に愛好者の注文を得ており、今後も発展することだろうと述べる。そして、特に「現地の木造の寺院や住宅の装飾に用いられる木彫細工」が素晴らしいと称えるのである。西洋建築の移入により現地でも少なくなった木彫装飾だが、彼によれば、近代的なコンクリートの建造物にも、この種の木彫は効果的な装飾となるという。曰く、「驚くべき応用力があり、効果的な修正もできる」木彫の破風装飾は、「容易に近代化しうる」ものなので積極的に建造物に用いてもよいのではないか。要するに欧米の公衆に向かって西洋建築にも十分に応用可能だとプロモーションしているのである。ゴルベフは最後に「グロリエ氏は既に発展段階を終えたと思われていた〔クメールの〕美術を再生させる」ことだろうとの賛辞によって、この報告を結んでいる。

アンコールの建造物を現実に知るゴルベフでさえ、伝統とは名ばかりのハイブリッドな工芸出品作を高く評価していた。フランス人は伝統復興を掲げつつも、純粋にクメール的な工芸を求めていたわけではなかったのである。西洋人にとっては、西欧的な近代的構造物に多少古風なクメール風の装飾が施されていればそれで十分だった。復興された伝統とは、西洋人にとって心地よい装飾＝付属物（アクセサリー）でしかなかったのだ。

興味深いことに、ゴルベフは先述のマルセイユ内国植民地博覧会報告の中で、カンボジアの工芸品に高い評価を与える一方で、対照的に隣国のアンナンの展示品には否定的で、「アンナンの現代芸術は危機に瀕している」と述べている。実はここにもカンボジアの工芸品が高く評価された理由が暗示されている。美術学校はカンボジアだけではなく、アンナン、トンキン、コーチシナにも設置されていた。カンボジア美術学校よりも創設が早かったアンナン(ハノイ)の美術学校では、油彩画などの西洋美術も教授されていた。カンボジアのように伝統工芸だけが指導されたわけではなかった。つまり、ゴルベフは、完全に西洋化したアンナンの絵画や工芸品に対して、冷たい態度を取ったのである。理由は至極単純、「アンナンの現代芸術は、過去との関係性、過去の様式(…)過去の技術との関わりを欠いている」からであった。さらに折衷的な工芸品を前にしても、ゴルベフはアンナンの出品作には冷ややかである。曰く、「日本人や中国人のようにヨーロッパの購買者の趣味を満足させるのに躍起になったアンナン人は危険な道を歩みつつある」。要約すれば、「伝統」工芸製作は良いが、(日本のように)あまりに西洋化しすぎてはいけないと言うのである。「ヨーロッパの購買者の趣味を満足させる」よう教育を施したのが他ならぬヨーロッパ人であったというのに、なんと身勝手な論評であろう。

蛇足ながら、ここでゴルベフが日本に言及した理由について一言しておこう。一九二二年にはパリで日本美術特別展が開催されており、マルセイユ博覧会の視察のついでに、ゴルベフはパリに足を運び、この展覧会を見学していた。この展覧会は国民芸術家協会サロンに合わせて企画された一七〜二〇世紀の日本美術作品を紹介する展覧会で、ゴルベフは「オカダ(岡田三郎助)やフジタ(藤田嗣治)らの現代的作品」も展示されていると紹介している。[*31] そして彼は、日本の現代画家たちが「新印象主義やセザンヌの影響を受けて」、伝統的な日本美術を忘れていると冷ややかに述べるのである。アンナンの芸術家に対する非難がそのまま日本人にも向けられている。アジア人が主体的に西欧化した美術作品は(単なる模倣だといって)認めず、アジア人が(西洋人の指導を通じて)受動的に伝統として受け入れたものは認めるという偏った見方だが、これが当時の標準的な西欧人の美的価値判断であった。伝統的な(といっても実は西欧化している)「日本画」は高く評価され、一方の「洋画」は西洋美術の亜流として非難の対象となる。この一九二二年の日本美術特別展でも、藤田嗣治らパリの日本人画家によって企画発案されながらも、西洋人の目に適うようにと、出品作の大半は日本画が占める結果となっていた。[*32]この時、竹内栖鳳の作品をフランス政府が入手し、外国美術専門の美術館として開館したてのジュ・ドゥ・ポームに収蔵している。翌年には、サロン・ドトンヌで、二科が組織する日本美術特別展が開催されるも、パリの日本人画家二三名の作品は「日本美術」の範疇には入れられず、一般セクションに展示するという混乱ぶりだった。アジア各国の「伝統的」美術と西欧化した美術との差別化が一気に進行したのが一九二〇年代という時代であった。とはいえ、この問題は今なお未決である。一九二二年にフランスが入手した竹内栖鳳の作品が現在、国立アジア美術館(ギメ美術館)に展示される一方、藤田嗣治の作品は現代美術の殿堂ポンピドゥー美術館に展示され、差別化の歴史は現在に至っている。[*33]

カンボジア芸術局に見る植民地政策の変化

以上のように、カンボジア芸術局の目的は西欧的で近代的な新しいクメール芸術を創造し、欧米市場に流通させることにあった。まことに植民地主義時代にふさわしい政策であったわけだが、しかし、植民地主義の微妙な変化も読み取る必要があろう。

たとえば一九一八年に開校したカンボジア美術学校は、伝統文化の教育に限定した教育機関であった。植民地における教育という点でいえば、フランス語をはじめとする西欧の言語や科学や文化を講じるのが普通だろう。純粋に西洋芸術の教育のみを行なうという選択もあるはずである。実際、一九〇〇年代にはフランス人芸術家が指導する教育施設がインドシナ各地に設置され、油彩画に代表される西洋美術教育が行なわれていた。一九二〇年頃にはパリ・デビューを果たす「ベトナム人画家」も輩出されていた。[*34] これとは対照的に、後発のカンボジアの美術学校では、少なくとも建前としては、伝統文化のみが教育対象となったのである。

確かに、その理由としては、これまで論じてきたように、欧米に向けたアジア風工芸品を生産することによって経済効果を上げようとする目的があった。また、極東学院の活動によってアンコール遺跡の考古学が欧米にも認知されはじめており、過去のクメールの「伝統」を引き継ぐ文化の創出が対外的にも求められていたといえよう。しかし、クメールの伝統文化復興というスローガンは、フランスによる植民地主義にとっては危険な思想を含んでいたはずである。今日では、伝統文化の保護や復興というお題目が容易に国民主義的イデオロギーに結び付くことは証明済みだろう。むろん今日と一九二〇年のカンボジアは文化的背景も政治的情勢も異なるが、それでも、伝統文化を称賛して保護と復興を推進する政策は、国民主義とはいわないまでも、カンボジア国民の愛国的な感情に訴えるものではなかったのだろうか。いずれにしても、いかに経済的な目的があったにせよ、イデオロギー的に困難が予想される伝統復興政策をフランス側が採用した事実について、若干の考察を行なっておく必要はあるだろう。

先述の通り、一連の伝統復興政策は、時の総督アルベール・サローのもとで企図された。一九一一

〜一四年と一九一七〜一九年にインドシナ総督を務めたアルベール・サローの植民地政策は、『植民地の偉大さと隷従』（一九三一）と題する著作を通してよく知られている[*35]（近年このテクストはなんとバカロレア〔大学入学試験〕に登場した）。この書物においてサローは、従来の強権的に宗主国の政治文化を押し付ける同化政策を否定し、原住民の教育の普及や公務員採用などを通じて融和的に植民地を支配する協調政策が有効であると主張している。この考え方は、インドシナ総督の任務を終え、フランスの植民地省大臣となった一九二〇年代初頭において、既に形成されていたものであった。『フランスの植民地運営』（一九二三）において、サローは次のように書いている。

「かつての同化政策の過ちが教えるように、軍隊の保護のもとで植民地をフランス文化へ強引に順応させるのではなく、我々の庇護によって彼らの文明や伝統や環境や社会生活や制度を維持しつつ進化させてゆく道を探ってゆくべきである[*36]」

とりわけ、インドや中国の影響を受けて古くから「文明化」されてきたインドシナにおいては、融和的な協調政策が有効だろうとサローは付け加えている。

サローの植民地支配の理念は、第一次世界大戦後のフランスにおいて支持を得た。フランスとドイツが徹底的に交戦するというヨーロッパの「精神の危機」を迎え、西欧中心主義一辺倒の政策に疑義が呈された時代である。芸術文化に関してもサローは、非西欧の文化を尊重し、積極的に参考にすべしとの見解を披露する。曰く、「植民地芸術の持つフォルム、色彩、技術、そして素材は新たな多様な世界へと我々を導いてくれる」。西洋芸術の「干からびた動脈」に、植民地の「若い活気に満ちた血」

を注ぎ込まねばならない、と述べるのだった。[*37]

サローの総督在任期間に次々と構築された一連のカンボジア文化政策には、彼の融和主義の思想が反映していると見て間違いなかろう。[*38] カンボジア美術館の通称としてアルベール・サロー美術館の名が採用されたことは象徴的である——ハノイの極東学院美術館にはルイ・フィノ、トゥーランの美術館にはパルマンティエと、それぞれ学術的貢献のあった学院メンバーの名が冠されたのに対し、プノンペンの美術館には初めて政治家の名が刻まれた。文化人のみならず、政治家もまた現地の伝統文化に一定の理解を示すことを具体的に示したのである。一九二〇年頃には、アンナンの知識人を中心にフランスの強権的植民地政策への非難が高まり、コミュニストが主導する武装蜂起も各地で起こっていた。インドシナにおいても植民地政策の転換が求められていた。そうした中で、当時はまだフランスに友好的であったカンボジアにおいて、特に芸術という政治とは表面的にはかけ離れた分野において、新しい融和政策を実験的に試みるという選択がなされたのだった。

総督が文化政策の指導者としてグロリエを登用したことも、この流れにおいて理解しうる。カンボジア生まれで、フランスで芸術教育を受けたグロリエは、サローには理想的な人物であった。先に見た彼の設計になるハイブリッドなカンボジア風近代的建造物は、まさに、カンボジア文化を尊重しつつこの国の近代化を図るという融和政策の表象であると評することができよう。

融和政策の観点から見た場合、グロリエが組織したカンボジア美術学校の運営方法は特筆に値する。グロリエは、すべての教師陣をカンボジア人の芸術家と職人から採用した。また、入学できる学生にも、クメール文化の保護という観点を強く打ち出す制限を付している。すなわち、この美術学校に入学できるのは、クメール語を話すことのできる現地の少年少女だけであった。そして講義はクメール語で行なわれた。[*39] グロリエの提唱するクメール文化の復興は、創出される工芸品や芸術作品だけではなく、創作過程そのものにも及んでいたのである。クメール色を前面に押し出したたぶんにパフォーマティヴな融和政策の政治的実践として、美術学校は構想、運営されていたのである。

また、美術学校と芸術局設置の法令が、カンボジア国王の名の下に発布されたという事実も見逃すべきではない。建前としては、国王が設置するカンボジア国民(クメール人)のための王立芸術機関として規定されていたのである。管轄はカンボジア芸術省のもとにあった。確かに、現実には、法令の条項に「インドシナ総督の許可のもとに」、あるいは「極東学院の指導のもとに」という文言があり、宗主国の指導下にあることは明白なのであるが、形式的には、総督の強制ではなく、国王を中心とするカンボジアの主体的な運動として、文化復興は制度化されていたのだった。

グロリエの暗躍とアンコール考古学への影響

グロリエと伝統文化政策についてここまで整理した上で、再び、一九二〇~三〇年代のアンコール遺跡の考古学史へと戻りたい。

「荒れ果てていた」プノンペンの極東学院美術館クメール部門が、「カンボジア文明の最高の芸術モデルを見出す」ことのできる整備された美術館に変革されたことに代表されるように、グロリエの活動は一九二〇年代以降の古美術の文化財保護の上でも、大きな、そして決定的な影響を及ぼした。その影響は、グロリエの指導力と行動力に負うところが大きいが、それだけで説明できるものではない。

総督の政策を実行する任務を負ったグロリエには、美術学校と美術館を統率する芸術局長として、カンボジアの芸術文化を左右する大きな権力が与えられていた。

先に紹介した芸術局設置令第二条は、さらに続けて、すべての「カンボジア芸術の工芸品、芸術作品、価値ある建造物」を把握し、その「伝統と発展を模索し、記録し、確固たるものとする」権限を芸術局長に与えている。同時代の芸術振興のみならず、過去の「価値ある建造物」すなわちアンコール遺跡の寺院も含めたカンボジア芸術すべてに関与することのできる権限を芸術局に与えていたのである。必然的に、それまでは極東学院の院長に任されていた古美術品や考古学的遺物の管理にまで、芸術局長の影響力が及ぶことになった。これまで、本書ではアンコール考古学における植民地とメトロポールの二元体制の問題を検討してきたが、ここに、さらに現地においても学院と芸術局との奇妙な二重体制が築かれていたことを指摘せねばならない。

たとえば、芸術局が開設される四ヵ月前の一九一九年八月に出された「歴史的・考古学的古美術品委員会」創設の総督令がある。[*40] カンボジアの古美術を管理する委員会を発足させる法令だが、その第四条には、「古美術品委員会は、一九〇〇年三月九日の法令第二二条によって極東学院院長に委ねられていた権力を、代表者によって担当する」と書かれている。すなわち、従来は実質的に学院長が握っていた古美術品管理の権限を、新たな委員会が掌握すると述べられている。この委員会は、カンボジア理事長官を委員長、極東学院院長を副委員長とし、学院の考古学調査部長とアンコール保存局長、そしてカンボジア美術学校校長などによって構成されることになっていた。依然として学院が重要な位置を占めていることは事実だが、そこにカンボジア美術学校校長が加えられた。カンボジア色が付加されたのである。ここに融和政策の一端を読み取ることもできよう。実際、委員会が始動してみると、プノンペンに在住するメンバーが大きな発言力を持ち、後にはグロリエが委員会の議長を務めるに至っている。極東学院院長は、「踏査計画に関して古美術品委員会に必ず意見を請い」（第五条）、「あらゆる調査報告、研究、（…）要するにカンボジアの歴史的あるいは考古学的分野に直接であれ間接であれ関わる文書をすべて、古美術品委員会に示さねばならない」（第七条）ことになっていた。こうしてグロリエの影響力は、既存の極東学院の管理領域にも入り込んでいったのである。

また、グロリエは美術館の館長として、古美術品の管理に強い影響力を及ぼすことができた。古美術品委員会の法令と同様に、美術館の管理も形式的には「フランス極東学院が学術的管理を行なう」（美術館設置法令第一条）ことになっていたが、美術館に常駐している館長のグロリエが実質的に古美術の管理の仕事も任されることが多かった。彼は一九二〇年に学院メンバーにもなっており、「極東学院が学術的管理を行なう」という条項を逸脱するわけではない。だが、グロリエ自身は学院メンバーとしてではなく、カンボジア芸術局長として、美術館の運営管理をなっていたといってよかろう。それは、先に見た美術館を紹介する『アルス・アジアティカ』の序文を見れば明らかである。彼ははっきりと「美術館の組織と運営は、フランス極東学院の管轄のもと、カンボジア芸術局長に一任されている」と述べている。事実、美術館設置法令の第二条には「芸術的かつ史料的価値のある古美術品を中央集権化する」目的で美術館を設立すると記されているが、これは、先述の芸術局の任務規定――「カンボジア芸術の工芸品、芸術作品、価値ある建造物を（…）記録し、確固たるものとする」――と一致するものであり、芸術局長にして美術館長であったグロリエに古美術品管理の一切を任せると規定しているに等しい。

ただし、アンコール遺跡の考古学調査については、極東学院の独占体制が維持され、考古学調査部長とアンコール保存局長の指揮のもとに行なわれ続け、グロリエが調査に参画することはほとんどなかった。しかし、調査・発掘後に遺跡から美術館へ運び込まれた古美術品の管理と記録、歴史的建造物の指定（および指定解除）には、グロリエが深く関わったのである。このような体制の変化は、一九二〇年代の遺物管理方針に大きな変更があったことを示唆している。ハノイに常駐する学院長ではなく、プノンペンにいる芸術局長やアンコール保存局長によって、遺物の指定や指定解除を迅速に行なわねばならない理由（後述する古美術販売など）がこの頃に発生していたのだった。そのような中で、グロリエは自然と重要な権限を持つに至っていたのである。

さて、グロリエがカンボジアの文化政策の中で大きな権力を持つに至るプロセスを追ってゆくと、一九二〇年代から一九三〇年代にかけてのアンコール遺跡群のもう一つの顔がはっきりと見えてくる。本章の前半において、この時期の飛躍的な考古学的発展について述べたが、アンコール遺跡は学術的進展の舞台となると同時に、インドシナを代表する一大観光地としての姿を大きく発達させてゆく。アンコール遺跡周辺には一九二〇年代後半より巨大なホテルも建造されるようになる（こうした事業にまでグロリエは関与していた）。また、前章で述べたように、一九三〇年代には、アナスティローシスによる復元も次々と行なわれ、遺跡の見所も増大し、観光客を喜ばせた。こうした状況においてこそ、グロリエ率いる芸術局の真の役割を我々は理解することができるだろう。

要するに、芸術局は、一言で（意地悪く）いえば、現存の芸術家や職人の工芸品だけでなく、過去に作られたクメールの古美術、さらには、歴史的、美術的価値のある建造物としての遺跡をも現実的な「売り物」として活用する機関であった。先に触れたように、グロリエはパリのアンコール協会のカンボジア支部局長としても積極的に活動し、観光誘致の広報活動を展開していた。アンコール協会の一九二〇年二月の会議において、グロリエは協会運営の「資金調達のため、絵葉書や美術工芸品の販売」に力を入れるつもりであると、あたかも美術学校や芸術局がこの協会の下部組織であるかのような発言までしている。[*41]

一九二〇年代のアンコール協会は、アンコール・ワットを中心とする国定公園に、いかにしてフランス人観光客やアメリカ人観光客を誘致するか、という議論を盛んに行なっている。たとえば、一九二〇年三月の会議では、カンボジアに駐在するフランス人高官が、アンコール遺跡周辺にホテルの建設や鉄道を引くことも念頭に考えねばならないと力説している。彼によれば、「インドシナには依然として快適なホテルはない」状態であり、バンガローの不自由な観光を強いるようではいつまでも観光客はやってこない。日本が「観光誘致のため、政府が鉄道誘致に莫大な予算をかけ、(…)同じ措置を朝鮮と満州でも行なっている」ように、インドシナにおいても公的な資金を得て、観光事業を促進せねばならないと主張するのだった。この発言を継いで、ロンデ＝サンなる人物は、「極東を訪れる観光客は年間二万人」だが、インドシナを訪れる者はいない、これらの観光客を誘致せねばならない、と述べる。第一次世界大戦のフランスの戦地を訪れるアメリカ人ツアー客は年間七〇万人もいるのであり、観光客の確保は十分に期待できるというわけである。観光誘致とそのための資金調達に躍起になっていた当時の様子がうかがわれる。

このように芸術局の仕事は、アンコール遺跡の観光誘致活動とも密接に絡み、その文脈の中で伝統的芸術の育成も意味があった。それは現在の文化遺産にまつわる行政においても同様だろう。否、今日であれば、より容易に想像できるのではないだろうか。ユネスコの世界文化遺産の認定は、建前は文化遺産の保全を推進するものだが、実質的には、あるいは結果的には、観光客誘致という経済的活動と深く結びついている。いまや「世界遺産」や「伝統」文化に関わる学術的活動は、人文学系の学問の中では、数少ない「お金になる」学問である。文化財を保全し、復元し、周辺の伝統文化を復興し、その地の経済が潤う。こう考えるなら、カンボジア芸術局は、今日の状況をいち早く予見して設置された機関であったといえるかもしれない。調査と復元を終えた遺跡をいかに活用し、伝統文化復興運動へとつなげてゆくか、そのようなことまでグロリエは考えていたのである――二〇世紀に「文化国家」として世界一の観光立国となったフランスならではの芸術戦略であり、一九二〇年より、このような発想を持っていたからこそ、今日の観光立国としてのフランスがある。

だが、このような文化振興活動の中で、グロリエは非常に問題のある、驚くべき発言を行なっている。一九二〇年二月のアンコール協会の会議においてである。

「我々はフランス極東学院との合意を得て、協会の利益のために発掘品を売ることもできるだろう。陶器類や役に立たない無数の発掘品、破棄や不正取引の対象となった発掘品を販売できるだろう。この売却によって協会の資金は増大するに違いない[*42]」

一九二〇年の時点で、「発掘品」、すなわち考古学的遺物や古美術品の販売がなされていたか否かを示す正式文書は残っていない。このようなことが実際に行なわれていたのだろうか。

数は少ないが、当時、パリに渡った出自不明のクメール彫像類があったことは確かである。マルローの『王道』には、「小さなレリーフでも一点三万フランにはなる。(…)美しいレリーフ、たとえば踊り子のものなら少なくとも二〇万フランになる」との記述があるが[*43]、マルローは実際にパリでこうしたクメールの古美術品が販売されているのを目撃していた。一九二〇年に「パリのサン＝ジョルジュ通りのビングの店で、出自のわからないクメール彫像の頭部」が三万フランで売られていたことを知っていたのである。一九一九年にアンコールを訪れたパリの有名な古美術商マルセル・ビングが、どこからか「きわめて状態のよい」頭部を入手していたのだった。このクメールの頭部は、一九二三年にアメリカ合衆国のクリーヴランド美術館に売却されている。[*44] このように、この時期に密かにパリに渡り北米の美術館へと流れたクメールの古美術品は少なからずあった。一九二三年までにボストン美術館は一八点の履歴の定かでないクメール古美術品を所有している。[*45] 主に、デンマン・ロスがヨーロッパの古美術商から購入したものであるという。同様にメトロポリタン美術館に八点、また、ケンブリッジのフォッグ美術館には三点の古美術品が収められていた。[*46] これらの古美術品はいかなる経路でパリへと渡ったのだろうか。単純な盗掘もあっただろう。総督の命により、インドシナを訪問したフランス人高官に古美術品が「贈呈」されることもあった。[*47] また、アンコール保存局長のマルシャルが私的な手紙で嘆いているように、カンボジアに駐在するフランス人高官の屋敷にどこから持ち出したのか、古美術品が飾られていることもあった。[*48] このような品々がフランスへと渡り、古美術商の手に委ねられたとしてもおかしくない。

いずれにせよ、一九二〇年頃にも、クメールの古美術品は密かにパリに流れていたのである。そのような状況において、グロリエは、発掘品売却の提案を行なっているのであり、その提案はきわめて現実味のあるものであったといってよいだろう。実際にそのような行為に手を染めたのではないかと邪推したくもなる。

だが、その邪推も必要ない。まもなく、一九二三年にはグロリエがアンコール協会で提案したカンボジアの古美術品販売が、極東学院の合意を得て、現実のものとなるからだ。一九二〇年代に学院と芸術局の奇妙な二重管理体制へと緩やかにシフトしたのは、おそらくはこの古美術品販売事業に対応してのことであった。

学院による古美術品販売

一九二三年二月一四日、インドシナ総督は、「カンボジアでの古美術品販売」を合法化する法令を公布した。アンコール遺跡から出た遺物を観光客などに公然と販売し、学院の資金としようとするものである。今日では必ずやスキャンダルとなるであろう法令だが、当時はそれほど話題にもならず、また、それほどの議論を経ることもなく、極東学院の管轄によるクメール古美術品販売が開始された。アンドレ・マルローが盗掘を目的としてインドシナ入りする一〇ヵ月前のことである。

この事業は極東学院によるアンコール考古学の汚点の一つといえるだろう。学院の学術的貢献も、研究機関としての権威も失墜させかねない醜聞である。それゆえ、古美術品販売に関する古文書は、近年まで学院の歴代院長のみが閲覧することのできる極秘資料として保管されてきた。しかし、一九九七年、創立一〇〇周年を目前にした学院は、この資料の公開に踏み切った。本書の序章で書いたように、一〇年前に私が毎日のようにトロカデロを訪れ、極東学院図書館に通っていたのはこの資料を閲覧するためであった。私が長期的調査を行なった二〇〇〇年春まで、一連の資料は、学院の古文書資料箱「カルトン二八番の二」に収められていた。[*49] この資料に基づいて、一九二三年から一九四〇年代まで続けられた古美術品の販売活動の実態について検討してみたい。

一九二三年の法令によれば、古美術品販売の対象となったのは、「学術的に、また美術的に価値がなく、美術館や植民地の倉庫に保管するまでもない物品」(第三条)である。[*50] なぜ、学院はこのような販売事業を手がけねばならなかったのであろうか。学院メンバーは機会のあるごとに「盗掘の防止」や「クメール美術の国際的評価の獲得」に貢献する点などを挙げている。だが、その最大の目的は、極東学院の調査資金の調達にあった。アンコールを訪れた観光客や欧米各地の美術館を相手とする定期的な販売活動による収益は一九二〇〜三〇年代の学院の「告白できない財源」となっていた。

一九二〇年代、販売に関する直接の任務を遂行したのはカンボジア芸術局長のジョルジュ・グロリエとアンコール保存局長のアンリ・マルシャルである。二人は、まず、一九〇〇年の歴史的建造物指定の法令に従って指定を受けた遺物から、「毎年、合意のもとに、学術的あるいは美術的に価値がなく、既に植民地の美術館や倉庫に同種のものが保管されており、指定リストから外してもよいと判断した物品のリストを作成」(法令第三条)した。その後、芸術局長が議長を務める先述のカンボジア歴史的・考古学的古美術委員会においてリストを検討し、正式に販売許可を出した。これを受け、販売が許可された遺物は、「アルベール・サロー美術館に集められ」(第三条)、「カンボジア芸術局長の立ち会いのもと、アルベール・サロー美術館において」(第四条)販売されたのであった。先述の通り、この美術館の「ブティック」には美術学校の学生や職人が作った工芸品やレプリカが売られていたが、そこにオリジナルの古美術品が加わったのである(今日でも、アジアの、特に地方の美術館に行けば、古美術品が販売されていることがあるが、学院によるカンボジア美術館での古美術品販売はその起源といえるかもしれない)。

この古美術販売の法令の立案などにグロリエがどれほど関わったのか、残された資料からはわからない。しかし、一九二〇年の時点でグロリエが古美術品販売に言及していることから、何らかの関与があったと考えるのが自然ではないだろうか。実際、法令を読めばわかるように、販売品の選択から保管、そして販売業務に至るまで、ほぼすべての段階にグロリエは関わっている。文化復興の名の下に経済活動を推進した芸術局長の存在なしには、古美術販売という事業も実現しえなかったのではないかと私は推察している。実際、先に紹介した一九一九年のカンボジア美術館設立の政令第三条には、この古美術品販売を念頭においたような注目すべき記述が見られる。

「美術館に特別な考古学セクションを設ける。継続的な発掘やカンボジア領土内の何某かの工事によって発見された芸術的、歴史的あるいは民族誌的価値のある作品を受け入れるためである。また、材質やサイズの問題などの理由で、現場において好ましい状態での保存が確証しえない彫像も受け入れる」

美術館の展示に値する古美術品や研究に値する考古学的遺物だけではなく、ありとあらゆる遺物を美術館は受け入れるとわざわざ書いているのである。既にこの時点において、重要でない遺物を選別し、販売する意図もあったのではなかろうか。また、芸術局長はカンボジアの芸術作品と古美術品をすべてリスト・アップして掌握することになっていたが、これも作成したリストの中から販売品を選択するためではなかったか。ちょうどその頃に、グロリエは古美術販売の可能性を示唆していたのであり、これら一連の法令が、古美術販売を合法化するための予備的措置であったと解釈することもできるように思えるのだが、穿った見方だろうか。

古美術品販売のプロセスに戻ろう。

初めての販売品を決定する古美術品委員会が開催されたのは、一九二三年八月二〇日のことである。そこで、グロリエとマルシャルが作成した販売品二〇四点のリストが提示され、すべてが売却の対象として承認されている。[*51] 同時に、各物品の価格が決定された。最初の販売品として選ばれたのは、《頭部のない仏陀像》(販売品リスト番号三番)、《人物仮面》(七九番)、《仏陀の浮彫頭部》(一二一番)、《軒飾り断片》(一二七番)、《中国磁器(チャンパ遺跡出土)》(一三五〜一五四番)など多種多様の遺物であるが、たいていは、重量五〇〇〜一五〇〇グラムの小型の石像や装飾レリーフの断片であり、法令の「学術的あるいは美術的に価値がなく、(…)指定リストから外してもよい」遺物という規定に従っていると判断してよいだろう。価格も一点五〜一〇ピアストル(五〇〜一〇〇フラン)のものが大半であり、パリのビング画廊が「クメール彫像の頭部」を三万フランで販売していたことを考慮するなら、非常にリーズナブルで、(一九二〇年のアンコール協会でのグロリエの発言の通り)「役に立たない無数の発掘品」の類が販売対象となったのだと考えてよい。この時点では、美術館展示に値する傑作や、あるいはパリの画廊の欲しがる名品が販売にかけられたわけではなかった。逆にいえば、それだけ真剣に、一般の観光客相手に小品を売ろうとしていたということである。

こうして販売品と価格が決定し、一ヵ月後の一九二四年九月二四日に初めての彫像販売がアルベール・サロー美術館において開始された。販売手続きについても、法令が詳細に定めていた。まず、販売に供された古美術品には、「物品の状態を記録したオリジナル証明書が付され」(第四条)、それが偽造品や盗品でないことが保証された。そして、売買が成立した美術品に対しては、「購入者の氏名と住所が記録」(第四条)されることになっていた。現在、学院が保有する古文書には、販売品リストと

	物品名称と出土地	価格	購入者の氏名と住所	譲渡年月日	※
2	丸彫頭部、砂岩、993g、アンコール、古典期	5	Leslie Léon, 180 Broadway à New York, U.S.A.	1924.3.26.	74
3	頭部のない仏陀、青銅、1.247kg、アンコール、近代	8	Hébrard, 33 avenue Preginier, Hanoi	1924.3.10.	68
4	3に同じ、415kg、アンコール、近代	10	B. Hara, Dr. du Musée commercial de Nagoya	1924.5.8.	79
7	浅浮彫頭部、砂岩、554g、アンコール、古典期	6	B. Hara. (4)	1924.5.8.	77
26	王族の仮面、砂岩、349g、アンコール、古典期	5	François d'Usel à Bruxelle	1924.9.18	85
29	浅浮彫頭部、砂岩、241g、アンコール、古典期	5	L. Smith, Consul d'Amérique à Saigon	1924.1.24	62
30	張出し断片と仏陀頭部、砂岩、577g、アンコール、古典期	20	Theodore Bitterman, Army medical Museum à Whasington D.C.	1924.9.20	87
34	浅浮彫頭部、砂岩、813g、アンコール、古典期	10	Gallier à Montoire sur Loire	1923.12.31	47
36	浅浮彫頭部、砂岩、482g、アンコール、古典期	12	Charrey-Archibeck, Inspecteur de l'Indochine	1924.2.9	65
40	ナーガの仏陀頭部、砂岩、1.07kg、アンコール、近代	10	Hara (4)	1924.5.8.	78
48	四腕の彫像胴体、砂岩、2.14kg、アンコール、古典期	45	Pilatrie, 167 rue de Vaugirard, Paris	1924.12.4	2
49	女性頭部、砂岩、226g、アンコール、古典期	8	Bernard, 14 quai des Brotteaux, Lyon	1924.1.10	57
63	浮彫頭部と胴体、砂岩、1.29kg、アンコール、古典期	15	Pilatrie (48)	1924.12.4.	1
64	耳のない仮面、砂岩、1.17kg、アンコール、古典期	5	Silice, Ecole des Arts, Phnom Penh	1923.12.4	4
74	ナーガ前のの仏陀頭部、砂岩、1.03kg、アンコール、?	5	Bernard (49)	1924.1.10	58
75	祈る人物の胴、浮彫、砂岩、1.2kg、アンコール、古典	5	Silice (64)	1923.12.4	5
79	人物仮面、砂岩、243g、アンコール、古典期	8	Bernard (49)	1924.1.10.	59
83	浮彫頭部、砂岩、945g、アンコール、古典期	20	Roland Dorgelès, 22 rue de Pétrograd, Paris	1924.1.15	60
87	人物仮面、砂岩、145g、アンコール、?	4	Aucouturier, à Giadinh, Cochinchine	1924.1.4	48
89	祈る人物の瓦、テラコッタ、391g、アンコール、古典	3	Hébrard (3)	1924.3.10.	69
97	僧侶の浮彫頭部、砂岩、1.2kg、アンコール、古典期	20	Aucouturier (87)	1924.1.4.	49
116	ガルーダの三脚台断片、青銅、182g、アンコール・トム(A・T)第38番、古典期	5	W. G. Mac Callum à Baltimore U.S.A.	1924.7.9.	84
121	仏陀の浮彫頭部、砂岩、1.16kg、発掘番号105、古典	30	E.T. Pearson et Co., 35 Gordon Sq à Londres	1923.12.4	20
122	丸彫頭部、砂岩、770g、A・T第5寺院、10世紀	25	H. Stephenx, Detroit Michigan, U.S.A.	1924.4.7.	76
127	軒飾り断片、砂岩、1.595kg、プラサート、10世紀	10	Hébrard (3)	1924.3.10	70
130	ナーガ上の仏陀、砂岩、948g、A・T第436寺院近く、古典期	10	Leslie Léon (2)	1924.3.26.	75
131	浮彫仏陀片、砂岩、4.08kg、A・T第10寺院、古典期	30	Pilatrie (48)	1923.12.4	3
135	中国磁器、口径14.5cm、カンダール、近代	2	Cap. Esteva, 11 av de la Sueppe, Marne	1923.12.4	15
137	中国磁器、花鉢、口径12.4cm、カンダール、18世紀	3	Jevons, Bank Liverpool et Martin Ld.	1923.12.7.	54
138	中国磁器、花鉢、口径11.4cm、カンダール、18世紀	3	Jevons (137)	1923.12.7.	55
139	中国磁器、138に同じ	3	Jevons (137)	1923.12.7.	56
140	中国磁器、青の絵付け、口径11cm、チャム、近代	3	Adam, 99 rue de Reines, Paris	1924.7.6.	82
142	中国磁器、皿、口径10cm、チャム	2	P.N. Davey, 146 rude de Longchamps, Paris	1923.12.4.	12
143	中国磁器、皿、口径10.4cm、チャム	2	Davey (142)	1923.12.4	13
144	中国磁器、皿、口径10cm、チャム	3	Davey (142)	1923.12.4	14
146	中国磁器、小壷、高4.7cm、チャム	3	Biedermann, 234 rue Legrand, Saigon	1924.3.10	67
147	中国磁器、皿、口径8.4cm、チャム	2	Hébrard (3)	1924.3.10.	71
148	中国磁器、皿、口径8.2cm、チャム	3	Hébrard (3)	1924.3.10.	72
149	中国磁器、皿、口径8.1cm、チャム	3	Hébrard (3)	1924.3.10.	73
151	中国磁器、小壷、口径7.0cm、チャム	3	Hara (4)	1924.5.8.	80
152	151に同じ、口径6.7cm	3	Hara (4)	1924.5.8.	81
154	151に同じ、口径5.5cm	3	David Schields, Woodland Road à Pittsburgh	1924.1.24.	64
157	梨型瓶、口径6.7cm、チャム	3	Davey (142)	1923.12.4.	10
158	球根型首の壷、テラコッタ、口径5.0cm、チャム	3	Adam (140)	1924.7.6.	83
175	脚付き小碗、磁器、口径11cm、チャム	3	Jevons (137)	1923.1.7.	53
177	175に同じ、口径10.8cm	3	François d'Ursel (26)	1924.9.18.	86
178	175に同じ、口径10cm	3	H. Bertrand, Cie des Soies à Lyon	1924.1.5.	50
184	中国磁器、小皿、口径14.8cm、チャム	2	Cap. Esteva (135)	1923.12.4.	16
188	仏陀頭部、青銅、110g、タ・ケオ	3	Elisabeth Y. Me Yvor à New York	1924.1.24.	63
194	仏陀頭部、砂岩に漆着色、318g、タ・ケオ	3	L'Helgoualc'h à Phnom Penh	1924.1.20.	61
196	仏陀座像、青銅、847g、タ・ケオ	10	Delpech, Etablissements V. Lamorte, Saigon	1924.3.3.	66
199	仏陀座像、青銅に漆着色、タ・ケオ	3	H. Bertrand (178)	1924.1.5.	51
202	小箱、青銅、96g、カンダール	3	H. Bertrand (178)	1924.1.5.	52

(価格の単位はピアストル、※は「鑑定書番号」、「物品名称」は、現在の名称ではなく資料の直訳に留めた。)

図60　1923年12月～1924年9月に売却された53点の古美術品リスト.

購買者リストが欠けることなく収められており、これらを見ればグロリエとマルシャルが規定を忠実に守って、詳細に（そしておそらくは正確に）販売品リストを作成したことがわかる。[*52] その資料によれば、購買者の多くは、現地や本国のフランス人であったが、ブリュッセルやニューヨーク、そして日本の美術蒐集家も、この販売時に美術品を購入していることがわかる。ここに、初めての古美術販売品の購入者リストを訳出して示しておく（図60）。

初めての販売活動で売買が成立した古美術品の総数は五三点、総売上高は四一九ピアストルであった。売上金は、「フランス極東学院院長の発行する書式に従って、カンボジア芸術局長が、カンボジア収入局管轄のフランス極東学院の予算口座に振り込む」ことになっており、原則的に、「アンコール地区の保存活動に割り当て」られた（第六条）。

販売にかけられた二〇四点中、約四分の一が売れたにとどまるが、販売の責任者であったグロリエは、学院院長に対して、初めての販売活動は「大成功」だったと報告している。

「古美術品の販売は行なう度に大成功です。販売品のショー・ウィンドーは既に空で、購入希望者が訪れても石ころしか残っていません。（…）できる限り多数の彫像断片や頭部、胴体、装飾付の瓦をお送り頂き、我々の『ブティック』を再開したいと思っています[*53]」

グロリエは、美術学校の学生によるレプリカを売るのと同じ程度にしか、古美術品販売の重大性を認識していなかったのだろう。古美術販売の発想は、伝統工芸品を販売するという計画の中に既に胚胎されていたようにも思える。職人の製作によるレプリカに飽き足らない観光客が、本物を求めて古美術品を購うこともあったろう。古美術の販売の「大成功」は、グロリエにとって、自らの伝統復興政策の成功としても理解されたのではないか。

また、販売の成功に嬉々とするグロリエの姿に、金銭的な喜び以上のものを読み取ってよいかもしれない。美術館を管理する彼にとっては、美術館の倉庫や空き地に積み上げられた「石ころ」同然の断片的遺物が減ってゆくのは歓迎すべきことであったはずである。さらに（より重要な観点だと私は思うが）、古美術品の販売は、現地調査員の自尊心を擽る活動でもあったのではないだろうか。販売される古美術品の選定は、メトロポールの研究者の意見を聴くことなく、現地メンバーの判断のみによって行なわれた。メトロポールの研究者にはできない特権である。なおかつ、この古美術品販売によって、必然的に、第一級の美術品はプノンペンの美術館に収蔵され、二流品以下の美術品のみが欧米各国の愛好家や欧米の美術館に販売されることになる。国外流出した美術品が欧米各国の美術館に収まることで、カンボジア美術館が、クメール美術の一級品を所蔵する施設としての栄光を手に入れることにもなるだろう。グロリエにとって古美術販売が一石二鳥の名案であったとすれば、この手紙の興奮ぶりも理解できるというものである。

エスカレートする古美術品販売――欧米の美術館との取引

販売品リストに付された短い記述だけでは、具体的にどのような遺物が取引されたのか理解し難いかもしれない。ここで二枚の写真を示そう（図61、62）。断頭台の下手人よろしく頭部が並ぶ不気味な

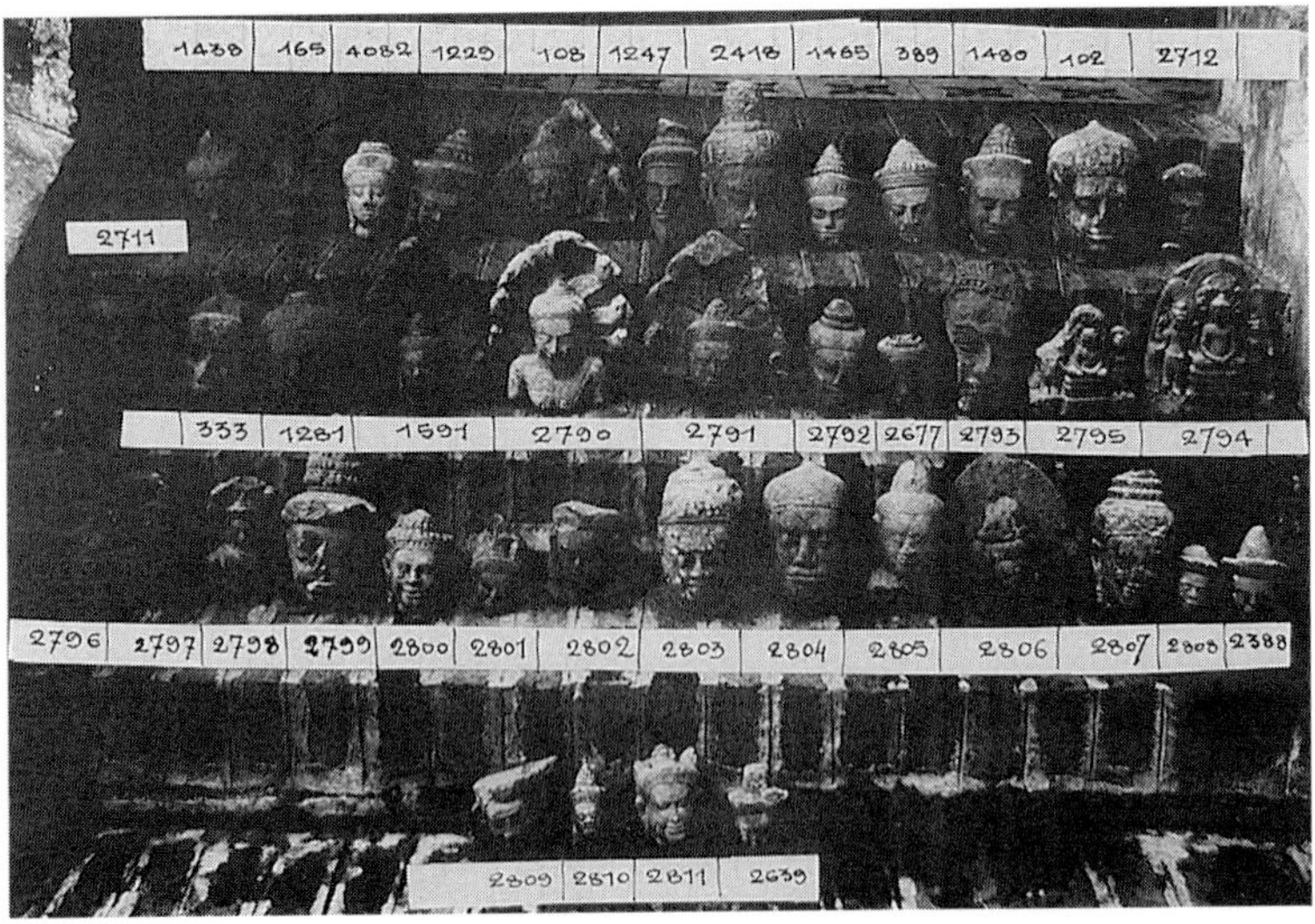

図61　1933年に販売候補となった美術品の古写真.

写真だが、前者は一九三三年のカンボジア古美術品委員会において販売候補となった美術品の写真（古文書資料番号二九二七）、後者は一九三七年の同種の写真（古文書資料番号四二三八）である。

販売にかける古美術品を選定するにあたって、グロリエとマルシャルは、こうした写真を介して、ハノイにいた院長セデスとやりとりを交わすこともしばしばあったようで、この種の写真が幾つか残されている。院長は写真だけを点検して、販売の可否を判断することもあったようである。たとえば、後者の写真で提案された六五点の彫刻断片のうち、六点を販売対象から除外するよう指示している。*54

二点の写真を検討しよう。これを見れば「学術的あるいは美術的に価値がなく」、「指定リストから外してもよいと判断」された古美術品がいかなるものだったのかよくわかるだろう。切断された頭部、頭部のない胴体、手や足の断片、である。前者（図61、一九三三年）の下から三列目の一二八一番（旧指定番号）の仏陀の頭部には、委員会での審議で、六〇ピアストルの価格が

図62　1937年に販売候補となった美術品の古写真.

付けられている。二列目の二八〇二番と二八〇三番の頭部は四〇ピアストルであった。これより高額で販売されたのは三列目の二七九〇番で、背中にナーガの断片が残る胸像である。その価格は一四〇ピアストルだった。同列右端には二七九四番を付された小さなナーガ上の仏陀があるが、これは一二〇ピアストルである。おおよそのところ、頭部の断片が四〇〜六〇ピアストル、胸像や小さな全身像は一二〇〜一五〇ピアストルというのが一九三三年の平均的な価格であった。[*55]

先に提示した一九二三年の販売リスト（図60）を見ると、切断された頭部の販売価格は五〜二〇ピアストルであるから、一〇年間に価格がかなり上昇したことがわかる。残念ながら、一九二〇年代の販売品の写真は残っていないので単純な比較は難しいが、売却の「大成功」を受けて、価格が上昇した可能性はあろう。実際、古美術品の販売活動は年を追うごとに活況を呈し、徐々にエスカレートしてゆく。そして、一九三〇年代には、一九二三年に定められた法令を逸脱する販促活動も行なわれるようになる。

先の法令に関して、ここで問題としたいのは、販売品選定の際の「学術的あるいは美術的に価値のない」物品という制限の曖昧さである。観光客への土産物として販売される場合には、それこそグロリエのいう「石ころ」で十分だろうが、欧米の美術蒐集家、アジア美術通の研究者、さらには、美術館からの購入希望があった場合はそうはいかない。必然的に質の高い美術品を提供する必要が生じてくる。

一九三〇年代には欧米の各種美術館や研究所からの古美術品購入の依頼が殺到し、学院院長はそれに応えねばならなかった。その結果、この時期、一九二〇年代には販売されることのなかった美術的にも経済的にも価値の高い古美術品が取り引きされるようになるのである。販売活動のエスカレートぶりを確認するには、売上総額を見るだけで十分だろう。一九二〇年代には平均して年間一〇〇〇ピアストル弱であった売上額が、一九三〇年代に入って、年間三〇〇〇〜六〇〇〇ピアストルにまで達している。[*56]

売上額増加の原因を具体的に検討してゆこう。

一九三〇年代に販売活動を行なったのは、マルシャルに代わって一九三二〜三五年にアンコール保存局長を務めたジョルジュ・トゥルヴェ、さらに、トゥルヴェのあと局長となったモリス・グレーズ、そして、一九二九年に学院院長となったセデスと芸術局長グロリエである。

まず、この時期に売却された美術品の数的増加について検討しよう。先に示したように、販売初年度の一九二三〜二四年の売却点数は五三点で、その後は年間五〇点未満の売却が続くが、一九二〇年代末から売却点数が増え始める。年毎にむらがあり、一九二八〜三九年の一二年間の平均値を出せば年間六八点の美術品が売却されたにとどまるが、たとえば、一九二八年には一〇四点、一九三四年には一〇七点、一九三八年には一〇三点など、一〇〇点を越える売却を記録した年も目立つ。この数字が示すように、販売を担当したグロリエや保存局長たちは積極的なプロモーション活動を行なっていた。たとえば、一〇七点を売り上げた一九三四年に、時の保存局長トゥルヴェは、「夏の観光客の到来に備えて」、遺物の指定解除を早急に行なうよう院長に催促していた[*57]。加えて、この頃には、販売活動を活発化するために、法令が一部変更されてもいた。一九三一年の法令改正により、「アンコール保存局長の責任のもと、シエムリアップとアンコールのホテルとバンガローにおいて」古美術品の販売を行なうことも可能になったのであった[*58]（第五条）。一九二三年の法令ではカンボジア美術館での限定販売であったのだが、この規定を変更したのである。一九三二年から一九三七年にかけては、シエムリアップにあったアンコール・グランド・ホテルに販売を委託するようにもなっていた（つまり、保存局長や芸術局長の立ち会いなしで売られるケースも増えたのである）。経済的観点からは、観光客の滞在するホテルでの販売は効率的であった。だが、こうした商売重視の販売活動は、売却された美術品の行き先把握という点では正確さを欠き、ひいては、極東学院の活動の信用を損なうことにつながった。

次に、売却された遺物の質についてはどうか。一九三〇年代に入って、売却点数が二倍、三倍と飛躍的に増えたわけではない。それにもかかわらず売上高は三〜六倍になった。高価な古美術品が取り引きされるようになったということである。

ここにきわめて重要な資料がある。一九三〇年三月、院長に就任したばかりのジョルジュ・セデスが、当時、古美術品販売の任務にもあたっていたマルシャルに宛てた手紙である。セデスはここでクメール美術の美的価値を国際的に認知させるための「ドクトリン（原則）」について述べるのだが、最後に「個人的見解」として古美術品販売に対する次のような意見を付け加えている。「この問題（クメール美術の普及活動〉に関する私のドクトリン」は、「インドシナとフランスの美術館に、あらゆるタイプの作品を保管・展示」した上で、「裕福な観光客に、少数の質の良い作品を提供する」ことである。そうすれば、「クメール美術の認知も上がるし、我々も資金を得ることができる」だろう。[*59]「石ころ」同然の断片を多数販売するよりも、「少数の質のよい作品」を「裕福な観光客」に販売する方がよいというのである。

セデスはこの「個人的見解」を実行する。たとえば、一九三二年、一六八番の指定番号が付いていた仏頭が指定解除され、六〇〇ピアストルで売却される。相手は「裕福な観光客」ではないが、時の総督である。さらに、三五一番の仏頭に至っては一〇〇〇ピアストルで、パリのギメ美術館への寄贈を望むフランス人資産家に売却されるのである。[*60]総督やギメ美術館に対しても、寄贈ではなく販売をするセデスの態度に、我々は法令に忠実な研究者としての誠実さを読み取るべきだろうか、それとも、したたかなビジネスマンをイメージすべきか。[*61]ただし、ここでセデスが敢行した先述の新基軸の考古学調査のことを思い出しておくべきであろう。アナスティローシスによる復元や航空機による調査である。いうまでもなく、こうした大掛かりな調査には、莫大な資金が必要であった。セデスが院長に就任して以降の一九三〇年代の考古学の飛躍的発展と古美術品販売のエスカレートぶりが軌を一にしているのは偶然ではなかろう。いずれにせよ、彼が院長になって以降には、五〇〇〜一〇〇〇ピアストル・クラスの高額の古美術品が個人相手に次々と販売されるのである。

おそらくは、こうした高品質の古美術品取引が呼び水となったのであろう。一九三〇年代に入ると、欧米の美術館や公的機関からの購入依頼が学院に多数寄せられるようになる。古美術品売り上げの上昇の最大の要因は、こうした公的機関との取引であった。美術館との取引では、展示にふさわしい質の高い古美術品が求められる。「歴史的あるいは美術的に価値のない」遺物で満足させることはできない。

欧米の美術館との取引は、まず、一九三〇〜三二年にオランダのアムステルダム美術館との間で成立した。パリでは一九三一年に国際植民地博覧会が開かれており、インドネシアを植民地とするオランダも参加していた。この取引には、近隣の東アジア諸国を植民地とするオランダとの「友好的関係」を示す意味もあった。それゆえ、当初、インドシナ当局と極東学院は、友好的な「贈呈」という形式での古美術品の譲渡も考えられたが、結局、「友好的価格」で売却することで落ち着いた。[*62] 取引されたのは女性彫像二体（各四〇〇、六〇〇ピアストル）、四つの顔面を持つ頭部（八〇〇ピアストル）、菩薩の頭部（六〇〇ピアストル）の計四体、収入は計二四〇〇ピアストルであった。[*63]

確かに、一九二〇年代にも美術館との取引はなかったわけではない。古美術品販売が開始されて間もない一九二四年、ボストン美術館に対して九点、オレゴン美術館に一七点、サウス・ウェスト・ロサンジェルス美術館に二点の古美術品が売却されている。しかし、全二八点の総額は六七三ピアストルにすぎなかった。[*64] 院長フィノの時代には、観光客相手と同様の質のけっして良くない遺物だけが取引の対象となっていたのであった。しかし、アムステルダム美術館との取引は違った。高額の質の高い遺物が、公然と取引されたのである。問題とならぬよう、セデスは総督に次のような手紙を書いている。

「〔この取引は〕けっして、カンボジアの考古学的遺産に含まれる第一級の物品を流出させるものではありません。西欧屈指の立地条件にある〔国際的都市の〕アムステルダムにおいて、クメール美術は、より広く認知されることになるでしょう[*65]」

次いで一九三三年二月にはイエール大学に対して二点の楣レリーフが売却され、一九三四年一一月にはホノルル美術アカデミーの美術館にバイヨン寺院から出土した仏陀の頭部が一点一〇〇〇ピアストルで販売された。後者については販売システム上の問題点を指摘しておかねばならない。グロリエの立会いのもとに取引担当者が作品選別をした後に、指定解除の手続きが取られたからである[*66]。翌年の一九三五年一月には、ストックホルムの東アジア美術館に対して、二点の古美術品が総額二〇〇〇ピアストルで取引されている。交渉にあたったのは中国古美術研究者でギメ美術館とも親交の深かった著名なオズワルド・シレンであった[*67]。

そして一九三五年四月。ほぼ毎年のように続いた美術館との取引の最後を飾る交渉が始まる。翌年に交渉がまとまるニューヨークのメトロポリタン美術館への作品売却で、これまでとは比較にならない大きな金額が動いた。重大さを認識していた院長セデスは、自身が作品選定を行ない、交渉にもあたった。

メトロポリタン美術館は当初から、合衆国を代表する美術館にふさわしい一級の美術品を入手する目的を持っていた。交渉人として派遣されたマーティン・バーンボムは、アンコール保存局を訪れ、質の高い彫像の数々を購入候補としてまずは挙げたようである。しかし、その中には指定解除が難しく、インドシナの外部に出せないものも含まれており、セデスは困難な交渉を余儀なくされた。交渉人の帰国後に書かれた一九三五年四月一一日の手紙で、セデスは次のように説明をしている。

「メトロポリタン美術館にお譲りすることのできるアンコール美術品の写真をお送りします。あなたが先日、アンコールの考古学倉庫で選びました彫像の中には、現場の修復が終了次第、元に戻さねばならないものが幾つかありました[*68]」

それでも、できる限り相手側の希望を取り入れた一三点の取引候補の作品を彼は提示している。そして、次のような解説をしている。

「私が提示する一三点の古美術品は、いずれもクメール彫刻の様々な様式と時代を代表する逸品です。大部分が一級品で、商品価値も絶大なものです。写真の裏に（フラン表示で）表記しました価格を少々高く思われるかもしれませんが、《アメリカ価格》でないことをご了承願います。古美術取引が不況であるにもかかわらず、クメールの《逸品》には必ず買い手がついていることはあなたもご存じのことでしょう」

交渉相手への常套句であるとはいえ、この取引では、セデス自身が「一級品で、商品価値も絶大」と言う古美術品が公然と北米に売却されるのである。

メトロポリタン美術館は提示された一三点のうち六点を購入、合計金額一万九五〇〇ピアストルを支払った。一点平均三〇〇〇ピアストルの古美術品が取引されたことになる。一九二〇年代の販売の一点平均は一二ピアストル、アムステルダム美術館へ売却された美術品も一点平均にすると六〇〇ピアストルにすぎず、メトロポリタンが入手した古美術品の価格の異常さがわかる。それほど、取引され

図63 《ヘーヴァジュラ像（7つの頭を持つ胸像）》，12世紀後半〜13世紀初頭，アンコール時代，バイヨン様式．

図64 《ブラフマー像》，10世紀初頭，アンコール時代，バケン様式．

た美術品の質が高かったのである。中でも最高額で取引されたアンコール・トム出土の《ヘーヴァジュラ像》（学院の当時の記録では《七つの頭部を持つ胸像》）（図63）は六〇〇〇〇ピアストルで、二〇年間続いた古美術販売における最高額である。また、それに次ぐ高額の五〇〇〇〇ピアストルで、《ブラフマー像》（図64）が取引された。これら二点の作品は、今日においても、メトロポリタン美術館が所蔵するクメール彫像の最高峰にある。そのほか四点の売却品の内訳も示しておこう。《装飾付石材》（二五〇〇〇ピアストル）、《仏陀頭部》（三〇〇〇〇ピアストル）、《観世音菩薩頭部》（一〇〇〇〇ピアストル）、《バイヨンの柱断片》（二〇〇〇〇ピアストル）である。再びマルローの『王道』（一九三〇年）を思い出そう。「小さな浅浮き彫りでも三万フラン（約三〇〇〇〇ピアストル）」で愛好家に売却できると主人公は語っていたが、メトロポリタン美術館への売却額はこれにかなり近い。[*69]

メトロポリタン美術館との取引総額は、それだけで一九二三年から一九三五年にかけての過去一二年間の総売上額二万一八四一ピアストルに迫る。異例の取引だった。スキャンダルとならないよう、院長のセデスは細心の配慮を払っている。一九二三年の法を犯すものではないが、しかし、逸脱的な行為であることは自覚していたのである。アムステルダム美術館との取引のときと同じく、彼はまずインドシナ総督に次のように報告している。

「〔今回、アメリカに売却された作品は〕確かに美しいものではありますが、きわめて一般的で他にも多数ある作例であり、カンボジアの考古学的遺産の唯一無二の作品ではけっしてありません。（…）法令上は、カンボジアの古美術品販売に関して貴兄の許可を得る必要はありませんが、今回は一九万五〇〇〇フランという高額の取引でありましたので、許可を取り付けたく思う次第です[*70]」

カンボジア理事長官に対しても同様の釈明を行なっている。

「今回の彫像販売は、カンボジアの芸術遺産から重要なものを流出させたわけではありません。それを最も恐れているのが私なのでありますから。たとえば、今回、現地の調査員が提案しましたタケウの美しい彫像類の指定解除は不適切として却下いたしました[*71]」

さらに、「極東学院の知的外交官」として世界各地に派遣されていたヴィクトル・ゴルベフに対しても、セデスは慎重な態度をとるよう忠告した。

「この一件を公言しすぎてはなりません。法令に従っているとはいえ、マスコミに捕まると厄介ですから。批判の声が出た場合、反論として、メトロポリタン美術館に美しいクメール彫像が展示されれば、インドシナ観光が盛んになり、インドシナの栄誉も高まるだろう、と答えてください[*72]」

セデスは北米に売却した彫像がいかに美しくとも、同種の作例がアルベール・サロー美術館に既に所蔵されていること、ゆえに、この取引がインドシナの文化遺産を損なうものではないことを強調した。そして、こうした質の高い古美術品を通して、クメール美術の普遍的な価値を欧米に伝えることの重要性を訴えたのであった。

セデスが恐れていたのは、実は、マスコミの反応だけではなかった。販売される古美術品の「質」を巡っては、一九三三年一二月にメトロポールの研究者からクレームが既に寄せられていたのである。またもや、宿敵フィリップ・ステルヌからであった。

ステルヌからのクレームは高額の古美術的価値のある作品の取引に関するものではないので、本筋からは外れるものかもしれない。しかし、メトロポールのエリートならではの異議申し立てであり、当時のパリと植民地との研究上の乖離状況を見事に示す興味深いエピソードなので、本節の最後に紹介しておきたい。

ステルヌは、アンコール保存局長を退き一時パリに戻っていたアンリ・マルシャルに対して、学院が販売した古美術品の中に美術館に保管して研究に値する「興味深い特質」を持つ遺物が含まれていると批判した[*73]。ステルヌが売却に問題ありと訴えたのは四点の古美術品である。我々にとっては幸いなことに、一九三三年といえば、販売にかけられた遺物の写真が残っている年であり(図61)、ステルヌの指摘した遺物を目で確認することができる。問題とされたのは、下から二列目の二八〇六番の《観世音菩薩頭部》、同列右端二三八八番の《神像頭部》、下から三列目の三三三番の《仮面》、そして最下段二八一〇番の最も小さな《アスラ頭部》である。素人の眼には、他の断片とどこが違うのかわからない。古美術品として他よりも質が高いわけではないし、高額の価格が付けられたわけでもない。ステルヌのいう「興味深い特質」とは、学術的観点から見た特徴なのである。最後の《アスラ頭部》（二八一〇番）について解説しよう。この遺物は一九二五年七月のプノン・クーレンの発掘においてマルシャルが発見したもので、「小さいが繊細な彫刻が施され」、「バンテアイ・スレイの様式に非常に似た」きわめて珍しいアンコール前期の作例であるとステルヌは指摘している。第四章（二三三ページ）で検討したように、ステルヌ自身が当時最も関心のあった九世紀の様式を持つ珍しい作例であった。この指摘を受けたマルシャルは、これらを販売したのは「私の過失」と認めた。彼の弁解によれば、「この小さな頭部にうっかり指定番号を付すのを忘れて」、他の「がらくた」と一緒の棚に並べてしまったということである。本当だろうか。様式的特徴を見落としてしまったのではないか（少なくとも、この写真を見ているはずの院長セデスは確実にこの彫像の考古学的重要性を見落としていた）。たとえ、そうでないにしても、遺物管理の杜撰さを露呈させるだけである。結局、これら販売された遺物は、他の販売品と交換され、学院の手に戻った。

この一件から、一九三〇年代には、考古学的見地から重要な遺物も「誤って」販売にかけられる可能性があったことがわかる。古美術品販売にあたったのは、調査経験の浅いアンコール保存局長とグロリエ、そして碑文には強いが美術様式の専門家ではないセデスであり、学術的観点からの点検は甘くなってしまったのではなかろうか。あるいは、恒常化した販売促進活動の中で、彼らは、研究者としてではなく、あたかも古美術商のように古美術的価値だけを眺めるようになっていたのかもしれない。

他方、米粒のように小さな断片が並んだ不鮮明な写真だけを見て、様式的に特殊な作例だと見抜いたステルヌは流石といわねばならない。長年にわたって「寸法が必ずしも正確ではないデッサンや写真のみを検討」（マルシャルの言葉）してきただけのことはある、といえば皮肉にすぎるだろうか。とにかく、古美術品販売に従事していた現地調査員たちは、再び、メトロポールのエリートに一本取られるかたちとなった。

近代考古学・美術史学への「貢物・供物」

以上、「カンボジアの伝統復興」ないし「クメール美術の国際的認知獲得」の名目のもとにグロリエやセデスが率先して行なった古美術品販売の実態を詳述した。我々はフランス人に都合のよい法律のもとに遂行されたこの行為をどのように評価すればよいのだろうか。植民地主義の横暴として、販売に関与した現地のフランス人オリエンタリストを糾弾すればよいのか。あるいは、販売する奴も悪いが、それよりも悪いのは購入するコレクターたちだ、と息巻けばよいのだろうか。

私は販売に関わった極東学院メンバーを非難するために、この問題ある活動に言及したわけではない。この点は、読者にも、そして特に今日の極東学院関係者にも理解していただきたい。現在のところ、学院はこの事実を隠そうとはしていないが、しかし、ジャーナリスティックな問題にはしたくなく、古美術品販売に触れる研究発表や記事には警戒している。それでもあえて、私が本書で取り上げたのは、この出来事が、近代から現代に至るアジア考古学と美術史の根幹に関わる重要な問題を提起していると思うからである。

他国の美術品であれ、自国の美術品であれ、美術品を私物化する勝手な法令を作り、販売する行為が由々しき事態であることはいうまでもない。では、この許されざる行為の責任の所在はいったいどこにあるのか。販売行為に手を染めた当事者だけを非難すれば解決する問題ではあるまい。なぜ、彼らは問題ある行為をあえて行なったのか、行なわねばならなかったのか。この問いに答えることなく、古美術品販売の不当性を糾弾しても意味がない。

カンボジアの文化復興政策にせよ、古美術品販売にせよ、一連の問題ある出来事は、本書が主題とする近代のアジア考古学という学問そのものの構造的問題に由来している。すなわち、一連の出来事の背景には、植民地と欧米（メトロポール）との間に存在する不均衡な学術的かつ政治的権力格差の問題が隠されている。メトロポールとの競合関係の中で、現地の調査員たちは、自らの活動の成果を、植民地外部の欧米諸国に認めさせねばならなかった。欧米での評価なしには、現地での学術的成功も保証されないし、資金も得られない。経済格差の問題にも似た構造的な学術的不均衡の世界において、植民地での学術活動が評価されるためには、欧米の学術機関が要求する一級の古美術品を差し出す必要があった。この時期に欧米の美術館に売却されたカンボジアの古美術品は、欧米が支配する学問世界において、植民地での研究が評価されるために捧げられた「貢物」、あるいは欧米の美術館という神殿に捧げられた「供物」であったといえる。ゆえに問題とすべきは、販売に関与した当事者たちの倫理だけではなく、こうした行為を誘発し（強制し）た近代考古学と美術史学という国際的学問共同体の政治的構造である。

一九五一年のことだが、アルフレッド・フーシェは「考古学とは何か」と自問し、次のように定義してみせた。

「考古学とは何か。建造物の長い虐待の歴史にほかならない。そして、考古学の務めは、華麗な葬送の儀式を行なうことである」[*74]

考古学者は安らかに地中に眠っていた遺物＝死者を掘りかえし、その痛々しい姿を再び世に晒す。さらに、歴史ないし美術史という物故者リストの中にそれを付け加えるにあたっては、(欧米基準の) 美術館という恭しい神殿に死者を捧げ、騒々しくもその事績を称えねばならない。そうせねば、仕事が完了したことにならないようにできているのだ。

時代は移り変わり、かつて欧米や日本に支配された植民地も脱植民地化したが、「華麗な葬送の儀式」を執り行なう考古学の本質的構造は現在もなおまったく変化していないように思える。考古学や美術史学に従事する者であれば、伝統復興政策や古美術品販売などのプロモーション活動が、けっして他人事として安易に非難しえない現在形の問題であることは周知の事実だろう。我々は「華麗な葬送の儀式」に立ち会う参列者として、学問の存在理由を問いながら、この問題に対処せねばならない。

メトロポールの無理解

古美術品販売に関与した現地調査員の行為を正当化したいわけではないが、この問題が植民地内にとどまらない広い射程を持つ問題であることを最後に示しておきたい。

第四章で既に検討したことだが、一九三六年、アンコール遺跡を初めて訪れたフィリップ・ステルヌは、ギメ美術館のコレクションを補充するためにオリジナル彫像をフランスへと移送した。販売にかけられていた古美術品を購入したわけではない。極東学院からの委託品として持ち帰ったのである。この遺物の移動に関して、ルネ・グルセは『一九三六年国立美術館年報』の中で次のように弁明し、正当化した。曰く、「現地における美術遺産が完全無欠である状態にしておくために、一点しかない作品についてはインドシナから出すべきではないという基本方針」のもとに、「既存のギメ美術館のコレクションを補完し、クメールとチャンパの美術史的アンソロジーが完成するように、特徴あるものだけに限定してギメ美術館に送付」した、と。[*75] 新たにギメ美術館に収蔵された遺物は、プノン・クーレンで発見された九世紀前半の《ヴィシュヌ神》（クーレン様式）（図65）やバンテアイ・スレイ第一周廊東

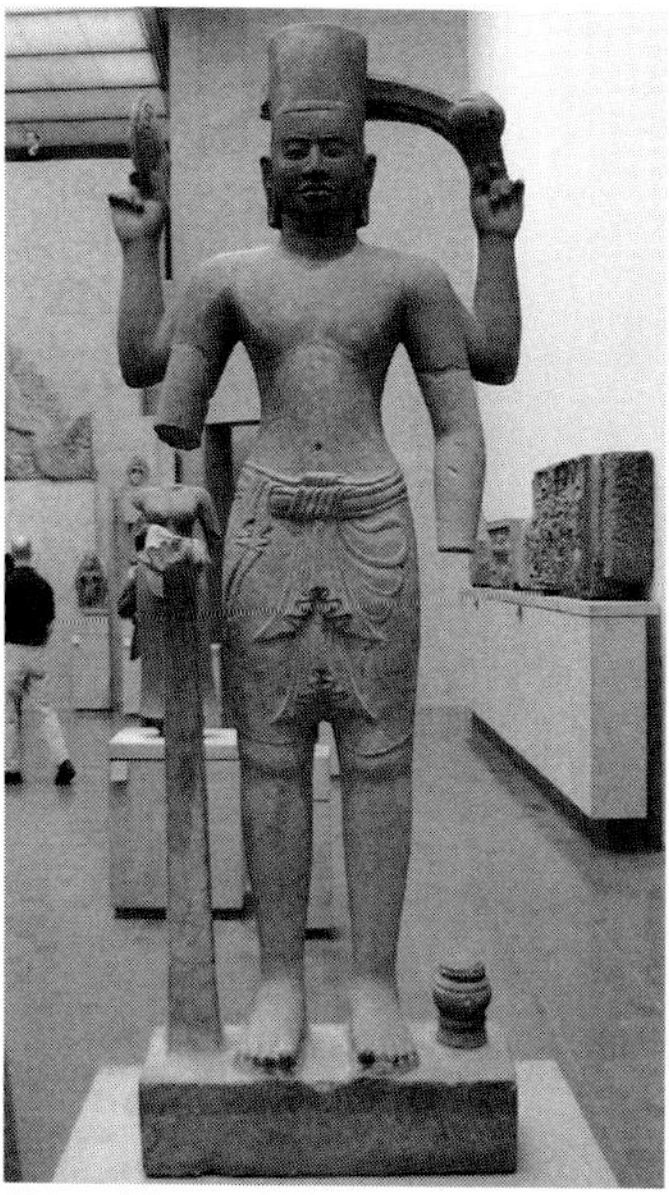

図65 《ヴィシュヌ神》，9世紀，プノンクーレン付近出土，クーレン様式．

図66　《破風浮彫》967年頃，バンテアイ・スレイ第一周廊東門西玄関付近出土，バンテアイ・スレイ様式．

門西玄関の破風浮彫（一〇世紀半ば、バンテアイ・スレイ様式）（図66）などである。確かに、同様の作例はプノンペンのカンボジア美術館に収蔵されていた。前者にはたとえば、プノン・クーレン、プラサート・ダムレイ・クラップ南祠堂から出土した《ヴィシュヌ神》（九世紀前半、整理番号Ｋａ八八二）、後者にはバンテアイ・スレイ第二周廊西門の破風（同Ｋａ一六六〇）などの類例がある。しかし、逆にいえば、カンボジアの国立美術館が展示に値すると判断した古美術の優品と同質のものが、パリに渡ったのである。しかも、ギメ美術館の編年的展示を「補完」するためという目的だけのために。これらの遺物は、まさに、考古学が最終目的とする「華麗な葬送の儀式」のためにメトロポールに捧げられた供物であったといえるだろう。これにより、ギメ美術館のクメール美術の編年が完成し、美術史を展望することができるようになったのである。

第四章で分析したように、一九三六年といえばパリのアジア美術館統合が完了した年であり、これらの古美術品の移送には、統合によって明らかになった欠落を補うという意味があった。さらに、本章で古美術品販売の歴史を知った我々は、一九三六年という年には、もう一つの大きな意味があったことに気づくだろう。この年にメトロポリタン美術館との取引がまとまったのである。偶然の一致ではないと私は思う。クメールの優品が北米へ流出することが決定し、パリの国立美術館学芸員は新たな手を打ったのではないか。パリこそが依然として、欧米における最高のクメール美術品を保有する場所であることを保証すべく、新たな彫像をおそらくは求めたのである。

いずれにせよ、一九三六年にギメ美術館へ「委託」された美術品もまた、一連の古美術販売の歴史の中で欧米へ渡る運命となった貢物というべきである。ステルヌは学院が学術的価値のある遺物を販売したとの批判は行なったが、カンボジアからの美術品の流出自体を非難したわけではなかった。メトロポールの研究者は古美術品販売に直接手を染めたわけではないが、パリのクメール・コレクションの充実を図る中で、自ら美術品を移動させたばかりでなく、オランダや北米やスウェーデンの美術館を刺激し、欧米の蒐集合戦を助長した。さらには、アンコール考古学におけるフランスの覇権を維持するために、さらなる貢物を学院に要求したのである。

ギメ美術館への新たな遺物送付を古美術品販売の一環とみなす我々の観点は、もう一つの事実からも支持しえよう。一九三六年の「委託品」の見返りとして、フランス国立美術館評議員会は、極東学院に特別の交付金を支出しているのである。名目は、「極東学院の発掘と修復工事によって重要な遺物が発見されたことを評価し、彼らの労に報いるため」であった。要するに学院は調査復元費用を得るために遺物を委託したともいえるのであって、その意味では、資金を得るための売却とまったく同じである。

一九二五年、建築家のル・コルビュジエは、美術館は美術作品を「顕わにする（展示する）」とともに、その展示よって何かが「隠蔽される」と書いている。[*76] ル・コルビュジエが言及するのは同時代のモダン・アートについてだが、この言葉は美術館統合によって新たな姿を現したパリの東洋美術館にも当てはまるだろう。

変革された新たな美術館は、編年的展示という美術史的な展示によって、アンコール考古学の発展を公衆に向かって視覚的に「顕わ」にしてみせた。そして、美術館再編を実現した学芸員はルーヴル学院教授として考古学や美術史も講じた。こうして一九二〇年代半ばから一九三〇年代にかけて、普遍主義理念や様式論のもとに、西洋美術を中心とした美術史の中に東洋美術も組み込まれ、クメール考古学史・美術史も一定の市民権を得る。メトロポールの美術館は、古美術品の展示を通じて、考古学・美術史学（さらにはフランス東洋学）の「成功」という象徴的価値も「顕わ」にしてみせたのだった。

かりに本書の目的が、フランスによるアンコール考古学とクメール美術史の制度的な発展プロセスを描き出すことだけにあるなら、カンボジアの美術が西洋の考古学・美術史に迎え入れられた時点をもって本書を閉じればよいだろう。しかし、アンコール遺跡をめぐる考古学と美術史学の歴史は、西洋の学問への「登録」によって終わる物語ではない。その物語の背後で何が起こっていたのか、美術館という華やかな表舞台の背後に何が隠蔽されているのか、舞台裏に隠されたもう一つの物語もまた今日の我々には決定的に重要である。

既にメトロポールと現地の二重・三重の研究体制の問題ある歴史を追ってきた我々は、本国エリートが表明した普遍的美術史の成功を、考古学・美術史の発展という事実確認的な出来事として理解するのではなく、事実を演出（誇張さらには捏造）しようとするパフォーマティヴな身振りとして理解する必要があるだろう。メトロポールの活動は学問的成果を可視的に「顕わ」にすることで、現地の考古学が引き起こした逸脱的行為を見事に「隠蔽」してしまう。「顕わに＝展示」される一級の美術品が、現地の逸脱的活動のもとに獲得されたという事実を包み隠したまま、いかにも平和な普遍的美術史を謳歌したのである。普遍主義の美名のもとに植民地主義の負の遺産が隠蔽される、こうした学問的構造の中で植民地の調査員は後に与えられるであろう「汚れ役」を引き受けようとしていた。いわば、本国の普遍主義を背後から支えるために、彼らは植民地主義の典型というべき古美術販売に手を染めねばならなかったのである。「東洋がお勧めし、西洋が用立てる」（エドガール・キネ）学問的構造の中にアンコールの考古学・美術史もあった。我々は、メトロポールが言祝ぎ、そしてその遺産を今日もなお受け継いでいる美術の普遍主義が、現地の植民地主義との共犯関係の中で打ち立てられたということを忘れてはならない。我々が継承した学問が、いかなる犠牲の上で成立したのかを自覚せねばならない。

本国の無理解を象徴的に示す一つの例を最後に示して本章を閉じたい。古美術品販売がエスカレートした一九三〇年代初頭、パリは初めての国際植民地博覧会に沸いていた。そして、この博覧会において、実物大のアンコール・ワットのレプリカが建造され、訪れる者たちを驚かせていた（図68、69、75など）。このレプリカについては次章で詳述する。ここではメトロポールの無理解を端的に示す事実を確認するに留めよう。

巨大なアンコール・ワットのレプリカを建造することによって、本国の博覧会主催者は、インドシナを支配するフランスの権力の巨大さを象徴的に誇示しようとした。博覧会の公式カタログはこう伝える。「聳え立つ五つのアンコール・ワットの塔は、インドシナ五国とフランスの協力関係を示している」、と。[*77] 三〇年にわたる現地調査の成果として、きわめて精巧に復元されたレプリカも、本国の博覧会では植民地大国フランスの威信を示す一要素に還元された。あたかも、現地の考古学の目的が欧米諸国への貢献のみにあるかのように利用されたのである。それは、博覧会のアンコール・ワット復元に対するフランス当局の姿勢に如実に見て取ることができるだろう。復元に要した年月は三年、必要とした費用の総額は一二四〇万フランという莫大なものであった。先述の通り、一九二三年から一九四六年までの二〇年余りの古美術品販売で極東学院が得た売上総額は七六万七六九五フランである。このアンコール・ワットの復元に要した費用のわずか六パーセントにすぎない。復元に費やした資金の一〇パーセントでも現地調査に充てることができたなら、学院が彫像販売などの「暴挙」に出る必要もまったくなかったのである。それでもなお、公式ガイドの記者はこのレプリカ製作に要した費用を安いといって憚らない。フランス本国にとっては、インドシナ現地での調査や保存活動よりも、欧米に向けての派手な示威的行動のほうが、はるかに重要だったのである。

一九二〇年代半ばから一九三〇年代のフランスは、インドシナで顕在化した植民地政策の失敗を隠蔽するのに必死であった。植民地博覧会開催の前年にはイエンバイ（安沛）でベトナム国民党による大規模な武装蜂起があり、フランス兵と衝突していた。こうした反植民地運動は、デュラスの小説や映画『インドシナ』などを通じてよく知られるところだろう。こうした現地の窮状を隠し、無視し、そして忘却しようとするかのように、本国フランスは巨大なアンコール・ワットを復元して、大英帝国に匹敵する「大仏帝国」の幻想に浸ろうとした。フランスの楽天的なやり方に大英帝国はそっぽを向き、博覧会には参加しなかった。パリに聳え立ったアンコール・ワットの壮大で夢のようなイメージは、植民地の窮状、そして植民地政策の失敗を隠蔽するための、文字通りのイリュージョンであった。

一九二〇年から一九三〇年代にかけてのアンコール考古学の発展の時代は、現地考古学の混乱と逸脱の危機的時代でもあったのだった。

第七章　パリ国際植民地博覧会とアンコール遺跡の考古学

植民地博覧会と考古学の貢献

「フランスがこんなに大きかったことをあなたはご存じでしたか」

こう問いかけるのは、一九三一年にパリで開催された国際植民地博覧会のポスターである（図67）。フランスが大英帝国に次ぐ世界第二の植民地大国であることを国際的にアピールするこの博覧会は五月二一日に開幕し、六ヵ月の開催期間中にのべ三四〇〇万人の入場者数を記録した。公式発表によれば三フランの入場切符が二八二〇万五三八枚、併設の「熱帯動物園」のチケットが五二八万八四六二枚売れたという。[*1]

図67　1931年パリ国際植民地博覧会の広告,『イリュストラシオン』紙（1931年5月9日）.

さて、このポスターの背景に見えるのはカンボジアのアンコール・ワットではない。この博覧会のために実物大で複製されたレプリカである。エグゾティックな建造物が林立する会場においてもひときわ目を引かずにはいないこのレプリカは、中央塔が六五メートル、一二〇メートル四方（一万四四〇〇平方メートル）の第三回廊部と中央祠堂を復元したものであった。外装には現地で採取した鋳型を使用し、（少なくとも写真を見る限りは）本物と見紛うばかりだが、構造は近代的工法によっている。鉄筋コンクリートの二階建てで、内部には全一三の展示室を有する。総工費は一二四〇万フラン、三年の歳月をかけて建立された。当時の公式記録の記者によれば、建設に要した時間と費用は、モンマルトルに立つサクレクール寺院の建立に匹敵したという。[*2] この五基の塔の正面に立った時、訪れた者はここがパリだとは信じられなかったことだろう。

植民地博覧会に関しては、フランスや北米において幾つかの重要な研究書も出版されている。[*3] また、博覧会が開かれたパリの一二区では、四分の三世紀後にあたった二〇〇六年に、「植民地博覧会への七五年後の眼差し」と題するイヴェントも開催された。[*4] 移民問題が緊急の政治的課題となったフランスでは、植民地主義時代に行なわれたこの博覧会を再考する機運も高まっている。フランスの「記憶のトポス」の一つとなりつつあるといってよい。

このように、比較的よく知られた博覧会ではあるが、本章では、追跡中のアンコール考古学史の観点から、あらためてこの博覧会に迫ってみたい。復元されたアンコール・ワットのレプリカを、第一章で見た一九世紀の万博パヴィリヨンと比較するなら、ここに約三〇年にわたるアンコール考古学の成果が反映されていると容易に推察できよう。実際、この建造物の内部では、極東学院による展覧会も開催されていた。植民地博覧会には、考古学史的観点から検証すべき要素が多々あるのである。

従来の植民地博覧会研究では、考古学的観点からのアプローチはまったくなされていない。アンコール・ワットのレプリカに言及する際に、極東学院の貢献に触れられることはあるが、その貢献が具体的にいかなるものであったかは検討されない。博覧会研究を行なう研究者は概して考古学史の知識に乏しく、植民地での学問の進展が多かれ少なかれ博覧会に反映されているのだろうと無批判に仮定するだけである。考古学史的には杜撰で誤った見識も散見される。[*5] それゆえ、考古学史的観点からの分析を行なっておく必要がある。

本章前半では、アンコール・ワットのレプリカとその内部で行なわれた極東学院の展覧会を検討し、学院メンバーやパリの学芸員が博覧会にどのようなかたちで関わったかを明らかにする。後半では、唯一の恒久的施設として建造され、今日に伝わっている植民地宮の装飾について検討したい。そこには横一〇〇メートルに及ぶ巨大なレリーフやフレスコによって壮大な植民地絵巻が展開され、興味深いことに、アンコール・ワットが表象されるとともに、考古学調査やカンボジアでの工芸製作に従事する住民の姿も表現されている。こうした図像の分析によっても、この博覧会における考古学や美術史学の役割を明らかにすることができるだろう。

復元されたアンコール・ワットの象徴的意味

まずは実物大のアンコール・ワットである（図68）。六五メートルの中央塔と五五メートルの四基の塔を頂く中央祠堂と第三回廊部が、会場のメインストリートに面して建てられた。

一九三一年には現地のバンテアイ・スレイ遺跡においてアナスティローシスによる「復元」が開始されているが、パリのレプリカはもちろんこの工法によるものではない。鉄筋コンクリートの近代的構造を持つ骨組みに、石膏鋳型を用いた外装を貼りめぐらせている。ラテライトの質感を出すために砕いた石材を混入した外装で、一見しただけではハリボテの作り物には見えない。一八八九年の万博で初めてアンコール・ワットの塔が復元されて以来、この種の複製のノウハウが蓄積されていたし、インドシナ美術館でも継続的にレプリカが製作されていた。レプリカの技術は完璧の域に達していた。その最高の技術を用い、巨額の資金を注ぎこんで、三年の歳月をかけて建造されたのである。この資金を現地調査に充てていたならば、学院メンバーが古美術品販売に手を染める必要もなかった。それにもかかわらず、フランス当局は贅沢きわまりないレプリカを（博覧会後には解体される運命にあるというのに）建設することにこだわったのである。

図68　国際植民地博覧会を上空から撮影した写真.

フランスがなぜ浪費を強いる植民地博覧会を開催し、単なるレプリカのために巨額の資金を投入したのか、この問いについては前章末尾で一定の解釈を与えたが、ここで当時の資料を取り上げながら、もう少し踏み込んで考えておきたい。

博覧会の開催が決定した一九二〇年代には、第一次世界大戦後の財政難に加えて、植民地各地では政策の失敗も顕在化し始めていた。こうした時期に博覧会を開催することに対しては、（不参加を表明したイギリスだけでなく、）フランス国内にも批判の声が少なからずあった。たとえば、シュールレアリストたちはアンチ植民地博覧会のマニフェストを出していた。[*6] しかし、フランス当局は、危機的な情況であるからこそ、あえて開催に踏み切り、植民地政策がけっして「失敗」していないこと、フラン

図69　国際植民地博覧会セレモニー情景.

スが植民地立国として繁栄していることを国内外に誇示する挙行を繰り広げようとしたのだといえよう。そのアピールのための最大の目玉がこのアンコール・ワットの復元であった。その壮大さによって、博覧会の観衆を幻惑し、植民地政策の成功というフィクションに酔わせたのである。重要な式典はきまってこのレプリカを背景にして盛大に行なわれた（図69）。

復元されたアンコール・ワットの象徴的意味について、公式ガイドブックはこう説明している。アンコール・ワットは、「我ら〈フランス人〉の極東の領土の過去の偉大さと栄誉を象徴する」と同時に、「フランスが保護し、フランスと共同作業に従事する民族とともに、同じ目的を持って労働するというフランスの政策を称える」モニュメントであるのだ、と。この説明は、さらにこう続く。

「その威厳と優美さによって、アンコール・ワットの塔の復元は、フランスによる極東の平和という理想が虚しい言葉ではないことを証明するために展覧

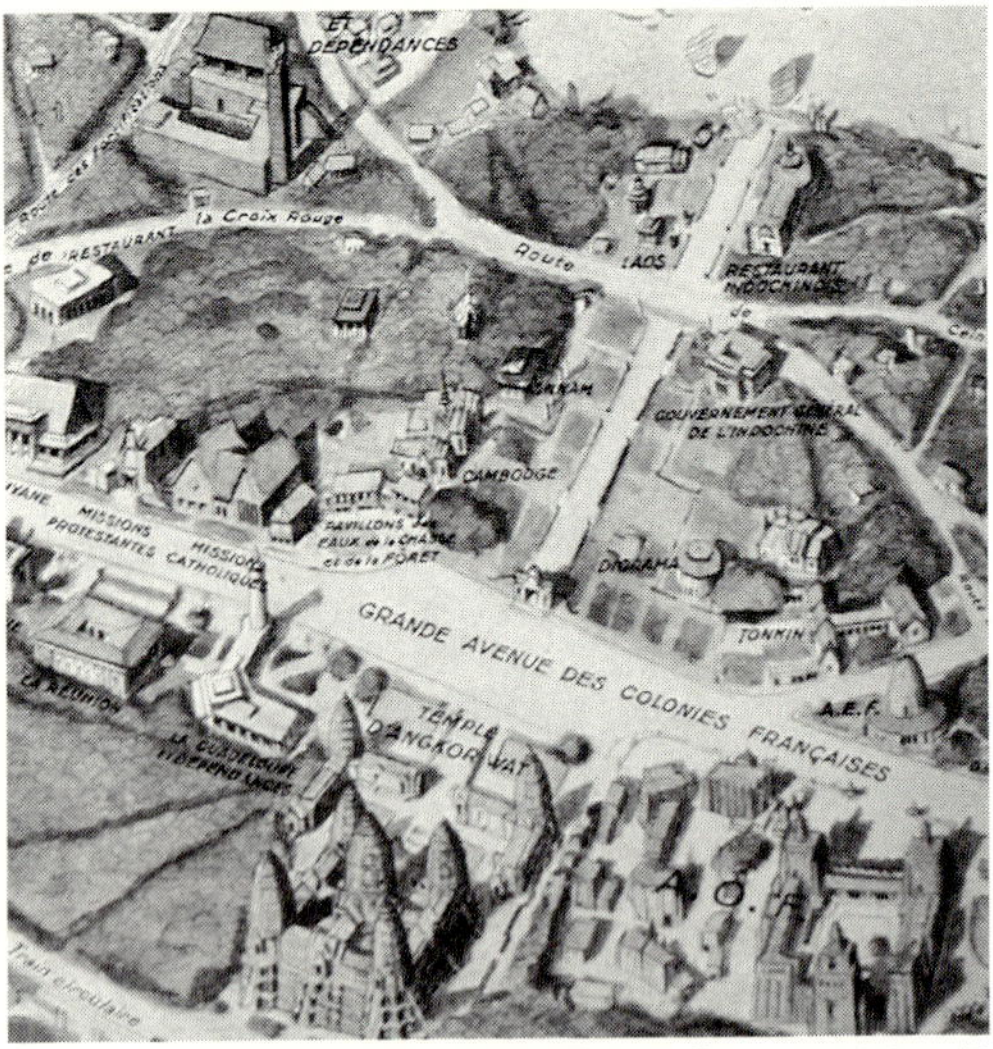

図70　《パリ国際植民地博覧会の鳥瞰図》部分，『イリュストラシオン』紙（1931年5月23日）．

会の中央に聳え立っている。フランスは極東の過去を称え、極東の風俗を尊重しながら、全般的な経済的状況を改善しているのである」[*7]

　また、別の博覧会公式ガイドには、アンコール・ワットの五基の塔は、「我々〔フランス人〕によって結び付けられ団結したインドシナ連邦の五つの国を象徴する」と述べられている。[*8] すなわち、かつては地理的かつ政治的に分かたれていたコーチシナ、ラオス、カンボジア、アンナン、トンキンの五国が、「フランスの保護によって」平和的に統合されたのだ、と。ここで、我々はドラポルトのアンコール評価を思い出してよいかもしれない。彼はこの寺院に「調和」を読み取っていた（四三〜四五ページを参照のこと）。アンコール・ワットは、フランスと植民地、さらには植民地内の各国の調和と安定を象徴するにふさわしい建造物なのだった。

　この「調和」というフィクションをより具体的に視覚化して見せるために、博覧会ではアンコール・ワットの参道の並びに、インドシナ五国のパヴィリヨンが寄り添うように集められた（図70）。レプリカの塔に登れば、眼下に虚構のインドシナ五国を一望することができた。ルイ・フィノの「極東は一つ」という言葉もまた、ここで想起されよう。

このように、この博覧会におけるアンコール・ワットは、もはやカンボジアという一国の芸術文化を代表するものではなかった。フランスが統治するインドシナ全域の象徴であり、さらには当地に君臨する植民地主義国家フランスの表象であった。だからこそ、巨額の資金をつぎ込む価値もあったのだった。

マルセイユ博のアンコール・ワット

本章の目的は単に政治的な象徴性を読み取るだけでなく、具体的に考古学的観点からレプリカを検討し、そこに暗示される考古学と政治との関係を焙り出すことにある。

写真だけでも一見してわかるように、一九三一年のレプリカの精巧さは、それ以前の万博でのパヴィリヨンとは比較にならないほど向上している。このレプリカには、現地考古学の学術的成果がどれほど反映しているのであろうか。アンコール考古学の発展が、そのままレプリカの学術的精度の上昇に示されていると単純に考えてよいのであろうか。

これらの問いに答えるために、一九世紀末のパヴィリヨンやレプリカと一九三一年のアンコール・ワットとの間を繋ぐ、もう一つの復元レプリカに言及しておこう。一九二二年に開催されたマルセイユ内国博覧会にも、実は、アンコール・ワット中央祠堂部を復元したレプリカが造られていた（図71）。正面から撮影した写真を見る限りは、一九三一年のものと遜色がない精巧さで復元されているように見える。第二次世界大戦後の一九五一年に極東学院メンバーとなるジャン・ボワスリエ（一九一二年生まれ）は、これを写真入り雑誌『イリュストラシオン』で見て、東南アジアの建築の研究を志したという。

図71　古絵葉書《1922年マルセイユ植民地博覧会，インドシナ・パヴィリヨン》．

このレプリカも、政治的な意味においては、一九三一年の復元と同じで、「インドシナの統合」の象徴として制作されたと当時の資料は紹介している。[*9] しかし、参道側から撮影した写真ではわからないが、マルセイユ博のアンコール・ワットは、構造的に実物とはまったく異なる建造物であった。正面から見える二基の塔と中央塔は回廊で繋がっているが、残りの二基の塔は分断されており、後方から眺めると五基の塔がちぐはぐに屹立する奇妙な姿を晒し出すのである(図72)。博覧会を視察したヴィクトル・ゴルベフの言葉を借りるなら、正面から見た時のみ錯視的にアンコール・ワットの「プロポーションとプロフィール」浮かび上がらせる、「最小限の物資と労力によって、最大の効果」を引き出したモニュメントなのであった。[*10]

資金面の問題もあったが、もとよりマルセイユのパヴィリヨンの設計を担当したドゥラヴァルとアンリ・ジョンソンには、忠実な再現を行なうという意識は低かった。それは内装の処理に明白である。現地の資料を十分に入手できなかった設計者は、「ロワールの古城をモデル」に内装を行なったという。また、外観についても不完全な復元しか行なっていない。外装を担当した鋳型製作者のエミール・オベルラは、パリのインドシナ美術館が所蔵する鋳型や写真資料を利用したが、それでもすべての外壁を鋳型で埋め尽くすことはできなかった。その結果、資料で実物の装飾を確認できない部分には、彫刻家のJ・ヴィルヌーヴによる創作的なレリーフが嵌め込まれたのである。再びゴルベフの批評を引用しよう。

「私が（専門家として）この印象的な建造物の批判をせねばならないとすれば、幾つか様式的な誤謬が確認できる点である。とりわけ、内部の階段に彫られたアプサラの舞は、クメールというよりはネパール風である。同じく、プラサートのモティーフも考古学者たちの批判を受けている。しかし、鋳型を担当した芸術家たちがきわめて限られた資料しか利用できなかったことを考慮せねばなるまい。要するに彼らはトロカデロ（パリのインドシナ美術館）の石膏鋳型しか見ていないのである」[*11]

学術的には問題の多いこのレプリカは、ゴルベフのような専門家を満足させるものではなかった。「公衆の想像力を刺激」するこのモニュメントは、「通俗的な大衆を喜ばせる」だけだと彼ははっきりと述べている。

図72　古絵葉書《マルセイユ，1922年植民地博覧会，アンコール・ワット（レプリカ）と湖》.

植民地博覧会と極東学院

ゴルベフの報告が暗示するように、マルセイユ博でのアンコール・ワットの復元には、極東学院は

図73　「アンコール・ワット〔レプリカ〕上階からの眺め」,『イリュストラシオン』紙（1931年5月23日）.

関与していない。パリのインドシナ美術館の鋳型を利用しただけの学術的に不完全な復元であった。その意味では、ドラポルトが一九世紀末に制作したレプリカ（図15）の復元レベルに近いもので（ドラポルトはまだ存命中であった）、学院の成果は盛り込まれていない。

　だが、一九三一年の場合は違った。極東学院はパヴィリヨン建設の計画段階から積極的に関与してゆく。先のレプリカの学術性の低さを憂慮してのことであった。

　パリの博覧会でアンコール・ワットの復元を行なうという計画が立てられたのは一九二六年のことである。ペニー・エドワーズの研究によれば、当初の計画では、恒久的施設としてアンコール・パヴィリヨンを建造することも検討されたという[*12]。しかし、興味深いことに、この計画には、当時、四度目の極東学院院長を務めていたルイ・フィノが強く反対した。文化史的状況を考慮せずにパリに建立される不完全なレプリカは、クメール文明の真の理解にとって百害あって一利なし、こう主張したという。また、鉄筋コンクリート構造で、しかも展覧会用の施設として使用される建造物は、宗教施設としての本来のアンコール・ワットを「冒瀆」するものであり、それを恒久的に残すことは許し難いとフィノは述べた。また、マルセイユ博のレプリカのような不正確な建造物が永久に残ることは許し難いことであった。

しかし、フィノは解体を前提とした一時的なパヴィリヨンとしてレプリカを建立することには反対しなかった。国を挙げて開催される国際博覧会に、アンコール・ワットを建立すれば、インドシナの芸術文化への関心もいっそう高まるだろう、といういつもながらの理由によってである。

図74 「アンコール・ワット〔レプリカ〕の中庭」,『イリュストラシオン』紙(1931年5月23日).

レプリカの設計を担当したのはパリの建築家シャルル・ブランシュとガブリエル・ブランシュ親子である。アンコール・ワットを中心にインドシナ五ヵ国のパヴィリヨンを配置するというインドシナ・セクションの平面プランを作成したのも彼らであった。二人は一九二六年から調査を開始し、少なくとも八回以上、現地のアンコール・ワットを訪れている。[*13] 彫刻家も同行し、資料の足りない部分のために鋳型を採取した。学術的に精巧な外観を有するレプリカを実現するために、学院は最大限の協力を行なったのであった。レプリカの建設中にも、適宜、必要となった資料がインドシナからパリへと送付された。完成直前の一九三〇年六月にも、パリへ一二点の鋳型を含む五つのコンテナが届けられている。[*14] ブランシュ親子は、こうして、徹底的に細部に忠実なレプリカを作り上げることを目指し、想像的な復元を一切排除したのであった(図73、74)。

同じ博覧会において、彼らは、アンナンとラオスのパヴィリヨンの設計も担当している。先述の通り、カンボジアのパヴィリヨン（図59）はジョルジュ・グロリエが担当し、伝統と現代性を混成したハイブリッドな意匠を持つ建造物が創出されたが、対照的に、ブランシュの設計によるパヴィリヨンはきわめて簡素で、それぞれの国の伝統的建造物をできる限り忠実に再現したものとなっている。アンナン・パヴィリヨンは、フエの王宮をコピーし、ラオス・パヴィリヨンは古都ルアンパバーンのワット・シェントーン寺院がそのまま再現された。想像を交えず、できるだけ忠実に復元する態度が、この博覧会でのブランシュ親子の設計を貫いていた。

正確な細部が意味するもの

設計を担当したブランシュ親子、そして彼らに協力した極東学院は、なぜ、これほどまでに正確な細部の復元に執着したのであろうか。単に、調査や研究が進んだから細部も正確になった、という説明だけでは不十分である。我々はそこに、一九三〇年頃に特有の考古学史的状況を読み取ることができるように思う。

パリのアンコール・ワットの建造が進行中の一九三〇年、極東学院は大判写真付モノグラフ『極東学院考古学報告II、アンコール・ワット寺院』全二巻（以後『考古学報告II』とのみ記す）を公刊している。[*15] 寺院の全体像を伝える写真のみならず、破風や回廊に見られるレリーフを接写した写真がふんだんに添えられた報告書である。注目すべきことに、この書物では、アンコール・ワットの細部表現に、従来の研究では強調されなかった重要な意味づけがなされている。それまでになかった細部への関心が明らかになっているのである。これはどういうことなのか。

ここでもまた、フィリップ・ステルヌの一九二七年の研究書が大きな影を落としている。繰り返すように、ステルヌの問題提起によって、従来アンコール・ワット以前に建造されたと考えられていたバイヨン寺院が、アンコール・ワット以後のものであると考えられるようになった。この定説の修正によって、アンコール・ワットの美術史的位置づけに再考が迫られることとなる。確かに、以前から、アンコール・ワットは遺跡群の頂点をなす完璧な建造物とみなされていた。しかし、その様式が特に独創的だと考えられていたわけではない。浮彫などの細部装飾は、洗練されてはいるが、先立つバイヨンの様式を受け継いだものに過ぎない、というのが研究者の一般的な見方だったのである。しかし、バイヨンが後発の寺院ということになると話は変わってくる。『考古学報告Ⅱ』に美術史的観点からの論文を寄せたゴルベフは次のように書いている。

「〔細部装飾には独創性がないとする〕このような見解は、今日ではもはや正当化しえない。アンコール・ワットはまったく新しい姿を我々の前に現したのである。バイヨン寺院よりも前に建造されたことが明らかになった以上、浮彫やアプサラのフリーズ、繊細な花模様のタピスリーで装飾された回廊を、単なる借用や写しとして考えることはできない。こうして、アンコール・ワットの批判的研究を再びやり直さねばならなくなった。〔装飾物の〕フォルムの比較に基づく研究とその発展の歴史の研究が、おそらく、最も重要な位置を占めることとなろう」[*16]

ステルヌの様式研究のインパクトがいかに大きかったかをここでも確認できよう。ゴルベフもまた、この報告書で、九世紀から一二世紀にかけての様式的変化を「発展」として捉え、各時代の様式比較によって、アンコール・ワット様式の独創性を証明しようとしている。

このように、アンコール・ワットの装飾の細部表現は一九三〇年頃、美術史家の新たな関心を集める対象となっていた。こうした学術的動向が一九三一年のレプリカに異常なまでの細部へのこだわりをもたらしたと考えてよいだろう。ステルヌらパリの研究者もレプリカには注目したに違いない。豊富な図版入りのアンコール・ワットのモノグラフも出版された。もはやいい加減な細部の復元はできなかった。

しかし、ここであらためて「正確な復元」とは何なのかを熟考せねばならない。一九三一年にはバンテアイ・スレイにおいてアナスティローシスによる「復元」も開始され、復元に纏わる問題は時事的な話題でもあった。

パリに建立されたレプリカの細部写真をじっくり観察してみよう。プラサートの装飾、中央祠堂入口の楣彫刻、破風彫刻、そして女神デヴァータ、十字回廊の柱、そこには、装飾的細部が何一つ欠けることなく「復元」されている。だが、これは、現実のアンコール・ワットの「正確な復元」であろうか。確かにいえることは、これは一九三〇年頃のアンコール・ワットの「正確な写し」ではない、ということだ。長い年月を生き抜いてきた現実のアンコール・ワットには、プラサートの神像や破風の欠損が目立つからだ。階段も柱も磨り減っている。ブランシュ親子は、このような崩落や破壊の跡、磨耗の跡をけっして写し取りはしなかった。古色を出すべく外壁の彩色に工夫のあとが見えるが、基

図75　国際植民地博覧会において夜間照明に輝くアンコール・ワット（レプリカ），『1931年パリ国際植民地博覧会大全』（1931年）挿図．

本的には、破壊の跡も崩落の痕跡もない「新築の」アンコール・ワットである。その意味で、いかに考古学的に精巧なレプリカであるとはいえ、これもまた、ドラポルト以来の伝統にある理想的な復元の系譜にあるといわねばなるまい。

このレプリカをもはや見ることのできない今となっては想像するしかないが、様式的に正確無比であったとしても、パリのアンコール・ワットは、現地の遺跡を真に知る専門家には、本物とは似て非なるモニュメントに見えたはずである。新築のレプリカは、破壊と崩落をもたらしたカンボジアの歴史の痕跡を完全なまでに欠いている。パヴィリヨンの恒久的保存に反対したフィノが、「クメールの歴史理解にとって有害」と述べた理由はここにあったのかもしれない。

しかし、見方を変えるならば、完全無欠の理想的な一九三一年のパリのアンコール・ワットは、新たな植民地国家フランスを称えるモニュメントとしてはこの上なくふさわしいものであった。復元された

図76　「インドシナの小さな踊り子たちのヨーク王妃への歓迎挨拶」（1931年7月17日），『イリュストラシオン』紙（1931年7月25日）．

アンコール・ワットはカンボジアの過去を蘇らせるモニュメントではなく、あくまでも、フランスの現在を象徴する記念碑なのだ。その象徴性を追認するように、パリのアンコール・ワットは、夜ともなると、赤、緑、黄のイリュミネーションで彩られ、近代都市としてのメトロポールを照らし出した（図75）。インドシナ駐在の経験があり、一九〇五年に小説『文明化した人々』によってゴンクール賞を受賞したクロード・ファレールは、植民地博覧会のアンコール・ワットの前に立った時、フランスこそが「昔日のクメールの文明の正統なる継承者」である、と叫ばずにはおれなかった。[*17]カンボジアを保護国として傘下におさめた「大フランス帝国」は、論理的には、クメールの歴史の継承者であったのだ。自分たちのための新築の近代的なアンコール・ワットを建造して、何の問題があろうか？『イリュストラシオン』が伝えた博覧会責任者リオテー元帥の写真は、アンコール・ワットを我が物としたフランスの姿をまさに象徴しているだろう（図76）。復元されたアンコール・ワットを背景にして、リオテーは得意気にヨーク王妃を迎えている。この博覧会の敷地内では、リオテーほかフランスの要人が、アンコール・ワットの主人なのであった。

フランスは、学術的に正確な復元を実現することで、空想に満ちた一昔前の「想像上のオリエント」の時代を捨て去ったといえるかもしれないが、しかし、新たな植民地帝国もまた、儚く消える夜のイリュミネーションのごとく、あるいは、博覧会後に解体されたこのアンコール・ワットの運命そのままに、一九三一年の夏の夜の夢であったことはいうまでもない。パトリシア・モルトンによれば、博覧会閉幕後、このレプリカは解体されて、映画会社に売却されたという。[*18] 彼女が典拠とするのは、シュールレアリストのイヴ・タンギーが博覧会を批判するために書いた文章である。そこには、復元されたアンコール・ワットが「映画会社に燃やされるために売却された」と書かれている。[*19]

極東学院展覧会

さて、このアンコール・ワットの内部では、インドシナの植民地政策を総括する展覧会が開かれていた。一階は「経済に関する展示会」で、現地に進出した企業のブースが並び、生産される工業製品や農作物が展示された。我々にとって重要なのは公教育省と社会保険省による二階の展示室で、「植民地の社会的活動と知的活動」をテーマに展示が行なわれていた。その中心を占めたのが、極東学院による考古学調査の成果を示す展示である（そのほか、二階には各種教育活動の成果として、美術学校の教師や学生による美術作品の展示も行なわれた[*20]――カンボジア美術学校の展示は、グロリエ設計のカンボジア・パヴィリヨンで行なわれている）。

既に一九〇六年と一九二二年にマルセイユで開催された内国植民地博覧会にも極東学院は調査活動の概要を伝える展示会を行なっていた。特に一九二二年には、アンコール・トム出土の一一世紀の《ナーガ上の仏陀》（現在、ギメ美術館所蔵、MG一七四八三）を含む八点のクメール古美術品と二〇〇点以上の写真資料を展示するなど大規模な展示を行なっている[*21]（オリジナル彫像は博覧会終了後、パリとリヨンのギメ美術館に委託展示される）。しかし、この時には他にエドゥアール・シャヴァンヌが中国北部で採取した画像石拓本やポール・ペリオが中国で入手した掛け軸（当時は北宋の作品とみなされていた）、ノエル・ペリが日本で入手した仏具なども展示されており、パリのギメ美術館や国立図書館に所蔵されていた資料も用いた極東美術の包括的な展示となっていた。このマルセイユでの展示をインドシナの考古学に発展的に特化したのが一九三一年の展示であったといえよう。

その内容を詳しく見てみたい。学院の展覧会を組織する責任者であったヴィクトル・ゴルベフは、「考古学と古美術」セクションを「最重要の展示」と位置づけ、「細心の注意と準備期間をかけて用意」した。その理由を彼は次のように説明している。

「私には、今回（一九三一年の植民地博で）、大規模な展覧会を計画するには絶好の機会であるように思えた。学院の活動範囲、とりわけ考古学的調査と研究において、最近、目覚しい進展を遂げていたからである[*22]」

一九二〇年代半ばから一九三〇年代初頭にかけて、学院の考古学的調査は飛躍的に進展していた。

グロリエが指導したクメールの伝統工芸品もパリで注目を集めるようになっていた。また、一九三〇年にはマルローが『王道』を発表しており、学院の活動そのものが注目されたことだろう。一九二九年に院長に就任したばかりであったセデスにとっても、メトロポールでの初めての展覧会であり、新しい学院の姿を公表するための「絶好の機会」であった。セデスとゴルベフは、できる限りの最良の展示会を組織すべく、事前にパリの各種研究機関やインドシナの美術学校と交渉を取り付け、全面的な協力関係のもとに考古学展示室の充実に努めたのだった。

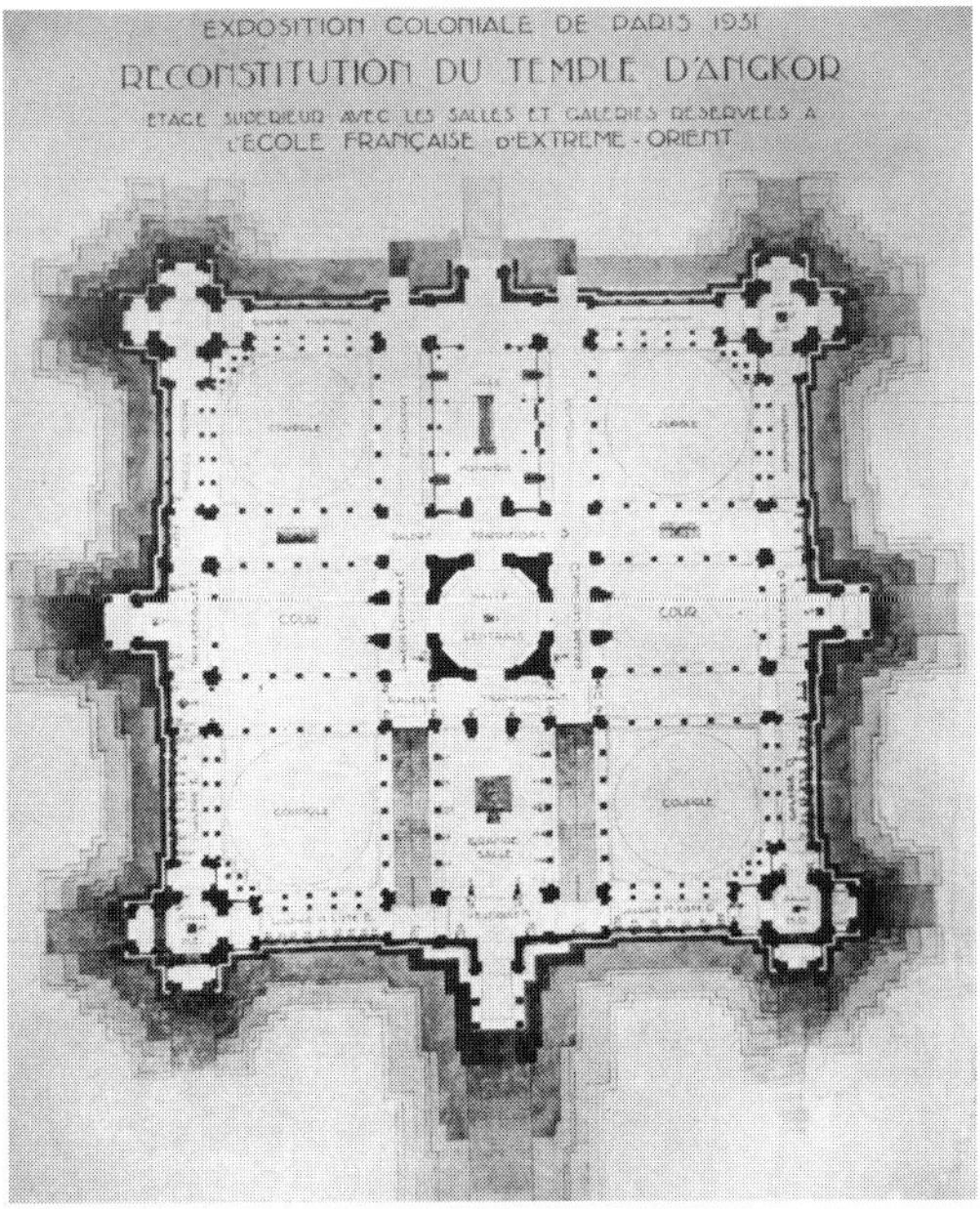

図77　「アンコール寺院の復元，上階の極東学院の展示室（配置図）」，『学院紀要』（1932）挿図．

極東学院の展覧会はAからGの七室に分かれ、DとEの二室が「考古学と古美術」に与えられた（図77）。展示室の構成は以下の通りである。

（A）極東学院の歴史
（B）出版物の展示
（C）インドシナの歴史
（D～E）考古学と古美術
（F）先史
（G）民族誌

F室には「先史」の遺物が展示されたの

図78　「アンコール・パヴィリヨンでの極東学院展示室」，『イリュストラシオン』紙（1931年7月25日）表紙．

で、全三室、約半分のスペースが考古学関係の展示である。ゴルベフが指摘したように、考古学調査に重点を移したこの時期の学院の調査状況を反映している。また、学院の展示スペースの正面入口が「考古学と古美術」室である事実にも、考古学を重視する方針を読み取れよう。展示の様子を伝える写真（図78、79）を見れば、考古学展示室では柱や欄干の装飾にも鋳型によるレプリカを使用していたことがわかる――付け柱や破風はブランシュ親子が設計したレプリカではなく、学院がこの部屋のために用意した装飾である。美術学校の協力によって、多数の鋳型によるレプリカを製作し、それを室内全面にはめ込んだのであった。

写真を観察しながら、展示品を幾つか確認しておこう。部屋の中央に陣取るのは、ジャン＝イヴ・クレイがチャキュウのチャンパ遺跡で発掘したばかりの《チャキュウの踊り子》の石膏鋳型レプリカ（トゥーラン美術館（現在のダナンにあるチャンパ美術館）の収蔵品）とミーソン遺跡の台座である。この台座に向かって右側の五本の柱にはアンリ・マルシャルが選定したオリジナル彫像が配置されている。現在、ギメ美術館の所蔵になっているプリヤ・カン遺跡出土の女神像（図80、一二世紀末から一三世紀初頭の作、バイヨン様式、ＭＧ一八〇四三）が見える。ジャヤヴァルマン七世の妃をモデルとしたとされる有名な作品だ。また、その対面の五本の柱にもそれぞれオリジナルの古美術品が並べられたが、写真の最も手前に写っているのは、同じくプリヤ・カン遺跡から出た仏陀像（一三世紀後半から一四世紀の作、ポスト・バイヨン様式、現在ギメ美術館所蔵　MG一八〇四八）である。今挙げた二体の彫像は一九二八年の調査で発掘された新発見の遺物であった。

その他、写真では確認できないが、アンコール・トムのスラ・タセットから出たガネーシャ（一二世紀末から一三世紀初頭、バイヨン様式）や同じくアンコール・トムのプリヤ・パリレイ出土の仏陀頭部（一四〜一五世紀、ポスト・バイヨン様式）、クレイがチャキュウで発掘した獅子像（一〇世紀、現在、ギメ美術館所蔵　MG一八〇五九）、タイン・ホア（アンナン）の銅像

図79　「植民地博覧会における極東学院展示室」,『学院紀要』(1932) 挿図.

図80　《プラジュニャーパーラーミター，もしくはターラー（女神）像》，12世紀末～13世紀初頭，プリヤ・カン遺跡出土，バイヨン様式.

図81　「植民地博覧会における極東学院展示室」，『学院紀要』（1932）挿図．

一群など、総計二七点のオリジナル彫像が展示された。[*23]

このように、展覧会に出品された古美術品の大半は最新の発掘調査によって学院が入手した遺物であった。ゴルベフが「最も重要」な展示と位置づけ、「細心の注意と準備期間をかけて用意」したと自負する展示としては、少々淋しい内容といえるかもしれない。プノンペンのアルベール・サロー美術館が所蔵する一級の古美術品は一つも展示されていない。芸術局から提供された所蔵品のレプリカ（プレアンコール時代のシヴァ像など）が展示されるのみである。

しかし、学院はけっして手を抜いたわけではないだろう。それまでのフランスでの博覧会の慣例では、一時的な博覧会のためとはいえ、いったんインドシナの地を離れてフランスに渡った遺物は、インドシナに再び戻ることはない。学院の委託品という形式で、博覧会後はパリのインドシナ美術館やギメ美術館に所蔵されることになる。実際、今回の場合も、博覧会終了後に古美術の類はすべてギメ美術館の所蔵となった。先述の通り、セデスは事前の交渉で、ギメ美術館との協力関係を取り付けており、ゴルベフが七月にインドシナに戻ってからは、グルセとステルヌが学院展示室の管理を行なった。その見返りとして、展示品はすべてパリに留まることになっていたのであった。それゆえ、いくら学院による考古学の集大成を展覧するといっても、一級の古美術品をいくつも送付するわけにはいかなかったのである。

古美術品以外の展示品についても少し解説しておこう。展覧会には、学院の活動を紹介する写真や地図なども多数展示されていた（図81）。たとえば、パルマンティエが作成した「カンボジア考古学地図」、「アンコール国定公園地図」、発掘調査されたばかりの「サンボール・プレイ・クックの遺跡地図」、あるいは、ジャン＝イヴ・クレイによる「チャンパ遺跡地図」や旧都シンハプラの復元図、ハノイの美術学校の学生によるアンナンの建築デッサンなどである。こうした資料は、主に回廊部の壁に展示されていた。写真の奥に写るのは、チャンパ遺跡の中心地ドンズオンから出たブロンズの仏像（トゥーラン美術館）のレプリカで、ハノイの応用美術学校の学生の手になるものである。

以上のように、学院の考古学展示室は、チャンパ遺跡とアンコール遺跡の遺物を併置し、さらに、少数のオリジナル古美術品と多数のレプリカを混在させた空間となっていた。オリジナルとレプリカが混交する空間は、ドラポルトのインドシナ美術館を想起させるだろう。一九三一年のパリにあって、この展示室は少々レトロな展示空間であったといわねばなるまい。第四章で考察したように、パリでは国立美術館統合によって、トロカデロのインドシナ美術館ではオリジナルとレプリカの分離が進行中であった。植民地博覧会後の展示品の委託も、オリジナルはギメ美術館へ、レプリカはインドシナ美術館へと区別してなされた。メトロポールの美術館では現実と虚構が混ざり合う空想的展示空間が姿を消しつつあったのである。その意味で、一九三一年の学院の考古学展覧会は、かつての見世物的

図82　「1931年7月28日，焼失した最初のパヴィリヨン」，『1931年パリ国際植民地博覧会』（1931）挿図.

図83　「最初のパヴィリヨンの仏像群〔焼失前〕」，『1931年パリ国際植民地博覧会』（1931）挿図.

展示の歴史の最後を飾る場であったといえるかもしれない。学術的展示にこだわった極東学院が現実的な制約ゆえに、こうした展示しかできなかったのは皮肉であるが、それほど気にすることもなかっただろう。そもそも、会場自体が巨大なレプリカであったのだから。

ゴルベフによれば、学院の展覧会は盛況であったという。博覧会の目玉であったアンコール・ワットの内部で開催されたのだから当然だろう。しかし、「常に満員の状態」(ゴルベフの言葉)の会場に古美術品を展示するのは、保存の観点からは非常に危険な状態にあったのではなかろうか。

実際、この博覧会には記憶にとどめておくべき重大な文化遺産の喪失という出来事があった。インドネシア館の悲劇である。インドネシアを植民地支配していたオランダはパヴィリヨンにジャワやバリの古美術品を展示していた。しかし、博覧会開幕から間もない六月二八日、原因不明の出火によりパヴィリヨンは全焼、展示品もすべて焼失した(図82)。焼失した古美術品には、ボルネオ島の青銅製仏像、バタヴィア美術館から貸与された黄金の仏像など貴重な古美術品が多数含まれていた(図83)。その被害は甚大であり、直後にオランダ人研究者による焼失遺物のリストと作品記述を行なった論文が発表されている。[*24] また、植民地博覧会の開催に反対したフランスのシュールレアリスム芸術家たちによって、文化遺産の焼失を招いた博覧会を非難する声明も出された。[*25] 博覧会のために用意される施設は臨時的なものであり、防災などの配慮は最小限であったと想像される。インドネシア・パヴィリヨンの焼失という出来事は、一九世紀半ば以降、繰り返し行なわれてきた博覧会における美術品展示が内包していた危険性をあらためて教えてくれるものだろう。

図84　ポルト・ドレ宮（旧植民地宮）南側正面，ラプラド設計．

植民地宮に見るインドシナとアンコール遺跡の表象

博覧会のパヴィリヨンは閉会後ほぼすべてが解体され、一夜の夢を演出したアンコール・ワットの姿もヴァンセンヌの森から姿を消した。[*26] そして今では、当初から恒久施設として建造された「植民地宮」だけが、博覧会の記憶を現代に伝えている（図84）。本章の後半部では、この建造物の装飾を主題として、博覧会におけるアンコール考古学の貢献についての考察を深めてゆこう。

今日「ポルト・ドレ宮」と呼ばれるこの建造物は、植民地博覧会後、一九三九年までは「植民地博物館」、そしてその後一九六〇年までは「フランス海外県美術館」の名称のもとに、植民地に関わる文物を展示する施設として使用された。一九六一年からは、アンドレ・マルロー文化大臣によって、植民地主義時代の歴史を払拭した名称「アフリカ・オセアニア美術館」に変わり、二〇〇二年まで存続した。二〇〇三年、この美術館のアフリカとオセアニアのコレクションが、ジャック・シラク前大統領の肝いりで新設されるブランリー美術館（二〇〇六年六月開館）に移転することが決定し、美術館としての役割を終える。この時、残された建物をどう利用するかが問題となり、取り壊される可能性もあった。しかし、二〇〇四年に国立移民歴史博物館として生まれ変わることが決定、二〇〇七年四月、新たな装いのもとにこの博物館が開館している。

往時の面影は今なお残っている。パリジャン、パリジャンヌなら誰もが知っているが、この建物の地下は市営の水族館である。水族館だけは博覧会以来ずっと現役で、薄暗い地下の壁には、今なお、フランスの植民地を黄金色に塗った世界地図や植民地経営の歴史を記す地図が残っている[*27]（図85）。また、建造物の正面には横一〇〇メートルに及ぶ巨大レリーフが装飾として製作され、植民地の原住民や動物や特産物を刻んだ巨大植民地絵巻が展開する。植民地とフランスが一致団結して、大フランス帝国を支えるという理念を露骨に伝えるイメージである。よくぞこんなものが今まで（壊されずに）生き残ったものだと思わずにはおれない。

図85　ポルト・ドレ宮地下の水族館にある地図．

この建造物については二〇〇二年にフランス美術館連合から出版された『植民地宮――アフリカ・オセ

アニア美術館の歴史』が詳しく、レリーフやフレスコ壁画、内装装飾、調度品などを、博覧会時の古写真を交えて多角的に紹介している。[*28] 美術館としての使命を終えるにあたって解体される可能性もあったこの美術館の歴史的価値を強く訴える内容となっている。また、翌年の二〇〇三年には、ファサードのレリーフを制作した彫刻家アルフレッド・ジャニオのモノグラフも刊行された。[*29] 植民地主義時代の記憶を抹消するかのような二〇〇〇年代のパリの美術館再編に抗うように、この建造物や関わった芸術家たちへの関心が反動的に高まった時期であった。パリ郊外のブローニュ・ビヤンクールに「一九三〇年代美術館」が創設されたのもこの頃のことである――一九八〇年代に保守的な美術史家が行なった一九世紀フランス美術のレヴィジョニスム(修正主義)が、二〇世紀に応用されたかの感がある[*30](ジャニオのモノグラフの序文を担当したのは、レヴィジョニスムの立役者の一人ブルーノ・フカールである)。また、先述のパトリシア・モルトンの『ハイブリッド・モダニティーズ』においても、植民地宮の建築構造に関して綿密な分析がなされている。

こうした先行研究を踏まえながら、ここでは簡潔にこの建造物の全体像を紹介した後、アンコール遺跡を含むインドシナの風物や美術がいかに表象されたのかを分析したい。先行研究では美術史的観点からの分析は少なく、また、インドシナの表象に関する議論は皆無といってよい。だが、植民地宮の装飾にはアンコール・ワットのイメージやクメールの工芸品も登場する。これらの図像を読み解くことによって、博覧会においてアンコール考古学がどのように理解されていたのかを知ることができるだろう。

図86　ポルト・ドレ宮（旧植民地宮）西側壁面.

植民地宮の建築様式

まずは、植民地宮の設計の経緯と設計を担当した建築家アルベール・ラプラドの意図について概略しておこう。ラプラドは建造物全体の調和を図るため、装飾プランにも関与した。装飾分析のためにも、この建築家の思想を理解しておく必要がある。

植民地宮はフランスによる植民地経営の歴史とその内容を一般人にわかりやすく伝えるためのパヴィリヨンであった。開会式や記念式典などのセレモニーもこの中央ホールで開催された。

地下の水族館に植民地主義の歴史を伝える地図が今も残存することには言及したが、外壁東側面にもその記憶をとどめる記録が残っている。「その天才によって帝国を拡張し、海外に帝国の名を愛すべきものとして知らしめた息子たちへ、フランスから感謝の意を込めて」との標題のもとに、フランスの植民地拡大に貢献した約一〇〇名の政治家と軍人の名が編年順に刻まれているのである（図86）。また、植民地宮内での催し物としては、復元されたアンコール・ワット内で開催されたインドシナの美術学校出身者による絵画展に呼応するように、フランス人画家による植民地絵画を一堂に集めた「オリエンタリスト絵画展」が開催された。そこには、アルジェリアを描いたドラクロワから、タヒチを描いたゴーギャンまで、フランス近代美術の巨匠の絵画も多数含まれていた。[*31] いかに復元されたアンコール・ワットのパヴィリヨンが雄大であったとはいえ、博覧会を主催するフランスの画家たちの絵画展を植民地のパヴィリヨンで開催するわけにはいかない。博覧会では、本国と植民地の区別は明確になされねばならなかった。

設計を担当したアルベール・ラプラドには、なによりも、このフランスと植民地の差別化を視覚的に表現する様式が求められた。[*32] しかし、植民地博覧会というイヴェントに厳めしいフランスの古典主義様式を持つ古風な建造物はふさわしくなかった。植民地主義の近代国家という新しいフランスの姿を象徴する建造物を創出せねばならなかったのである。ラプラドはモロッコなど北アフリカの植民地の建造物を数多く手がけており、この種の手法には通じていた。結果として完成した建物は、植民地の様式を想起させつつも、一九三〇年代のフランスに特徴的なネオ・クラシシスム（新古典主義）様式とアール・デコ様式を基盤にしたものとなっている。というより、むしろ、当時の新古典主義とアール・デコが、いかに植民地の様式と深く関わっていたかを示すきわめて興味深い事例となっているといったほうがよい。

計画当初、設計はパリの建築家であったレオン・ジョスリーに任される予定であった。ジョスリーは「北アフリカ風の様式」とフランスの様式の混成的な建築案を構想していた。当初は植民地宮が北アフリカのパヴィリヨンとして利用される計画だったからである。しかし、この案は破棄され、フランス館として独立することとなり、ジョスリーは次の案としてカンボジアの「クメール様式を現代化」した設計を博覧会事務局へ提出した。しかし、当局は、この案に満足しなかった。計画案は、宗主国フランスと植民地の様式が混成的で、両者のヒエラルキーが曖昧となっていたからである。

ジョスリーに代わって設計を担当することになったラプラドは、「アフリカ的か、あるいはアジア的か、という折衷的な選択では何の解決も得られない」とし、「簡素で崇高で安定した構成の中立的表現」を持つモダンな建造物を造らねばならないと主張した。[*33] その特徴はファサードに並ぶ二〇本の細い列柱に端的に表れているだろう。古典的なイオニア式の柱頭をアール・デコ風に抽象化した角柱が、幾何学的かつスタイリッシュに等間隔に並んでいる。西欧の古典的造形と近代的な抽象的造形を併せ持ったファサードは、この時代が要請したネオ・クラシック様式を代表するものである。ラプラドにいわせるならば、古典と近代の融合は「プリミティヴなものを文明化する」二〇世紀が求める「偉大でシンプルな」現代的表現に他ならなかった。単なる伝統的な古典建築では現代性が表現できないし、ル・コルビュジエに代表される先鋭的にモダンな建築では、国家的なイヴェントに相応しい威厳が生まれない。ラプラドは、「少しの新しい精神を有しつつも、それを緩和した」様式を採用し、「現代的」でありながら「極度に流行的」にはならない美術様式、「極端にモダンでキュビスム的でない、また、だからといって極度に凡庸な古典でもない」建築を理想としたのだった。なんとも曖昧な定式だが、これこそ植民地博に関わったフランス人芸術家の目指した芸術様式だったのである。この「非決定的な様式」は、当時のある美術批評家が評したように、純粋に西欧的でも植民地的でもないが、それゆえにこそ、西欧的なものも植民地的なものも暗示的に包含することのできる都合のよい様式であった。[*34]

ファサードの巨大植民地絵巻

ラプラドは植民地宮の装飾のために、問題意識を共有する芸術家を招集している。すなわち、古典と近代との調和を模索し、当時の植民地美術にも通じた保守的なモダニストを集めたのである。(驚くべきことに)そのような芸術家には事欠かなかった。ファサードのレリーフ装飾には彫刻家のアルフレッド・ジャニオが、そして、内部のフレスコ壁画にはデュコス・デ・ラ・アイユやルイ・ブーケ、アンドレ＝ユベール・ルメートル、イヴァンナ・ルメートルといった画家たちが集められている。前衛芸術を軸に組み立てられた二〇世紀のモダン・アートの歴史において、彼らは完全に忘却された存在である。だが、当時のモニュメンタルな公共美術を担当したのは彼らであり、彼ら中道派の芸術家こそ、大戦間のフランスを代表する存在であった。

彼らは基本的には古典主義的なアカデミスムを遵守しつつ、モダンな様式と植民地(西洋外部)の様式を折衷して新しさを演出した。別の言い方をすれば、エグゾティスムと帝国主義によって躍進したアール・デコ美学の代表者だと形容することもできる。いずれにせよ、いまだ美術史的には評価の定まっていない(つまり、大した地位を与えられていない)彼らの芸術様式を定義づけることは容易ではないし、当時から「非決定的な様式」と形容された様式をあえて定式化する必要もない。とにかく、一九三〇年頃の植民地帝国フランスの公式芸術を担った彼らの作品を具体的に検討してみよう。

まず、ファサードを飾るジャニオのレリーフを観察したい。高さ一〇メートル、横一〇〇メートルの巨大な壁面に刻まれる主題は《フランスに対する植民地の経済的貢献》である。中央入り口上部に

図87　アルフレッド・ジャニオ《ポモナ》（《フランスに対する植民地の経済的貢献》部分），1931年，ポルト・ドレ宮レリーフ，パリ．

はギリシャ神話の豊穣の女神ポモナが彫られ、宗主国フランスを象徴する（図87）。豊かに実った葡萄の樹に囲まれた彼女が「フランスの繁栄」を示すというわけである。一方、彼女を中心にして、左右の五〇メートル幅の巨大な画面にはそれぞれフランスの植民地の様子が表現されている。左側にはアフリカとアメリカ大陸の植民地、右側にはアジアとオセアニアの植民地の情景が刻まれるのである。

　左半分を観察しよう。アルジェリア、チュニジア、モロッコ、コンゴ、セネガル、コート・ディヴォワール、ガボン、スーダン、ダオメーなどの植民地の国名と、木材、羊毛、綿、ゴム、カカオ、穀物（シリアル）などの植民地の名産物の名が刻まれ、各々の仕事に従事する原住民の男女が表現されている。社会科の教科書さながらに、この植民地大絵巻を見れば、各国の名称と名産品を知ることができる。また、漁りをするガボン女性（図88）が独特のヘアスタイルで厚

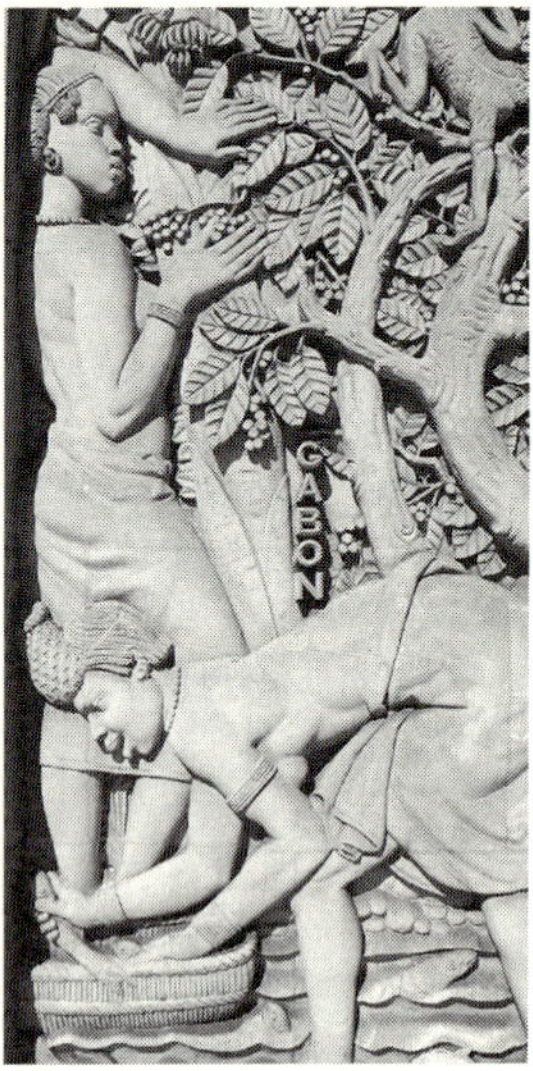

図88　ジャニオ《ガボンの原住民》（《フランスに対する植民地の経済的貢献》部分）．

図89　ジャニオ《アルジェリアの原住民》（《フランスに対する植民地の経済的貢献》部分）．

い唇に顎の突き出た横顔で表現される一方、アルジェリア女性（図89）は頭髪を布で覆い、古代ギリシャ彫刻を思わせる高い鼻の彫りの深い顔で表現されている。類型的な民族表現であり、当時の民族学や人類学の教科書的表現と形容しえよう。しかし、ジャニオ自身は各々の民族を実際に観察して制作したと主張したかったようで、ダオメーの女性をモデルに制作中の自らの姿を写真に収めさせている。[*35]

　植民地で仕事に従事する人物の背景は、バナナや葡萄、オレンジ、サボテンなどの多種多様な植物、あるいは、カバや象、ラクダ、ライオン、鹿などの動物、様々な種類の鳥、熱帯に生息する海水魚や熱帯魚や蛸、オウム貝によって埋め尽くされている。「未開拓の森林」なる言葉も見える。これらはさながら植物図鑑と動物図鑑といったところか。博覧会を訪れた人々を地下の水族館や熱帯動物園へと誘ったことだろう。

　右半分も同様の構図で、コーチシナ、カンボジ

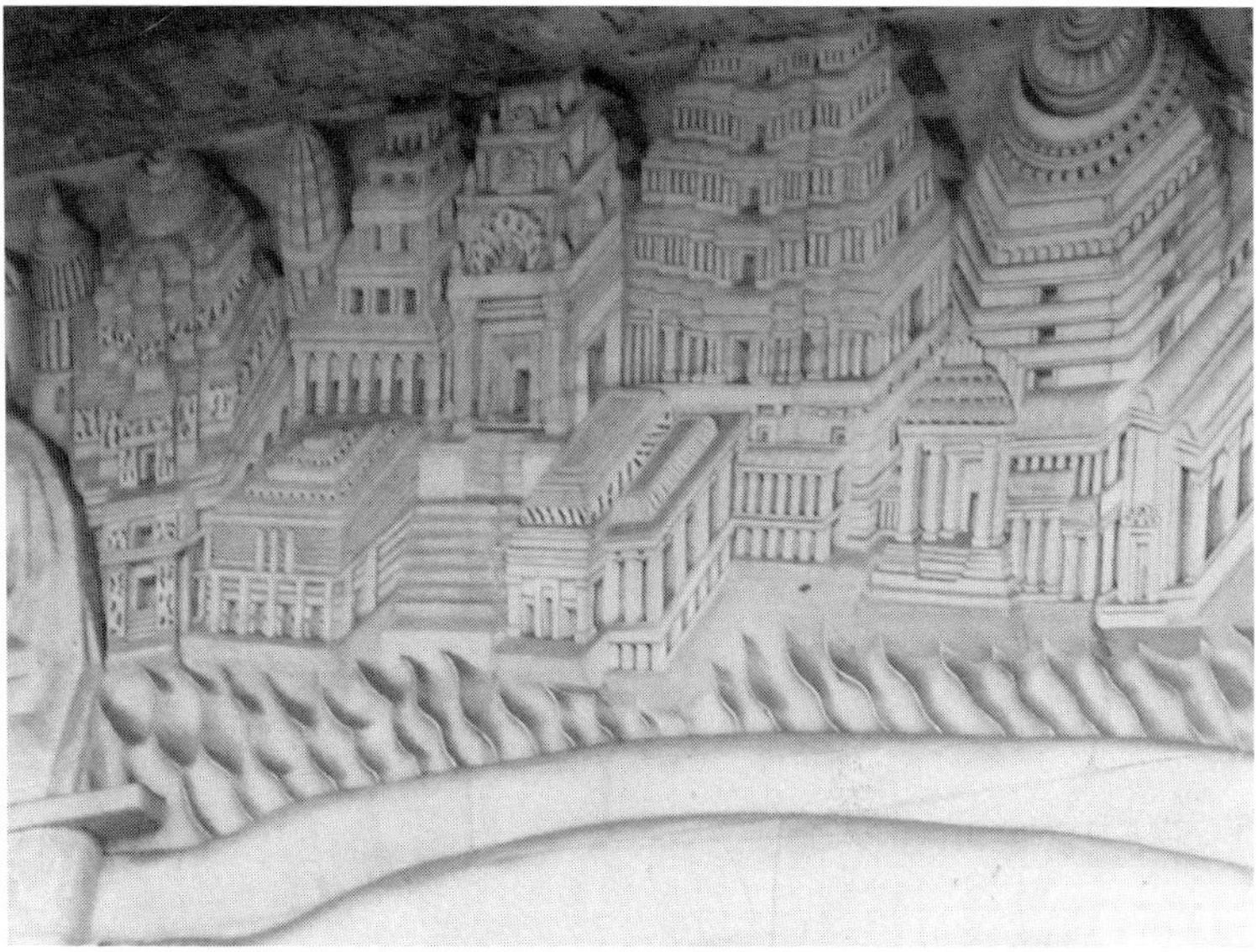

図90　ジャニオ《アンコール遺跡群》(《フランスに対する植民地の経済的貢献》部分).

ア、タヒチなどの植民地名とともに名産品のゴム、絹、米、とうもろこし、コーヒー、油などの文字と絵が刻まれている。また、象や牛、トラ、蛇、あるいは稲やバナナや椰子の樹など動植物も無数に彫られている。仕事に精を出すアジアの原住民の顔は、一様に一重瞼の吊り目で、頬がこけているのが印象的である。こうした多様なイメージの中で、最も目立つ二頭の象の後ろに、アンコール・ワットと思しき寺院が見える(図90)。博覧会に復元されたアンコール・ワットがあれほど精緻であったことを考慮すれば、正確さを欠くといわねばならない。とはいえ、ジャニオは正確な復元を目指したわけではない。アジアを代表する建造物を描き出したまでである。注目すべきことに、これが右半分の植民地絵巻に刻まれた唯一の建造物である。ジャニオは、アジアの植民地を代表する建造物としてアンコール・ワットを選んだのだった。

巨大なレリーフの全体の構図を理解するために

図91　ジャニオ《仏領インドシナ》(《フランスに対する植民地の経済的貢献》部分).

は、左右両翼に同じように大きく描かれた象の姿を見るのがよい(図91)。アジア側の象は左方向を向き、歩みを進めている。一方、アフリカ側の象は右方向へと歩んでいる。両者の向かう先はレリーフの中央部、すなわち、フランスの象徴ポモナである。その他の動物や船など、主要な要素はすべて中央へと向かう動性を示している。世界中の植民地諸国から、中央のフランスに向かって、各地の産物が運ばれてゆくというわかりやすい図式である。かくして、レリーフの主題《フランスに対する植民地の経済的貢献》が図解されるのだった。

植民地諸国から貢物を得た中央のポモナは豊かな実りに包まれている。彼女のまわりには、マルセイユ、ボルドーなどのフランスの港の都市名が彫り込まれ、フランスの精神を代表するロマネスクやゴシックの教会も表現される。さらに、平和の象徴である鳩が舞い、「平和」と「自由」の文字が記される。フランスと植民地の共栄によって、相互に平和と自由がもたらされるのである。

個々の図像をこれ以上解説する必要はなかろう。目も当てられないほどの露骨な植民地主義の理想を伝える図像であり、難解なところは一つもない。これこそ、大衆が押し寄せる植民地博覧会にふさわしい公共美術の図像表現であった。今でこそ、水族館を訪れるパリジャンが、忘却された彫刻家のレリーフに目を向けることはないが、往時の観衆はこのレリーフを前にして、熱帯動物園で珍しい動物を見物するように、各植民地の風俗を丹念に観察したことだろう。

ジャニオの様式

安直な啓蒙的主題とはうってかわって、この巨大レリーフの様式には深く考えさせるものがある。前記のモノグラフ『植民地宮』において装飾に関する論文を担当したドミニック・ジャラセは、二〇世紀美術史の修正主義的観点から、「今日まで、植民地主義的芸術は、保守的政治（帝国主義）を反映して、《保守的である》、少なくとも《官製芸術》、《国粋主義的》、《キッチュ》などの偏見のもとに軽んじられてきたが、こうした偏見を排除せねばならない」と主張している。[*36] 私は、それこそ「保守的」な美術史家たちに倣って植民地主義芸術の復権を訴えるつもりは毛頭ない。しかし、ジャニオの様式はモダン・アートの歴史の再考を促す重要な特質を有しているという点は強調したい。たとえば、先に見たガボン女性（図88の左に立つ女性）を見よう。写実的な人物表現と抽象的に単純化された背景とが奇妙な均衡を保っている。洗練された古典主義的要素と、モダン・アートに特徴的なプリミティヴな要素とが混在した魅力的なイメージだとあえていいたい。頭部の背後から伸びる左手の表現などは、同時代のマティスやピカソの人物表現を想起させる抽象性を持っている。こうした現代的にも古典的にも見える特徴、また、西欧的（ギリシャ的）でありつつプリミティヴな西欧外部の表現を想起させる特質は、まさに、ラプラドが建築本体で示した「非決定的な様式」と呼応するものである。[*37]

ジャニオの様式的非決定性は発表当時の話題でもあった。ジャーナリストや批評家は、このレリーフの様式的源泉がどこにあるのかと様々な想像を膨らませている。確かに、これほど巨大な浮き彫り作品はヨーロッパには類例がない。アンコール遺跡を知る者なら、様式こそ異なるがアンコール・ワットの長大な乳海攪拌のレリーフやバイヨン壁面のレリーフを想起したことだろう。エリック・オルセナの小説『植民地博覧会』（一九八八）には、博覧会のパヴィリヨンを前にして、「このエグゾティスムは人類への侮辱である」と述べた当時の弁護士の言葉が引かれているが、ジャニオのレリーフに近代ヨーロッパの表現よりも、オリエンタルでエグゾティックな表現を読み取るものがいたとしても不思議ではない。[*38]具体的には、「エジプトのヒエログリフと壁画」、「アンリ・ルソーのジャングルやアルベール・ドゥカリの版画」、「日本の刺青」など、東方の装飾的芸術を連想させると評する数々の批評があった。[*39]しかし、興味深いことに、その一方で「大昔の（ヨーロッパの）洞窟芸術」や「中世教会のティンパヌム」、「一四～一五世紀のフランドルのタピスリー」など、西欧のプリミティヴな芸術表現を思い浮かべる批評家も少なからずいた。当時流行していたフランス中世風の擬古的な民衆版画との様式類縁性を指摘することもできよう。結局のところ、当時の評者たちは（そして現代の我々も）、ジャニオの様式に決定的な影響源を見定めることができなかったのである。その結果、彼の作品は二〇世紀美術史のどの潮流にも分類されることなく、忘却の憂き目に遭ったといえよう。

さて、ジャニオの様式に不確定的な影響源しか類推しえない理由は、彼独特の単純化の手法と様々な様式を纏め上げる非凡な技術にあると言えよう。前述のように、彼は人物を造形する時には各民族の類型化を試みているが、その時、様式を微妙に変化させている。たとえば、ガボン女性（図88）にはアフリカのプリミティヴな彫刻を連想させる大胆なデフォルメを施しつつ、その一方で当時のフランスで流行していたエグゾティックな女性彫像に典型的なリアリズムの精神を加味している――植民地博覧会で好評を博し『イリュストラシオン』の表紙にもなったフランス人女性彫刻家アナ・ファニー・カンコーの作品を例示しておこう（図92）。他方、アルジェリア女性の表象（図89）には古代ギリシャ風の様式で彫りの深い人物像が適用される。また、インドシナの女性を表現する際にはクメール彫刻を髣髴とさせる様式で微笑をうかべる人物が造形される（図104を参照のこと）。さらに、中央のフランスの象徴たるポモナ（図87）は、古代ギリシャの古典的様式を踏まえながらも近代性を感じさせるアール・デコ風の人物像となっている。実に多様な様式を一つの作品の中に混在させているのである。

図92　アナ・カンコー《フタ・ジャロン（ギニア）の女性》（1931年，テラ・コッタ，高46cm），『イリュストラシオン』（1931年7月27日）表紙．

しかし、だからといって、作品全体の様式がちぐはぐになっているわけではない。ジャニオの天才は多種多様な様式を乖離させるのではなく、各様式の差異を緩和し、長大な画面全体に統一感を付与する能力にある。あたかも、古代ギリシャのレリーフとアフリカの彫刻との間に、あるいは、中世フランスの浅浮彫とクメールの彫刻表現との間に、共通の造形的特質があるかの

図93　シャルル・エロン《西欧の芸術》, 1937年, シャイヨー宮東側入口上部のレリーフ.

ように、あらゆる要素を受け入れ、調和させるのである。彼もまた、一九三〇年代のフランスの美術史家と同じように、ギリシャからアジア、さらには南洋に至る世界各地の美術に、様式的な普遍性を認めていたのだろうか――ジャニオが活躍した一九三〇年代が「普遍的美術史」の時代であったことは偶然ではなかろう（二一七～二二二ページを参照のこと）。世界各地の多様な美術様式を接木しながら、統一的な単純な様式に纏め上げるジャニオの作品は、この時代が要請した普遍的なフォルムの一つの理想であったといえるだろう。

　植民地宮でジャニオが提示した様式の独創性は、たとえば、シャイヨー宮に施されたレリーフ作品群と比較した時に明らかとなるだろう。シャイヨー宮は一九三七年のパリ国際博覧会（「近代生活における芸術と技術の国際博覧会」）のための建造物で、ここでもシャルル・エロンなど今日では忘れられた彫刻家が装飾レリーフを担当した（ジャニオは一九三七年の博覧会ではパレ・ドゥ・トーキョーの巨大レリーフを担当した）。入口上部や壁に配された矩形のレリーフ群は小品ばかりだが、様式の比

図94　アナ・カンコー《インドシナの芸術》，1937年，シャイヨー宮東側入口上部のレリーフ.

較は有効だろう。たとえば入口上部にある二対一組のレリーフを観察しよう（図93、94）。一方はフランスを、もう一方はカンボジアを寓意的に表現している。前者を見ればこの彫刻家が古典主義的様式のボキャブラリーを自家薬籠中のものとしていることがわかる。智慧の女神アテナを抱く聖母マリアを中心にして、背景には中世フランスの騎士やゴシック聖堂を建設する天使の姿が表現されている。フランスと古代ギリシャを重ね合わせることで、フランスを古代ギリシャの正統な継承者に位置づける典型的な古典主義的精神を示しているといえるだろう。他方、カンボジアの表象はどうか。こちらは対照的に大胆な抽象化が試みられている。背景には幾何学的文様や図案的な動物などが組み合わされ、フランスの古典主義的様式とは異質の造形原理によって表現されている。ミメシスの伝統にある写実的なヨーロッパと抽象的なアジアというヴィルヘルム・ヴォリンガー以降の紋切り型、あるいは洗練された西欧とプリミティヴなアジアというお馴染みのクリシェによって両者の様式を対照的に表現していると分析してよかろう。両者は全体的な構図は関連づけられているようだが、人物や動物や建造物に付与される様式は異質である。こうした作例と比較するならば、西欧の古典主義と西欧外部の様式を総合するジャニオの様式がいかに独創的であったかがわかるだろう。

パトリシア・モルトンは『ハイブリッド・モダニティーズ』において、ラプラドの非決定的な様式を解釈する際に、本書第六章で引用したアルベール・サローの言葉――オリエントやアフリカの「若さに溢れた活力を」「干からびたパリの動脈へと導入」せねばならない――を援用し、西欧の古典主義様式と西欧外部のプリミティヴな様式を混交させる折衷的な特質の説明とした。しかし、ジャニオの芸術を分析するためには、この説明だけでは不十分である。折衷的な造形解釈は植民地宮内を飾っていたジャン・デュナンの漆絵作品《アジアの人々、インドシナ》(一九三〇)などには適用可能だろう。しかし、ジャニオの場合には、異質な様式の「混交」というよりは、多様な様式の「混乱」というべきである。一般的に、様式という概念は、異なる様式との対比によって明確に把握され、対比を通して何らかの芸術的意志や政治的メッセージを暗示する。たとえば、純粋抽象のような前衛的な様式は、アカデミックな古典主義的様式に対する明らかなアンチテーゼとして機能したし、逆に、古典主義的様式は、ファシズム時代の古典主義的建造物のように、前衛的なモダニズムへの反動として作用しえた。だが、ジャニオは、あらゆる対立的な様式を無化し、様式によるメッセージの読み取りをきわめて困難にする。その結果、彼が保守的な芸術家なのか、前衛的な芸術家なのか、作品の様式を見る限りでは容易に判断することができない。[*40] その意味では、彼の非決定的で曖昧な様式は、美術史的な様式適用の誤謬ないし誤用と呼んでもよい。こうした芸術を二〇世紀美術史にどのように位置づけてゆくべきなのか。これからの美術史の一つの課題である。少なくとも、前衛対保守、抽象対具象という

図95 デュコス・デ・ラ・アイユ《植民地に対するフランスの貢献》部分, 1931年, ポルト・ドレ宮中央ホール, フレスコ.

従来のわかりやすい様式区分によっては語りえないことは明白であろう。

フレスコ装飾――中央ホールと二つのサロン

さて、ファサードの入口から内部へ足取りを進めよう。

まずは、入ってすぐの中央ホールである。ここには、四方の全壁面にデュコス・デ・ラ・アイユの手になるフレスコ絵画の世界が広がっている(図95)。各壁面は高さ八メートル、横一〇メートル、展開される物語はファサードの対となる主題である。つまり、ジャニオが《フランスに対する植民地の貢献》を表現したのに対し、内装を担当したデ・ラ・アイユは《植民地に対するフランスの貢献》を描き出した。

対比されるのは主題だけではない。ファサードのレリーフは必然的にモノクロームだが、内部は一転してフレスコによる色鮮やかな世界が広がる。訪れる者は

図96　デ・ラ・アイユ《植民地に対するフランスの貢献》部分．

否応なく華やかな「フランスの貢献」の世界に魅了されるだろう。この色彩的な対比は意図的であったと考えてよい。かつて詩人のボードレールが書いたように、彫刻は本質的に原始的でプリミティヴな芸術形式であり、「植民地の貢献」を表現するのにふさわしく、一方、宗主国「フランスの貢献」を表現するには、西欧で洗練された色鮮やかなフレスコというメディアこそふさわしかったといえるからだ。[*41] 実際、デ・ラ・アイユの絵画はジャニオのような単純化された（プリミティヴとすらいえる）様式ではなく、写実的で洗練されたアカデミックな様式を基盤にしている。この様式の選択は明らかに主題に連動したものである。寓意像（擬人像）も利用してはいるが、基本的には「フランスの貢献」が主題であるため、入植した同時代のフランス人が中心に描かれる。この種の一般向けの公共芸術において、フランス人をプリミティヴな様式で表現するわけにはいかなかっただろう。

確かに、ホール正面の壁面の最も目立つ中央に描かれているのはフランスを象徴する寓意像であり、写実性は弱められている（図95）。彼女を取り囲むペガサスや豊穣を象徴する植物の類もアール・デコ風の抽象度の強い表現となっている。しかし、この表現は、おそらくファサードとの様式上の連続性を意図してなされたものであろう。同時代のフランス人の活動が描かれる両側の壁面では、一転して写実的な様式が採用されている。

たとえば、向かって左側では、白い制服に身を包んだ植民地官吏が原住民に医療行為を施す場面が正確なデッサンによって描かれている(図96)。前景には担架に横臥する原住民と彼を見守る植民地官吏が見える。これから病院へ向かうのだろう。担架を担ぐ人物の帽子から判断すると、これはインドシナの光景である。病人の横には瓶入りの治療薬が描かれている。東洋医学ではなく西洋医学によって応急処置が施されたことを暗示している。背景には、原住民に予防接種をするフランス人の姿も見える。この場面の左側面の壁には再び擬人像が描かれ、上に記された文字から「科学」の擬人像であることがわかる。西洋科学による「フランスの貢献」がここでの主題なのである。

さらに左の壁面を辿ってゆくと、原住民の腕にはめられた鎖を解くフランス人宣教師の姿が描かれている(図97)。中央アフリカの情景だろう。背後には白馬にまたがり楽しそうに野をかける黒人たちが描かれている。意味は明白、フランス人が黒人を解放し、自由を与えたと説明しているのである。

図97　デ・ラ・アイユ《植民地に対するフランスの貢献》部分.

このように、中央ホールのフレスコで表現されるのは、科学技術や宗教によって、未開の地から文明国へと変貌してゆく植民地の姿である。レリーフ同様、フランス側のまことに都合のよい植民地主義プロパガンダを啓蒙的に示す単純明快な大絵巻である。写実的な様式にはとりたてて注目すべき点はない。

様式的観点から興味深い特徴を指摘できるのは、建物の両端にある二つの小部屋の壁画である。正面に向

図98　ポルト・ドレ宮アジア・サロン（「リオテー・サロン」），1931年.

かって左、北西側に「大臣サロン」と呼ばれたアフリカ・サロン、南東側に「リオテー・サロン」と呼ばれたアジア・サロン（図98）があるが、それぞれ、アフリカとアジアの植民地における《知的貢献と芸術の貢献》を主題としたフレスコ壁画が描かれている。

アフリカ・サロンのフレスコを描いたのはルイ・ブーケ、アジア・サロンはアンドレ＝ユベール・ルメートルとイヴァンナ・ルメートルの担当である。ファサードで表現された《植民地のフランスへの貢献》が第一次産業による経済的貢献にほぼ限定されていたのに対し、両サロンの装飾では、芸術文化におけるフランスへの貢献がテーマとなっている。いかにもフランスらしい主題選択といえよう。サロンは植民地の貴重で高価な木材や貴石を使用したアール・デコの高級調度品（リュールマン設計の机、椅子、電気スタンドなど）で飾られてもいる。植民地主義（帝国主義）とアール・デコの蜜月の時代の空気をこれほどヴィジュアルに伝えてくれる例は少ない。

植民地の「芸術の貢献」を主題としたフレスコ装飾には、ジャニオのレリーフと同様にフランス人が一人も描かれていない。中央ホールの装飾がフランス介入後の植民地時代の情景であるとすれば、こちらは植民地化される以前の現地の風俗を伝える情景となっている。近代的な道具立てはいっさい見られない。アフリカ・サロンには鹿を襲う虎が描かれているが、象徴的に植民化される以前の未開性を強調したものだろう。原住民の表現としてとりわけ興味深いのは、アジア・サロンに描かれた二人の病人の姿である(図101の左端を参照のこと)。先に見た中央ホールの病人と比較させるために描かれたのに違いない。二人の病人のうち、一方は高熱なのだろう、付き添う人物が額に手を当て看病している。もう一方の肩肘をつく人物は精神的な病のようだ。そして彼らの背後には、大蛇ナーガに坐る仏陀が大きく描かれている。病を患った彼らは、治癒を願って、仏陀の前に連れてこられたのである。思い通りに病が治まらず、仏にすがる原住民がここでの主題であり、中央ホールの西欧医学のイメージと対比されているのである。

図99　ルイ・ブーケ《リラを奏で森の住民を魅了するアポロン》(《知的貢献と芸術の貢献》部分)，1931年，ポルト・ドレ宮アジア・サロン，フレスコ．

加えて、「芸術の貢献」のテーマのもとに音楽に興じる原住民の姿が描かれているが、これもまた「未開」の伝統的表象の一つであることを見逃してはなるまい。アフリカ・サロンには竪琴を弾くアポロンとその音楽にあわせて踊る黒人女性(彼女はアポロンのムーサである)が描かれている(図99)。また、アジア・サロンには笛を吹くクリシュナと取り囲む牛飼いの娘たち、あるいは、中国琵琶の演奏に合わせて舞うカンボジアの踊り子が描かれる(図102を参照のこと)。一九世

図100　ルイ・ブーケ《ムハンマド》（《知的貢献と芸術の貢献》部分）.

紀末以来、西欧は音楽においてもアフリカやアジアから多大な影響を受けており、西欧への「芸術の貢献」を示す図像として音楽と舞踊が選ばれたのであろうが、しかし一方で、音楽と踊りに興じる享楽的な生活は、オリエントの「倦怠」と「怠惰」のイメージとして、一九世紀のオリエンタリスム絵画以来、盛んに描かれてきたテーマでもあった。

　ここで様式的観点から注目すべき一例を挙げよう。アフリカ・サロンに描かれたムハンマド（マホメット）とドラゴンを退治する騎士の様式である（図100）。正面視で古風に描かれたムハンマドの背後には、極端な短縮法で描かれた建造物があり、この部分だけパースペクティヴ（透視図法）が狂っているように見える。アフリカ・サロンを担当したルイ・ブーケが技術的に稚拙であったわけではない。ビザンティン時代やルネサンス以前の絵画に見られる擬古的な様式を踏襲しているのである。中東の古い時代を表象するためには、ルネサンス以前のプリミティヴな絵画空間こそふさわしいというわけだ。

　また、ムハンマドの頭上を舞う天使の腕は明らかに長すぎ、プロポーションが狂っているように見える。同じことは、先の踊る黒人女性にも指摘できよう（図99）。縦に長く引き伸ばされたような手足が強調されている。こうした表現もまた、擬古的な様式、たとえばロマネスク時代の彫刻を想起させるものだろう。建築設計を担当したラプラドは、これらを描いたブーケに対して、「余りにも抽象的にすぎる」と注意を促したというが、それも頷けるところである。しかし、ここで見られる「抽象的」表現は、ジャニオの場合とは異なり、二〇世紀の美術史にとって特に重要だとは思えない。モダンな精神の表れというよりも、過去の様式の安直なパスティッシュである。不確定的な様式によって我々の想像力を掻き立てるジャニオのレリーフとは対照的に、ブーケが用いた多様な様式はそれぞれに特定可能である。欧化（近代化）される以前の「未開」世界を描くために、プリミティヴな擬古的様式を

図101　アンドレ＝ユベール・ルメートルとイヴァンナ・ルメートル《アジアの宗教》（《知的貢献と芸術の貢献》部分），1931年，ポルト・ドレ宮アジア・サロン，フレスコ．

応用しただけのことである。

　ここで、再び壁画の主題内容の検討に戻り、特筆すべき一つのテーマについて分析したい。仏陀やムハンマドが描かれていることに暗示されるように、両サロンの装飾では「芸術の貢献」の主題とともに、宗教がもう一つのテーマとなっている。中央ホールにキリスト教の宣教師が描かれていたことを思い出すならば、両サロンではキリスト教伝来以前のアフリカとアジアの宗教的世界が展開されていると考えられる。しかし、図像をよく観察するならば、植民地の宗教を的確に伝えようとしているわけではないことがわかる。

　アジア・サロンを検証してみたい。最も広い壁面にアジアを代表する三つの宗教が主題化されて

図102　アンドレ＝ユベール・ルメートルとイヴァンナ・ルメートル《知的貢献と芸術の貢献》部分．

いる（図101）。右上にインド神話からクリシュナ、その左側にナーガ上の仏陀、そして画面右下に説法をする孔子が描かれている。画面は三つに分割され、それぞれヒンズー教、仏教、儒教がテーマとなっている。しかし、全体を一つの場面とみなし、連続するストーリーを（反時計回りに）読み取ることも可能だろう。まず、右上のインドの場面では、クリシュナを取り囲む牛飼いの娘たちがヌードで描かれ、背後にはアダムとエヴァを思わせる裸の男女がいる。西欧の図像的伝統を踏まえるならば、これは明らかに楽園の表現である。その左側には、仏陀の前にして病に苦しむ原住民を描いた場面が展開される。楽園から一転、苦悩する人間がいる世界である。楽園追放から堕落、そして苦悩へと至る旧約聖書の人類の物語が重ねられていると見てよいだろう。そして最後に画面右下に至るわけだが、ここでは、孔子の教えに耳を傾ける民衆が描かれている。いうまでもなく、使徒や民衆に教えを説くイエスの姿のアジア版である。このように、アジア・サロンでは、逸楽から苦悩、そして信仰へと至る西欧のキリスト教の物語に沿って、アジアの宗教的世界が図像化されているのである。

　ここで見逃しえないのは、アジアの諸宗教が同じ一つの宗教であるかのように、一つの物語に纏め上げられているという事実である。図像的にも、たとえば、ここに描かれたナーガ上の仏陀はギメ美

図103　ソピック《アジア》, 1937年, シャイヨー宮東翼部壁面のレリーフ.

術館に所蔵されるバイヨン様式の仏頭（MG一八〇四九、一八八九三）などを参考にしたのではないかと推定できるが、その姿勢はヴィシュヌ神を想起させる。ヒンズーと仏教の図像が融合するクメールの仏像表現をより自由に解釈した図像と評価しえよう。

アジアの各宗教の習合という印象は、対面に表現された奇怪な情景によって、いっそう強められている（図102）。およそ現実では考えられないことだが、中国琵琶を奏でる中国服の楽士の演奏にあわせて、カンボジアの踊り子が舞いを披露している。しかも、その背景には有名なインドのサンチーのストゥーパに立つ塔門が見える。当時、この塔門のレプリカがギメ美術館の中庭にあったので、それを参考にしたのに違いない。いかにアジアを知らない者でも、ここに異質なものの混在を察知することは容易だろう。それほど異様な情景である。

西欧において諸宗教の習合の思想は、一九世紀末の象徴主義以来、特に珍しいものではないが、一九三〇年頃のフランスにおいては、第四章で論じた普遍主義の流れの中で、より通俗的なレベルで宗教や音楽や美術に共通性や普遍性を見出し、それを謳歌するような図像も横行していた。前述のシャイヨー宮の装飾(一九三七年)にも、仏陀と裸婦(エヴァ、あるいはヴィーナス?)が肩を寄せ合う異様な浮き彫りがある(図103)。これらが神秘思想の表現ではなく、大衆的な博覧会のために用意された図像である点に、大戦間期の独特の時代の空気を読み取らねばならないだろう。

描かれた考古学と伝統工芸

植民地宮の装飾は、ファサードであれ、内部のフレスコであれ、文明教化の使命の理念を図解するわかりやすい図像に溢れている。誤解を恐れずにいえば、大流行したオリエンタリスム絵画の歴史の最後を飾る集大成といってよかろう。繰り返すように、その内容は植民地幻想を描くフィクションにすぎず、いまさら特筆大書して分析する必要もない。だが、フィクションであるからこそ、当時の大衆の植民地理解を投影した歴史的史料として貴重だということもできる。我々にとって重要なのはまさにこの点である。なぜなら、植民地宮の装飾には、露骨な文明教化の使命の図像に紛れて、考古学に関わる図像が散見されるからである。考古学や美術史もまた、一九三〇年頃には、大衆に植民地主義を啓蒙するための都合のよい一要素として、このフィクションの中に取り込まれていたのである。

まず、ファサードに登場する図像を検討しよう。アンコール遺跡の寺院を表す塔が彫られていることは既に述べた。加えて、さらに重要な図像がファサードの右端に表現されている。鑿と金鎚を手にカンボジアの工芸品を制作する女性(!)の姿である(図104)。「芸術 ARTS」の文字も添えられている。

ジャニオは植民地の特産品の一つとして、カンボジアで生産される美術工芸品をモティーフとして選んだのである。それほどメトロポールでは有名だったのである。一九二〇年代後半にはクメールの工芸品がパリで流行中との報告がなされていたが（二九八ページを参照のこと）、それを裏付ける図像である。

　注目すべきことに、ここで女性が制作しているのはクメールの工芸品ばかりではない。鑿を持つ女性の足元にある横顔は瞳を閉じて微笑を湛えるクメールの仏頭を想起させるが、完成品として棚に並べられた品々は中国や日本、あるいはタイの仏像を思わせる。仏像の下には中国の青銅器のような壺や水盤が見え、当時の中国古美術品ブームも思い起こさせる。女性が製作中の石像（木像?）も中国風だ。ここでジャニオは、明らかにカンボジアやインドシナという地域性を無視しているのである。ここでも彼は極東一帯の美術品をいわば抽象的に一般化して表現してみせているといえるだろう。

図104　ジャニオ《カンボジア芸術》（《フランスに対する植民地の経済的貢献》部分）.

　では、彼はなぜ特定のクメール彫像に限定して表現しなかったのであろうか（同じことは、アンコール寺院の表現についてもいえるだろう。実物そっくりではなく、アジア風の塔を表現してみせるに留めている）。また、そもそも、ジャニオが「芸術」をインドシナの特産品として取り上げたのはなぜであろうか。

先述の通り、アフリカを舞台としたファサード左半分では、漁をする上半身裸のガボン女性や鹿を襲うライオンなどの野獣の図像などによっていまだ文明化されていない植民地の状況が表現されていた。これに対し、右半分の大半を占めるインドシナ五国の表象では「芸術（美術）」が重要な位置を占めているという事実は注目に値しよう。洗練された文明国としてカンボジアが表現されているのである。つまり、ここにおいて、ジャニオは、アジアがアフリカよりも文明化された芸術の国であるとの通念を表現してみせたのであった。

よく知られるように、ジャポニスムの時代のフランス人は、日本を「芸術の日本」と評し、美術工芸品の質の高さを称揚した。こうした東アジアに対する芸術幻想を反芻しながら、同じ「極東」にあるインドシナを表象したと考えてよいだろう。だが、いうまでもなく、芸術の国というアジア像もまた西欧人の幻想にすぎない。インドシナにおいて一九二〇〜三〇年代に美術工芸品が盛んに制作されたのは、前章で分析したように、入植したフランス人が伝統復興政策を行なった結果であった。それゆえ、ここでは、工芸制作の指導をするフランス人（グロリエなど）の姿は描かれずに、原住民が自発的に工芸品を制作し、西欧に向けて輸出しているかのように描かれている点こそフィクションであると強調せねばならない。

フィクションという観点でいえば、ここで工芸品制作に従事しているのが女性である点も見過ごしてはならない。カンボジアの美術学校には女性も入学できたが、女性はもっぱら織物やデザイン画に従事し、彫刻や絵画や彫金は男性の領分であった。それにもかかわらず、ここでは彫刻する女性の姿が表現されているのである。フェミニズム研究においてつとに指摘されているように、西欧では伝統的に、絵画や彫刻などの「大芸術」は男性が担い、一方、それ以外の「小芸術」は女性が従事するという差別的な分業が行なわれてきた（この差別化がカンボジアの美術学校でも適用されたのである）。この慣例に反して、ジャニオは女性に彫像制作をさせているのであるが、しかし、アジアでは女性が彫刻という大芸術にも携わっているということを事実に反して伝えたかったわけではあるまい。それよりは、ここに陳列されるアジアの仏像などの工芸品が「大芸術」ではなく、女性が制作する「小芸術」であると（おそらくは無意識に）伝えていると考えた方がよい。

次に、中央ホールに描かれた図像の検討に移ろう。注目したいのは、中央正面の右端に描かれた考古学調査に従事する原住民の姿である（図105）。彼は発掘した遺物をフランス人に差し出している。「これは何ですか？」という風に。そして、この図像のすぐ右の壁には「芸術」の擬人像が描かれているが、白い衣を脱ぎ、美しい裸体を顕わにする真実の寓意像を下敷きにしている。考古学的発掘の場面の寓意であると考えてよかろう。考古学調査によって過去の「真実」を明らかにするという理念が示されているのである。

図105　デ・ラ・アイユ《植民地に対するフランスの貢献》部分.

発掘が行なわれている場所は明らかにアンコール遺跡でもチャンパの遺跡でもない。原住民の服装や背後の長老の服装を見る限り、中東か北アフリカの情景であろう。差し出される土器も中東風である。インドシナの遺跡には直接的に関連しない図像だが、しかし、考古学が植民地主義絵画のイコノグラフィーとして登場したという事実はきわめて重要だろう。オリエンタリスム絵画の歴史にあって、考古学を主題とした作例は、考古学的発掘そのものを伝える(擬似)学術的絵画を除けば非常に少ない。その珍しい作例が、一九三〇年頃の植民地主義イメージの中に登場しているのである。アンコール遺跡の考古学が成熟するこの頃になって、一般大衆もまた、考古学が《植民地に対するフランスの貢献》を代表する重要な仕事であることを認識しはじめたのである。少なくとも、考古学や美術政策が植民地支配を正当化する格好の政治的宣伝材料として利用されていることは確かである。

博覧会と考古学・美術史

学術的に正確に復元されたアンコール・ワットが登場し、極東学院が考古学展示を行なった一九三一年の博覧会において、植民地の考古学や工芸品に関わる図像が装飾に現れたのは、おそらく偶然ではない。アンコール・ワットのパヴィリヨンは、フランスの植民地支配の成功を華やかに演出する近代的モニュメントとして機能していた。極東学院の展覧会もまた、フランスによる考古学的貢献を訪れる者たちに伝えていた。学術調査や芸術活動といった文化レベルでフランスが植民地の文明化に貢献しているというフィクションは、訪れたフランス人の自尊心を満足させたことだろう。復元されたアンコール・ワットの壮大さ、展覧会で示される学術活動は、その成果がそのまま、政治レベルでの植民地経営の成功であるかのように錯覚させる魔術的な効果を持っていた。

こう考えるならば、植民地博覧会を通してカンボジアの考古学を眺めた場合、近代の考古学が調査活動や保存活動とともに行なってきたもう一つの重要な仕事が明らかとなろう。すなわち、調査・保存の活動の成果を披露する公開活動の重要性である。欧米の外部で活動をする考古学者たちは、単に現地の調査を遂行するだけではなく、アジアの遺物がいかに美術的に優れており、調査・保存に値するかを欧米に向かって訴える必要があった。観光客や欧米美術館に対してなされた古美術品販売がその際たる例であるが、博覧会に供された古美術品も、学術的成果を取り込んだアンコール・ワットの復元も、装飾壁画の考古学的図像も、同様に、本国のフランス人に対して、現地調査の成果と意義をアピールするために演出されたのだった。

問題なのは、このパフォーマンスのために、現地の遺跡が多大なる損害を蒙ったという事実である。古美術品の国外流出は、遺跡保存の観点からいえば大きな「損失」であり「破壊」とすらいえよう。だが、破壊なしには保存のための資金が得られない。また、考古学の成果を伝えるためには、調査・保存に当たるべき調査員が一時的に本国へ戻って、プロモーション活動を行なわねばならない。さらに広報活動が成功して遺跡の知名度が上がれば、いっそう観光客は増え、また盗掘も増えるという悪循環ももたらされた。近代化の途上にあったアジア考古学は、こうしたジレンマに囚われていたのである。

考古学的遺物と調査成果を「見せる」場であった植民地博覧会は、この現地の考古学のジレンマをもっとも露わにした場所であった。繰り返すように、博覧会に復元されたアンコール・ワットの総工費は一二四〇万フランで、極東学院が約二〇年間（一九二七〜四六年）の古美術品販売によって得た売上総額の一〇倍以上にあたる。それでも、博覧会関係者のみならず、学院の調査員たちも、欧米に向けの派手なデモンストレーションを優先したのだった。パリに登場した壮大なアンコール・ワットのレプリカは、近代化したアンコール考古学の成果を伝えながらも、実は、現地での考古学的調査の遂行を妨げる要因にもなっていたのだ。この矛盾はやがて、一九四〇年代に大きな綻びとなり、白日のもとに晒されることとなるだろう。

第八章　アンコール遺跡の考古学史と日本

戦時下日本のアンコール・ブーム

一九三一年の国際植民地博覧会に際して、フランスでは、インド学の権威シルヴァン・レヴィ監修による全二巻の『インドシナ』と題する豪華本が刊行されている。博覧会を訪れた公衆に骨のある学術的情報を提供するために出版されたもので、各分野の専門家がインドシナの民族誌や芸術について執筆している。考古学についてはヴィクトル・ゴルベフが「インドシナの美術と考古学」と題する一章を担当するとともに、極東学院の三〇年にわたる活動報告を行なっている。[*1]

ところで、この書物には邦訳がある。村松嘉津による訳で『仏印文化概説』と題されている。[*2]邦訳出版されたのは一九四三年のこと。一九三一年の博覧会向けの書物としては明らかに時機を逸しているが、日本にとっては意味のある時世に沿った出版物であった。第一章の末尾において触れたが、日本において、アンコール遺跡の考古学が本格的に紹介されたのは、一九四一年から一九四四年にかけてのこと、すなわち戦局を拡大し、太平洋戦争へと突き進んでいったきな臭い時代のことであった。

時代背景を整理しておきたい。一九三九年九月、ナチス・ドイツがポーランドへの侵攻を開始し、フランスは英国とともに宣戦を布告、第二次世界大戦が始まる。そのわずか九ヵ月後の一九四〇年六月、パリは陥落し、敗れたフランスはドイツと休戦協定を結ぶ。そして、フィリップ・ペタンを首班とする新内閣を立て、対独協力政策をとることになった。この情勢を見た日本は、フランス領インドシナに対して軍事協力を申し入れ、対中国政策（援蔣物資の輸送停止と国境監視団の受け入れ）への協力を求めた。ペタン内閣を支持していなかったジョルジュ・カトルー総督はこの要請を保留にしたが、この総督も一週間後には解任、本国新政府に忠実なジャン・ドゥクーが新総督となった。新しい総督との協議によって日本は一九四〇年八月までに軍事協定を取り結び、九月より「北部仏印進駐」を開始する。さらにフランス本国との協定によって一九四一年七月には「南部仏印進駐」にも成功する。よく知られるように、この仏印進駐が主要因の一つとなって同年一二月の太平洋戦争へと日本は向かうことになる。南部仏印進駐は軍事史においてきわめて重要な出来事であった。

一九四二年一一月の連合軍の巻き返しにより、ヨーロッパではペタン内閣のヴィシー政権が弱体化してゆくが、インドシナでは依然としてペタン支持のドゥクーが実権を握り続ける。抵抗する自由フランスのレジスタンス活動も活発化する中、二つのフランスが分断されたまま混沌とした状況を迎える。この政治的混乱の中で、日本は軍隊だけではなく、政治家や経済人、そして大学研究者、芸術家などの文化人を次々とインドシナへと送り込んだ。そして、短期間のうちに慌しくもインドシナ地域の政治、経済、文化、あらゆる事象が日本に紹介され、研究されるようになったのである。この状況は一九四五年三月のいわゆる「仏印処理」によるインドシナの武力制圧を経て、日本の敗戦まで続く。

当時、東京工業大学助教授であった藤岡通夫は、一九四三年の著作『アンコール・ワット』において、「近時大東亜戦の進展に伴ひ、所謂南方物の出版が増加し、翻訳書乃至それに準ずる書も次々と現れるに至った」と書いているが[*3]（本書九四ページを参照のこと）、この言葉の通り、仏印進駐期の五年間に日本ではアンコール遺跡を紹介する一般書や研究書が次々と公刊されている。代表的なものを発行年順に列挙すれば、ピエル・ロティの『アンコール詣で』（佐藤輝夫訳、白水社、一九四一年）、アンリ・ムオ著『シャム、カムボヂヤ、ラオス諸王国遍歴記』（大岩誠訳、改造社、一九四二年）、P・J・ケ・シイ著『シバ神の四つの顔、アンコールの遺跡を探る』（内山敏訳、南方出版社、一九四二年）、ギョルヂュ・グロスリエ著『アンコオル遺蹟』（三宅一郎訳、新紀元社、一九四三年）、アンリ・パルマンティエ著『アンコール遺址群』（永田逸郎訳、育生社弘道閣、一九四三年）、シルヴァン・レヴィ編『仏印文化概説』（村松嘉津訳、興風館、一九四三年）、藤岡通夫著、『アンコール・ワット』（東亜建築選書、彰国社、一九四三年）、冨田亀邱著『アンコール・ワットの彫刻』（日進社、一九四三年）、富田正二著『アンコール・ワットの景観』（立命館出版部、一九四三年）、ドラポルト著『カンボヂャ紀行　クメエル芸術とアンコオル』（三宅一郎訳、青磁社、一九四四年）、『アンコール・ワット』（湯川弘文社、一九四四年）などである。とりわけ、アンリ・ムオやドラポルト、パルマンティエ、グロリエなど、本書で取り上げたフランス人オリエンタリストの著作が立て続けに邦訳されている点が注目に値する。現行のアンコール関係の翻訳書の数よりも多いほどで、当時の仏印への関心の大きさがうかがわれる（もちろん現在は日本人研究者による優れた著作物が多数あるので翻訳など必要ないという事情はある）。本書のための研究を開始したばかりの頃の私は、今や忘れ去られたオリエンタリストの邦訳書が幾つも刊行されていたという事実に驚いたものだった（それから「敵国」であったはずのフランスの著作物が戦時中に多数翻訳されて続けていたという事実にも戸惑いを覚えたものだった）。それだけ、アンコール遺跡の研究はフランス人に独占されていたということであり、逆に、日本人はそれまで、アンコールの研究をすることはほとんどなかったということである。

こうした書物には時節柄、必ず「大東亜戦」や「大東亜共栄圏」構想への言及や暗示がある。たとえば、グロリエの邦訳を行なった三宅一郎は「訳者あとがき」で次のように書いている。

「アンコオルは手近にある。アンコオルは東洋のものだ。それは、日本の知らなければならぬもの、特にこれからの日本が究めねばならぬもの、西欧の学者ばかりの研究に委せておくべきものではな

図106　「アンコール・ワットの遺跡を訪ふ（下）」，『朝日新聞』1941年8月10日．

い[4]（…）」

また、東本願寺南方美術調査隊の一員としてアンコール遺跡の調査に参加する予定であった富田亀邱は一九四三年の『アンコール・ワットの彫刻』において次のように書いている。

「盟邦國佛印のこの壯麗なるアンコール・ワットはクメール民族の象徴であり、我國の法隆寺が世界の誇りである如く、ともに世界の驚異的存在であることを知つてもらひたい。（…）過去一ヶ年にわたりアンコールを中心としての自分の調査資料に若干筆を加へていささか東亜文化共栄圏の基礎的な捨石にもと考へ極めて通俗的な写真本位の著書を江湖に紹介することにした」[5]

かくして、戦争のさなかの一九四一～四五年にアンコール遺跡が日本人に広く知られるようになり、アンコール遺跡ブームと形容してもよい状況が到来したのであった。とりわけ、一九四一年夏の南部仏印進駐から、冬の米国への宣戦布告までの半年間は、インドシナから毎日のように新しいニュースが届けられ、一般紙を賑わせていた。『朝日新聞』は、八月八日～一〇日に「アンコール・ワットの遺跡を訪ふ」と題する特派員の特集記事（図106）を、また、八月八日～一八日にはインドシナを訪れた知識人による「仏印を語る座談会」の様子を伝えている。

本章では、以上のような状況を踏まえ、日本とインドシナとの関係という新たな軸を導入することによって、一九四〇年代のアンコール考古学史の一頁を書き加えたい。この時期には、極東学院と日本の学術機関との間で「教授交換（知識人交流）」や「美術品交換」など重要な事業が行なわれている。軍事レベルで仏印進駐が大きな意味を持ったのと同様に、アンコール遺跡の考古学史においても日本のインドシナ介入は大きな意味を持った。日本もまたアンコール考古学史とけっして無縁ではなかったのである。

第二次大戦以前の日本人によるアンコール研究

まずは、第二次世界大戦以前の日本におけるアンコール研究の状況を概観しておこう。三宅一郎はアンコールの研究を「西欧の学者ばかりの研究に委せておくべきものではない」と書いたが、逆にいえば、それ以前のアンコールの研究は西欧の学者ばかりに任せていた。この時期、日本の考古学者や美術史家の関心は、日本と中国、そして日本の植民地下の満州と韓半島、台湾に向かっていた。イギリスはインド、オランダはインドネシア、そしてフランスはインドシナと、列強国は各々の研究版図を棲み分けし、与えられた場所を独占的に調査していた。日本の研究者がその縄張りの外にある地域に調査に出向くことは稀であった。

例外は東京帝国大学教授の建築家・建築史家の伊東忠太である。一九一二年一月に大学の出張としてハノイの極東学院を訪問し、約一ヵ月の調査を行なっている。アンコール遺跡も訪れている。だが、奇妙なことに、帰朝後の調査報告会では、建築史の観点からの報告はなく、仏領インドシナの地理や歴史を概説し、アンコール・ワットの写真を数点紹介するだけであった。調査では、「毎日此の東洋学院〔極東学院〕に通つて写真を取ったり話を聞いたりして」いたという。伊東が訪れた当時の極東学院には、日本通のクロード・メートルが院長代理を務めていた（第二章を参照のこと）。また、能楽研究で知られるノエル・ペリもメンバーとなっていた。日本語で歓談しながらの調査であったと想像される。伊東は学院の研究体制にいたく感銘を受けたようで、「仏蘭西人に付いては私は別に多く感心することはありませぬが、唯学問に金を吝まず著実に研究している点だけは大いに感心」したと述べている。そして、「日本にもこんな研究所が一つ有つたならばとつくづく羨ましく」思ったという[*6]。

伊東は少なくともこの時点では、アンコール遺跡の寺院の建築構造や建築美には関心を寄せていない。彼の興味は別のところにあった。この調査に出る前の一九一〇年に、彼は「祇園精舎図とアンコール・ワット」と題する講演を建築学会で行なっている[*7]（『建築雑誌』への発表は一九一三年）。伊東によれば、この論題は「本年七月一〇日東京帝國大学卒業式に明治天皇の行幸があつた、其の際自分は此の問題に就いて御説明申上げた」ものであるというから、彼のとっておきの話であったといえよう。「祇園精舎図」とは、現在、水戸彰考館が所蔵する一七世紀に書かれた寺院の平面図で、伊東はこれをアンコール・ワットの図面であると断定した。伊東の説はすぐにフランス人研究者にも認められ、今日では、現存する世界最古のアンコール・ワットの平面図としてつとに知られるところとなっている。では、なぜ、一七世紀のアンコール・ワットの図面が日本人によって描かれたのか。伊東の関心は、日本（人）とアンコール・ワットとの歴史的関係にあった。建築史家としてアンコール・ワットにアプローチしたわけではなかった。彼自身、「本篇の目的はアンコル・ワットの建築学的の研究報告ではなくして、島野の祇園精舎の図と対比して其の異同を弁ずるにある」と述べている。

建築家でもあった伊東が建造物に関心がなかったわけではないだろう。アンコール訪問後に彼が設計した築地本願寺や京都の祇園閣などに、クメール建築を実見した影響を読み取ることができるかもしれないが、憶測の域を出るものではない。建築史的な関心があったとしても、伊東は「アンコル・ワットの建築史上の位置、其の藝術的価値は学術界の大問題であり、其の一般歴史及宗教史上に貢献するところもまた実に大なもので、なかなか一朝一夕に解き盡くすべきものではない」と述べるにとどまり、建築史からのアプローチは避けた。時代はまだ、アンコール地区がシャムから返還されたばかりで、フランス人によるアンコール研究もようやく端緒についたところであった。とりあえずは「西欧の学者ばかりの研究に委せておく」道を彼は取ったのである。

伊東に続く日本人研究者も、日本との歴史的関係を明らかにする目的でアンコールにアプローチした。一六世紀から一七世紀初頭にかけての鎖国以前の日本は、東南アジア諸国との貿易を活発に行ない、各地に「日本人町」を形成した。シャムの統治下にあったアンコールは「南天竺」と呼ばれ、仏教徒の巡礼地として知られていたようである。シャムを訪れた日本人がこの地を訪れることも少なくなかった。最も有名なのが、アンコール・ワットの柱に墨書（落書き）を残した森本右近太夫という人物である。「祇園精舎図」の研究に次いで、日本の研究者が興味を寄せたのはこの墨書である。一九二八年に岩生成一が「アンコール・ワットにおける森本右近太夫の史蹟」と題する論文を発表している。[*8] のちに『南洋日本人町の研究』（一九五五）で知られる岩生は、一九二八年に東京帝国大学文学部史料編纂所の資料編纂官補として、仏領インドシナ、シャム、英領マレーを現地調査し、一七世紀初頭の日本と東南アジアの交流関係を明らかにしようとしていた（翌年、台北帝国大学文政学部南洋史学講座助教授に就任する）。また、国史編纂で知られる黒板勝美も一九三〇年に「アンコール・ワット石柱記文について」と題して、この墨書の歴史的背景に迫っている。[*9] 一方、民族学的アプローチからインドシナを研究した学者もいる。パリ留学の経験もあった慶応義塾大学の松本信広は一九三三年に極東学院を訪ねて現地調査を行ない、フランス流の比較民族学的観点から、日本と東南アジアの文化の関連性を解明しようとした。[*10]

このように国史や民族学の分野では、日本との関係の範囲内でインドシナに関心を向ける研究もあったが、美術史家や考古学者がこれに反応することはなかった。中国や韓半島に比して、日本の仏教美術との関連性が希薄なクメールの美術は、日本の考古学や美術研究の延長としてアプローチすることも難しく、関心の外に置かれたのであった。[*11]

ところで、森本右近太夫の墨書は日本史研究者のみならず、一般の日本人の好奇心を刺激するものであったようで、一九四一年の南部仏印進駐後にアンコール・ワットを訪れた日本人の中には、森本に倣って（?）、落書きをする者もあった。これについて藤岡通夫が面白い証言を残しているので紹介しよう。森本の墨書に言及し、落書きはいただけないが、今や重要な歴史資料となっていると述べた後、こう続けている。

「しかるに何事ぞ、アンコール・ワット中央祠堂に近い目につき易い柱の上に、『昭和何年何月何日何某』と教養もあるべき筈の某大百貨店主が、臆面もなくその名を大書しているではないか。三歳の童子ならいざ知らず、これなどは遺蹟を冒瀆するものとして、その恥を海外に晒すものと云ひたい。我國ならばさしづめ國寶毀損罪として、訴へられるも致し方のない輩である。今後南方に進出する邦人は日と共に増すであらうが、それと共にこの種の恥を曝さねばならぬ機会の増加することを私は恐れている。大東亜の盟主たる日本人は、大いに自重をして自らを深く戒めねばならない[*12]」

いまなお寺院への落書き好きの伝統を忘れていない日本人には耳の痛い忠告だろう。

さて、日本の歴史や文化との関連でインドシナに接近した日本人の研究は、アンコール考古学の傍流的研究といえるが、それでも、一九〇七年より学院メンバーとなっていたノエル・ペリに注目されるところとなっている。日本とも浅からぬ関係があるこの人物にここで少し触れておきたい。

一八八九年から一九〇五年まで日本に滞在し、日本の歴史と伝統文化の造詣も深かったペリは、一九〇七年に極東学院メンバーとなっていた。そして、豊かな日本語能力を駆使して日本語の文献にあたり、日本とインドシナの歴史的な交流関係を包括的に捉える研究を行なっていた。その一部が「一六～一七世紀における日本とインドシナの関係についての試論」として一九二三年に『学院紀要』に発表されている[*13]。伊東忠太が「発見」した「祇園精舎の図」も紹介し、古文書の分析を通して伊東の説を支持している。一九二二年にハノイで不慮の事故死を遂げたペリがこの研究を完成することはなかったが、収集した一七世紀のシャムと日本の古文書を初めてフランス語訳にして欧米に伝えた貴重な論文である。

ノエル・ペリは日本の能楽や謡曲をフランス語訳した人物として、能楽研究者にはよく知られた人物である[*14]。彼については一九四四年に法学者の杉山直治郎が書いた全二五〇頁に及ぶ周到な伝記がある[*15]。

これによれば、一八八九年に司祭として来日したペリは、東京音楽学校の嘱託教師としてオルガン和声法や作曲の指導を行なうかたわら、日本の伝統文化の研究を行なった。第二章で述べたように、一九二〇年頃までの極東学院では、院長代理の日本研究者クロード・メートルを筆頭に、インドシナ外部の極東研究に従事する者が少なからずいた。学院メンバーとして度々日本を訪れていたメートルは、日本でペリと出会い、すぐさま「心友」となったという。このメートルの誘いを受け、ペリは一九〇七年より学院メンバーとなったのだった。アンコール考古学の重要性が増すにつれて、学院の日本研究は下火となってゆくが、それでも一九二〇年頃までは、優れた研究者が充実した日本研究を行なっていたのである。

日仏会館と極東学院の連携

前述のように、杉山直治郎によるノエル・ペリの伝記は一九四四年に発表されている。さらにこの年、杉山はペリの能楽研究論文を再録した『能 Le No』(フランス語)を編纂し、東京の日仏会館から刊行している。[*16] 極東学院と交渉し、『学院紀要』に発表されたペリの論文と謡曲の仏訳を一冊にまとめたのであった。[*17] これらの刊行事業はペリの没後二〇年記念という意味合いもあったが、それ以上に、本章で主題としている第二次世界大戦中の日本とインドシナの「文化協力」政策に深く関わっている。

杉山は当時、東京の日仏会館の代表者を務めていたが、ペリの著作物の出版にあたってこう書いている。「我日仏会館もまた、主として河内東洋学院(ハノイの極東学院)との多年の浅らぬ文化交流の因縁によって、此の日仏印共同の念珠の一環を成すもの」である、と。[*18] 杉山が証言するように、現在も活動を続ける日仏会館は、第二次大戦中の日本とインドシナの文化交流において重要な役割を担った。大戦以前は、フランスと日本の文化交流の促進を図っていたこの機関も、戦争が始まりフランスとの直接的な交流が途絶えた時期には、インドシナを通して、フランスとの関係の維持を画策せねばならなかったのである。本節と次節では、この日仏会館の活動を通じて、日本とインドシナの文化協力の時代背景の理解を深めてゆきたい。

まず、大戦中の日仏会館の活動を理解するために、この施設の歴史を振り返っておこう。[*19] 日仏会館は一九二四年一二月に東京に開館している。日本とフランスの共同出資によって日本人理事長とフランス人館長を立てるというユニークな運営方針のもとに設立された財団法人で、日本側は日本におけるフランス文化振興のための機関として、フランス側はフランス人若手研究者の日本研究の場として活動を展開した。設立の構想は第一次世界大戦中に遡る。当館の日本側の理事長として設立に尽力した渋沢栄一の日記に、初めて日仏会館がらみの出来事が記されるのは一九一九年八月四日のことである。

「来朝中ノリヨン大学総長ポール・ジュバン及ビ同文科大学教授モーリス・クーランヲ飛鳥山邸ニ招ジ、犬養毅・古市公威・富井政章・穂積陳重・阪谷芳郎等ト午餐会ヲ開ク。席上ジュバンヨリ日仏文化交流機関設置ニツキ提案アリ、共ニ実現ヲ期スルコトトス」[*20]

パリではなくリヨン大学との交流の中で、日仏会館設立の構想が生まれたことは注目に値しよう。

第一次世界大戦中、リヨン領事館員であった木島孝蔵は、戦中の日仏の同盟関係を深めようと文化活動を中心に活発に行ない、一九一七年にリヨンに日仏委員会を立ち上げ、リヨン大学の知識人たちと交流を深めていた。[*21]その中にはリヨン大学美術史教授のアンリ・フォシヨンもいた。また、リヨンはエミール・ギメの出身地であり、一九世紀より日本と少なからぬ縁を持っていた土地である。一八七四年に来日したギメは日本人留学生を連れてフランスに帰国したが、その中には渋沢の日記に見える会合に参加している富井政章もいた。リヨン大学で法律を学んだ富井はこの時東京帝国大学法学部教授となっていた。このような関係から、リヨン日仏委員会が「日仏文化交流機関設置」の提案を行なったのであった。木島は日本に帰国後、日仏会館の設立に尽力する。

この構想が現実化したのは、一九二一～二七年にフランス共和国特命全権大使として日本に滞在したポール・クローデルを渋沢が訪ね、日仏会館「設立ノ件ニ関シテ談話」を行なった一九二三年一月以降のことである。クローデルは日仏会館の設立に非常に積極的であった。彼は日仏交流の機関の必要性を説く報告書や手紙において、第一次世界大戦でフランスがドイツに「勝利」したあとも、日本の大学生の大半は第二外国語としてドイツ語を選択し、フランスにはほとんど関心のない様子を嘆いている。こうした状況を克服し、日本におけるフランスの立場の向上に努めようとしたのだった。また逆にフランスにおいても、ジャポニスム以後、日本を研究する若者が激減しており、若手の育成を図る必要もあった。クローデルは述べている。

「日仏会館に長期にわたって宿泊するフランス人青年は、二年ないし三年間、この国の言葉や文字について講義を受け、この国の歴史、経済、芸術、文学を学びます。彼らは、わが領事館にとって、フランスの産業や商業、芸術、科学、政治にとって、計り知れない《人材養成機関》となることができるでしょう」[*22]

こうして一九二四年三月、日仏会館が設立された。フランスからは館長一名と四名のメンバー（日本研究のための特別研究員や講演招待者）が常駐した。初代館長の適任者と目されていたのはノエル・ペリであったが、ペリは一九二二年に不慮の事故死を遂げていた。また、ペリの「心友」であったメートルも一九二五年に病死する。待望の研究施設が誕生し、これからという時に、フランスは時代を代表する日本研究者を失っていた。日仏双方にとって残念なことであった。[*23]

こうした経緯もあって、初代館長には仏教学者のシルヴァン・レヴィが任命された。その後もアルフレッド・フーシェやジョゼフ・アッカンなど、フランスを代表するオリエンタリストが館長や館長代理を務める。[*24] 館長の顔ぶれだけを見れば、日本学の研究教育機関というよりは、ハノイの極東学院の出張所の感がある。実際、日仏会館に派遣されるフランス人の中には、インドシナや極東学院と関わりのあるものが少なくなかった。もとより、クローデルは、フランス人の学者や学生にとって、日本を含む極東の言語や文化を研究する機関として日仏会館を位置づけていたのであり、その意味では、学術的機関としての役割のみに注目すれば、極東学院とさして変わりがあるわけではない。極東で研究をする意志のあるフランス人であるならば、極東学院と日仏会館の二つの施設を利用することができたのである。フランスは両施設の連携によって、より広範な極東研究の場を確立しようと考えていたといえるだろう。

極東学院と日仏会館との連携に関して、館長代理として一九二六年一月に来日したアルフレッド・

フーシェが重要な文書を残しているので、ここで紹介しておきたい。

一九二二年に結成されたアフガニスタン考古学代表団を統率したフーシェは、一九二五年にアフガニスタンの調査を行なった後、カーブルを発ってインドシナの極東学院に赴く。そして、アンコール遺跡の調査状況を視察した後に日本に到着した。公務で日本を離れていた館長レヴィの代理としての役割で、彼は一九二六年一月から九月にかけての半年間、日本に滞在した。来日中に、日仏会館や東京帝国大学において、アンコール遺跡や仏教美術に関する講演会を行なっている。[*25]

さて、学院と日仏会館の連携に関してだが、フーシェは「日仏会館の未来」のためには学院との協調関係をいっそう深める必要があると提言を行なっている。彼によれば、「インドシナは地理的にも〔日本に〕近接しているので、協調が容易」であり、また、「日仏会館には日本側から提供された立派な宿舎がある」、「これを利用しない手はない」というのである。双方の機関の「緊密な連携」がフランスの極東研究の充実には不可欠というのがフーシェの主張であった。フランス側の理想としては、日仏会館にも極東学院と同じ研究所としての性質を付与し、極東研究の充実を図りたかったのである。日仏会館には、フランス(外務省)から駐在研究者の給料や旅費のために三五万フランが充てられていたが、インドシナ総督府からも設備投資として三万円が出資されるなど、財政面でもインドシナとの協力関係が既にあった。

しかし、いうまでもなく、日本の関係者にとっては、フランスのオリエンタリストが目的とするアジア研究者育成という課題は二義的なものに過ぎない。「フランス文化伝道」こそが第一の目的であった。それゆえフーシェは、あまりにフランス側の目的を前面に押し出してはならないという認識も示している。

「私が危惧するのは、日仏会館の現状というよりは未来です。というのは、この施設の最終的なステイタスはまだ議論の余地があるからです。しかし、現在において確かにいえることは、フランス側の観点から見て好ましいものにする、すなわち、ローマやアテネ、カイロやハノイと同種の学院にするということはないだろうということです。予算も折半されていますし、運営も〔日仏の〕二重体制であるので、この機関は現在もこれからも、混成的なものであり続けるだろう――外国のプロパガンダについては非常に猜疑心の強い国でありますから、この状態のほうが好ましいでしょう[*26]」

日本とは表面的には「互いに支えあう」形式を維持しながら、実質的にはインドシナの学院と連携を深めて、フランスの極東研究に資する機関にしようというのが、フーシェの狙いであった。手紙の最後をフーシェはいかにも政治的なオリエンタリストにふさわしい言葉で締めくくっている。日仏会館は「日本が肉体を、フランスが精神を与える」機関であり、互いを必要としているので、日本との協調関係も難しいことではないだろう、というのである。日本は器だけを用意してくれればよい、中身はフランスが整える、というわけである。

一方、館長であったシルヴァン・レヴィは東京帝国大学の高楠順次郎と共同で一九二六年より『法宝義林』（仏教術語解説辞典）の編纂を開始するなど、日本人研究者との連携を率先して行なっており、日本側の研究者を蔑ろにしていたわけではない[*27]。しかし、極東学院と日仏会館の連携に関しては、フーシェと同じ意見を持っていた。一九二六年に極東学院院長に宛てた私信において、レヴィは学院と日仏会館を「フランス文化伝道の同じ道にある二つの機関」と評し、「組織的な協力体制を模索してゆかねばならない」と述べている。[*28] また、「ドイツが日仏会館に真似て、日本に同様の施設を設置」しようとしているので、学院との結束力を高めねばならないとも述べている。日仏会館は、極東学院と同様、極東におけるフランスの文化戦略の一拠点として理解されていたのである。

第二次大戦中の日仏会館

以上のように、日仏会館は原則的には「フランス文化伝道」をスローガンとして一九二〇〜三〇年代に教育・研究活動を展開した。レヴィの言葉に垣間見えるように、ドイツとの競合心も強くあった。しかし、反ドイツの旗印は、第二次世界大戦の開始によって取り下げねばならなくなる。日本は枢軸国の一員として一九四〇年九月にドイツと軍事同盟を結び、一方のフランスはそのドイツに早々に敗れたのである(一九四〇年六月)。こうした状況において、日仏会館が存続しえたこと自体が不思議だが、フランスがドイツと休戦し、対独協力政策をとったがゆえに生き残ったのだろう。実際、パリが解放された一九四四年夏には、時のフランス人館長だったジュオン・デ・ロングレは東京を離れ、軽井沢での疎開生活を余儀なくされている。代わりに、館長として親日派でペタニストのヴィクトル・ゴルベフをインドシナから招聘する計画もあったが、これは彼の死(一九四五年四月)によって実現することはなかった。[*29] いずれにせよ、こうした戦時において、「フランス文化伝道」のお題目を唱えるわけにはいかない。日仏会館メンバーの論調も自ずと変わっていった。

フランスが敗れた翌年の一九四二年に刊行された日仏会館機関誌『日仏文化』を読んでみよう。特集は「仏蘭西文化の現在及将来」である。ドイツに敗北したフランスの文化は将来どうなるのか、それを検討しようということになっている。「序」において、杉山直治郎は次のように書いている。

「千数百年来発展し練成するフランス文化に固有の本質はいかなる大転換期に当面しようとも、跡方もなく消え失せるものではあり得ない。故に過去のフランスの文化の本質とその現状に関する一定度の知識とを結び付けての温故知新的考察、即ちいわゆる歴史的必然性に立脚する考察の努力は必ずしも不可能でも、また非科学的でもない筈である。我皇軍には不可能の文字はない。困難の前に辟易するは大東亜建設指導の天職を擔ふ國民でない。むしろ此の機に於て、兎もすれば没却され勝ちとなったフランス文明の不滅の本質、その長所短所、その永年世界人類に及ぼした功過、そのこれに対する今後の使命等に就て、冷静公平なる総決算的考察を試みるに如くはない」[*30]

フランス文化を批判的に検証して、その「不滅の本質」を探り、「大東亜建設指導の天職を擔ふ」日本の役に立てようという趣向である。掲載された論文はすべてフランスの敗戦の分析やペタン新政権の紹介であり、ペタン支持の方針を鮮明にしている。特に極端なのは画家の関口俊吾による「フランス藝術の動向」と題する論文で、第三共和政下に国際化したフランス文化を非難している。画壇からユダヤ人を排斥するペタンの政策を支持しながら、関口はこう書いている。

「今やフランスは敗戦を契機として翻然と今までの悪夢から醒め、ペタンの所謂《國家・家庭・労働》の三標語にかなつた藝術が、近き将来新フランスの地に再び実をむすぶであらう事を私は信じて疑はないものである」[*31]

新政権の保守的な文化政策と対独協力政策を支持することによって、日仏会館が生き延び得たのだと見て間違いないだろう。

しかし、大戦争の終盤には、雑誌『日仏文化』からフランス文化に関する論文は消え失せる。代わって論じられたのは、インドシナの文化であった。一九四四年刊行の『日仏文化』の特集は「日仏印文化の回顧と展望」となっている。先述のノエル・ペリの伝記が掲載されたのはこの特集号においてであった。インドシナの情勢を伝える記事やインドシナと日本との協力関係を言祝ぐ文章が大半を占めた。たとえば、一九四三年にハノイとサイゴンに新設された日本文化会館に触れて、杉山直治郎は次のように書いた。

「我々は日仏印の興望を荷って、此の適切なる施設〈在仏印日本文化会館〉を理想的な適任者〈横山正幸〉とによって、日仏印共同の広汎重要の面が茲に始めて本格的軌道に乗り、画期的進展に鹿島立つに至れるを見て、正しい総力的日仏印文化共栄、従て大共栄の確保の為に、慶賀措く能はざるものである」[*32]

日本とインドシナの「文化交流」の開始を祝う杉山の文章には、「フランス文化伝道」の使命は跡形もなく消え去っている。そもそもインドシナの日本文化会館は、当地での政治的かつ文化的覇権の一部をフランスから奪取すべく設立されたものであり、これを支援することは、日仏会館が訴えてきたフランス文化の普及というスローガンを裏切ることにほかなるまい。館長となった公使の横山正幸によれば、日本文化会館が目標とする「仏印に於ける文化工作」は、「フランス人、安南人の双方」を対象とし、「日本及日本人に衷心尊敬と親しみとを有たしめる様努力する」ことにあったのだから。[*33]

日仏会館本来の使命を放棄したかのような杉山の文章には、しかし、欧米の東洋学に対する興味深い指摘も見られる。国粋的論調が支配した第二次世界大戦期に特有の言説であるとはいえ、今でも傾聴に値するだろう。たとえば、「我（日本の）学界の東洋学的研究範囲は、主としてアングロサクソン的排他独占に因て不当に窄められるの冠履顛倒的苦汁を味はせられていた」と指摘し、欧米主導の東洋学をこの際、日本を中心とする東洋人のための東洋学へ改めようと提言している。日本学も同様である。曰く、「日本学と一般東洋諸学との関係の如きも、従来殆ど相互に没交渉に近い憾みを免れなかった。（…）日本学なるものは孤立どころか眼中に置れなかったことは、我々の慨嘆に堪へなかつた所である」[*34]。ノエル・ペリを称える伝記を一方で書きながら、欧米の東洋学者を非難するような文章を書くことは大いなる矛盾であるが、東洋学の学問構造を見直し、アジアの側から旧来の構造を変えたいと願う杉山の言葉に偽りはあるまい。とはいえ、このような文章が掲載された一九四四年の『日仏文化』は、「フランス文化伝道」を推進した日仏会館の雑誌だろうかと目を疑うような内容となっている。論者たちは、アジア諸国への日本文化の伝道を使命としているかのようである。仏印進駐、そして蘭領インドネシアと英領インドへの軍事侵攻と軌を一にして、日本の文化をアジア諸国へと喧伝し、文化（そして東洋学）における「大東亜の共栄」を実現することの必要性が説かれるのである。

こうした時代の要請の中で、日本の知識人たちはインドシナに積極的に働きかけ、文化協力事業を行なってゆく。ここでようやく、極東学院と日本の各種学術機関との間で行なわれた「日仏印文化協力」事業の検討へと移りたい。

日仏印文化協力前夜——戦時下の極東学院の亀裂

一九四〇年九月に開始された北部仏印進駐により、日本の東南アジアへの戦線拡大の方向性が具体化され、政治経済と連動した文化面での「日仏印協力」(先の横山の言葉を借りれば「文化工作」)が画策されることとなった。

まず、日本側からインドシナ総督府に最初の申し入れがなされた。当時、南支方面軍参謀副長であった佐藤賢了が、総督府に対し、極東学院メンバーの日本派遣を提案している。一九四〇年一一月四日のこと、進駐から二ヵ月後の素早い行動である。手紙には、「近年の日本とインドシナの政治、経済レベルでの接近を鑑み、同時に両国の文化レベルでの関係を築きたく」望む、とある。[*35] また、派遣された「日本の文化と科学の現状を研究」する研究者に対し、「六ヵ月以内の滞在費(移動を含む)と往復運賃(船)」と「一ヵ月五〇〇円(一九四一年九月の協定では総額二〇〇〇円に変更)」を提供すると約束されている。

この後の実質的な交渉の窓口となったのは国際文化振興会である。国際文化振興会は一九三四年に外務省の発案で発足した財団法人で、日本文化の外国への普及を目的とし、各種文化事業を展開した。インドシナとの交渉が開始された一九四〇年当時の理事長は永井松三、副会長は徳川頼貞と岡部長景、専務理事が黒田清であった。交渉にあたったのは黒田清で、一九四四年一一月には貴族院議員を務める人物である。文化事業を推進する財団法人であるとはいえ、時節柄、その目的の政治性は多言を要すまい。これについては既に幾つかの研究論文もある。[*36] しかし、政治色が濃厚であるとはいえ、その充実した活動ぶりには目を見張るものがある。音楽研究者のあいだでは一九四〇年に発売された『日本音楽集』全五巻がよく知られている。[*37] 雅楽、能楽、箏曲、浄瑠璃、長唄、地唄、小唄など日本の全種の音楽を網羅して音盤化した。美術に関しても、同時代の日本画や彫刻や工芸を紹介する欧文書籍を多数刊行するとともに、一九三七年にボストンで開催された日本古美術展覧会、翌年のサンフランシスコ万国博覧会での日本古美術展覧会を後援し、カタログを発刊している。欧文書籍の刊行も積極的に行なっていた。機関誌『国際文化』(一九三八〜七二年)には欧米のアジア研究者の論文が積極的に掲載され、一九四二年(第二〇号)には極東学院のセデスによる「インド文化の東漸について」も収録されている。インドシナとの事業として刊行された特筆すべき著作物としては、一九四三年の日仏語併記の雑誌『インドシナを知る Connaissance de l'Indochine』とフランス語の雑誌『日本を知る Connaissance du Japon』がある。[*38] それぞれ上質の写真一〇〇枚を挿入する、戦時の刊行物としては異例の豪華雑誌となっている。日仏印の文化協力事業を象徴する雑誌として、当時は非常に注目された。[*39]

さて、学院メンバーの日本派遣依頼を受けた総督府は、さっそく四日後の一一月八日にインドシナ公教育省と協議を行ない、依頼の受諾を決定した。そして、受諾の条件として、極東学院に所属する「アンナン人教師ではなくフランス人研究者を派遣する」こと、さらに、交換として「日本人研究者をインドシナへ派遣する」ことを日本側に新たに提案する。[*40] 古文書によって交渉過程を追う限り、総督府はフランス本国との協議なしで、この事業を進行させたようである。そもそも軍事協定ですら、この時点では本国間協定は結ばれておらず、この時期の仏領インドシナの混乱を察することができる。その混乱は研究者を派遣せねばならなかった極東学院にも波及していた。

日本の要請を受諾した総督府は即日、極東学院に対して日本派遣にふさわしいメンバーの選定を指示した。日本の要請は「日本の文化と科学の現状を現地で研究する」派遣者であるため、日本研究者が望ましかった。日本の要望は、一九四〇年一一月の時点においては、院長ジョルジュ・セデスの言葉によれば、「〔ヴィクトル・〕ゴルベフ氏と私の二人しか外国への派遣を行なうことができない」状況にあった。[*41] この時期、学院メンバーはセデスとゴルベフの二人だけだったわけではない。戦中もアンコール遺跡の調査と修復は継続的になされ、アンコール保存局長のモリス・グレーズがその任務に当たっていた。カンボジア芸術局のジョルジュ・グロリエも一九四二年の退官まで公務に従事し、前章で見た古美術品販売などの任務にも当たっていた。また、カンボジア仏教協会で活発に活動し、一九三〇年代には民族運動にも深く関与して有名となっていた女性仏教学者のシュザンヌ・カルプレス、あるいは、日本と中国の研究を専門とするロルフ・スタインも特別研究員となっていた。少なくとも一〇名余りのフランス人が学院メンバーとして一九四〇年代初頭のインドシナで活動を行なっていたのである。それにもかかわらず、セデスは、自身とゴルベフしか日本へは行けないという。ここに当時の学院が直面していた困難な政治的問題を読み取ることができる。

単に学術的な観点だけからいえば、日本派遣には日本・中国研究者のロルフ・スタインと仏教学の専門のシュザンヌ・カルプレスの二名が適任であった。[*42] しかし、戦時下の政変によって、二人は日本に行けない状況に追い込まれていたのである。まず、カルプレスについていえば、ペタン新政権の発足により、インドシナにおいても国粋主義と女性蔑視の政策を掲げる悪名高き一九四〇年一二月一八日の政令が適用され、学院メンバーから除名される運命にあった。一方、ロルフ・スタインの場合は、ユダヤ系ドイツ人という出自が問題となり、総督府は彼の学院メンバー入りを強く拒んだのだった。スタインは第二次世界大戦開始後すぐにフランス国籍を取得していたが(一九三九年八月三〇日)、それでも総督府は彼を正式メンバーとは認めなかった。スタインはこの一件によって、学院長の態度に不信感を抱いたようである(一九四四年にスタインは憲兵隊に逮捕される)。第二次世界大戦後、彼は、戦後の新たな学院の体制は「戦争協力者ではない新しい人材」によって立て直すべきだと述べ、暗に総督府の方針に従ったセデスとゴルベフを非難している。[*43]

戦時下にセデスとゴルベフが積極的に行なった日仏印文化協力(さらにはより一般的な意味での「戦争協力」)に対する批判の声は、表立っては出てきていない。しかし、戦後の新たな体制は彼ら抜きで行なわれた。セデスは一九四七年の定年退職後、パリで国立東洋語学校教授となり、再びインドシナに戻ることはなかった。一方、ゴルベフは先述の通り、一九四五年に病に倒れて没するが、一九六六年まで極東学院が公式の追悼文を発表することはなかった。セデスはハンガリー人の祖父を持つユダヤ系フランス人で一九一一年よりタイとインドシナで暮らし、カンボジア人と結婚をしており、その政治的信条は定かではないが、一九四〇年にはアンナンのドラゴン勲章、一九四三年にはカンボジアのオフィシエ勲章を受勲しており、総督府の「戦争協力」に忠実な院長とみなされたとしても不思議ではなかろう。一方、一九一六年以来、フィリップ・ペタンと親交のあったゴルベフは、ハノイの親独義勇隊に深く関わっていたという。[*44] そして何より、後述するように、二人は日仏印協力政策を拒むことなく積極的に深く関わった。親独・親日体制を支持した二人の態度と行動は、第二次世界大戦中の学院の内部に大きな亀裂を生んだはずである。日本派遣ができるのは二人だけだと返答したセデスの言葉は学院内の政治的亀裂を暗示しているのである。

極東学院には、新政府に反対するドゴール派に与する者も多く、レジスタンスに加わったものもいた。たとえばジョルジュ・グロリエは芸術局長退官(一九四二年)の後もカンボジアにとどまり、自由フランスの諜報活動に参画していたらしい。そのため彼は一九四五年に憲兵隊に捕らえられ、獄中死する。また、ラオスで研究活動を行なっていたアンリ・ディディエもレジスタンス運動に加わり、ゲシュタポに追われる身にあった。一九二七〜三六年まで学院メンバーとしてアンナンの研究教育に携わったポール・ミュスも、レジスタンス活動家の一員として一九四四年にトンキンのパラシュート部隊に志願している(大戦後の一九四六〜六九年に彼はコレージュ・ドゥ・フランス極東文明講座の教授を務める)。さらに、パリのオリエンタリストにも新政権支持を拒む者が多かった。第四章で紹介したように、ジョゼフ・アッカンは休戦協定で除隊となった後にヴィシー政府の不支持を表明し、自由フランスの活動に参加した。「生きるためには、危険に身を投じねばならない」との信条を手帖に書きとめ、南アジアの諜報活動に従事したが、一九四一年二月に戦争の犠牲となって帰らぬ人となる。ポール・ペリオもドイツとの「文化協力」の要請を拒絶した。一九三九年より学院名誉メンバーとなっていたコレージュ・ドゥ・フランス教授のアンリ・マスペロは、親独政権にも自由フランスにも与しなかったが、義勇遊撃隊のメンバーであった息子に連座して逮捕され、一九四四年にブーヘンヴァルト強制収容所に送られた(収容所内で病死する)。こうしたオリエンタリストの戦中の非業の死と対比したとき、セデスとゴルベフの親日的活動はおのずと「戦争協力」とみなされる運命にあったといえるだろう。

セデスの行為が戦争協力であるのか否か、我々はそれを判定したいわけでもないし、判断する立場にもない。ただし、戦時下のめまぐるしく変化する政治情勢を前にして、院長のセデスが非常に難しい舵取りを迫られていたことは確かである。本国の政権交代と日本の介入を受けて、インドシナ総督府も極東学院もいかなる政治的立場をとるべきかを決めかねていた。自由フランスのドゴールは積極的に植民地に働きかけ、政権奪回とパリ解放の機をうかがっていた。一九四二年には、実質的にペタン支持の植民地はカリブ海とインドシナだけとなっていた。こうした政治不安の中で、学院は内部に亀裂を抱えたまま活動を行なわねばならなかったのである。学院を統括するはずの本国のアカデミーも、占領下のパリにあっては機能不全に陥っていた。ここにおいて、セデスは、伝統的に政治力を求められてきたオリエンタリストとして、[*45]まさに現実的な意味での政治的選択を行なわねばならなかったのだった。そしてセデスは、ほぼ独断的に「日仏印協力」を進めてゆく選択を行なったのである。

このセデスの「独断」という点について、一言付け加えておかねばならない。次節以降、「教授交換」と「古美術品交換」に代表される文化協力事業を検討してゆくが、これらに関わる資料の数は非常に少ない。戦乱で失われた可能性もあるが、理由はそれだけではないと思われる。現在、極東学院が保有する古文書は、主に、学院宛て（学院長宛て）の手紙とそれに対する返答で構成されている。それゆえ、院長が独断でことに当たった場合、資料は残らないことになる。院長が直接関与した出来事（事件）こそ当時の重要事項なのであるが、重要であればあるほど資料が残らないのである。研究者としては歯がゆいところで、この時期の学院の活動を完全に把握することは実のところきわめて難しい。いずれにせよ、戦中期の資料の欠落は、当時の学院の混乱と院長の独断を暗示していると私は考えている。

もう一点、戦時下の学院の活動の把握を困難にしている要因がある。平時には充実した内容を伝えていた『学院紀要』の「時評（クロニック）」欄、すなわち学院の活動報告と年報が、戦中期にはほぼ空白になっているのである。『学院紀要』は一九四二年に発行された一九四一年号までは従来通りで、したがって、一九四一年に行なわれた第一回教授交換の内容については詳細に報告されている。しかし、その次の号は、一九四二年から一九四五年までの合本となり、一九四六年まで発行されない。しかも、注目すべきことに、この間の学院の活動は一切記載されていない。戦中の混乱期に雑誌編集どころではなかった、といえばそれまでだが、一九四六年の発行号に一九四二〜四五年の活動報告を行なうこともできただろう。それをせずに空白にしたということは何を意味しているのであろうか。意地悪な言い方をすれば、空白にしたということは、何もしなかったことにした、ということである。形式的に考えれば、第二次大戦後の極東学院が、この時期の活動を「公式の」活動として認めていない、ということだろう。本国アカデミーの指示なしに院長が独断で行なった非公式の活動だとはいわないまでも、戦時下のやむを得ない情勢のもとで遂行された報告したくない活動だと位置づけているといってよいだろう。

かくして、この期の日仏印文化協力の実態を明らかにすることは困難であるが、残された資料をできる限り集めて復元し、戦時下の極東学院と日本との関係、さらには日本とアンコール考古学との関係に迫ってゆきたい。

第一回教授交換、太田正雄

まず、日本の国際文化振興会と極東学院との間で一九四一年五月から七月にかけて実施された「第一回教授交換」について詳しく見てゆこう。

先述の一九四〇年一一月の手紙において、セデスは、日本派遣者としては自身とゴルベフしかいないと書いた。そして続けて彼は、「日本の文化と科学の現状を現地で研究するため」の要請であるから、「私よりもゴルベフが適任」だろうと伝える。学院からの日本への派遣者はすぐさまゴルベフに決まった。またもや「極東学院の知的外交官」の出番とあいなったわけである。

一方、総督府からの提案によって認められた日本人研究者のインドシナへの派遣についてはどうか。先の同じ手紙の中で、セデスはインドシナへの派遣の候補者として、「フランス語の知識」と「研究の性質」から考えて、以下の人物を希望すると書いている。『満鮮史研究』（一九三三～三七）で著名な東京帝国大学名誉教授であった池内宏、東南アジア史の専門家であった台北帝国大学教授（後に大阪大学教授）の桑田六郎、当時東洋文庫に勤め南方史研究会を組織していた山本達郎、そして、日本と中国の考古学的業績で欧米にその名を知られていた京都帝国大学教授の梅原末治である。

興味深いことに、セデスが望んだ候補者はいずれも植民地と関わる学問に従事していた歴史家や考古学者であった。セデスの専門は仏教史であるが、自分の専門よりも、時機に適った学問を優先した人選を行なったといえよう。加えて、日本史や日本文学や日本美術史など、純粋な意味での日本文化のみを研究する専門家を要請しなかった点も注目に値しよう。要するに、セデスのいう「研究の性質」

から派遣にふさわしい候補者とは、いわゆる植民地学に通じた日本のオリエンタリストであったといってよいだろう。

しかし、セデスの希望を国際文化振興会はどれほど検討したのだろうか。第一回のインドシナへの派遣者に選ばれたのは、セデスの希望にない東京帝国大学医学部教授の太田正雄であった。彼は「癩病(レプラ、ハンセン病)」の権威として国際的に知られていた人物だが、一般には「昭和の鷗外」とも称される筆名・木下杢太郎を持つ文人としてよく知られていた。[*46] そのような太田がなぜインドシナ派遣者となったのか。

結論からいえば、太田は文人木下として、国際文化協会理事の黒田清と非常に親しい関係にあった。一九四〇年頃には、東洋学者の石田幹之助らと頻繁に集まって詩を吟じては、夕食を共にしていた。要するに、「呑み仲間」だった、といえば実も蓋もないが、その関係で、黒田の推薦により一九四一年一月半ばに突然の派遣が決定したのである。[*47] 黒田も国際文化振興会の「文化工作」(黒田の言葉)のため、三月から六月までの三ヵ月間インドシナ滞在を行なう予定であった。そもそも教授交換の事案が決定したのが一九四〇年一一月で、実施予定が一九四一年春ということで、早急に人選を行なわねばならず、身近な人物から適任者を選ぶという方策が最善であっただろう。

とはいえ、インドシナへの派遣者として太田は真にふさわしい人物であったことも確かである。一九四〇年に日仏会館の主催で「フランス医学展覧会」が日本各地で開催されたが、太田はこの展覧会の組織に尽力するとともに、自らも「パストゥール以後の微生物学の趨向」と題する講演会を日仏会館で行なっていた[*48](一二月五日)。日仏会館への貢献という点からも、太田の派遣に異を唱える者はいなかっただろう。また、彼は一九一六〜二〇年の四年間、南満医学堂教授として奉天(瀋陽)に赴任しており、アジアの植民地の状況にも通じていた。

さらに、日仏会館への貢献からわかるように、太田はフランス文化に対する関心が強かった。一九二二〜二四年にはヨーロッパ留学を果たし、パリのソルボンヌ大学とサン・ルイ病院、およびリヨン大学で研究を行なっており、そうした経験から日仏会館での会合や国際文化振興会主催のフランス関連の集まりにも頻繁に参加していた。一九四〇年四月になわれたフランス人を招待しての国際文化振興会主催の茶会では、フランス生まれの小説家キク・ヤマタ（山田菊）と同席し、留学時代の思い出談義に花を咲かせたようである。[*49] 太田によれば、特に「フランス贔屓（フランコフォン）」というわけではなかったというが、それでも、一九四〇年六月のパリ陥落とフランスの敗北には心を痛めていたようである。六月二一日の日記には次のような言葉も見える。

「日々の憂鬱の一因としてはどうもフランスの殆ど滅亡に瀕する敗北の事があるらしい。ドイツを憎む気は少しもないが、フランスの滅亡は実に痛ましい[*50]」

このような思いもあって、インドシナにもう一つのフランスを求めて派遣を引き受けたのだろう。

こうして太田正雄は四月三〇日に空路羽田を発ち、翌朝、台北（台湾）に到着、四日間滞在した後、五月五日にハノイに到着した。ハノイでは、五月一二日より、ハノイ医科大学とインドシナ医学会において二度の講義（「ハンセン病の日本での最新研究」、「極東における真菌病と媒介」）、極東学院において日本の医学に関する発表（「ライ菌の動物への接種」五月二七・三〇日）、そして公衆に対して二度の講演（「一六世

図107　太田正雄（木下杢太郎）「クメール彫刻のスケッチ」，1941年．

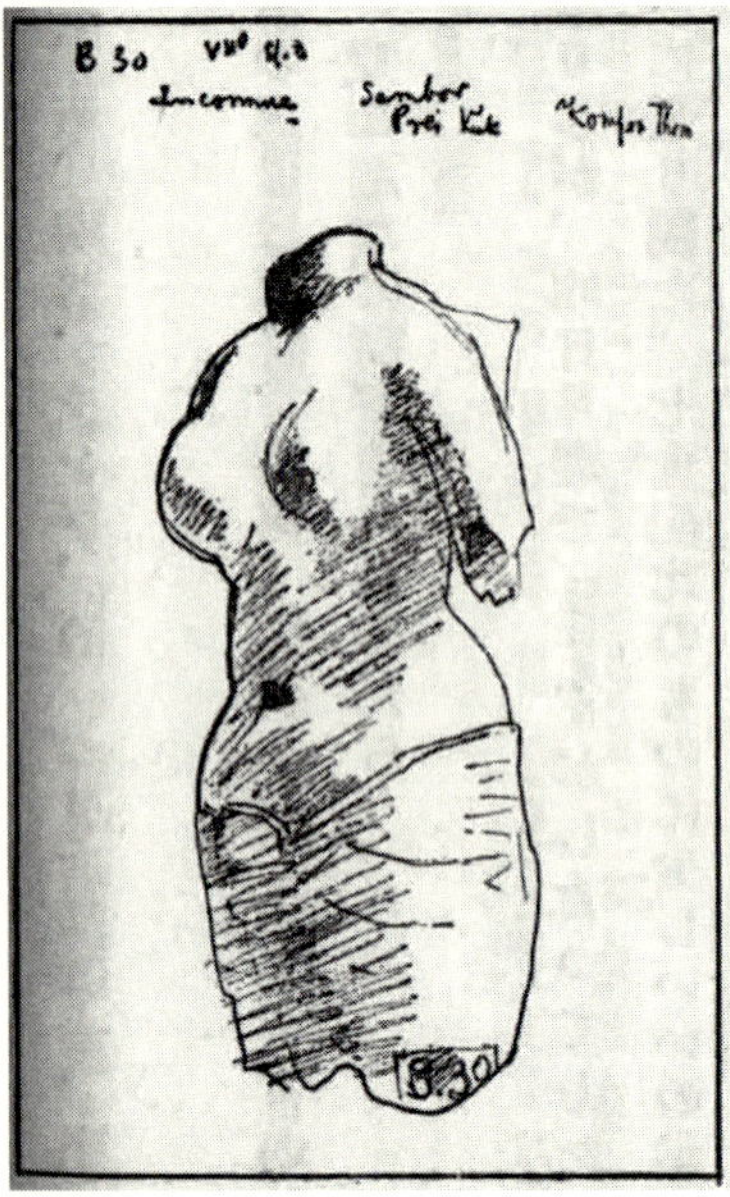

図108　同右．

紀の日本について」、「ヨーロッパとの文化交渉」）を行なっている。また、サイゴンでは「キリシタンによる一六世紀の日本における西洋医学の移入について」と題する講演を行なった。[*51]『木下杢太郎日記』を読めば、太田が念入りにフランス語原稿をチェックし、何度も医科大学のフランス人教師から発音の指導を受けたことがわかる。久しぶりのフランス語の講演に臨む太田の緊張ぶりが伝わってくる。最初の講演には総督府秘書長、第二回目にはドゥクー総督じきじきに来聴するとあっては、その緊張も当然であった。講演会場入口には「巡査十数人」が詰めるという物々しい中での講演であった。

　知識人との交流において、太田が最も刺激を受けたのは三〇日に極東学院で行なわれた学会でのポール・ブデ（学院図書館司書）の発表であったようである。内容はベトナム語をアルファベット表記したフランス人の試みと歴史を伝えるものである。太田は日本帰国後の報告会では決まってこの話を持ち出し、「日本語のローマ字綴り論や国字問題に多くの示唆」を与えるのみならず、「支那語のローマ字綴りの問題」など「言語の発育を講究する上にも多大の参考になる」と評価している。[*52] インドシナ滞在は、医学者としてよりは、文筆家として、刺激を得ることが多かったようだ。ハノイでは一〇日間の短期間だが、ベトナム語も学んでいる。

予定された講演と講義を終えた太田正雄は、プノンペンへ移動し（六月二二日）、アンコール遺跡を訪問している。アンコールへ向かう前に、カンボジア美術学校とアルベール・サロー美術館を訪れているが、館長のグロリエには会っていない。美術館では（古美術や複製が売られていた例の）「ブティック」でグロリエの著作二点を購い、スケッチ（図107、108）をしながら、熱心に作品を鑑賞し、思索を巡らせた。

「次に写す二像の如きはグプタ（古代インド）の直伝らしく思はれ、又ギリシヤ的の所もあり、グプタにギリシヤの影響なしとはいはれずとふと思ひたり。殊に年代不明の女のトルソオの如きはヴィーナスを想起せしむるものあり」[*53]

翌日（二四日）、アンコールに到着した太田は保存局を訪れ、局長のモリス・グレーズと面談している。グレーズは、まずタ・プロームを見学するのがよかろうと勧めたようである。スポアンの大木に呑み込まれた有名な廃墟寺院である。学院はバイヨンなどの主要な寺院を「復元」する一方で、タ・プロームだけは廃墟の状態に残して保存していた。この方針は今日も守られ、訪れる観光客を驚かせている。早々に一般観光客向けスポットを紹介したグレーズは、考古学的知識のない日本人観光客がやってきたという程度の認識しか持っていなかったようである。あるいは、日本進駐を快く思っていなかったのかもしれない。太田から、美術館で感じた疑問、すなわちクメールの彫像と「グプタとの関係、グプタとギリシヤ、ローマ彫刻との関係」について問われても、グレーズは「はつきりとは返事をしなかつた」という。[*54] それでも太田は「佛語の出来る安南人」のガイドとともにタ・プロームを訪れ、美術館で購入したグロリエの書を読みながら、遺跡の理解に努めている。

翌二五日と二六日の二日間、太田は、グレーズの案内で、ニャック・ポアン、プリヤ・カン、アンコール・ワット、アンコール・トムのバイヨン、バンテアイ・クデイ、タ・ケウなど、アンコール遺跡の小回りコースをひと通り見学した。その感想は興味深い。

「アンコオルワツトは写真などで見ては、たいしたものと思はず、随つていままで研究したこともなかつたが、今日来て見ていいことをしたと思ふ」

写真ではただ大きいだけの寺院という印象を受けるだけで興味を引かなかったのだが、「其細目を見ると、やはり感心するものがある」というのである。せっかく現地を訪れながら、彼は、(ドラポルトが伝えたいと思ってやまなかった) 壮大な寺院の全体の構造ではなく、繊細な装飾を高く評価した。大きな石造りの建造物に馴染みがなく、小さな (木造の) 寺社の繊細な装飾を愛する日本人ならではの見方といえるかもしれない。

ところで、アンコール・ワットで太田は「活動写真をうつしている二人の日本人にあふ」と日記に記しているが、これはおそらく松竹大船文化映画部による映画『仏印の印象』(恒吉忠康監督)の撮影であったろう。「南方における映画工作」も既に開始されていた。[*55]

アンコール詣でを終えた太田は、再びハノイに戻り、残されたインドシナ滞在をベトナム語の勉強をしたり、フランス映画を鑑賞したりしながら過ごし、七月一三日に船で帰途についた。

仏印巡回現代日本画展覧会

一九四一年一〇月、太田のインドシナ派遣の三ヵ月後、同じく国際文化振興会の主催によって、インドシナで「仏印巡回現代日本画展覧会」が開催されている。[*56] この展覧会には代表者として、一九二〇年代のフランスで成功した藤田嗣治が随行している。

この展覧会はまず、日本画を中心とする同時代の日本の美術品約二〇〇点を展示する日本画展として、一〇月二一日〜一一月一日にハノイのアフイマ美術館で開催され、その後、一一月から一二月にかけてのハイフォン、フエ、サイゴンへと巡回した(当初、プノンペンへの巡回も計画されていたが、一二月八日の太平洋戦争勃発を受けて中止となる)。展示品は横山大観、竹内栖鳳、橋本関雪、山口蓬春、八木岡春山ら大家を中心に構成されており、日本でも話題となった。[*57]

一方、一一月二五日からは、ハノイで「日仏印親善洋画展」も開催される。この展覧会は、日本印度支那協会が企画したものだったが、急遽、国際文化振興会との共同開催となり、日本画家と洋画家双方による「文化工作」事業と相成った。こちらには藤田嗣治、山下新太郎ら五一名の洋画家の作品が出展された。同行した国際文化振興会の大澤武雄によれば、この「美術平和進駐」には、「毎日二〇〇〇人近い観衆が殺到し、絵の購入申し込みはひきもきら」ない成功を収めたという。[*58]

一〇月六日に空路でハノイ入りし、二ヵ月間にハイフォン、フエ、サイゴンでの巡回展覧会に随行した藤田嗣治は、各地で日本美術の講演を行なっている。桑原規子氏の研究によれば、展覧会の前日にスライドを用いて日本美術の傑作の講義を行ない、あわせて南画家の小室翠雲の制作光景をフィルムに収めた映画「画家の一日」（一九三六年に海外向けに国際文化振興会が製作）も上映したという。[*59]

太平洋戦争の勃発によって、プノンペンへの巡回展は中止となったが、藤田は一人プノンペンへと足を伸ばし、アンコール遺跡を実見している。アンコール遺跡を描いた油彩もある。インドシナ各地でデッサンを行った藤田は帰国後の一九四二年、金子光晴の妻で詩人の森三千代による『インドシナ詩集 POESIES INDOCHINOISE（仏語）』に一〇点の挿画も寄せている。[*60] また、一九四三年三月に開催された陸軍美術展に戦争記録画の《仏印・陸からの進駐（ドンダン進駐）》と《仏印・海からの進駐（ドーソン付近フクサ進駐）》の連作を出品し、六月七日に両作品を仏印進駐部隊に「献納」した。[*61]

太田にせよ藤田にせよ、日本占領期のインドシナとの文化交流で活躍したのは、一九二〇年代の大戦間期をフランスで過ごした者たちだった。彼らにとって、インドシナはフランスでの遊学生活を思い出すことのできる場所であったに違いない（藤田は再度フランスへ渡った矢先の一九三九年に第二次大戦の勃発を受けて、日本に帰国したばかりであった）。ハノイ滞在中の太田は仕事を終えた夜には、学院のセデス夫妻やハノイ医科大学のアンリ・ガイヤール夫妻、ハノイ大学のポール・ユアール夫妻などをホテルに招いて晩餐会を開いては、東京の写真や映画を見せ、楽しいひと時を過ごしたという。[*62] 特にガイヤールとは毎日のように大学で会い、その講義に出るなど親しく交流した。[*63]

ところで、インドシナでの巡回展の「成功」を受けて、国際文化振興会はその「交換」として、日本で「現代佛印美術展」を組織することを決定している。[*64] この展覧会は一年半後の一九四三年六月に東京日本橋の三越と大阪の心斎橋大丸で開催され、さらに神戸、京都、福岡を巡回した。この展覧会のために、インドシナ各地の美術学校は、出品作選定のためにコンクールを行ない、フランスのアカデミックな油彩画と彫刻、ベトナムの絹本画や漆工芸屏風や陶磁器など計一五〇点の美術品を集めた。展覧会にはインドシナ（アンナン）から三名の画家も同行した。当時の新聞によれば、来日したベトナム人画家に対して、日本の「大家たちが画室を開放して指導」にあたる予定もあったらしい。[*65] ベトナム人の絵画よりも日本画の方が優れていること、あるいは、フランス人教授の教育よりも日本人画家の教育の方が優れているということを暗に伝えようとする新聞記事だといえる。大戦中のマスメディアの論調としては特に珍しいものではない。

しかし、興味深いことに、インドシナを訪れた日本の知識人や美術関係者は、一様にベトナム人の絵画とフランス人の指導を高く評価していた。たとえば、美術関係者では、藤田の他に画家の和田三造や伊原宇三郎が一九四一年にインドシナに渡っており、当地の美術や美術行政に関するコメントを各種メディアに発表したが、特に八月八日から一八日にかけて『朝日新聞』が連載した「仏印を語る座談会」が注目に値する。この座談会に参加した伊原はインドシナの美術館や美術学校に触れ、その水準の高さを評価している。彼によれば、ハノイの美術学校のフランス人教授には「相当な人が来て」指導をしており、「生徒もこちら（日本）の美術学校の卒業生と比較」しても「遜色のないやうな卒業生を出して」いるという。[*66] 先述の太田正雄も、インドシナ滞在中にハノイ美術学校やカンボジア美術学校を訪問し、同じように、ハノイの教師や学生の「西洋画」（油彩画）を高く評価した。太田によれば、カンボジア美術学校は「徒弟学校だから、それに十四五才位から始めているのだから、価値の高いものは望まれない」、「ハノイの学校の方がそれははるかに高等である」[67]。こうした日本人の評価は、本書第六章で検討したフランス人ヴィクトル・ゴルベフの評価（三〇二～三〇四ページ）とは正反対であり、きわめて興味深い。ゴルベフに代表されるフランスの美術通はカンボジア美術学校の学生が作る「伝統的な」工芸品を高く評価し、逆にベトナムの「現代芸術は、過去との関係性、過去の様式（…）過去の技術との関わりを欠いている」と批判していた。[68] 同じ視点からゴルベフが日本の洋画を批判したことも思い出しておきたい。フランス人から見ればベトナム人の洋画は「西洋美術の亜流」で評価に値せず、アジアの伝統的工芸品の方が上質に思え、逆に、日本人から見れば、西洋人が上質という工芸品も技術的に稚拙で、油彩画の方がよっぽど質が高いということになる。日仏印間の美術展の交流は、西洋とアジアの美的価値観のずれを顕わにする場でもあった。

ゴルベフの来日講演と展覧会

太田正雄がインドシナに派遣されていた一九四一年の初夏、日本はインドシナからの交換教授としてヴィクトル・ゴルベフを迎えていた。彼が東京に到着したのは五月一二日のことで、七月五日までの約二ヵ月間、日本に滞在をする。

ゴルベフはまず、五月二〇日から一週間、日仏会館で「アンコールの蘇生」と題する講演を行なっている。領事館員シャルル・アルセーヌ・アンリによれば、「外国の知識人との交流に飢えていた日本の知識人たち」に温かく迎えられ、講演は大成功だったという。ゴルベフが持参したアンコール遺跡のスライドが「公衆をうっとりとさせた」とも報告している。[*69] 戦時にアンコール・ブームが到来するとはいえ、この遺跡の情報が氾濫するのはこの年の夏の南部仏印進駐以後のことである。ゴルベフが来日した頃にインドシナ訪問を果たした日本人研究者もまだ少なかった。その意味では、日本で初めての専門家による本格的なアンコール遺跡の講演会として、記憶すべき出来事であるといえるだろう。

しかし、ここでゴルベフが講演の主題を「アンコールの蘇生」とした事実に注目しておく必要がある。密林に沈む廃墟としてのアンコールではなく、フランス人が「復元」して「蘇った」遺跡の姿を彼は日本人に伝えようとしたのであった。この点が後に文化協力事業に微妙な影響を与えてゆくことになる。

続いてゴルベフは、六月一〇日に「アンナンとトンキンの美術と考古学」と題する講演を、一二日には「仏印の古代美術」と題する講演を明治生命会館で一般聴衆に向かって行なった。[*70] 聴衆は三〇〇名を超える盛況ぶりだったという。当時の一般聴衆には、中国文化の影響の色濃いベトナム北部の仏教遺跡やチャムの先史遺跡の方が身近に感じられる主題であり、そのあたりを配慮したテーマ選択であった。また、北部進駐から一年を経ようしていた日本にとっては時事的な話題でもあった。一四日には日仏会館で参加者二五〇名の盛大な晩餐会も開かれている。

その後、ゴルベフは京都へ移動し、日仏学院において再びアンコール遺跡に関する講演会を行なっている。京都では翌年に教授交換派遣者となる梅原末治と会っている。一九二〇年代に長期の欧州留学を経験していた梅原はゴルベフとは旧知の仲で、ともに「藤井有鄰館をはじめ、日本各地にある青銅の銅鼓類を見てまわった」。[*71] 先述のとおり、国際文化振興会は、インドシナからの派遣者に対し、

「日本の文化と科学の現状を研究」することを任務の一つに課していた。ゴルベフには「日本古代の埴輪と壁画の研究」というテーマが与えられていた。[*72]

ゴルベフは講演と研究のほかに、日本に持参した多数の写真資料を用いて、日仏会館で写真展「アンコール、トンキン及びアンナンに関する写真展覧会」を組織した。この展覧会は、「遠東仏蘭西学院〔極東学院〕ニテ実施セル発掘技術就中クメール藝術古趾ノ発掘再建方法ヲ展示セル写真数百点」を展示するものであった。[*73] 第六章で紹介したように、裕福なロシア貴族出身のゴルベフは私財を投じて大判写真カタログ『アルス・アジアティカ』を刊行したり、ギメ美術館の「写真資料室」に自らのアジア美術写真コレクションを寄贈したりするなど、写真による美術の研究・普及を積極的に行なった美術史家であった。一九三二年にはアンコール遺跡群の研究に初めて「航空写真」を導入して画期的な研究を行なってもいた。日本での展覧会もゴルベフ自らが提案したものであった。展覧会は六月九日〜一五日の一週間であったが、約三〇〇〇人の観客が来場したという。

写真展の企画は来日以前からゴルベフと日仏会館の間で合意がなされていたが、国際文化振興会は関与していない。日本側は展覧会開催費用の拠出を拒んでいたのであった。そのため、日仏会館は、戦時の厳しい財政事情の中、展覧会費用を全額負担せねばならなかった。会場のセッティングは、ちょうど商工省の輸出工芸指導の装飾美術顧問として日本に招聘されていたデザイナーのシャルロット・ペリアンがボランティアで行なった。[*74]

ところで、ペリアンはこの後すぐ、インドシナへと渡り、第二次世界大戦が終わる一九四六年までフランスには帰国しなかった。一九四一年一二月二二日からハノイのデパート「グラン・マガザン」で開催された「日本工芸美術展」では、出品作品の解説を行なうなど、日仏印文化協力にも尽力している。[*75]

ゴルベフが企画したアンコール遺跡の学術的な写真展に対し、国際文化振興会が財政支援を行なわなかったという事実に、我々は、この時期独特の微妙な政治的背景を読み取らねばならないだろう。日本の仏印進駐期において、この種の展覧会は特殊な政治的意味を持ったのである。この点について次節で詳しく検討してみたい。

南部仏印進駐と文化協力の変化

初めての教授交換の一ヵ月後、日本は南部仏印進駐を開始した。先にも紹介した東京工業大学の藤岡通夫がまさにその頃にアンコール遺跡を訪ねようとしており、貴重な証言を残しているので、彼の言葉を借りながら、当時の状況を確認しておこう。藤岡は、同大学の建築材料研究所助手の鈴木博高とともに、「熱帯地に於ける気候と住居形式間の関係」の調査のために一九四一年七月から九月にかけて、タイと仏領インドシナを視察することになっていた。[*76] しかし、彼によれば、「丁度七月末に南部仏印進駐があり、それと同時に泰〔タイ〕の方も東部国境方面に兵を集中して来ましたから、再び此の国境が七月末から閉鎖」されるという状況となった。一九四一年五月に東京で調印された「泰仏印間平和条約」によって、日本はフランスに対し、ラオスのメコン右岸とチャンパーサック地方、さらにはカンボジアのシエムリアップとバッタンバンの両州をタイに割譲させ、八月には泰仏印国境確定委員会調査団を送り込んでいた。タイの調査を終えた藤岡は国境封鎖の影響によって、自動車でのアンコール入りを断念し、空路でサイゴンに渡り、サイゴンからプノンペンを経てアンコール遺跡へアクセスせねばならなかった。アンコールでは、海軍中佐二名を随行して、足早に遺跡の見学をせねばならなかった。視察を終えた藤岡は「仏印事情」についてのコメントを残している。曰く、「〔安南人は〕日本軍が進駐して参り、幾分なりともフランスの圧迫が和ぎましたので、今迄日本に好い感情を持つて居るやうであります」。また、「現在此の地方では日本語熱が盛んでありまして、我々もホテルでボーイに日本語で話しかけられる」状態だったという。日本贔屓の偏った情報であろうが、フランスと日本の板ばさみにあった当時の混乱したインドシナの情勢が察せられよう。

このように、初めての教授交換を終えた一九四一年の夏、インドシナにおける日本の存在は以前に増して大きなものとなり、総督府とフランス本国にとっては重大な局面を迎えていた。七月には「日仏共同防衛協定」が成立し（二六日）、本国政府は「仏印防衛は日本に依存す」との公式声明を出した（八月四日）。当然ながら、こうした政情の変化に伴って、「文化協力」が持つ意味も変わってくる。増大する日本の支配力に配慮した対応を極東学院や日仏会館は求められるようになってゆくのである。

こうした中で、学院のジョルジュ・セデスと日仏会館のフランス人館長フレデリック・ジュオン・デ・ロングレは、今後の文化協力におけるフランス側の目的に関して独自の合意を形成するよう努めている。一九四一年の夏に、ロングレがインドシナの公教育省と学院を訪ね、「日本と仏印との文化協力の性格についての諸問題」を話し合ったのであった。[*77] その内容をここで見ておこう。

まず、戦時の日仏会館が置かれた困難な状況について理解しておかねばならない。日仏共同運営のこの会館の日本側代表者の方針転換については前段で既に検討した。フランス文化の伝道という使命を棚上げにして、インドシナとの協調と日本側の文化工作を重視する方向へと目的をシフトしていた。

しかし、フランス人館長がこれに同調するわけにはいかない。たとえ戦時であれ、というよりは戦時であればこそ、少なくとも表向きには、フランスを代表する機関が日本に存続していることをアピールせねばならなかったからである。むろん、派手なパフォーマンスを行なうことはできなかったが、クローデルの意思を継ぎ、フランス文化の健在ぶりをなんらかの形で示す必要があった。日本とインドシナの教授交換の一件が持ちあがった時、インドシナからの派遣者を「アンナン人ではなく、フランス人研究者」とすると決定された背景には、こうした事情もあったと思われる。日仏会館にとっては、日仏印の交流がフランスと日本の文化交流でもあることを強調したかったのである。

第一回教授交換を終えてセデスとの会談に臨んだジュオン・デ・ロングレは、なによりもこの最後の点の確認をセデスに求めている。日く、日仏会館は「日本におけるフランスの知の代表であり、日本におけるフランス文化のマニフェストとなる組織である」、ゆえにインドシナから派遣されるフランス人との文化交流は、あくまでも「日本とフランスの文化交流」として、「日仏会館の保護のもとに行なわれるべき」だと訴えるのである。その結果、以下のような合意が極東学院と日仏会館の間で極秘に取り付けられることになる。

「〔インドシナからのフランス人の〕派遣者は、(…)日本にとっては国際文化振興会の支援下にあるが、フランス側にしてみれば日仏会館の保護のもとに日本におけるフランス教育を代表すべく外務省が派遣する、という形式をとる」

なんともフランス人らしい二枚舌である。文化協力を主催し、資金を提供した国際文化振興会には到底容認しえない内容だろう。日本側にしてみれば、日仏印文化協力事業は、字義どおり、インドシナと日本の文化交流を行なうものであり、日仏会館は宿泊地や講演会場を提供するだけの副次的施設にすぎないはずであった。あらためて確認するなら、日本のさらなる目的は、インドシナにおける日本の存在を誇示し、当地における「文化工作」を遂行することにあった。それを無視したフランス側の合意が時代錯誤であることはいうまでもない。日仏会館は、設立時以来の一貫したフランス文化の伝道という路線にこの日仏印文化交流を位置づけ、フランス文化を日本に広めるという当時にあっては虚しい目的を密かに掲げたのである。

この極秘の合意事項に付随して、ジュオン・デ・ロングレとジョルジュ・セデスの間のやりとりで、キーセンテンスのように繰り返される確認事項があった。フランス人派遣者の選択やその講演内容について、「インドシナ文化とフランス文化を区別しない」ということである。ロングレから提案された事項だが、これにはセデスも大いに賛意を示し、「インドシナ文化とフランス文化とを区別することを避けねばならない、という貴方のご意見には強く同意いたします」と返答している。だが、両者には言葉の理解に齟齬があっただろう。長年、タイとインドシナで研究を続けていたセデスにとってみれば、フランス人オリエンタリストとしての自らの活動をフランスが高く評価した言葉に思えたに違いない。インドシナの文化をフランス文化に劣るとみなすことなく、両文化を相対的に評価する言葉と解釈できるからである。だが、第二次世界大戦中にあっては、この表面的な言葉の理解は誤りである。これは文化の相対性に言及した言葉ではなく、インドシナとフランスが一体であることを強調した言葉であるからだ。すなわち、約半世紀にわたってフランス人が調査研究し、さらには「復興」させたインドシナの文化はフランス人のものである、というプロパガンダ的意味を持つ言葉として理解せねばならない。[*78] だからこそ、両文化を区別しないといいつつ、派遣者は「アンナン人ではなくフランス人研究者」であるという差別が一見矛盾するように見えながら両立できたのである。そうした意味合いを持つ「インドシナの文化とフランスの文化を区別しない」という合意も、日本側が容認しえないものであることはいうまでもない。

しかし、戦中期にもフランス文化の普及活動が継続的に行なわれているという形式に日仏会館がこだわったのは、フランスの健在ぶりを日本人にアピールしたかったためではない。この事項は日本には極秘裏に合意されたものにすぎない。日仏会館の目的は、フランス本国に対して、戦中の当施設の重要性を強調することにあった。会館のフランス側の運営資金はフランス本国から出ていた。政権が変わっても、この財源を確保する必要があった。戦争に敗れて、もはや日本にこうした機関は必要ないと判断されては会館を維持することができない。学院との合意を進めていたこの時期（一九四一年九月）には、日本はドイツとイタリアと三国同盟を締結し、日本におけるフランスの存在の意味がますます希薄になっていた。こうした困難な状況下にも日仏会館がフランス文化の伝道の使命を果たしていると本国政府に訴えたかったのである。実際、この合意事項について、ジュオン・デ・ロングレは、「フランス本国の外務省にも報告する」よう極東学院に強く望んでいる。

その一方で、日仏会館は、いうまでもなく、日本との友好的関係を維持せねばならなかった。ロングレは、教授交換の講演録などが出版される場合には、その内容を事前に日仏会館に知らせ、日本にも配慮するようセデスに依頼している。フランス本国に日仏会館の重要性を伝えたい半面、日本側にはそれをおおっぴらには公言できないという板ばさみのジレンマの状況にあった。日本との関係においで、ジュオン・デ・ロングレが特に危惧していたのは、来日したゴルベフが行なった極東学院の写真展である。先述の通り、ゴルベフは学院の活動を伝える資料の展覧会を日仏会館で開催した。学院が要請し、日仏会館が応えたものだった。しかし、ロングレは、今後の教授交換の際には、この種の展覧会の開催を約束できないという。彼の対応には、一九四一年の新たな政情の変化が反映している。

教授交換の全費用を負担した国際文化振興会は、ゴルベフが提案した展覧会には費用を提供しなかった。そのため、日仏会館が展覧会に要した費用二五〇〇円を負担した。国際文化振興会は単に予定外の支出はできないという理由で費用を出さなかったわけではない。アンコール遺跡の紹介を通じて、フランス人の植民地への貢献を強調されることに、日本側は強い懸念を示したのである。日仏会館館長が事後にこの展覧会を問題視した事実から、日本側が会館に対して、なんらかのクレームをつけたのではないかと想像することもできよう。

ジュオン・デ・ロングレによれば、ゴルベフの展覧会は、学院によるアンコール考古学の活動を伝えることによって、「フランス人がシャムとの国境画定に尽力してこの地を取り戻したという歴史」をアピールする結果になったという。展覧会が企画された一九四一年五月以前の段階では、おそらく学院も日仏会館も単にフランスによるアンコール考古学の歴史を「日本人に知らせたい」と考えていただけであったろうが、ゴルベフ来日中のまさに五月に状況が一変した。繰り返しだが、アンコール地区のあるシエムリアップ州は一九〇七年までシャム(タイ)の領土であり、フランスとの条約によって、カンボジアに割譲されたものであった。しかし、フランス第三共和政の解体に伴って、タイは一九〇七年の条約を無効とする政治的判断を示し、一九四一年一月に、国境を巡ってフランスと争う姿勢を見せた。仏印進駐を開始した日本はタイとの戦争を避けるため、その年の五月にタイと仏領インドシナとの間に入って平和条約を締結させ、アンコール遺跡のあるシエムリアップ州を再びタイに割譲させていた。こうした政治的状況において、アンコール遺跡へのフランスの考古学的貢献を伝える展覧会は、アンコール地区の一部を再びタイに返還させた日本への異議申し立てと受け取られる可能性があったのである。それゆえジュオン・デ・ロングレは続けて「当会館は学術的機関であるため、プロパガンダ的な展覧会のための資金を得ていない」と述べ、今後、展覧会の開催を望む場合はインドシナ総督に資金の拠出を求めるよう促す。さらに彼は、「ゴルベフ氏による展覧会を非難しているわけではないが、彼の場合は少々例外的だったといわねばならない」と述べ、事実上、この種の展覧会を日本では開催するな、と伝えたのであった。

戦時下日本におけるアンコール遺跡の意味

学院の展覧会開催の費用負担を国際文化振興会が拒絶したという事実は、日本が仏印との文化交流で何を求めていたのかを明確に示しているだろう。インドシナの美術文化の紹介には積極的だが、その保護や振興活動に従事したフランスの貢献には触れたくないのである。一方、フランス人派遣者は、インドシナ文化の紹介に絡めて、フランスの貢献を日本人に伝えたかった。ゴルベフの日本での講演題目が「アンコールの蘇生」であり、フランスによる遺跡の修復や復元がテーマであったことをここで思い出しておきたい。日本側とフランス側の思惑は大きく食い違っていた。

フランスの代表者が二枚舌を使って日本とインドシナとの交流を日仏交流に読み替えたことは既に言及した通りだが、日本側にしても、日仏印文化協力の位置づけは非常に曖昧で、実は日仏交流という側面も捨て切れずにいたといわねばならない。前述の通り、一九四一年のインドシナ派遣に選ばれた日本人はフランス滞在経験のある太田正雄や藤田嗣治である。日本文化の称揚を図る目的があったとはいえ、現実問題として、既に半世紀間のフランス支配のもとにあったインドシナで文化交流を図るためにはフランス文化に通じた人物を利用するのが得策である。先に触れた「日本文化の宣揚」の場として設立された日本文化会館（一九四三年設立）の「文化工作」は、「フランス人、安南人の双方」を対象として「日本人に衷心尊敬と親しみとを有たしめる様努力する」ことを目的とした。そして、そのためには「統治者階級たる仏人並びに仏国に依存立身せる安南人裕福階級、すなわち仏印の智識階級者に対する文化工作」が必要であり、フランス文化と言語に対する知識とフランス人との融和的な交流が求められていたのであった。[*79]

一九四一年三月から六月まで「文化工作」のためインドシナを訪れ、[*80]四月にセデスとの会見も行なった国際文化振興会の黒田清は、帰国後の報告会で次のように語っている。

「仏印は行ってみてフランスの勢力の非常に強いのに驚いた。殆どフランス語のみで英語などはまったく通用しないといっていい。だからわれわれが文化政策の対象とするものは、フランス人で、現に教授の交換をやっているが、今後は、学生の交換もやって行き度いと思っている。もちろん、現在では対日感情がまったく香くないけれども、われわれはそんなことに拘泥する必要はない。安南人に直接働きかけるなんていふことは全然無意味だと思ふ[*81]」

日本もまた、日本国内では日本文化の称揚というお題目を唱えながらも、インドシナでは日仏交流を進めるという両義的なリアル・ポリティクスを選択していたといえる。

このように、日仏の双方とも文化協力事業の理念と現実には大きなずれがあり、これが分析を複雑なものとしている。理念だけに注目すれば日仏両国は異なる目的を持って敵対し合う関係にあるはずなのだが、現実的には友好的に文字通り「協力」し合っている。ハノイの極東学院を訪れた日本人研究者や黒田清らは、後日、院長のセデスに対して感謝の意を伝える私信を送り、アンコール遺跡の保全に関するフランスの貢献を称えているし（これについては後述する）、また、ゴルベフ来日の折に京都での講演に参加した大阪外国語学校フランス語教授の畠中敏郎は、これが縁で翌年にフエ、サイゴン、プノンペンを訪問し、『佛印風物誌』（一九四三）を上梓している。[*82] 日仏印文化交流は明らかに一面で日仏交流であった。また、外来文化の受容が問題視されたこの時期にも、アンコール遺跡に関するフランス語文献が多数邦訳されたという事実にも、フランス人に頼ることなく仏印文化の理解が難しかった当時の逆説的な状況を垣間見ることができるだろう。

しかしながら、インドシナを訪問した日本の研究者たちは、日本国内に向けてはフランス人による文化政策を積極的に評価することはきわめて稀であった。藤岡がフランスの支配を「フランスの圧迫」と評したことに典型的である。アンコール遺跡の紹介に関しても、ゴルベフが日本講演で伝えた「アンコールの蘇生」に尽力したフランスの貢献について語ることはほとんどなく、むしろ逆に、復興以前のアンコールの廃墟を強調することが多かった。当時の日本の公衆に対しては、フランス人の考古学的貢献よりも、アンコールが廃墟であり続けているかのように伝える方が重要だったのである。この点については、ルイ・ドラポルトの学術的貢献を翻訳書で強調した三宅一郎は例外的だが（本書九五～九六ページを参照のこと）、それでも、その三宅ですら別の翻訳書では「一切のアンコオルの門は神秘幽暗に向かって開かれている」というジョルジュ・グロリエの言葉を引きながら、詩的観点からであるが次のように書いている。

「今から約千年前のこの大遺蹟は(わずか千年前と敢て言はう)、まだまだ未知のものの方が多いのである。私ごときが何を言はう。実は、妖しい廃墟に対する詩的感覚の方が強いのである[*83]」

南部仏印進駐が完了した一九四一年八月には日本人ジャーナリストも次々とアンコール入りして遺跡の様子を報道しているが、そうしたニュースで伝えられるのは決まって廃墟然としたアンコールの姿であった。たとえば、八月八日〜一〇日に『朝日新聞』に三回にわたり「アンコール・ワットの遺跡を訪ふ」と題する記事(図106を参照のこと)を書いた特派員は「大藝術に巣喰ふ蝙蝠」という小見出しを付け、アンコール・ワットの「薄暗い堂の中など(は、)その尿の悪臭でたまらない」状態で、「廃墟の怪奇な美を更に強調」していると書いている。[*84]

密林に沈む廃墟というアンコール・イメージは、一九世紀半ばのフランス人の著作において形成されたものであった。現実に廃墟化していた遺跡も多数存在していたことは確かだが、廃墟であることを強調する言説は、クメール人が過去の遺産を捨てたと非難することによって、インドシナへのフランスの政治的介入を正当化するために用いられたものでもあった(本書第二章後半部を参照のこと)。同じように、一九四〇年代の日本人にとっても、廃墟のアンコールというイメージは政治的なメッセージを含んでいたと考えることができるのではないだろうか。すなわち、アジア人として、そして「東邦の盟主」として、アンコールの廃墟を日本人が守るのだ、というメッセージである。一九四一年八月一〇日の『朝日新聞』には日の丸を掲げてアンコール・ワットの中央祠堂を登る日本兵の写真が掲載され、二日後の記事には「皇軍の手に遺跡も安泰」と報道されている（図109）。フランスに代わって日本が遺跡の保存に着手するかのような勢いの報道の仕方である。また、本章の冒頭で引用したように、富田亀邱は一九四三年の自著に「東亜文化共栄圏の基礎的な捨石にもと考へ」て著作を発表したと記したが、続けてこう書いている。

「今日のカムボヂア人がこの民族の後裔であるといふことが、些の誤りもない事実であるならば、大東亜共栄圏確立の澎湃たる東亜民族の血のたぎりが、仮死の状態に眠る民族の血を湧きたたせないではおかないであらうと信じる」[*85]

図109 「仏印南西部を進む北山部隊」,『朝日新聞』1941年8月10日.

こうした語りには、亡国と化した南方の一国を皇軍が救出にゆくという戦中のフィクションが透けてみえる。一九世紀にフランスがインドシナ支配を正当化すべく反復した植民地主義プロパガンダが、再び繰り返されたのである。今度は西欧人でなく、アジア人によって。[*86]

第二回教授交換、梅原末治

ヴィクトル・ゴルベフと太田正雄の教授交換から一年余りが経過した一九四二年一一月、国際文化振興会は第二回教授交換の日本側の派遣者として梅原末治を選出した。彼の名は第一回の教授交換の際に、院長セデスが派遣者の希望として挙げており、望み通りの人選となった。梅原はその年の一二月にインドシナへと渡り、ベトナムやアンコールの遺跡を目の当たりにすることになる。

二〇世紀の日本考古学界を代表する梅原末治について、ここであらためて紹介するまでもなかろう。ただ、国外派遣という点に関して想起しておくべきは、梅原もまた一九二〇年代に欧州留学を経験したという事実である。京都帝国大学考古学教室の濱田耕作の助手（教務嘱託）として、一九二〇年代前半期、日本国内のみならず、韓半島の考古学調査に従事していた梅原は中国学者の内藤虎次郎（湖南）の勧めで一九二五年一二月にヨーロッパ外遊に出た。目的の地はロンドンだったが、その前に梅原はパリに立ち寄り、オリエンタリストたちの歓迎を受けた。当時のパリは、中国考古学と古美術研究の一大画期を迎えていたからである。内藤はこのような事情を知っていたため、梅原の留学を勧めたのであった[*87]（内藤は一九二四年夏に二ヵ月間西欧外遊をしていた）。

一九二〇年代のパリはアメリカや日本の芸術家（文学者、画家）をはじめとして多数の外国人芸術家を集める国際的都市として知られるが、東洋考古学者や中国美術史家もまたどうしたわけかパリに押し寄せていた。肝心の中国の古美術品はアメリカ合衆国やロンドンの富豪の手にあり、パリのギメ美術館にはめぼしいものはほとんどなかったが、こと学術研究についてはパリが中心地の一つであったといって間違いない。[*88] 日本からも一九二〇～三〇年代には考古学者の中谷治宇二郎や森本六爾がパリ留学を果たしている。梅原遊学中も、梅原の言葉によれば、「パリには、のちに東北大学の教授になられた東洋史の岡崎文夫をはじめ、東大の和田清〈東洋史〉、慶応の松本信広〈民族学〉氏ら俊秀が留学中で、フランス語をしゃべることはおろか、綴りを読むこともあやしい私は大いに救われた」という。[*89] 日本の東洋学史にとっても、一九二〇年代のパリの存在は重要であり、オリエンタリストたちのパリ体験の意味についてあらためて考察する必要もあるだろう。[*90] こうした国際的なパリの東洋学の環境の中、梅原は欧米において最も知られた日本の考古学者となっていた。パリでポール・ペリオは梅原に次のように言ったという。

「私〈梅原〉の名を知っていた彼〈ペリオ〉は、朝鮮関係の話をきいて著しく興味を持った。そして《お前の研究成果を是非とも利用させてくれ、また何もイギリスに行って勉強する必要はないのでここで留学せよ》と言ってくれた[*91]」

留学の目的地がロンドンにあったため、梅原は一一月末まで当地で研究活動を行なうが、その後、再びパリに立ち寄り、南欧、エジプト旅行の基点とした。一九二七年にパリを発って、スイスやイタリア、そしてロシアへと向かうが、度々、パリに呼び戻されては、調査を継続している。一九二八年には、パリから「北蒙古で発見の漢代の漆器」という連載記事を『大阪毎日新聞』に寄稿するとともに、パリの『アジア美術雑誌』に「朝鮮における考古学の新発見」と題する論文を発表した。[*92] こうした功績により、梅原はギメ美術館から五つのアフガニスタン出土の仏頭を譲り受けてもいる。[*93]

こうした欧州での活躍によって梅原は極東学院のセデスやゴルベフにも非常によく知られた存在であった。しかし、フランスのオリエンタリストにとって、梅原は日本考古学の専門家というよりも、むしろ、アジアの植民地考古学者として知られていたというべきだろう。インドシナへの派遣にあたって、ゴルベフは梅原に対して、事前に講演題目として「日本における青銅器時代」の講義に加えて、「朝鮮での日本の考古学」について論じるよう依頼している。[*94] そもそも、一九二〇年代の欧州で梅原が歓迎されたのも、日本の専門家たちが展開していた韓半島の考古学に通じていたからであった。加えて、一九三〇年代後半には、中国との戦争の渦中に、梅原をはじめとする多数の考古学者が中国南部へと渡り、殷墟の遺物の調査・研究も行なっていた。[*95] 一九三七年一二月の「南京占領」に伴って開始された「文化工作」(さらに具体的に梅原は「考古学的工作」といっている)の一環で、「南京に遺棄せられて行った(…)國立中央研究院歴史語言研究所の調査に係る河南安陽の殷墟殷墓其他の夥しい出土品の整理」を遂行したのであった。[*96] 継続する戦争の中で梅原のインドシナへの派遣が決定するのだが、当地での講義や講演で求められた主題、そして、梅原自身もおそらくは望んだ主題は、まさに、こうした戦時下のアジアの考古学調査であった。

さて、梅原末治がインドシナに到着したのは一九四二年一二月一一日のことである。[*97] 日本が米英に宣戦布告して一年が経過し、南太平洋上は交戦状態に入っていた。ヨーロッパでは一九四二年一一月に連合国軍が上陸作戦を敢行、ヴィシー派のフランスが弱体化し始めていたそんな時期である。梅原自身、「戦争中のこととて、生命の危険を感じつつも、鴻ノ巣飛行場から軍用機で」ハノイに渡ったと回顧している。[*98]

滞在期間は二ヵ月の予定で、ハノイに一ヵ月逗留し、その後、フエ、サイゴンを経由して都合九回の講演を行ない、最後にプノンペンに移り、アンコール遺跡を見学する計画であった。旅程は太田正雄のときとさほど変わらないが、梅原の場合はその間に極東学院美術館の調査とベトナムに残る遺跡の訪問も行なった。

ハノイではまず、一二月二二日にルイ・フィノ極東学院美術館で、「朝鮮上代遺跡の調査、特に高句麗の壁画に就いて」と題する講演を行ない、ゴルベフの報告では「講演は大成功で、三〇〇人以上の聴衆が集まった」という。[*99] ここで、梅原がインドシナで行なった全講演の主題を確認しておきたい。

欧州でも有名な梅原の講演は、極東学院が発行する出版物としてフランス語で公刊される予定であったが、結局、これは果たされなかった。前述の通り、一九四二〜四五年の戦時下の学院の活動記録は公開されず、必然的に梅原の講演録も封印されてしまった。幸いなことに、フランス語版に代わって、日本語版のインドシナ講演集『東亜考古学概観』が一九四七年に出版されている。[*100] これによれば、梅原が行なった講演題目は以下の九篇である。「考古学上より観たる日本史前の文化」、「日本の青銅器」、「朝鮮に於ける漢代遺跡の調査と其の業績」、「朝鮮上代遺跡の調査、特に高句麗の壁画に就いて」（ハノイ、一二月二二日）、「南満州特に関東州の史前文物に関する新見解」、「河南省彰徳府外殷墟殷墓の発掘」、「支那古代の漆器に就いて」、「支那古代の絹織物に就いて」、「最近日本学者の行ふた支那の考古学調査に就いて」（フエ、一月二〇日）。九篇のうち、日本の考古学に関する内容は二篇のみで、他は梅原が韓半島や中国大陸において従事した調査の報告であった。戦時の考古学に従事していたフランス人にとっては、まことに時局に適った講演であったといえるだろう。

梅原にとって、インドシナ派遣は、一九三七年に南京で行なった「考古学的工作」の延長線上にあったといえるかもしれない。太田正雄が講演を通じての「文化交流」に熱心だったのとは対照的に、梅原はインドシナにおいても自らのアジア考古学の研究の進展に意を注いでいる。講演以外の日は、学院美術館やアンナン北部の遺跡調査に明け暮れる日々であった。インドシナ北部には漢代の塼墓が多数点在しており、梅原個人の研究にとってもぜひとも行なっておきたい調査であった。それゆえにこそ、「生命の危険を感じつつも」この地へと派遣されてきたのだろう。

年が明けて一月二〇日、梅原一行は、フエへと移動する。[*101] そして二二日に梅原は学院の図書館司書ポール・ブデと総督府公教育省の役人に案内されて、アンナン清化省（ベトナムのタインホア省）のドンソン遺跡を視察した。この地は一九二〇年代に極東学院が発掘を行ない、中国南部の影響を受けたといわれる有名な先史時代の銅鼓が出ていた。梅原の案内を務めていたゴルベフは当初、チャンパのミーソン遺跡を見学させる予定でいたが、梅原は中国考古学と密接に関わるドンソンへの案内を望んだのであった。何事にも自らの学問的関心を優先する梅原らしい選択である。

ドンソンの視察後、梅原がサイゴンを経てプノンペン入りしたのは二月上旬、アンコール遺跡を訪問するのは八日のことである。遺跡を案内したのは学院退官後も名誉メンバーとしてプノンペンに留まっていたアンリ・パルマンティエであった。のちに梅原は、「遠東学院の長老パルマンチェー氏に案内していただき、大規模な石築の遺構について、既に行われ、また現に実施中の保存設備と作業状態を詳細にみることができた」と書いている。[*102] 南部仏印進駐から一年半が経過し、日本の軍隊の監視下にあった一九四三年初頭のアンコール（図109を参照のこと）でどれだけの復旧活動を成しえていたのか、公式の文書が残っていないので確認することは難しい。現地には保存局長としてモリス・グレーズがいたはずだが、梅原の回顧録には彼の名は登場しない。終戦間際には、カンボジア芸術局長退官後にレジスタンスの諜報活動を行なっていたジョルジュ・グロリエが憲兵隊に追われる身となっており、グレーズは後難を恐れて学院の活動を拒否したといわれている。そうした穏やかならざる状況がアンコール地区周辺には迫っていた。

そのような中で一週間のアンコール遺跡の視察を行なった梅原は、帰国後にセデスとゴルベフに宛てた手紙で、「特にアンコール訪問時の貴重な配慮が忘れ難い」と書いている。[103] しかし、果たしてこれは梅原の真意であったろうか。梅原はインドシナでの講演録を出版するも、アンコール遺跡については何も書いていない。回顧録『考古学六十年』にもこの遺跡についてのコメントはほとんどない。逆に、自らの中国考古学に関連するフィールドであるドンソン遺跡の視察については詳しく書いている。さらには「インドシナに於ける私の主要関心事は、アンナン清化省ドンソン遺跡と、そこから出た銅鼓に集まっていた」と明言し、こう書いている。

「特にドンソン部落の背後の山丘には、朝鮮楽浪の墳墓を想起させる累々たる古墳墓がつらなって〔おり、〕（…）私はこの一帯全部を改めて綿密な計画で大発掘すれば、インドシナの先史時代を解明する素晴らしいみのりをあげることができるかもしれぬと夢想した[104]」

南部仏印進駐後、多数の日本の研究者が時流にのってアンコール入りを果たし、アンコール遺跡関連の図書が次々と刊行されていたが、梅原はこうした流行とは無縁であった。仏印事情に関する政治的な発言もいっさい残していない。インドシナ滞在中も、太田のようにフランス映画鑑賞をしたりベトナム語を学んだりすることもなく、レセプション行事もそこそこに、平時のように美術館や遺跡の調査メモをせっせと作成していたのではなかろうか。

インドシナ滞在の最後にサイゴンで院長セデスと会見した梅原は、セデスから、「次年度以降に予定しているドンソンと同じような遺跡調査への参加」を求められたという。戦時の日仏印文化協力の中、梅原がインドシナでも本格的な遺跡調査を行なっていたとあらば日本の考古学史にとっても一大事であるが、残念ながら、この共同調査は実現しない。戦況が激変する一九四四年以降、この種の調査は実現不可能であった。戦争さえなければ、という仮定も成り立つかもしれないが、そもそも、戦争がなければ、日本と仏領インドシナの共同調査など提案すらされなかったろう。

インドシナ滞在を終えた梅原には、総督から記念として「アンコール出土のクメール彫像」が贈呈されている。総督が公教育省を通じて、直々に学院長セデスに要請したものである。総督は、梅原が「考古学的知識を有するので、特に慎重に彫像の選定を行なう」よう指示をしている。指示に従って学院が選定したのは、整理番号三八八三番（指定解除番号四二四番）の陶製の《観世音菩薩頭部》（アンコール・トム出土）であった。[*105] こうした遺物の贈呈については、本章の最終節であらためて検討したい。

セデスの来日計画

アンコール訪問を終えた梅原が一九四三年二月にサイゴンで学院院長のジョルジュ・セデスと会ったと先ほど書いた。本来ならば、セデスはサイゴンにはいないはずであった。仏領インドシナ側の交換教授として来日する予定だったからである。

ゴルベフの来日を終えた直後の一九四一年七月八日、国際文化振興会理事長の永井松三は、セデスに対して早速「次回はあなたが是非、来日してください」と申し入れをした。[*106] 四月にはハノイでインドシナ視察中の黒田清とも会見し、日本側は当然のようにセデスが来日するものと考えていた。しかし、彼は交渉には積極的に動かず、来日は果たされなかった。やむなく、国際文化振興会は、一九四三年四月に東亜医学大会のインドシナ代表として来日していたハノイ医科大学のアンリ・ガイヤールを交換教授に任命し、五月の一ヵ月間、その任務に就かせたのであった。[*107]

セデスはなぜ、国際文化振興会の来日要請を受諾しなかったのだろうか。この問いに答える決定的な資料は極東学院には残っていない。一九四一年七月といえば日本の南部仏印進駐が開始され、インドシナの政情が刻々と変化していた。後述のように、この時期には日本との「古美術品交換」の計画も進められており、学院の院長としてインドシナを二ヵ月も留守にすることは現実的に難しかったことは確かである。しかし、公務の忙しさだけが理由ではなかろう。先に検討した通り、一九四一年の夏には日仏会館館長との間でその後のフランス人派遣に関する申し合わせがなされ、日本への派遣者の任務が政治的に微妙なものとなっていた。公式の文化協力事業という枠組では積極的に来日する気持ちにはなれなかっただろう。実際、セデスにはこの来日計画とは別に、もう一つの来日要請があり、こちらには積極的な態度を見せていた。

セデスの新たな来日計画を提案したのは浄土真宗の木辺孝慈（大谷光端の弟）を会長とする大日本仏教会（現、全日本仏教会）で、一九四二年三月に交渉が開始されている。仏教学者の大正大学教授久野芳隆（一九四三年より台北帝国大学南方人文研究所教授）がその任務にあたった。久野は、一九四一年に大日本仏教会がインドシナへ派遣した仏教使節の代表者としてインドシナを訪れており、セデスとは旧知であった。[*108] セデスの招聘はその返礼でもあった。もとより、日本には日仏会館館長として仏教学者のシルヴァン・レヴィが派遣されるなど、フランスの仏教学者はよく知られた存在であり、セデスもまた一九四一年に国際仏教協会の井上哲次郎の依頼を受けて、機関誌に論文を寄稿するなどしていた。

大日本仏教会の要請に対しては、セデスは非常に積極的で、「〔一九四三年〕一〇月に一ヵ月間の来日を強く希望」するとインドシナ総督に国外出張の許可を求める書類を提出している。[*109] 興味深いことに、その手紙でセデスは日本招聘が「国際文化振興会とは無関係」である点を強調している。他の資料で裏付けることができないので推測の域を出ないが、国際文化振興会の教授交換には学院長も総督も躊躇していたことをうかがわせる。資金面でも国際文化振興会の提案以上の三〇〇〇円を提供するという話で、セデスはカンボジア人の妻を同行し、ベトナム人助手のチャン・ヴァン・ザップも随行する計画を立てた。大日本仏教協会はザップに対しても「アンナンの仏教史」の講義を依頼し、一五〇〇円を支給すると約束した。国際文化振興会との教授交換では不可能だったベトナム人研究者の派遣が可能であったことも、セデスが新たな招聘には積極的であった理由と考えてよかろう。

この計画は順調に進み、一九四二年の四月末には「大正、駒沢、立正、龍谷、大谷、東京帝國大学」での講義も決まる。大学の「アカデミックな講義」では、週二回の計六回（上記の六大学にて）で「カンボジア、シャム、スマトラ、ジャワのサンスクリットとパーリの碑文の分析」を行ない、大日本仏教会では四回の講義で「モン・クメールのヒンズーと仏教」、「シュリーヴィジャヤ王国とその文明」、「ドヴァーラヴァティー王国とその文明」、「シャムの大乗仏教の美術」について論じるというところまで話は具体的に進んだ。[*110] しかし、セデスは来日を翌月に控えた九月に突然「インドシナでの公務の諸事情で、日本行きは次の春になるだろう」と延期を申し出る。さらに春を迎えても彼はインドシナを離れることができなかった。そして結局、一九四三年四月、「現時点ではいつインドシナを離れることができるのか決定できない」と事実上の来日中止の意志を日本側に伝えることになるのである。[*111] セデスが日仏会館の杉山直次郎に宛てた手紙を信じるならば、ゴルベフの病状が芳しくなく、インドシナを離れられないということが一番の理由であった。[*112] 一九四三年一月にインドシナを訪れた梅原を案内したゴルベフは途中で赤痢を患い、案内を中断して、療養生活を送っていた。[*113] 日本の仏印進駐期、いわゆる「親日派」として極東学院の舵取りをしていたのは実質的にセデスとゴルベフの二人だったのであり、ゴルベフが公務に就けない状態でインドシナを離れることはセデスにはできなかったのだった。

極東学院と帝室博物館の古美術品交換

国際文化振興会はインドシナとの間で多様な文化協力事業を行なったが、中でも最大の事業は日仏印間で行なわれた「古美術品交換」である。文化交流の証として帝室博物館（現、東京国立博物館）の所蔵する日本の古美術とフランス極東学院が保管するクメールの古美術を「交換」したのである。実現するのは一九四三年から一九四四年にかけてのことであるが、計画は文化協力の枠組が定まった一九四一年四月に始まっており、最重要の事業として位置づけられていたことがわかる。

現在、東京国立博物館には極東学院との「交換品六九点」が展示・保管されている。一九九七〜九八年に東京と大阪で『アンコールワットとクメール美術の一〇〇〇年展』が開催された際、浅湫毅氏が極東学院からの交換品についての日本側の資料（彫刻室の日誌、国際文化振興会の機関誌、新聞など）を調査し、写真資料の存在も明らかになった。その一部は小冊子『アンコールの美術、フランス極東学院交換品』（一九九八）に報告されている。[*114]

一方、フランス側の資料としては、極東学院の古文書にカルトン旧二八番（現在カルトン九番）にカンボジアの古美術品の交換や販売に関する資料がまとめられているが、残念ながら、日本との古美術品交換に関わる資料はすべて行方不明となっている。《R一〇の三、交換》の分類項目のもとに、他の「贈呈」や「販売」資料とともに整理保管されていたと思しき「学院と日本の美術館との交換、一九四一年」と題された整理ファイルが残っているが、その中味はない。ファイルには「《J四、日本の美術館》へ移動」と鉛筆書きで記されているが、《J四》なる分類項目は現行の分類にはない。[*115] ファイルの見出しに「一九四一年」の明記があり、現実には一九四三年まで交換が実現しなかったという事実を反映していないので、資料の移動は一九四一年から四二年にかけて行なわれたものと想像される。かつての《J四、日本の美術館》には日本から極東学院へ送られた手紙類が収められたはずであるから、後述のように現在行方不明中の日本から送付された美術品とともに、これらの資料も意図的に何者かによって持ち出されたのではないかと想像することもできる。いずれにせよ、この資料を今後発見できれば古美術品交換の全貌を詳らかにできるだろう。ここでは、学院文書の他のファイルに含まれている交換関連の資料と浅湫氏が調査した日本側に残る資料を検討しながら、古美術品交換のプロセスをできる限り復元してみたい。

まず、交換の提案はやはり日本側から国際文化振興会を通じて行なわれている。一九四一年の黒田清のインドシナ訪問の際、学院長との会談において黒田から古美術品交換の打診がなされている。[*116] 詳細は不明だが、黒田の帰国を受けて七月に開催された国際文化振興会の理事会において、「美術館展示品の交換」が提案され、審議と交渉が開始されている。

先に触れたように、黒田はこのインドシナ訪問を「文化工作」と位置づけていた、約二ヵ月の滞在において各地の美術館を訪問し、最後には、アンコール遺跡とプノンペンのアルベール・サロー美術館も見学している。帰国後のセデスへの礼状には、「アンコールの壮大でピクチャレスクなイメージを忘れることができない」とも記されており、黒田自身もクメールの美術に魅せられたことがわかる。さらに、プノンペンのアルベール・サロー美術館やアンコール保存局の倉庫では「古美術品販売」が行なわれていた（第六章後半を参照のこと）。黒田がそれを見て、古美術品の交換が可能であると考えたとしても不思議ではない。加えて、先の『朝日新聞』における「佛印を語る座談会」において、インドシナ視察を終えていた伊原宇三郎は、「サイゴンにある一番大きな美術館の中に、支那の部屋はもちろん、日本の部屋」もあるのに対し、「逆に日本には佛印の美術の集まった部屋はまだないので、ちょっと残念に思った」と発言している。[*117] インドシナを訪問した日本人の間では、アンコール遺跡を紹介する著作だけでなく、古美術品そのものを日本で紹介したいという希望も出ていた。国際文化振興会にしてみれば、仏印巡回日本絵画展覧会を組織して同時代の美術品を販売する試みも行なってお り、その延長線上で、互いの古美術を展覧し、さらには交換をするという発想が出てくるのも必然であった。

しかし、古美術品交換は教授交換や現存作家の美術展のように短期間に容易に実現できるものではない。特に日本の帝室博物館にとって交換品の選定は難事業となった。七月の国際文化振興会の理事会で理事長の永井松三は「今なお検討が必要」としながらも、前向きに手続を進める方針を固め、七月八日、セデスに次のような手紙を送付している。

「（一）我々が望むのは、できればクメール美術の考古学を一望できる一連の作品群である、（二）日本の美術品選択に関して、考古学的遺物、つまり発掘品を希望するのか、それとも古美術品を所望するのか、特別な要求があれば知りたい、（三）交換可能なクメールの美術品リストと写真、およびその評価額を知りたい[*118]」

梅原や仏教使節団はトンキンやアンナンの先史遺物や仏教美術に関心があってインドシナ入りしたが、国際文化振興会が所望したのはクメールの美術品であった。

永井の要請を受けた学院のセデスは、「我々の日本美術コレクションは数少ないが、クロード・メートルやノエル・ペリら知識人が収集した逸品もある」と述べつつ、「日本滞在中に主要な美術館を訪問したゴルベフ氏から、我々のコレクションに欠落している重要な美術品のリストをお知らせします」と日本側に伝えている[*119]（七月二四日）。手紙の文面を読む限り、セデスは積極的に美術品交換の計画に取り組んでいるように見える。実際、セデスが交換品の選定を終え、国際文化振興会へその概要を伝えたのは九月一三日のことで、わずか二ヵ月足らずで多数の交換品を決定している。学院は一九二三年より継続的にカンボジアの古美術品販売を公然と行ない、一九三〇年代には欧米の美術館との大きな取引も成功させていた。国外流出させる古美術を選定することも、その価格を決定することも、それほど困難ではなかったのである。要するに、言葉は悪いが二〇年の実績を持つ古美術品販売のストック、つまりは売れ残りを日本に送ればよいのであった（前述の通り、日本との交換に関する資料は行方不明であり、この件について、学院内でいかなる議論があったのかはまったくわからない。しかし、古美術品販売や欧米の美術館との取引の経験から、日本との美術品交換も特に問題とはならなかったであろうと想像される）。

一九四一年九月の時点で極東学院が選定したのは、アンコール期の彫刻（彫像と浮彫）三三点、青銅器一三点、陶器と瓦二五点、計七一点である。一一月には国際文化振興会からの要望に応えて、作品の写真を送付している。写真の送付を受けて、『朝日新聞』は「国外不出の名品揃い、渡来の佛印古美術七一点」との見出しで交換予定の作品五点を写真掲載した[*120]（図110）。記事によれば、交換予定の美術品は「佛印の國宝級美術品」で（当然ながら、インドシナやフランスには「国宝」という概念はないが）、「その藝術的価値検討を委嘱された帝室博物館でも驚異の目をみはつている」という。こうした絶賛の背景には、日本の美術品の国外流出を恐れて一九三三年に制定された「重要美術品等ノ保存ニ関スル法律」を通じて、そしてさらに戦時を迎えて「国宝」や「重要美術品」のレベルが極端に下方修正されていた事情もあるかもしれない。極東学院が見積もった古美術品の評価額は五万円であり、後で検討するように古美術品の考古学的価値、美術史的価値を客観的に見れば、「國宝級」なる表現は戦時のジャーナリズムお得意の誇大表現といわねばなるまい[*121]。むろん、だからといって植民者のフランスが勝手な法令を作り、カンボジアの国の宝という意味での美術品を合法的に国外流出させたことの言い訳にはならない。

一方、日本の帝室博物館の交換候補作品の選定は困難を極めた。浅湫氏の調査によれば、一九四二年二月二六日の帝室博物館彫刻室日誌には「仏印へ寄贈すべき物件を列品

図110 「渡来の佛印古美術71点」，『朝日新聞』1941年11月20日.

台帳より抹殺の件審議種々議論あり。他区に於ては留保となりたるものも有之」とある。先ほど触れたように一九三〇年代に古美術の国外流出問題が世を賑わせ、特に戦時は毎月のように新たな国宝と重要美術品が指定されるという状況であった。そうでなくとも、交換とはいえ、帝室博物館が収蔵品を公式に外国へ贈呈することは稀なケースであり、作品選定にも慎重になった。日本の交換品が決定したのは一九四二年七月で、選定におよそ一年を要することとなった。同月二三日の宮内省の発表によれば、狩野典信の山水図を含む絵画三点、鎌倉時代の木造阿弥陀立像、能面五点など計三一点の美術品が選ばれている。蒔絵、焼物、小袖なども含み、多岐にわたる作品選定となっている。[*122] さらに八月には、国際文化振興会が用意した萌黄威の鎧や駕籠など八点の美術工芸品と二六点の「アイヌ文化資料」も交換品に加えられることとなった。[*123] 数の上では総計六五点で、七一点の極東学院からの交換品と見劣りのしないものとなった。

これら選定された美術品は、宮内省の発表では一九四二年の八月中にインドシナへ発送される予定であったが、現実には一九四三年四月まで実施されなかった。早々に交換品の選定を終えていた学院の交換品も日本に向けて送付されるのは一九四四年一月(あるいは二月)のことである。

送付を一ヵ月後に控えた一九四三年三月一七日、帝室博物館では駐日フランス大使アルセーヌ・アンリや識者を迎えての内示会が開催され、選定された美術品の内容と質を日本国内に問うている。一方、インドシナでは四月の日本の古美術品の到着を確認した後、五月一二日にようやく古美術品がプノンペンのカンボジア美術館からサイゴンの極東学院美術館ブランシャール・ドゥ・ラ・ブロス美術館(現、ホーチミン歴史博物館)へ移されている。作品選定の素早さに比して、この間の反応は実に遅々としている。インドシナの政情変化によって、極東学院は日仏印文化協力事業に積極性を見出せなくなっていたことが一因であろうと思われる。五月にサイゴンに到着し、すぐに日本に送付される予定であったクメールの交換品も四ヵ月間、そのままの状態で美術館に置かれ、九月九日にようやく当地で「交換記念式典」が執り行なわれた。日本からは一九四一年より駐仏印大使を務めていた芳澤謙吉（一九三〇年には駐仏大使としてフランスに赴任していた）が出席している。実際に「総計八トン、二三箱」（極東学院の記録）の大量のクメールの遺物が日本への送付されるのは、式典からさらに半年を経た一九四四年初めのことである。[*124] 浅湫氏の調査によれば、一九四四年の一月か二月に日本に到着したクメールの遺物は、三月に国際文化振興会によって中身が確認され、その半年後の九月に帝室博物館の彫刻区に引き渡されたという。

しかし、これらの古美術品は、日本と仏領インドシナの「文化協力」の証として一般公開されることはなかった。世界戦争が一気に終盤へ向かっていた時期である。同年八月にはフランスに上陸した連合国軍がパリを解放してドイツ軍が撤退、さらに南フランスへと進軍を続け、フィリップ・ペタンのヴィシー政権は崩壊した。ヴィシー政権支持の仏領インドシナは孤立する。一方、日本も一九四三年末からの相次ぐ敗北によって、インドシナ政策の路線変更を余儀なくされていた（一九四五年三月に日本はインドシナを武力制圧する）。もはや、日本と仏領インドシナの文化間の友好関係を示すという事業は有名無実のものとなろうとしていたのである。結局、学院の交換品が日本において初めて一般に展示されたのは、第二次世界大戦後の一九四七年九月のことであった。

一方、インドシナに渡った日本の古美術品はどうか。残念ながら、ブランシャール・ドゥ・ラ・ブロス美術館での交換式典の後の日本の古美術品の足取りを摑むことはできていない。当初の予定ではハノイのルイ・フィノ極東学院美術館に移動して、展示するということであったが、それ以外の情報

図111　《ナーガ上の仏陀坐像》
12世紀，アンコール時代，東京国立博物館所蔵．

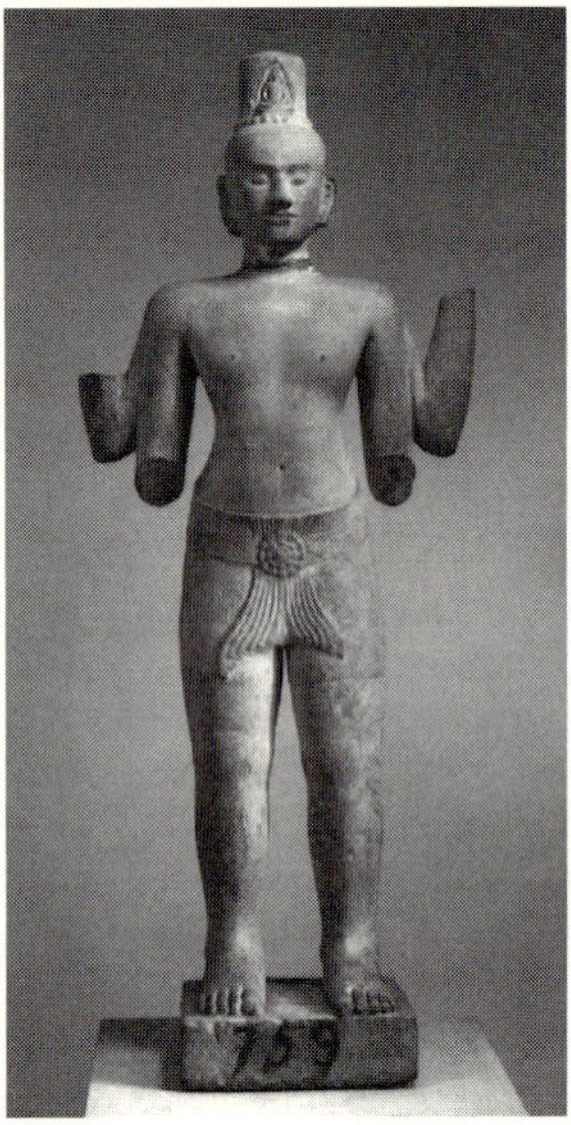

図112　《ローケーシュヴァラ立像》
12～13世紀，アンコール時代，
東京国立博物館所蔵．

は残された資料からは得ることができない。現在もなお、先述の極東学院の文書資料とともに、行方不明となっている。[*125]

戦時もなお、古美術品販売を継続していた極東学院は、サイゴンの美術館の倉庫にもクメールの遺物を運び込み、例外的にそこでの販売をなう計画を立てていた。日本の北部仏印進駐以降、インドシナのフランス人役人や日本の財界人が集中したサイゴンの美術館の倉庫にクメールの古美術品を集め、大々的な販売を行なおうと考えていたのである[*126]（この美術館には現在もなお多数のクメール美術品が保管されている）。日本の支配力が強まる中で、欧米からの観光客、特に北米の観光客や財界人の来訪が激減し、クメール美術をめぐる「取引」の中心はプノンペンからサイゴンに移行していた。こうした混乱の場所に日本から送付された古美術品も置かれていたのである。クメールの古美術品と同様にコレクターの手に渡ってしまった可能性もあるのではないか。

最後に、現在、東京国立博物館が所蔵している極東学院からの交換品の考古学的・美術史的価値を検討しておこう。

当時の記録では七一点の古美術品と紹介されているが、現在登録されているのは六九点である。数字の上では二点足りないが紛失したわけではないと思われる。石像や浮き彫りの類は、頭部や胴部が断片化して送付されており、組み合わせ方によって、一点とも二点とも記録が変わるからである。現に、青銅器や陶器類の数は、当時の記録と合っている。

作品の内容に関しては、日本側の「クメール美術を一望できる一連の作品群」という最初の要望に応えるように、一〇世紀から一三世紀にかけてのいわゆるアンコール時代の古美術品を中心に、時代、出土地などがバランスよく選ばれている。また、仏教美術とヒンズー美術のバランスも配慮されている。加えて、彫像だけでなく、楣やプラサート、装飾柱などの建築部材、そして踊り子の浮き彫りなどの装飾浮き彫りも含まれ、ヴァラエティに富んだ選定となっている。

図113 《仏陀頭部》12～13世紀，出土地不明，バイヨン様式，東京国立博物館所蔵．

質についていえば、《ナーガ上の仏陀坐像》（図111）や《ローケーシュヴァラ立像》（図112）、《女神立像》（一二世紀、アンコール時代）などは、欠損はあるものの美術館展示に値する逸品といえるだろう。しかし、交換品の大半を占めるのは、《仏陀頭部》（図113）や《軒飾り断片》（一二～一三世紀）などの断片的な考古学的遺物である。研究資料としては貴重だが、美術品としての価値はさほど高くないといわねばならない。

考古学史の観点から興味深いのは、東京国立博物館の交

12
ヴィシュヌ立像《りゅうぞう》　1軀（11片）
<TC-382>

アンコール時代　12世紀
プラサート・オロック
高125.2

Viṣṇu.
Angkor Period, 12th century.
Prasat Olok.
H. 125.2.

(1)

(2)

(3)

(4)

(5)

(6)

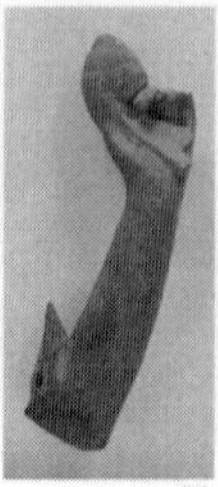
(7)

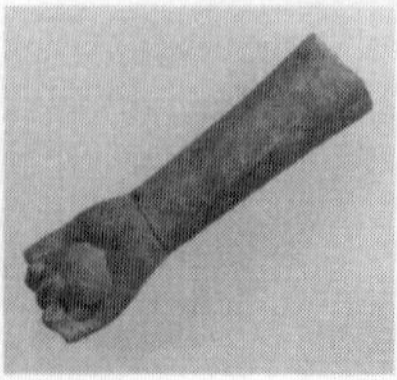
(8)

(9)

13

図114　《ヴィシュヌ立像》12世紀，アンコール時代，東京国立博物館所蔵．

換品カタログの一二番に《ヴィシュヌ立像》(図114)として登録されている一一片の断片である。極東学院が交換に先立って日本へ送付した写真資料では、断片を接合して、立像に復元されていた(図115)。遺跡から遺物の断片を発掘し、いかなる復元作業を行なっていたかを示す資料として興味深い。

こうした大半の断片的遺物は、学院の古美術品販売の対象となった典型的な遺物であるといえるだろう。販売された無数の断片的古美術品の行方を辿ることの困難となった現在、日本への交換品として送られた多数の断片的遺物は、どのようなものが古美術品販売に供されていたかを示す貴重な資料となっている。交換品には、ここで示す写真からも確認できるように、数字が直接書き込まれている。《ローケーシュヴァラ立像》(図112)には七五九番、《女神立像》には二八八九番、《仏陀頭部》(図113)には一六〇七番、《ヴィシュヌ立像》(図114、115)には三一〇二番が付されている。これは、学院がアンコール保存局に集めた遺物の整理番号であり、数字が小さいほど古い時期の調査で発掘ないし収集したことを示している。そして、古美術品販売の資料とこの数字を照合すれば、それぞれの販売にかけられた時期がわかる。一六〇七番の《仏陀頭部》などの断片は、一九三〇年代に販売にかけられたもので、同じく交換品として帝室博物館に納められた比較的状態のよい《男神立像》(アンコール時代一二世紀、TC三八一番)もまた一九三七年に北米の美術館

図115　図114の復元写真，1943年にフランス極東学院より送付された古写真，東京国立博物館所蔵．

と売買交渉をしつつも、価格面で折り合いがつかず、「売れ残り」となったものであった。*127

日本の仏印進駐期に日本側から古美術品の交換が提案され、実行に移された。これだけの情報を聞くと、日本が当時の政治的勢力関係を背景に不当な取引を行なって、無理矢理にカンボジアの遺物を奪取したのではないかと仮定したくなる。しかし、交換品の数々と古美術品販売資料を検討するならば、この仮定は成り立たないことがわかる。交換品の大半は既に古美術品販売にかけられ、断片は観光客に、比較的状態のよいものは北米の美術館や研究所に売却されようとしていたものであった。また、セデスら仏印側の関係者たちも、果たして、これらの遺物を貴重なカンボジアの文化財として認識していたのか甚だ疑問である。もちろん、日本への送付を先送りした学院の態度に、遺物送付をなんとか阻止しようとする意図を好意的に読み取ることもできるが、しかし、結局は「総計八トン、二三箱」に上る膨大な数量の遺物を一九四四年の危険な東シナ海の船旅に出したのであった。

戦時下の古美術品贈与と販売

日本に渡ったクメールの交換品は、もはや、クメール美術の国際的認知の向上に貢献する役割も、調査資金調達のための役割もなく、刻々と変化する政情の中、息も絶え絶えの仏領インドシナを守り抜くために供された真の意味での政治的な貢物だったといえよう。戦時の日本との政治的交渉のために、インドシナのフランス人に利用されたのである。

先に言及したように、インドシナを訪れた梅原末治に「文化協力」の証として、総督はクメールの遺物を記念品として贈呈した。実は、一九四二年一月から、政治や文化交流のために利用できる古美術品の「一時貸与品」リストが作成され、総督府の高官が指定を外された遺物を自由に「貸与」できるようになっていた。[*128] 実質的には「贈与」である。南部仏印に進駐した日本の軍人に対して遺物が贈与されることもあり、たとえば一九四三年の泰仏印国境画定のための調査に訪れた矢野眞に対して仏陀頭部が、また、大東亜省事務総長としてハノイに駐在していた栗山茂には、ルイ・フィノ美術館に所蔵されていた「一級のベトナム陶器」二点が贈呈されている。[*129] 贈呈品の選定を行なったゴルベフの言葉によれば、それらは「これ以上の質のものが他にない」もので、「インドシナにも、美術館にも」見当たらないものであった。戦中の財政難に陥っていた仏領インドシナ総督府にとって、古美術品は政治的交渉に供される文字通りの貢物となっていたのであった。

このような混乱の中で、極東学院は古美術品販売についても、さらなる逸脱的な活動を行なおうとしていた。一九四四年一一月、アンコール地区で活動をしていたアンリ・パルマンティエは、ゴルベフとセデスに対し、サイゴンにおいて古美術品販売を大々的に行なおうという提案をしている（この年、パルマンティエは、再び学院の考古学部長に就任していた）。パルマンティエによれば、サイゴンでは、「奇妙な状況を迎えて、誰もが窓からお金を放り投げるように浪費しており、苦労することもなく資金を手に入れることができる」だろうというのである。本国のパリ解放（一九四四年八月一〇日）を受けて、インドシナにとどまっていたフランス人が財産を処分して本国へと帰ろうとしており、彼らに対して古美術品を販売すれば、莫大な資金を得ることができるに違いないと考えたのである。パルマンティエは次のように言葉を続けている。

「学院にその意志がないとしても、もはやアンコールには訪問者もほとんどいないので、販売に供されているがらくたをすべてサイゴンで処理することができればと思っています。狂ったような成功をおさめることでしょう。(…)二週間後、私はサイゴンへ行きます。学院がこの考えに同意くださるなら、ただちにサイゴンで仲介してくれる人を探します。古美術商の一人に心当たりがあります[*130]」

セデスは資金調達という誘惑に負け、パルマンティエの提案にいったんは同意する。[*131] しかし、この決定にアンリ・マルシャルが異義を唱えたため、計画は撤回された。一九三七年に退官し、一時、フランスに戻っていたマルシャルだが、一九四四年には再びグレーズに代わるアンコール保存局長として現地にいた。マルシャルによれば、確かに観光客は減ったが、売却に供することのできる遺物はその時三〇点ほどしかなく、しかも、売れ残りの小品ばかりであった。[*132] このような状態で、サイゴンの古美術商に販売を委託するとなると、再び、多数の遺物の指定解除の作業が必要となる。「早急に販売品を用意」することは困難かつ危険であるとマルシャルはこの計画に反対したのであった。

このやりとりに読み取るべきは、パルマンティエの提案を退けたセデスの英断ではない。戦時も継続的に歴史的遺物の指定解除の作業が行なわれていたにもかかわらず、一九四四年一一月の時点で少数の遺物しか残っていなかったという事実に注目せねばならない。古美術品の販売点数は一九四三年から一九四四年にかけて激減していた。一九三九年から一九四二年にかけては九四点(年平均三〇余点)、一九四二年から一九四三年にかけては三六点が売却されていたが、一九四三年から一九四四年の一年間は一八点しか売却されていない。けっして少なくないストックがあるはずであったが、マルシャルは三〇点しか残っていないという。マルシャルはその理由を述べてはいないが、「一時貸与」や日本との古美術交換のために多数の遺物が流出していたのである。「一時貸与」品については、古美術品販売のために作成されたような正確なリストが作成されていない。誰にどのようなものが貸与されたのかを突き止めることは難しい。こうして、戦時に多数の遺物が行方知れずとなってしまった。また、サイゴンでの大量販売計画は見送られたとはいうものの、一九四四年末から一九四六年六月の間に七四点の古美術品が売却されている。先のパルマンティエの手紙が伝えるように、サイゴンには古美術品を所望するフランス人が多数いたことを裏付ける数字といってよいだろう。

行方不明となった多数の遺物や日本からの交換品と同様に、一九四二〜四五年の学院の活動は『学院紀要』にはいっさい記されず、忘却される運命にあった。戦時の「文化協力」の使者となることを約束されて日本に渡り、その役目を果たすことなく、戦後にひっそりと展覧されるしかなかった学院からのクメール美術交換品は、この忘却の時代の数少ない証言者として貴重な存在である。たとえ、戦時の負の遺産であるとしても。

植民地考古学の終焉と新たな悲劇のはじまり

一九四五年夏、戦いに敗れた日本がインドシナを去り、ヨーロッパの戦争と国内の政権奪取に「勝利」した自由フランス（第四共和国）は、再び帝国主義の出島を死守すべく、インドシナ支配を強化しようとした。第二次世界大戦の終結は、インドシナにおける新たな戦争の開始を意味していた。一九四五年九月にハノイにおいて独立を宣言した共産主義のベトナム民主共和国に対して、フランスは翌年の三月、傀儡政権のコーチシナ共和国（一九四九年にはベトナム国）を成立させ、同年一二月にはベトナム民主共和国との戦争を開始する。その一方で、インドシナ人民の支持獲得を狙って、フランスは植民地体制を形式的に廃止した。新設した「フランス連合」の枠組の中にラオスとカンボジアを取り込み、一九四九年に「共同国家」として両国を独立させたのである。民族主義運動に部分的に応えることで、戦争を有利に進めてゆこうとしたのであった。

その後の旧仏領インドシナの各国を襲った悲劇的な戦争の歴史は、本書の主題の外部にある。第二次世界大戦後の形式的に植民地を手放したフランスによって再開された二〇世紀後半期のアンコール考古学の艱難と悲劇に満ちた歴史について語るには別書を用意せねばならないだろう。私にそれを語る能力はない。

政体が代わっても、極東学院は新たなインドシナ支配体制に不可欠の存在として、引き続き旧植民地の学術的活動を行なう機関として存続した。一九四九年に共同国家として、そして一九五三年には完全独立を果したカンボジア王国のもとで、学院は新たな制度のもとに再出発を図る。一九五〇年には創立五〇周年という節目を迎えていた。再出発にはいい区切りである。一九五二年にパリとハノイで開催された学院の創立五〇周年を記念する式典において、カンボジア代表のピンペアン・ユカントール皇太子妃は、次のように学院を称え、再出発を支援した。

「〔極東学院は〕フランスがインドシナに設立した最も意義深い機関である。我々カンボジア人はその恩恵を受けてきた。（…）もし、学院のメンバーが我々の過去の偉大さを文明国に対して示してくれなかったならば、そして、カンボジア国民の誇りを支えてくれなかったならば、クメール人の輝かしい過去の記憶も忘れ去られたことだろう。（…）彼らのお陰で、我々の過去が蘇り、我々の芸術は世界中に知られることになったのである[*133]」

式典向けの美辞麗句であるが、ここに再び、植民地学を開始した一九〇〇年の学院の創設理念がそのまま反復されていることに我々は驚くべきだろう。かってとそれほど代わりのない理念のもとに、二〇世紀後半期のアンコール考古学は再出発したのである。

一九五六年には、カンボジア国王政府との協定によって、フランス極東学院は、カンボジア領土内での考古学調査の独占的権利を再び手に入れ、アンコール遺跡の保存と国立美術館の管理を継続して行なうことになった。しかし、そこには日本との交流を推進したセデスとゴルベフの姿はなかった。二人の存在とともに、第二次世界大戦下の学院の「戦争協力」活動の記憶が失われ、そして、ここから、新たなアンコール考古学の歴史が始まるのである。

最後に――日本が見たアンコールの夢

最後に再び仏印進駐期の日仏印文化協力に立ち戻り、僅かな期間ではあったが、アンコール遺跡と出会った日本の研究者が、そこに何を夢見たのかを確認しておきたい。

繰り返し引用することになるが、グロリエの著作を邦訳した三宅一郎は「あとがきに」に「アンコオルは東洋のものだ」、「西欧の学者ばかりの研究に委せておくべきものではない」と書いた。いかにも時流に迎合した言葉だが、この部分のみを引用するのは公正さを欠いている。この言葉は次のように続くからである。

「しかし、私は、ここで二重に之を解説したり、時流に諛ねて昂奮したりしようとは思はぬ。また、徒にアンコオルやボルブーヅールの遺蹟に対し、あるひは大きく言へば、東洋の宗教や民族や歴史に対し甲切聲ばかりあげたくない。いや、むしろ冷静に是等と取組むのがわれわれの義務、日本人の使命ではあるまいか[*134]」

アンコールの研究は「西欧の学者ばかりの研究に委せておくべきものではない」が、しかし、「日本人の使命」は「徒に（…）甲切聲」をあげるのではなく「冷静に是等と取組む」こと、すなわち、フランス人研究者を先人として、フランス人の研究から多くを学ばねばならない、と三宅は述べているのである。さらにいえば、三宅の本意は後半の部分、すなわちフランス人の研究を尊重せねばならない、という主張にあった。同じ文章の最後に、「私は、著者〔ジョルジュ・グロリエ〕の百分の一にも及ばない一学究に過ぎない」と書いている。本書第一章の最後に紹介したように、三宅が「ドラポルトを読まずしてアンコオルを論ずるのは、万葉を知らずして短歌を云々し、サンスクリットの概念なくして印欧言語学を喋々するに等しいと言っても過言ではあるまい」と述べていたことも想起しておきたい。

アンコール遺跡に直接言及したものではないが、三宅とほぼ同じ主旨の言葉を東洋学者の石田幹之助も一九四二年に書いている。

「東洋の研究は須く東洋人のなすべき所である。而も西洋人の東洋進出以来、不幸にして東洋人の東洋研究は彼等に一等を輸するやうになった。(…)治学の方法の精良の故に近百年間、彼等の業績は著々として功を収め、その結果を利用することなくしては有意義な新研究を試みて東洋の文化を発揮することは殆ど不可能なまでに立ち至った[*135]」

石田がこう書いたのは戦時に刊行された『欧米における支那研究』(一九四二)と題する書物の冒頭である。この書物で石田は、中国考古学の泰斗エドゥアール・シャヴァンヌやベルトールド・ラウファー、スウェン・ヘディンら欧米の東洋考古学者の業績を紹介したのだった。

考古学にせよ美術史学にせよ、欧米の学術的方法によって東洋美術を調査研究するという行為は、いかに学術的で客観的かつ普遍的な響きを持っていようとも、東洋が歴史的・文化的に形成してきた価値観に異議を唱え、東洋美術を研究する学術的覇権を西洋が握ることを表明することにほかなるまい。欧米の学問の普遍性を認めるならば、不平等な学問的オリエンタリズムとも評すべき環境の中で、石田のような劣等感を抱くしかなかっただろう。民族学の立場からではあるが、白鳥庫吉は、既に一九一三年に「世界の学術に貢献」すべく、悲痛といってよい主張を残している。

「吾人は西欧の学者に対して甚深なる尊敬と感謝との念を抱くと共に、東洋の国民が世界の学術に対して為すところ少なきを思ふて慙愧に堪へざるものあり。ただ満州及び朝鮮に至りては、其の地の僻遠なるため、西人の研究尚ほ未だ及ばざるところ多きが如し。(…)この機を逸することなく、この地方に於けるあらゆる事物の研究に力を尽し、其の成績を捧げて世界の学術に貢献せざるべからざるにあらずや[*136]」

この言葉に呼応するように、日本の考古学者や建築学者は韓半島を精力的に調査してゆく。その結果、梅原末治のように、一九二〇年代のヨーロッパ留学においてオリエンタリストたちの歓迎を受けることとなる。また、建築学者の関野貞は『朝鮮古蹟図譜』によって、一九一七年にフランス学士院から一九世紀の中国学者の名を冠したスタニスラス・ジュリアン賞(賞金一五〇〇フラン)を贈られる。日本にとっては自国中心の政治的かつ学術的研究の成果も、欧米にしてみれば、欧米が主導権を握る古代中国考古学の貢献とみなされる。この所与の学術的な不平等を克服するには、「徒に(…)甲切聲」を上げているように見えるだけだったにせよ、東洋独自の特殊性を訴える何らかの東洋主義によって、西洋の学問と対決する選択しかなかっただろう。

結局のところ、世界大戦の終結とともに、この東洋学をめぐる東西対決も表面的には終息したかにみえるが、学問上の闘争は現実の世界戦争とは異なり、敗北することも勝利することもなく、未決着のまま(潜在的にであれ)継続しているといわねばなるまい。長い欧米列強と日本の帝国主義時代の中で、東洋の考古学・美術史はバラバラに分断された。繰り返すように、フランスはインドシナを、イギリスはインドを、オランダはインドネシアを、日本は韓半島などを独占的な調査の場とし、独自の(政治的な)美術史構想を育んでいった。一九九三年以降、アンコール遺跡には日本の複数の調査隊が入って活躍してはいるが、それでも、東アジアを専門とする考古学者や美術史家は、日本ではまだまだ少ない。帝国主義時代に築かれた分断の構図が今なお影響を及ぼし続けている。

だが、歴史的に形成された断片的で複合的なアジア考古学と美術史学の断層を、安易な方法で解消ないし和解させる――すなわち、東洋的な価値観を強調したり、あるいは、欧米的な学問的規準に追随したりする――だけでは問題は解決しまい。ではどうすればよいのか。二一世紀に入って、日本の様々な研究機関が東アジアや欧米の研究者を交えてこの問題に取り組んでいるが、明確な答えはまだ見つかっていない。私にも答えはまったく見えていないというのが正直なところであるが、確かにいえることは、まずは、東西の競合の中で断片化された二〇世紀のアジア（考古学・美術史）の現状を歴史的現象として、正確に見極めねばならない、ということである。本書のアンコール考古学史の研究は、実のところ、これからのアンコール遺跡の考古学について考えるための端緒を与えるにすぎない。国際化しつつ新たな国民主義が台頭する今日において、そして、学問の普遍主義も因襲的な美的価値観も信頼を寄せることのできなくなった今日、近代の学問史を問い直すことから、未来のアジアの考古学・美術史を構想せねばならないだろう。

終章　あとがきにかえて

二〇〇六年秋、私は大韓民国のソウルで、二〇世紀前半期のフランス極東学院とカンボジア芸術局の考古学的活動を紹介する講演を行なった。そこで私は、フランスの考古学者たちが仏領インドシナの考古学的遺物や古美術品を欧米や日本へと流出させた経緯を説明しながらも、彼らの学術的調査活動については否定的な判断を下さず、その学術的貢献を強調した。そして、遺物流出に関わった研究者の活動は、植民地での考古学的調査遂行上の学術的かつ政治的な必然として生起した問題であり、現地調査員の非を咎めるのではなく、欧米との交渉なしには成立しえなかった近代のアジア考古学と美術史学の学問的構造そのものを問題とせねばならないと述べた。本書の論旨とほぼ同じである。これに対し、韓国の東洋美術研究者のキム・ヨンチォル氏は、次のような批判を寄せた。

「発表の一部の内容には、認め難い論理が含まれており、いくつか指摘させていただきたい。アンコール考古学のジレンマを取り上げた部分で、フランス極東学院の遺物流出の行動（特に古美術品販売）を、あたかも保存のためのやむをえない選択であったかのように論じているが、それは、過去の帝国主義時代の過ちという観点からすると、非常に危険ではないかと思われる。特に、帝国主義の矛先ないし後援者の役割を果たした彼らの活動に対する、より望ましい歴史的判断のためには、彼らの活動そのものはもちろんのこと、ひいては、帝国主義に対しても、もっと根本的レベルでの認識の転換が必要と思われる[*1]」

一言でいえば、植民地主義時代に行なわれた宗主国の考古学的活動は、政治的過ちの結果であり、その結果を学術的貢献として評価することはできないという主張である。植民地主義時代のアジア考古学をテーマとして韓国で講演をすれば、こうした批判が出るのは当然である。ほぼ同じ時期、大日本帝国の考古学者たちが韓半島に乗り込んで考古学調査を行ない、同じように遺物の一部を日本へ持ち込んでいたからである。批判を寄せたキム氏は、「長い間、国際的問題となっている文化財返還運動についても意見を述べていただきたい」とも付け加えた。

ソウルで講演を行なうにあたって、この種の批判が出ることは想定していた。というよりも、こうした批判を期待して講演を引き受けたといってよいかもしれない。日本においても同様の趣旨の発表を何度か行ったことがあるが、この種の批判は期待できない。批判や疑問を感じたとしても、学会などの学術的な場では、政治的問題に抵触する発言は避けられる傾向にある。また、日本では、日本が関与しなかった出来事、つまり、フランスとカンボジアの間で生じた問題には不干渉の態度をとるとはいわないまでも、単純に他人事として興味が持たれないという悲しい実情もある(実際には関係がないわけではないのだが)。フランスでも、小さなサークルではあるが、同じような内容の発表を行なったことがある。状況は日本と変わらない。政治的発言は寛容にも回避された。第七章で触れたように、フランスでは往時の植民地主義時代へのノスタルジーが通俗的には顕著となりつつあるが、こと学術的な場においては逆に旧植民地への関心は以前より低調になっている(気がする)。ポストコロニアル時代も半世紀が過ぎ、研究教育施設から旧植民地を領域とするポストが次々と姿を消し、研究者の数が現実的に激減している。一〇年前には閲覧不可だった植民地主義時代の資料を扱って研究できる時代になったというのに、就職が望めないので、旧植民地の研究をしようという若者は少ない。旧植民地の歴史など、もはや今は昔のこととなった(話は逸れるが、悲しいことに、パリのベトナム料理店は次々と回転寿司屋に看板を変えている)。これが現実だと半ばあきらめながらも、私は心のどこかで、植民地主義時代の考古学について研究者と議論を戦わせたいと思っていたのだろう。そしてソウルでの講演依頼を引き受け、予想通りの批判が寄せられたのだった。適切な批判を下さったキム氏には感謝をしているし、その場でも感謝の意を伝えた。そして、この批判に対し、私は次のような返答を行なった。

「ご質問の趣旨は、帝国主義的イデオロギーに染まったフランスの考古学者たちの活動に私が同情しているかのようであり、それが問題だ、ということです。確かに、私は、当時の考古学者を、そのイデオロギーの不当性ゆえに非難するという態度をとってはおりません。理由は二つあります。

一つ目の理由はこうです。確かに、当時の学者たちの学術的活動は、帝国主義的イデオロギーと切り離すことはできませんが、しかし、両者を短絡的に混同してはならないと私は考えます。イデオロギーが不当であるから学術的貢献も認めないというのは、少なくとも、研究者がとるべき態度ではないからです。さらにいえば、不当であれ、イデオロギーがあったからこそ、多大な学術的貢献や学問的進展があったのだという事実を、今日の研究者はもっと真剣に受け止めねばならないのではないかと思います。

二つ目の理由は、インドシナで活動していたフランス人考古学者の特殊な事情によります。植民地で活動していた彼らの大半は、フランス本国では学者としての正規のポストを手に入れることのできなかった、いわば落ちこぼれであり、生涯、インドシナで生活し続けることを選択した者も沢山いました。また、ロシア出身者、ユダヤ系出身者、植民地で生まれた者など、個人差はあれ、二〇世紀前半期のフランス本国ではエリートとしてやってゆくことが困難であった者もいました。

彼らは、それゆえに、フランス本国の帝国主義的イデオロギーの手先となりつつも、一方で、フランス本国のエリートたちに対する批判的な態度も持っていました。その意味で、アンコール考古学史上に生起した問題は、宗主国と植民地という二項対立だけではなく、エリート研究者と現地研究者との権力闘争というフランス内部の階層的対立の問題として理解する必要もあります。イデオロギーの担い手としての本国のエリートと、植民地で生活し続けた彼らの思いは、当然ながら、同じものではありませんでした。植民地で活動する研究者の実践は、時に帝国と矛盾することもありました。しかし、帝国のイデオロギーのもとに無視され、逆に、政治的に利用されることもあったのです」

こうした煮え切らない私の返答に対して、批判をくださったキム氏は「適切な返答」をどうも有難うとおっしゃってくれたが、そこには「無難な返答」という含みもあったかと思う。残念ながら討論の時間はあまりなかったが、最後に討議の司会者は私の返答を指して、「我々韓国人には原爆のように衝撃的な発言でした」との皮肉を付け加えることを忘れなかった。

以上のソウルでのやりとりが前提としているフランス極東学院の活動に関しては、本書の第三章と第四章で論じたとおりである。

カンボジアに限らず、近代アジアの考古学・美術史は、欧米や日本の研究者による関与ないし支配のもとに遂行されたのであり、その活動と当時の政治的文脈とを切り離して考えることはできない。第八章で見たように、第二次世界大戦中の日仏印文化協力事業の中で古美術品交換が実現し、その結果として、今日、東京国立博物館がクメール古美術品を所蔵しているという現実がある。政治的歴史を無視して、このコレクションの存在を説明することはできない。第五章で論じた古美術品販売にしても、その活動に関する資料は一九九七年まで歴代の極東学院の院長しか閲覧できない門外不出の極秘資料であったが、それは、まずもって、この活動が政治的問題を刺激する可能性があったからである。

しかしながら、政治的問題ばかりを気にして、学術的な貢献とその遺産を正当に評価できないとすれば、今日のアジア考古学・美術史を真正面から論じることはできなくなってしまうだろう。また逆に、学術的貢献だけに注目して、政治を無視してしまったならば、学問の成立と進歩を牽引した原動力を欠いた表面的な学問史を書くしかなくなる。この両者の駆け引きの按配が実に難しい。

少々乱暴に整理すれば、これまでの学問史は、おおむね後者の立場に徹し、厄介な政治的問題を回避して、学術的貢献の歴史として構想されてきたといえる。一方、政治的な問題はジャーナリストの手に委ねられてきた。アジアの考古学・美術史をめぐる遺物流出問題などを扱う著作物は、決まってテレビ局や新聞社の支援のもとに執筆・出版され、かなり扇情的なかたちで、問題に関わった当事者のモラルを糾弾して見せる(もちろんそうでない良識的な著作もある)。かたや政治を不問にし、かたや学問を低く見積もる極端な著作物しかない。学問と政治は依然として乖離したまま、学者とジャーナリストが棲み分けをして、二重の近代アジアの考古学・美術史の歴史をそれぞれに語っているのが現状ではなかろうか。

本書が試みたのは、学問と政治が一体となった近代の学史を書くことである。何度も繰り返し言及したように、私は、学問がいかに政治的であったかを明らかにしたいわけではない。学問の政治性は結論ではなく、前提である。あえていえば、政治的であったがゆえに学術的貢献もあり得たと開き直って史実を掘り起こし、今日我々が継承している近代の学問が、既に解体された政治体制と同様にいかに危うい存在であったのか、そして今もそうであるのか、考えたかったのである。かつての政治的「過ち」を非難することによって、あるいはその政治性を無視することによって、今日の学問の成功を言祝いでも意味がない。過去の植民地学を非難することによって、さらには、負の遺産を忘却することによって危うくも成立せしめた今日の非政治性を装う学問に異義を唱え、今日の学問もまた、いかに政治的であるのか、さらには、より積極的に政治的でありうるのか、ということを考えねばならない。そして、未来の学問へと接続せねばならないと思う。

このようなことを考えながら、私は、できるだけ淡々と学問史を記述することに専念した。本書を全編読んでくださった読者はおそらく、たとえば延々と人物略歴の紹介が続く第三章などは非常に読みづらいと感じたのではないかと思う。本書の草稿を読んでもらった私の友人たちからも、こんなに長い単調な人物略歴は必要ないだろうという忠告を頂戴した。確かに、本書の大筋からは必要ない。後の歴史にもそれほど影響力を持たなかった人物たちである。しかし、この「後の歴史」とは何だろうか。学術的貢献を並べただけの研究史か、それとも政治的問題をジャーナリスティックに列挙した政治史か。何かを隠蔽したり削除したりして整理されるのが歴史という物語なのであろうが、しかし、そうした学問史を克服するために執筆にとりかかった本書においては、一貫性のある物語には馴染まない無名の人物たちも登場させ、分析を加えて、その時代の空気をまるごと描き切る必要があると私は考え、単調さを自覚しつつ確信犯的に第三章を書いた。この章は、アンコール考古学史について考えるための一つのハードルであるとご理解いただければ幸いである。いうまでもなく、一貫性のある物語としての歴史の背後には、物語には直接関与しない多数の人物たちが存在した。それを感覚的に理解するためには、人名辞典に登場しない無数の人物の名を覚え、じっくりと時間をかけて、その人物たちが生きた時代と社会を想像しなければならない。この作業を経ずして、遺物流出なり植民地主義政策なり、古美術品販売なり伝統文化政策といった、ある意味でジャーナリスティックな問題を考えるわけにはいかないと私は考えたのだった。

むろん、やり残したことは山ほどある。否、やっていないことのほうが多い。

たとえば、第八章のアンコール遺跡の考古学と日本との関係を論じた章は、本書のために、これまでフランスで行なってきた調査研究に付加して、とり急ぎ調べて書いたもので、執筆しながら、まだ調査も分析も足りない、日本のことを余りに知らなかった、と反省しながら一応の形にしたものにすぎない。第二次大戦中には、日仏印間の「文化協力」のみならず、ドイツ、イタリア、タイ、オランダ領インドネシアなどとも日本は文化協力事業を行っていること、日本の各種仏教団体もまた積極的な活動を行ったことを最近知ったばかりである。今後、あらためて周到な論文を用意せねばならないと思っている。

しかし、それ以上に重大な欠落は、カンボジアのアンコール遺跡の考古学を主題としながらも、カンボジアについてはいっさい考えていないということだろう。本書には、主役となるべきカンボジア人が誰一人登場していない。カンボジア側からの視点が完全に抜け落ちているのである。この点は、既に、笹川秀夫氏が著書『アンコールの近代』(二〇〇六)において、私の二〇〇二年に発表した論文に言及して批判しているところである。カンボジアからの視点を新たな軸として、本書で論じた問題群を検討して初めて、真の意味でのアンコール考古学の近代史となる。しかし、私にはカンボジアの視点から本書を書き直す能力がなく、フランス側から見た一方的なアンコール考古学史を書く選択しかなかった。付け焼刃でカンボジアの勉強をしてみても、今の私にはそれこそ政治的に傾斜した安易な記述しかできないだろう。それよりは、フランス人の活動のみを徹底的に追跡し、フランス側からみた一方的な歴史をできる限り復元しようと努めたほうがよかろうと判断した次第である。それゆえ、本書は、あくまでも複数あるアンコール考古学の歴史の「一つの」物語にすぎない。カンボジアのアンコール遺跡について書いた本というよりは、フランスの植民地主義時代の歴史の本だといった方が正確である。笹川氏の著作などを通して、カンボジア側から見たもう一つの大きな歴史とつき合わせていただければ幸いである。

謝辞

本書の研究と刊行にあたっては、直接的、間接的に多くの研究者や研究機関のお世話になった。本書に関連する研究を私が開始したのは一〇年前のフランス留学時のことである。個人名を挙げるのは控えさせていただくが、当時私が在籍していたリヨン第二大学の指導教員の導きがなければ、本書は影も形もなかっただろう。また、パリのフランス極東学院と国立東洋語学校、パリとリヨンのギメ美術館、マルセイユとパリの古文書館などの関係者の方々の協力がなければ、本書がもとにした古文書の閲覧ができなかったことはいうまでもない。古文書といっても二〇世紀の文書はあまり整理されていないし、原則的に閲覧不可のものも多い。存在が定かではない文書の探索を要求する私の相手をしてくださった方々に深く感謝の意を表したい。そして、数は少ないが、それぞれの機関で知り合うことのできた研究者の方々の刺激がなかったならば、この研究を形にすることはできなかっただろう。

また、本書に関連する研究発表をさせてくださった民族藝術学会（二〇〇〇年五月）、国際日本文化研究センター（二〇〇一年六月）、日仏美術学会（二〇〇六年五月）、忠北大学（二〇〇六年五月）、東アジア美術文化学会（二〇〇六年一一月）、茨城大学人文研究会（二〇〇七年一月）の関係者の方々にも謝意を表したい。

なお、本研究に関しては、独立行政法人日本学術振興会科学研究費補助金を得たこと――研究題目「旧フランス領インドシナにおける考古学・美術史とフランスの植民地行政」（平成一四～一五年度、若手研究（B））――をここに記し、感謝の言葉と代えたい。

正直なところ、本書をこのような一般書の形で出版するつもりは私にはまったくなかった。五年前に研究補助金を得て、（提出の必要のない）報告書を作成した時点で、私なりに一応の区切りと考えていた。それまで行なっていた研究発表などの私の少ない経験から、この種の話題はほんの一握りの研究者としか共有できないだろうと勝手に決め込んでいたのである。そんな時に韓国からの講演依頼があり、同席した韓国人の研究者から是非とも本にして出版するようにと励まされた。さらに同じ年に笹川氏の『アンコールの近代』が出版、続いてペニー・エドワーズ氏の『カンボジア』も出版された。[*2] ほぼ同じ時期に研究を開始した同世代の研究者がその成果を書物として公表するに至って、私は大いに刺激を受け、これからさらにこの種の研究に関心を持つ読者を少しでも開拓できるのではないかという思いをもって出版を決意したしだいである。とはいえ、この種の研究書を一般書として出版することが難しいこのご時世である。私の思いを実現してくださっためこんの桑原晨さんには格別の感謝の意を表したい。
　そして最後に、私事ながら、両親と妻にも感謝の言葉を述べさせていただきたい。この研究を行なった一〇年間は、私の仕事の都合で、フランスのリヨンから大阪、そして現在の茨城県の水戸市へと移動と引越しの連続であった。さらにその間にも娘と息子が産まれ、家族が新たに二人増えたというのに、ヨーロッパ、北米、アジア各地への出張を重ねた。父母にはいつも心配を懸け、常に私の研究を支えてくれた妻には苦労させたと思う。そのお礼としてはあまりにささやかすぎるかも知れないけれども、本書を家族に捧げたいと思う。

二〇〇八年七月

藤原貞朗

128 Ibid., carton 28, lettre de Lieutenant-Colonel de Kermel, Commissire délégué aux relations franco-japonais au directeur de l'EFEO, le 10 janvier 1945.

129 Ibid., caton 28, lettre de Victor Goloubew au directeur de l'EFEO, le 24 octobre 1941; Télégramme codé du gouverneur général au directeur de l'EFEO, le 9 août 1943 ; lettre de Goloubew à Coedès, « Hanoi, le 12 août 1943 ».

130 Ibid., carton 28, lettre de Parmentier au directeur de l'EFEO, le 18 novembre 1944.

131 Ibid., carton 28, télégramme officiel de Coedès à Parmentir, le 28 novembre 1944.

132 Ibid., carton 28, lettre de Henri Marchal au directeur de l'EFEO, le 20 novembre 1944.

133 *Le cinquantenaire de l'École française d'Extrême-Orient, Compte rendu des fêtes et cérémonies,* Paris, Hanoi, 1953, p.53.

134 グロスリエ著、前掲書、203-204 頁。

135 石田幹之助『欧米における支那研究』創元社、1942 年、1 頁。「シャヴァンヌ博士小伝」(335 頁)、「ベルトールド・ラウファー博士の訃を聞きて」(363 頁)、「スウェン・ヘディンの業績」(407 頁)。

136 白鳥庫吉『満州歴史地理』、南満州鉄道株式会社歴史調査報告第一、1913 年。以下の文献からの引用。徐蘇斌「東洋建築史学の成立に見るアカデミーとナショナリズム」『日本研究』第 26 集、2002 年、111 頁。

終章

1 講演の内容と質疑応答を所収する雑誌が公刊されている。*Art and Culture in East Asia* 、第 3 号、東アジア美術文化学会、韓國ソウル、2007 年 (藤原貞朗「パリの万国博覧会とアンコール考古学の近代化」、171-216 頁)。

2 笹川秀夫『アンコールの近代、植民地カンボジアにおける文化と政治』、中央公論新社、2006 年 ; Penny Edwards, *Cambodge, The Cultivation of a Nation, 1860-1945*, University of Hawai Press, 2007.

109 AEFEO, lettre de l'Association bouddhique au Japon à Coedès, « Tokio, le 9 mars 1942 » ; lettre du directeur de l'EFEO au Gouverneur Général de l'Indochine, « Hanoi, 23 avril 1942 ».

110 Ibid., Carton 16, Correspondance avec des sociétés savants japonaises (1923-1944), lettre de N. Ogawa (Consul Général du Japon) à G. Coedès, « Hanoi, le 30 avril 1942 ».

111 Ibid., lettre de Coedès au Consul général, Ogawa, Mission japonaise, le 2 avril 1943.

112 Ibid., lettre de Coedès à Sugiyama, le 1er avril 1943.

113 Ibid., Lettre de Goloubew, le 16 janvier 1943.

114 浅湫毅編『アンコールの美術――フランス極東学院交換品目録』、東京国立博物館、発行年記なし（1998 年）。

115 AEFEO, R.10.3. Echange, « Echange d'objets archéologiques entre l'École et le Musée du Japon, 1941 ».（鉛筆で、「→ « J4 Musée du Japon »」と記されている。）

116 Ibid., lettre de KBS à G. Codès, « Tokyo, le 6 Avril 1941 »; lettre de Comte Kiyoshi Kuroda à G. Coedès, « Tokyo, le 16 juin 1941 ».『朝日新聞』（1941 年 11 月 20 日）も参照のこと

117 『朝日新聞』1941 年 8 月 12 日。

118 AEFEO, lettre de Matsuzo Nagai à G. Coedès, « Tokyo, le 8 juillet, 1941 ».

119 Ibid., lettre de G. Coedès à Matsuzo Nagai, « Dalat, le 24 juillet 1941 ».

120 『朝日新聞』1941 年 11 月 20 日。

121 評価額 5 万円というと、どれほどの美術品なのか。比較は適切ではないが、たとえば、1932 年にボストン美術館が購入した真に「国宝級」の《吉備大臣入唐絵巻》は若州酒井家の売り立てで 18 万円を付けていた。そのときの売り立ての最高額であった唐物の大名物「国司茄子」茶入は 20 万円（入札価格は 40 万円）であったという。これらに比して、71 点の総評価額が 5 万円という古美術品を「国宝級」と呼ぶことは難しいだろう。

122 31 点をここに列挙する。3 点の絵画の内訳は、《四季花鳥図屏風》一双（作者不明、江戸時代）、《山水図》三幅（狩野典信）、《宇治川網代図などの屏風》一双（森義章）、彫刻は《阿弥陀如来立像》（作者不明、鎌倉時代）、5 点の能面はそれぞれ《朝倉尉》、《小面》、《般若》、《狂言面賢徳》、《武悪》、その他、箱物 2 点《千鳥蒔絵料紙箱》と《山吹蒔絵硯箱》、印籠 1 点《梅蒔絵印籠》、太刀 1 点《銀造野太刀》、10 点の鍔（伝又七作の 7 点を含む）、置物 1 点《清水焼猿置物》、花入れ 1 点《薩摩焼色絵龍耳花瓶》、文皿 3 点《九谷焼色絵葡萄文皿》、《鍋島焼染付宝珠文皿》、《伊万里焼色絵大皿》、瀬戸焼箱 1 点《瀬戸焼色絵六角重箱》、笙 1 点《孔雀蒔絵笙》、振袖 1 点《白綸子地竹折鶴模様小袖》。

123 内訳は以下の通り。萌黄威胴丸（一揃）（丹波篠山の藩主青山家の旧蔵）、御駕籠、御先箱（一対）、衣桁、小袖、帯、文楽人形 2 点《羽柴久吉》《鬼女》、象牙細工人形。「アイヌ文化資料」とは、箆、厚司織、煙草入、盆、太刀、腰刀など。

124 AEFEO, Carton 16, Échange de conférence, 1941-1943.

125 日本の交換品の所在を求めて調査を行った浅湫氏も、「極東学院からもハノイ歴史博物館からもそれらしき美術・工芸品は現在所蔵していないとの返事」を受けて、追跡を断念した。『アンコールの美術』、前出、3 頁。

126 これについては以下の文献を参照のこと。水野さや「ホーチミン市歴史博物館所蔵のクメール彫刻について」『大東文化大学紀要』44 号、2006 年、293-321 頁。

127 AEFEO, Vente à The Baffalo Fine Arts Academy, 1938 : lettre du 30 novembre 1937. 交渉の際に学院が見積もった評価額は 2000 ピアストル（20000 フラン）であった。

92 「北蒙古で発見の漢代の漆器、北欧雑記から、パリにて　梅原末治」、『大阪毎日新聞』、1928年4月8日～13日、および、Sueji Umehara, « Nouvelle découvertes archéologiques en Corée », *Revue des arts asiatiques*, III, 2, 1928.

93 2点が京都帝国大学へ、3点が朝鮮京城の総督府へ寄贈された。以下の文献を参照のこと。浜田耕作「アフガニスタンの佛頭」(1929)、『東洋美術研究』1942年、109-116頁。

94 AEFEO, carton 16, Lettre de Comte Kiyoshi Kuroda, administrateur secrétaire général de Kokusai Bunka Shinkokai à Goloubew, « Tokyo, le 26 mai, 1942 » ; Lettre de Goloubew à Kiyoshi Kuroda, « Hanoi, 1 août 1942 ».

95 日中戦争から太平洋戦争にかけての日本のアジア考古学に関しては以下の論文を参照のこと。坂詰秀一「続日本考古学史拾遺～大東亜共栄圏の考古学」、『立正大学文学部研究紀要』11号、1995年、1-16頁。

96 梅原「最近日本学者の行ふた支那の考古学調査に就いて」、『東亜考古学概観』、星野書店、1947年、110頁。

97 極東学院が保有する古文書には梅原に関する17点の書類が保管されている。AEFEO, carton 16, Échange de conférence. 第1回教授交換の太田正雄の場合には数点しか残っていない。学院は周到に梅原の日程を準備していた。資料の多さは主にゴルベフが梅原の案内をしたことによる。行動を逐一セデスに報告したのである。

98 梅原、前掲書、199頁。

99 AEFEO, carton 16, Télégramme officiel de Goloubew à «Directeur de EFEO, 8 Domenjod, Saigon », « Hanoi, le 23 déc 1942 ».

100 梅原『東亜考古学概観』、前出。

101 極東学院の古文書(1943年1月19日)によれば、梅原の移動には、「フクイ、イソイ、フジワラ、アシハラの4名」の日本人も同行したことがわかる。これらの日本人が日本から同行していた研究者なのか、インドシナに駐在していた役人や兵士なのか、調査できていない。ゴルベフは「梅原は英語が少しできるが、ほかの日本人は日本語しか話せない」と報告している。AEFEO, Carton 16, lettre de l'Inspecteur général de l'Instruction publique à Coedès, le 19 janvier 1943.

102 梅原、前掲書、203頁。

103 AEFEO, lettre de S. Umehara à Goloubew, « Tokyo, le 22 mars 1943 », signé; lettre de S. Umehara à G. Coedès, « Tokyo, le 22 mars 1943 », signé

104 梅原、前掲書、201-202頁。

105 AEFEO, Carton 16, lettre de l'Inspecteur général de l'Instruction publique à Coedès, le 19 janvier 1943 ; AEFEO, Ventes divers, don à Umehara, lettre de Coedès, Hanoi, le 9 mars 1943. 当時の評価額は250ピアストル。一方、梅原は極東学院に対して、「貴重な図書資料と若干の先史遺物」を寄贈したという。その詳細はわからない。AEFEO, télégramme de Victor Goloubew, n.2136.

106 AEFEO, lettre de Matsuzo Nagai, Président du Conseil d'Administration de KBS à G. Coedès, « Tokyo, 8 juillet, 1941 ».

107 本章注63を参照のこと。

108 久野芳隆については以下の文献を参照。大澤広嗣「昭和前期の宗教人類学と調査研究機関──久野芳隆の場合」(『東洋大学アジア文化研究所研究年報』40号、2005年、9-24頁。

1941年3月)、稲村隆一(改造社特派員、1941年)、畠中敏郎(1942年、大阪外国語学校フランス語教授)、東本願寺仏教使節(1942年)、重藤威夫(南洋学院、1944年)、井上哲次郎(東京帝国大学教授、国際仏教協会)。私の調査不足で、以下の人名については特定できていない。文書に残るアルファベット表記を列挙しておきたい。Toshio Nishikawa (1942年)、Riitiro Fujikawa (1942年)、Fukui (1942年)、Hatchiro Hosaka (南洋学院、1944年)、J. Yoneyama et H. Togawa (1944年)。東本願寺仏教使節(1942年)のメンバーとして名を挙げられているのは、「京都仏教大学」のKotetsu Takazaki と Susumu Kimura、そして7名の「画家」Tetsujiro Sugimoto, Shigeru Tsunoda, Tetsuzo Taniguchi, Asaki Nishimura, Koichi Tabata, Takeshi Kono et Shigeru Noguchi、3名の「写真家」Naoto Nomura, Kasunao Nomura et Suketsune Nomura) である。

83 グロスリエ著『アンコオル遺蹟』前出、205頁。

84 『朝日新聞』1941年8月8日。この記者は続けて次のように書く。「アンコールが千年の昔、この密林中に建設されたことは正に驚異であり法隆寺や大同の石佛と共に東洋民族の誇りであることは間違ひない。しかしそれは東洋におけるよりも、遥かに欧米において有名なやうだ。(…) 我等日本人の認識があまりに貧弱なことを意味するのではなかろうか」。日本人がアンコールを知り、東洋の誇りとせねばならないと煽るのである。

85 富田、前掲書、128頁。

86 ここで想起されるのは藤田嗣治による戦争記録画《神兵の救出到る》(1944年、東京国立近代美術館所蔵)である。蘭領東インドを舞台とした作品だが、支配するオランダ人の洋館から使用人となっていた原住民を「救出」する設定である。この作品は、タイトルから日本軍によるアジアの解放というメッセージを有していることは明白だが、興味深いことに、画面を埋め尽くすのは西洋人の生活を伝える家具や小物である。画中に描かれた2枚の西洋絵画、机の上の洋酒、床に転がる玩具の機関車、これらは藤田の西洋文化への深い愛着を表して余りあるものがある。主題(理念)としては政治的プロパガンダが表明されるも、絵のなかには嫌悪されるべき西欧文化への愛着が露呈している。仏領インドシナとの文化交流もまたフランス贔屓の日本人にとっては、大東亜共栄とフランス愛好という矛盾しあう理念と現実が交錯する場であったろう。

87 梅原の言葉によれば、「ペリオ、グラネ、マスペロらが活躍するフランスのシナ学界では、当時、外蒙古のノイン・ウラ山中の匈奴古墓群発掘と関連するスキタイ文化の東漸などが話題になっており、大御所ペリオはそのことでロシアへ出かけていた。そうした雰囲気を知っておられた内藤先生は、私のこれまでの出版物や私が調べた朝鮮関係の鏡や漆器の写真を沢山持ってゆくよう助言されていた。先生の慧眼通り、これが大いに役立った」。梅原『考古学六十年』、前出、71-72頁。

88 パリでは例えばスウェーデンのオズワルド・シレンやロシアのセルゲイ・エリセエフなどが活躍していた。極東学院メンバーとなったロシア出身のゴルベフもまたパリの吸引力に引き寄せられ、東洋学者となったのだった。

89 梅原、前掲書、71頁。

90 その試みとして以下の拙論を参照のこと。拙稿「東洋美術史学の起源における歴史観・文化的価値観・分析方法をめぐる日本と欧米の競合について、総合的検討」『茨城大学人文学部紀要人文学科論集』45号、2006年、1-16頁。

91 梅原、前掲書、73頁。

66 当時のハノイの美術学校の校長はローマ賞受賞者で、フランスにおいても公共彫刻を手がけるエヴァリスト・ジョンシェールであった。

67 『木下杢太郎日記』第5巻、前出、81頁。

68 *BEFEO*, XXIII, 1923, pp.560-569.

69 AEFEO, Carton 16, Lettre de l'Ambassadeur de France au Japon à M. le Gouverneur général de l'Indochine, signé « Charles Arsènes Henry », « Tokyo, le 4 juillet 1941 ».

70 AEFEO, Carton 16, Lettre de V. Goloubew au directeur l'EFEO, « Hanoi, le 28 avril 1941 », non signé; 『朝日新聞』1941年6月13日。ゴルベフに随行し、講演の通訳を担当したのは民族学者の松本信弘と美術史家の吉川逸次である。吉川は1930年代にパリ大学美術・考古学研究所に留学し、アンリ・フォシヨンの指導のもとにフランス中世美術を研究するとともに、フランス流の普遍主義的な美術史理念を吸収して帰国したばかりであった。師を通じて、フランスを訪れていた東洋学者やユルギス・バルトルシャイティスなどとも懇意にしていた。

71 梅原末治『考古学六十年』平凡社、1973年、

72 再び東京に戻ったゴルベフは日仏仏教協会 Societe bouddhique franco-japonaise で「ラオスの仏教」について、南洋協会でアンコール・ワットについての講演を行なっている。*BEFEO*, 1942.

73 『日仏会館第十八回報告』1941年、14-15頁。

74 ル・コルビュジエのアトリエに所属していたペリアンは、パリで共に活動したこともある坂倉準三を介して、1940年に日本に招聘されていた。1941年に開催した『選択・伝統・創造』展はつとに有名である。

75 この展覧会は特派大使の芳澤謙吉と仏印教育局長シャトルの後援で開催されている。

76 藤岡通夫「佛印事情とアンコール」、『建築雑誌』56号、1942年、13-17頁。

77 意見調整は直接の会合だけでなく、1941年7～9月の2カ月間に取り交わされた少なくとも4通の往復書簡を通じて行なわれている。AEFEO, Rapport du directeur de la Maison Franco-Japonaise, « Eléments d'un projet d'entente à établir entre les organes scientifiques d'Indochine et la Maison Franco-Japonaise. Projet remis à M. Goloubew, premier conférencier d'échange, le 4 juillet 1941 » ; lettre de G. Coedès au directeur de la Maison Franco-Japonaise., « Dalat, le 25 juillet 1941 » ; lettre du directeur de la Maison Franco-Japonaise à G. Coedès, « 4 sep 1941 », signé « Joüon des Longrais » : « Projet concernant les échanges de conférenciers entre l'Indochine et le Japon et leurs rapports avec la Maison Franco-Japonaise » ; lettre du directeur de la Maison Franco-Japonaise à G. Coedès, « le 12 septembre 1941 » : « Note au sujet des échanges de Conférences entre Indochine et Japon ».

78 クロード・ファレールが1931年にフランスが「昔日のクメールの文明の正統なる継承者」であると書いたことを想起しよう。本書362頁を参照のこと。

79 横山正幸「日仏印文化交換に就て」前掲書、329-339頁。

80 AEFEO, Lettre de Kokusai Bunka Shinkokai (KBS) à G. Codès, « Tokyo, le 6 Avril 1941 ».

81 『朝日新聞』1941年6月8日。

82 極東学院の文書カルトン16番には、日本の知識人や考古学者や研究機関と取り交わした書類が保管されている。本文で取り上げる太田正雄や梅原末治の派遣の他に、学院との公的・私的関係をもった人物や団体をここに列挙しておこう。久野芳隆（大日本仏教会、

る。リヒヤルド・ムウテル著、木下杢太郎訳『十九世紀佛國絵画史』甲鳥書林、1943年（初版は1919年）。

47 『木下杢太郎日記』第4巻、岩波書店、1980年。また、第2回の教授交換の派遣者として、一時、東京帝国大学法学部教授で後に最高裁判所長官となる田中耕太郎が選出され、新聞でも報道されたが（1941年10月10日の『朝日新聞』）、こちらも黒田と親しい人物であった。結局、仏印派遣は実現しなかったが、田中は既に1939年に国際文化振興会によるイタリアとの教授交換派遣者となっていた。

48 『木下杢太郎日記』第4巻、前出、421頁。展覧会に展示された資料の一部は、太田が勤めていた東京帝国大学付属伝染病研究所に寄贈された。

49 同書、358頁。キク・ヤマタはエミール・ギメと共にフランスへ渡った留学生山田忠澄（のちにリヨン駐在二等領事）の娘でリヨンに生まれた。母親はフランス人。フランスで小説を発表した。Cf. Monique Penissard, *La Japolyonnaise,* Lausanne, 1988 ; 長谷川玲子「キク＝ヤマタ、生涯と作品」『Les Lettres française 』11号、上智大学、93-102頁。

50 『木下杢太郎日記』第4巻、前出、376頁。

51 AEFEO, Lettre de Setsuichi Aoki, Secrétaire général de Kokusai Bunka Shinkokai à G. Coedès, « Tokyo, le 11 mars 1941 »

52 1941年8月13日に国際文化振興会の主催で華族会館で行われた報告会「安南、カンボジア見聞談」での談話。以下の新聞記事を参照のこと。「佛印から帰つて（木下杢太郎）」『朝日新聞』1940年7月30・31日、8月1日。

53 『木下杢太郎日記』第5巻、岩波書店、1980年、83頁。彼が購入したグロリエの著作2点は以下。George Groslier, *Angkor,* Paris, 1931 ; Groslier, *L'Enseignement et la mise en pratique des arts indigènes au Cambodge 1918-1930,* Paris, 1931.

54 同書、85頁。

55 Cf. 岡田秀則「南方における映画工作」、岩本憲次編『映画と「大東亜共栄圏」』、森話社、2004年、269-288頁。

56 仏印巡回現代日本画展覧会については以下の文献を参照のこと。桑原規子「国際文化振興会主催『仏印巡回現代日本画展覧会』にみる戦時期文化工作」、前掲書。

57 インドシナでの展覧会に先立って、9月9-10日に日本橋三越において内示会が開催されている。

58 『朝日新聞』1941年11月6日。

59 桑原「国際文化振興会主催『仏印巡回現代日本画展覧会』にみる…」、前掲書、240頁。

60 森三千代『インドシナ詩集 POESIES INDOCHINOISE』1942年。

61 Cf.『藤田嗣治展』カタログ（東京国立近代美術館、2006年）、および『朝日新聞』1943年6月8日。

62 『木下杢太郎日記』第5巻（1941年6月3日）、55頁。

63 アンリ・ガイヤールは1943年の交換教授となり、5月10日に「マラリヤ予防の原理について」、12日に「フイラリア病について」と題する講演を行ない、6月2日まで日本に滞在した。

64 「東京に於ける仏印現代美術展報告」、『國際文化』26号、1943年、81頁。および、以下の文献。桑原「国際文化振興会主催『仏印巡回現代日本画展覧会』にみる…」、前掲書、250頁。

65 『朝日新聞』1943年3月12日、5月11日。この計画が実現されたのか否かは未確認である。

1998 年、95-115 頁；芝崎厚士「国際文化振興会の創設、戦前日本の対外文化政策の歴史的特質」『国際関係論研究』、国際関係論研究会、1997 年、39-64 頁；藤本周一「国際文化振興会による戦前の 3 事業に関する研究ノート」『大阪経大論集』45 号、大阪経済大学、1994 年、525-546 頁。

37 Cf. 日本伝統音楽研究センター編『日本伝統音楽研究資料集成 6　日本伝統音楽に関する歴史的音源の発掘と資料化』2006 年。京都市立芸術大学日本伝統音楽研究センターでは、2006 年に伝音セミナー「国際文化振興会レコード」を開催している（2006 年 7 月 6 日、8 月 3 日）。

38 前者にはジャン・イヴ・クラエスの「仏印空の旅」、ジャン・フランソワの「政治と文教の都ハノイ」などの論文が、後者には宇野円空の「日本の民族性」、野間清六の「埴輪」、保田興重郎の「海行かば」などが含まれる。『朝日新聞』（1943 年 1 月 8 日）にこの雑誌の紹介記事がある。

39 国際文化振興会のインドシナ関連の事業、および後述の仏印巡回現代日本画展覧会については以下の文献に詳しい。桑原規子「国際文化振興会主催『仏印巡回現代日本画展覧会』にみる戦時期文化工作――藤田嗣治を『美術使節』として――」、『聖徳大学言語文化研究所論叢』15 号、2008 年、229-262 頁。

40 AEFEO, Lettre du directeur de l'Instruction publique en Indochine à M. le Secrétaire général du Gouvernement Général de l'Indochine, « Hanoi, le 8 nov 1940 ».

41 AEFEO, Lettre du directeur de l'EFEO à M. Gouverneur Général de l'Indochine, « Hanoi, le 16 nov 1940 ».

42 アンコール保存局長のグレーズが遺跡保存の任務を離れることは難しかっただろう。遺跡の修復作業は 1942 年頃までは継続的に行なわれていた（*BEFEO*, 1941, chronique.）。1932 年の退官後も学院の名誉メンバーとしてカンボジアで活動していた元考古学部長のパルマンティエもいたが、彼は年齢的に日本への渡航は困難だったろう（当時 71 歳）。また、第二次世界大戦後に院長となるルイ・マルレも 1942 年より学院メンバーとなり、ブランシャール・ドゥ・ラ・ブロス美術館の整備に当たっていたが、若手として学院を代表することは難しかった。同じ理由で、ルイ・ベザシエ（アンナン・トンキン歴史美術館学芸員）、ポール・ブデ（学院図書館司書）なども候補者とはなりえなかった。もとより、「日本の文化と科学の現状を現地で研究するため」の人材であるので、上記のメンバーは適任ではなかった。極東学院にはアンナンの知識人もメンバーや助手として活躍していた。ベトナム人としての初めての学院メンバーとなったグエン・ヴァン・フイエン（1940 年）〔1945 年に設立されたベトナム国家大学において大学部長となる人物〕、1920 年より極東学院の職員として原住民へのフランス語教育を担当していたトラン・ハン・タン、トゥーランのパルマンティエ美術館の秘書（1938 年）として図面作成やデッサンの任務を行っていたグエン・スアン・ドンなどである。しかし、総督府は日本派遣者を「アンナン人ではなくフランス人」とすると限定したために、派遣候補とはなりえなかった。

43 Lettre de Rolf Stein à Paul Lévy, le 6 décembre 1946. 以下の文献からの引用。Singaravélou, *op.cit.*, p.202.

44 *BEFEO*, nécrologie de Goloubew par Louis Malleret, 1966.

45 オリエンタリストの政治性については、特に本書 124-125、159-161 頁を参照のこと。

46 太田（木下）は、リヒャルト・ミュッター著『フランス美術史』の訳者としても知られてい

20 『渋沢栄一伝記資料』第 39 巻、渋沢栄一伝記資料刊行会、1961 年、266-267 頁。

21 Archives Henri Focillon (Université de Paris, Bibliothèque d'art et d'archéologie Jacques Doucet, inventaire par Claire Tissot, préface par Hélène Baltrušaitis, Paris, 1998), Boîte 31 / Extrême-Orient : Comité franco-japonais, Hôtel de Ville, Lyon, Prospectus ; *Ibid.*, B.28 / no. 481 correspondance Kijima Kozo (24/3).

22 フランス外務省資料 (61 巻、分類 586-1-2、59 号)。クローデル著、奈良道子訳『孤独な帝国、日本の 1920 年代』(草思社、1999 年、246 頁) からの引用。

23 Cf. 杉山直治郎、『日仏文化』新第 9 号、1944 年、248 頁。「ペリーこそ、少なくともクローデル大使に在っては、日仏会館生誕前夜における初代フランス学長候補としての意中の人であったことはすでに一言した通りである。会館成立を前にして痛ましくも急逝せるペリーの分身メートルにしても、せめてなお一・二年の健康を維持したりせば、ペリーの遺志を継承して、重要な役割を我が会館のために演じたことであろう」

24 開館して 2 年の間に来日したのは、日本学者のシャルル・アグノール、海軍学校の地理学者であったフランシス・リュラン、インドシナで 2 年の滞在経験のあった経済学者マルセル・ルキアン、極東学院の寄宿生としてインドシナの滞在経験のあった中国学者のポール・ドゥミエヴィル。その他、講演のために、パリ大学医学部教授のシャルル・アシャールも来日した。

25 フーシェは、東北大学、慶応大学、高野山大学、日本東洋学会などでも講演を行なった。1928 年には日仏会館から『佛教美術研究』(アルフレド・フシエ著、訳者不明、日佛會館編、大雄閣、1928 年) が出版。

26 AEFEO, Carton 16, lettre de Alfred Foucher, le 15 juillet 1926.

27 『法宝義林』については以下の文献を参照のこと。ユベール・デュルト「フランス圏ヨーロッパの仏教学と『法宝義林』(仏教術語解説辞典)」『大阪大学日本学報』第 2 号 , 97-101 頁。

28 AEFEO, Carton 16, Maison Franco-japonaise, s.d. signé : « S. Lévi ».

29 AEFEO, Carton 16, Maison Franco-japonaise, lettre de Coedès à l'Inspecteur général de l'Instruction publique, le 25 septembre, 1943.

30 杉山「序」、『日仏文化』新第 8 号、1942 年、1-5 頁。

31 関口俊吾「フランス藝術の動向」、前掲書、508-512 頁。

32 杉山「ノエル・ペリーの生涯と業績」、前掲書、250 頁。

33 横山正幸「日仏印文化交換に就て」、前掲書、329-339 頁。横山によれば、日本文化会館の設立目的は、「現下の総力戦に際しては一層其の喫緊の度を増している」「日本文化の宣揚の必要」のためであり、「大東亜共栄圏の一環」として必要不可欠な施設であった。その事業目的は、 1)「仏印民情風俗の研究」、 2)「仏印に於ける仏蘭西の文化政策に関する調査研究」、 3)「華僑に対する調査研究」であった。この事業の遂行のために「学者の交換」や「留学生の招致」を行ない、「仏印を通じて仏文化そのものとの接触」を図ることも重要とされた。

34 杉山、前掲書、237-239 頁。

35 AEFEO, carton 19, Pièce remise par M. le Consul Général Sato au cours d'une visite faite à M. le Secrétaire Général, « Consulat général du Japon à Hanoi », « Hanoi, le 4 nov. 1940 ».

36 たとえば以下の文献。高橋力丸「思想戦としての国際文化交流、戦前の国際文化振興会の活動を巡って」『社会科学研究科紀要、別冊』第 2 号、早稲田大学大学院社会科学研究科、

41 Charle Baudelaire, *Œuvres complètes*, vol. II, p. 487 (*Salon de 1846*).

第八章

1 *Indochine, Exposition coloniale internationale de Paris, Commissariat général*, ouvrage publié sous la direction de Sylvain Lévi, 2 vol, Paris, 1931. (Victor Goloubew, « Art et archéologie de l'Indochine », tome II, pp.201-229.)
2 シルヴァン・レヴィ編、村松嘉津訳『仏印文化概説』興風館、1943 年。
3 藤岡、前掲書、頁番号なし（「序」）。
4 グロスリエ、前掲書、203-204 頁。
5 富田亀邱著『アンコール・ワットの彫刻』日進社、1943 年、まえがき。
6 伊東忠太「佛領印度支那」『建築雑誌』310 号、1912 年。以下の文献に所収。伊東『東洋建築の研究（下）』龍吟社、1943 年、265-286 頁。
7 伊東「祇園精舎図とアンコル・ワット」『建築雑誌』313 号、1913 年。『東洋建築の研究（下）』（前出、367-406 頁）所収。
8 岩生成一「アンコール・ワットにおける森本右近太夫の史蹟」『歴史教育』1928 年、8 頁。以下の文献に所収。岩生『南洋日本人町の研究』岩波書店、1966 年、115-121 頁。
9 黒板勝美「アンコール・ワット石柱記文について」、『史学雑誌』41・48 号、1930 年。
10 AEFEO, lettre du Résident de France à Faifoo à G. Coedès, « 14 sep 1933 ». 松本の代表的著作は以下。松本信広『印度支那の民族と文化』岩波書店、1943 年 ;『東亜民族文化論攷』誠文堂新光社、1968 年 ;『日本民族文化の起源 3、東南アジア文化と日本』講談社、1978 年。
11 例外として、美術研究所の尾高鮮之助が南アジアから中央アジアの調査を行った際にアンコールを訪れた事例がある。尾高が記録したバーミヤンの写真は今日注目されるところとなっている。Cf. 尾高鮮之助『印度日記──仏教美術の源流を訪ねて』刀江書院、1939 年。
12 藤岡、前掲書、183-184 頁。
13 Noël Péri, « Essai sur les relations du Japon et de l'Indochine aux XVIe et XVIIe siècles », *BEFEO*, 1924, pp.1-136.
14 N. Péri, « Le nô de Sotoba-Komachi », « Le nô d'Ohara gokô », « Le nô d'Aya no tsuzumi », *BEFEO*, 1913-1914, pp. 1-113 ; « Le nô de Mima », « Le nô de Tamura », « Le nô d'Eguchi », « Le nô du kinuta », « Le nô de Matsuyama-kagami », *BEFEO*, 1920, pp. 1-110.
15 杉山直次郎「ノエル・ペリーの生涯と業績」『日仏文化』新第 9 号、1943 年、2-253 頁。
16 N. Péri, *Le no*, Tokyo, Maison franco-japonaise, 1944.（杉山直治郎序文）
17 AEFEO, Lettre de Naojiro Sugiyama au directeur de l'EFEO, signé « Naojiro Sugiyama », « Tokio, le 2 juillet 1941 » ; Lettre du directeur de la Maison Franco-Japonaise à G. Coedès, « Tokio, le 4 juillet » ; Lettre de G. Coedès au Président de la Commission des Nô à la Maison Franco-Japonaise, « Dalat, 25 juillet 1941 ».
18 『日仏文化』新第 9 号、1944 年、248 頁。
19 日仏会館の歴史については以下を参照のこと。Sylvain Lévi, « La Maison franco-japonaise de Tokyo », *La Revue de Paris*, le 15 septembre 1929, pp. 410-428 ; ベルナール・フランク、彌永昌吉「日仏会館の歴史、目的および活動」、『日仏文化』第 31 号、1974 年、1-224 頁。また、極東学院には古文書カルトン 16 番に、日仏会館関連の文書が保管されている。

ラオスの美術品はすべて写真資料とともにラオス・パヴィリヨンに展示された。

24 F.D.K. Bosch et C.C.E.M.Le Roux, « Wat te Paris verloren gig », *Tijdschrift voor Indische Taal-Land-en Volkenkunde,* LXXI, 1931, pp.663-683.

25 « Premier bilan de l'Exposition coloniale », le 3 juin, 1931. 以下の文献に再録。José Pierre, éd., *Tracts surréalistes et déclarations collectives,* Paris, 1980, p.198.

26 ヴァンセンヌの森に今日唯一残っているパヴィリヨンはカメルーン＝トーゴ館で、現在もなお国際仏教アカデミー Institut international bouddhiste の施設として利用されている。

27 隣接する「熱帯動物園」もその起源を植民地博覧会に持つ。この動物園も老朽化し、2008年に最新の施設に生まれ変わる予定である。

28 *Palais des colonie, Histoire du Musée des Arts d'Afrique et d'Océanie,* éd. par Germain Viatte, RMN, 2002.

29 *Alfred Auguste Janniot,* en collaboration avec Bruno Foucart, Michèle Lefrançois, etc., avec le soutien du musée des Années 30 de Boulogne-Billancourt, Somogy, 2003.

30 植民地宮を設計したアルベール・ラプラドのモノグラフ研究も近刊予定であると聞く。Jean-Louis Moine, *Albert Laprade,* mémoire de troisième cycle, École du Louvre 1994-1999.

31 Jean Alazard, « L'Exotisme dans la peinture française au XIXe siècle », *Gazette des Beaux-Arts,* tome 6, 1931, pp.240-255 ; Jacques Guenne, « Orientalisme », *L'Art vivant,* n.151, août 1931, p.398. オリエンタリスム絵画は近代美術史の傍流ないしエピソード的分野とみなされがちだが、19 世紀末から 20 世紀前半期においては、美術界の主要な一分野として重視されていた。多数の近代美術史書において、独立して一章を与えられている。リュクサンブール美術館のレオンス・ベネディットを中心として、オリエンタリスト画家協会が設立されるのは 1893 年、また、ほどなく植民地フランス芸術家協会も発足し、オリエンタリスム美術は画壇の重要な一部門を形成した。以下の文献を参照のこと。Léonce Bénédite, *La Peinture au XIXe siècle,* Paris, s.d. ; Alfred Leroy, *Histoire de la peinture française, 1800-1933,* Paris, 1924 ; Francis Fosca, *La peinture en France depuis trente ans,* Paris, 1948, etc.

32 設計プロセスに関してはモルトンの前掲書に詳しい。

33 P. Morton, *Ibid.,* p.267.

34 Léandre Vaillait, *Le Temps,* 13 mars 1928.

35 *Alfred Auguste Janniot, op.cit.,* p.38.

36 Dominique Jarrassé,« Le décor du Palais des Colonies : un sommet de l'art colonial », *Palais des colonies,* op.cit., p.84.

37 「非決定的様式」あるいは「不確定的」様式といった観点から、ジャニオの造形的特質と1930 年頃のフランス美術の様式的特質を認め、あらためて美術史的に再検討を行う必要もあろう。モダン・アートの非決定性と曖昧性については以下の文献を参照のこと。Dario Gamboni, *Potential Images, Ambiguity and Indetermination in Modern Art,* Reaktion Book, 2002.

38 Eric Orsenna, *Exposition coloniale,* 1988.

39 D. Jarrassé,« Le décor du Palais des Colonies », *op.cit.,* p.86.

40 おそらく、非決定的な様式によって、メッセージもまた曖昧であったがゆえに、ジャニオは戦中、戦後を通じて公共美術の装飾家として活躍しえた。植民地博覧会のための装飾を担いながらも、戦後のポストコロニアルの時代にもフランスの公共建築の装飾を担当することができ、さらには、アメリカ合衆国のニューヨークの装飾も担当しえたのである。

川章訳『パリ植民地博覧会、オリエンタリズムの欲望と表象』ブリュッケ、2002年）; Penny Edwards, *Cambodge, The Cultivation of a Nation,* University of Hawaii Press, 2007, etc.

4 « 1931-2006, 75 ans après, regards sur l'Exposition coloniale de 1931 », Paris, XIIe arr., 2006.

5 特に邦訳されたパトリシア・モルトン『ハイブリッド・モダニティーズ』(邦訳タイトルは『パリ植民地博覧会』) に散見される誤訳に言及しておこう。邦訳には、1900年に学院の調査に加わった文献学者で植民地学者のアントワーヌ・カバトンを「批評家アントワーヌ・カバトン」(56頁)、カンボジア芸術局のグロリエを「カンボジア・アートサービス社の社長で長期間植民地に住んでいたジョルジュ・グロスリエ」(40頁) と誤訳するなど、考古学史の理解を欠いている。フランス語ができなければ学院メンバーの情報入手は難しいので、英文翻訳のこうした細部の誤訳を挙げ連ねても仕方がないかもしれない。邦訳は全体としては読みやすい好著となっている。

6 Yves Tanguy et al., *Premier bilan de l'Exposition coloniale,* le 3 juillet 1931.

7 *Le livre d'or de l'Exposition coloniale internationale..., op.cit.,* p.121

8 *L'Exposition coloniale internationale à Paris en 1931, guide officiel,* Paris, 1931, p.53.

9 *Exposition national coloniale de Marseille,* plublié par le Commissariat général de l'Exposition, 1922, p.10.

10 *BEFEO,* XXIII, 1923, p.561.

11 *Ibid.,* p.561.

12 P. Edwards, *op.cit.,* pp.160-161. この興味深いエピソードを伝える資料の出典は示されていない。

13 *Le livre d'or de l'Exposition coloniale internationale..., op.cit.,* pp.120-121.

14 Pierre Guesde, « Note relative aux moulages du Temple d'Angkor », Commissariat du Gouvernement général de l'Indochine, Expo.coloniale, 13 février 1931. AOMA, Expo coloniale, carton 27 ; Lettre de G. Groslier à V. Goloubew, AOMA, Expo coloniale, carton 27. 以下の文献による。P. Morton, *Hybrid Modernities,* op.cit., p.238.

15 *Mémoire archéologique publiés par l'Ecole française d'Extrême-Orient, tome II, Le Temple d'Angkor Vat,* Paris, 2 vol., Pairs, 1930.

16 *Ibid.,* p.6.

17 Claude Farrère, « Angkor et Indochine », *Exposition coloniale internationale de Paris 1931,*Paris, 1931. 以下の文献からの引用。P. Edwards, *op.cit.,* p.161.

18 P. Morton, *op.cit.,* p.95.

19 Yves Tanguy et al., *op.cit.*. この証言の正否は未確認である。1930年代にはアンコール遺跡をモティーフや舞台とする映画が幾つか撮影されているようだが (たとえば1935年のL・C・クックのB級映画『アンコール』など)、このレプリカが使用されたかどうかは確認できなかった。

20 美術展は、ハノイのインドシナ美術学校の卒業生がフランスで作品を展覧する機会となり、彼らに一室が与えられた。油絵、絹絵、木彫、水彩、漆器など多様な作品が展示即売されたという。以下の文献を参照。N. André-Pallois, *op.cit.,* p.221.

21 *Exposition coloniale de Marseille (1922). L'Ecole française d'Extrême-Orient,* Hanoi, 1922.

22 « Rapport de Victor Goloubew sur l'Exposition Coloniale de 1931 », *BEFEO,* 1932, pp.638-648.

23 *Ibid.,* pp.638-648. 当初、ラオスの古美術品も展示する予定であったが、「美学的観点から」

60 AEFEO, carton 28, lettre de G. Groslier à G. Coedès, le 21 janvier 1933.

61 古美術品が政治家などに贈呈されるケースも少なからずあったが、あえて販売に徹するという選択も頻繁になされている。興味深いことに、学院メンバーに対しても古美術品は「売却」された。自らのコレクションとしてクメール古美術を欲した場合には、身銭を切らねばならなかったのである。その際に「値引き」されることはなかった。1943年、セデスは「学院メンバーにアンコールの彫像の値引きがあるわけではない」と通達を出している。

62 AEFEO, carton 28, lettre de G. Coedès, 1er avril 1931.

63 AEFEO, carton 28, Ventes des objets anciens. Musée Amsterdam.

64 AEFEO, carton 28, lettre de G. Groslier à L. Finot, le 24 décembre 1924.

65 AEFEO, carton 28, lettre de G. Coedès au Gouverneur Général de l'Indochine, « 28 avril 1931 ».

66 AEFEO, carton 28, lettre de G. Groslier à G. Coedès, 11 séptembre 1934.

67 AEFEO, carton 28, lettre de G. Coedès à G. Groslier, 21 janvier 1935.

68 AEFEO, carton 28, lettre de G. Coedès, 11 avril 1935.

69 A. Malraux, *op.cit.*, pp. 43-44.

70 AEFEO, carton 28, lettre de Coedès au Gouverneur Général de l'Indochine, « Hanoi, 20 février 1936 ».

71 AEFEO, carton 28, lettre de Coedès à Silvestre, Résident Supérieur au Cambodge, « le 24 février 1936 ».

72 AEFEO, carton 28, lettre de Coedès à V. Goloubew, le 20 février 1936.

73 AEFEO, carton 28, lettre du conservateur d'Angkor au directeur de l'EFEO, le 26 décembre 1933.

74 Lettre du 8 mai 1951 d'Alfred Foucher à Jean Filliozat, archives privées de la famille Filliozat. 以下の文献からの引用。Singaravélou, op.cit., p.248

75 ジャン＝フランソワ・ジャリージュ、「アンコールとクメール美術の1000年」前掲書、30頁。

76 Le Corbusier, *L'Art décoratif d'aujourd'hui* (1925), Flammarion, Paris, 1996, p. 16.

77 *Le livre d'or de l'Exposition coloniale internationale de Paris 1931*, publié sous le patronage officiel du Commissariat général de l'Exposition par la Fédération française des anciens coloniaux, Paris, 1931, p.120.

第七章

1 *Le livre d'or de l'Exposition coloniale internationale...*, op.cit.,pp.120-121.

2 *Ibid.*, p.120

3 Charles-Robert Ageron, « L'Exposition coloniale de 1931 ; Mythe républicain ou mythe impérial? », *Les Lieux de mémoire*, Gallimard, 1993, t.I, pp.493-515; Herman Lebovics, *True France, The Wars over Cultural Identities, 1900-1945*, Cornell University, 1992; Jacques Marseille, *L'Age d'or de la France coloniale*, Paris, 1986; Zeynep Celik et Leila Kinney, « Ethnographie and Exhibition at the Exposition universelle », *Assemblage*, 13, 1990, pp.35-59; Panivong Norindr, « Representing Indochina. The French Colonial Phantasmatic and the Exposition Coloniale Internationale de Paris », *Phantasmatic Indochina, French Colonial Ideology in Architecture, Film, and Literature*, Duke University Press, 1996, pp.14-33; Patricia Morton, *Hybrid Modernities*, The MIT Press, 2000（邦訳、長谷

1933年にインドシナ高官のラヴィに頭部1点、1935年にはコーチシナ政府にクメール獅子像2点を贈呈している。

48 Cf. M. Prodromidès, *Angkor, op.cit.*, p.126.

49 AEFEO, carton 28 : Documents ; Ventes d'objets anciens en 1923, 1924, 1925 et 1927. これまでの研究書において、極東学院の古文書を調査し、古美術品販売に言及しているのは、ピエール・サンガラヴェルーの著作のみである。P. Singaravélu, *op.cit.*

50 « Arrêté autorisant la vante au Cambodge d'objets anciens provenant de monuments historiques, le 14 février 1923», *Journal officiel*, 17 février 1923, p.308. 重要な条項をここに訳出しておく。「第1条、歴史的建造物からの古美術品の販売は、以下の条件のもとにカンボジアにおいて許可される。／第2条、古美術品販売は、以下の第3条で規定されたリストに則って許可される。／第3条、カンボジア芸術局長とアンコール保存局長は、毎年、合意のもとに、学術的あるいは美術的に価値がなく、既に植民地の美術館や倉庫に同種のものが保管されており、指定リストから外してもよいと判断した物品のリストを作成すること。このリストを、カンボジア古美術品委員会が審議し、販売が許可された物品のリストを作成する。そのリストには、(1) 通し番号、(2) 名称および簡潔な作品記述、(3) 寸法あるいは重量、(4) 出所、(5) 販売価格が記載されること。このリストはフランス極東学院院長の決定によって承認され、物品はアルベール・サロー美術館に集められる。／第4条、物品の販売は、カンボジア芸術局長の立会いのもと、アルベール・サロー美術館においてのみ行なわれること。それぞれの物品には、物品の状態を記録したオリジナル証明書が付され、加えて、購入者の氏名と住所を記録すること。(…)／第5条、販売利益は、フランス極東学院院長の発行する書式に従って、カンボジア芸術局長が、カンボジア収入局管轄のフランス極東学院の予算口座に振り込むこと。利益は、アンコール地区の保存活動に割り当てられる。(…)」

51 AEFEO, carton 28, Procès verbal de la Commission des Antiquités historiques et archéologiques du Cambodge (le 20 août 1923).

52 この資料に従って販売品の追跡調査を行なうことも可能であるが、私は行なっていない。

53 AEFEO, carton 28 ; lettre du directeur des arts cambodgiens au directeur de l'EFEO (le 24 janvier 1924).

54 AEFEO, carton 28, lettre de Glaise à Coedès, « 5 avril 1937 » : Commission de déclassement 1937.

55 AEFEO, carton 28, pierres sculptées declassées par Commission 1933 ; lettre de Conservateur d' Angkor au directeur de l'EFEO, « 18 août 1934 » : relevé des pierres mises en vente par les Commissions 1931-1932 et 1933.

56 サンガラヴェルーの算出によれば年間売上は以下の通り（単位はピアストル）。1927年11月～1929年3月，1515；1929年4～12月，699；1930年1～6月，394；1930年7～9月，688；1931年9月，4245；1932年9月，3997.5；1934年1月，4098；1936年3月，21707（メトロポリタン美術館との取引）；1937年4月，2875；1938年3月，6627；1938年8月，750；1939年9月，3025；1942年10月，4725。P. Singaravélou, *op.cit.*, p.252.

57 AEFEO, carton28, Ventes des objets anciens, lettre de V. Trouvé au directeur de l'EFEO, 1934.

58 « Arrêté relatif à la vente des objets anciens provenant des monuments du Cambodge », le 30 juillet 1931, *BEFEO*, XXXI, 1931; *Journal officiel*, 1931, p.2563.

59 AEFEO, carton 28, lettre de G. Coedès à H. Marchal, 17 mars 1930.

宗主国と植民地の様式を継ぎはぎした植民地主義時代独特のハイブリッドなコロニアル様式に通じている。この様式そのものに植民地時代の権力関係が視覚化されていると解釈することも可能だろう。パトリシア・モルトンが『ハイブリッド・モダニティーズ』でみせた卓抜な分析による言葉を借りるならば、建造物の主要な柱となる構造は西洋のもの、それに従属する細部の装飾にだけ植民地の様式を適用するという思想に貫かれている。建築と装飾の対比に主従関係が重ねられているのである。Cf. Patricia A. Morton, *Hybrid Modernities : Architecture and Representation at the 1931 Colonial Exposition, Paris,* MIT, 2000.

30 *BEFEO,* XXIII, 1923, pp.560-569.

31 *Ibid.* pp.569

32 1920年代のパリにおける日本美術展については、以下の文献を参照のこと。Yoko Hayashi-Hibino, « Les expositions de peinture japonaise contemporaine organisées par le Japon à Paris dans les années vingt », *Histoire de l'art,* n.40-41, 1998, pp.87-97、および、林洋子『藤田嗣治 作品を開く』、名古屋大学出版会、2008年。また、以下の拙論も参照のこと。「棲み分ける美術館・展覧会──1920～30年代パリの美術館展示にみるフランス美術の内と外」、『西洋美術研究』第10号、三元社、2004年、145-152頁。

33 この経緯については以下の文献。岡部あおみ『ポンピドゥー・センター物語』紀伊國屋書店、1997年、63頁。

34 N. André-Pallois, *op.cit.,* pp.209-210.

35 Albert Sarrault, *Grandeur et servitude coloniales,* Paris, 1931.

36 A. Sarrault, *La mise en valeur des colonies française,* Paris, 1923, p.104. 以下の文献から引用。P. Morton, *op.cit.,* p.188.

37 A. Sarrault, « L'exposition coloniale », *L'Art vivant,* 7, n.151, 1931, p.373. 以下の文献から引用。P. Morton, *op.cit.,* p.188.

38 また、アルベール・サロー総督のもとで1920年にフランス極東学院はインドシナ総督府の武官部門から民間部門へと移行し、「純粋に学術的な機関」として位置づけられることとなった。植民地の学問と芸術が、植民地支配のための政治的政策ではなく、公衆の芸術文化を保護するためのものであることを形式的に示してみせたのである。

39 N. André-Pallois, *op.cit.,* pp.212-213.

40 « Arrêté créant une Commission des Antiquités historiques et archéologique », le 12 août 1919, *BEFEO,* 1919, pp. 143-145.

41 *Art et archeologie khmères, op.cit.,* pp.120-121.

42 *Ibid.,* p.121.

43 Malraux, *La voie royale, op.cit.,* pp.43-44.

44 極東院長宛ての手紙で、グロリエは、ビングの販売していたクメール彫刻に言及している。以下の文献を参照のこと。M. Prodromidès, *Angkor, op.cit.,* p.150.

45 *Catalogue of the Indian collection in the Museum of Fine Arts of Boston,* 1923.

46 Ananda Coomaraswamy, *Catalogue de pièces khmères conservées dans les musées de l'Amérique du Nord,* pp.235-240. シカゴ美術研究所にも8点のクメールの古美術品が記録されていたが、これはドラポルトの調査に関わったムラから入手したものである。

47 AEFEO, Carton 28. 1920年代の資料は残っていないが、1930年代には多数、このような贈呈を伝える文書が残っている。例えば1930年にユエの高官ルフォルに彫像頭部2点、

8 V. Goloubew, « Le cheval Balâha », *BEFEO*, 1927, pp. 223-237, pl. 18-24. 以下の文献も参照のこと。M. Prodromidès, *Angkor*, op.cit., pp.189-190.

9 V. Goloubew, « Le Phnom Bakhèn et la ville de Yaçovarman. Rapport sur une mission archéologique dans la région d'Angkor en août-novembre 1932 », *BEFEO*, 1933, pp. 319-344.

10 また、この時、ジャヤヴァルマン2世が9世紀に築造したロリュオス遺跡群と、15km 離れたアンコール遺跡群とを繋ぐ道の存在も明らかになった。この王の後、ヤショヴァルマン1世が旧都を離れて自らの都市を築くべくアンコールに向かったその道筋が可視的に示されたのである。

11 V. Goloubew, « L'hydraulique urbaine et agricole à l'époque des rois d'Angkor », *Bulletin économique de l'Indochine* 1, 1941, pp. 1-10.

12 « Royaume du Cambodge, Ordonnance royale, le 31 décembre 1919 », in *Arts et archéologie khmères*, op.cit., p.109.

13 « École des arts cambodgiens, ordonnace du 14 décembre 1917 », in *Ibid.*, p.108.

14 L. de Lajonquière, « Les provences récouvrées du Cambodge », *BCAF*, 7, mai 1907, pp.155-162. 以下の文献からの引用。Penny Edwards, *Cambodge, The Cultivation of a Nation, 1860-1945*, University of Hawai Press, 2007, pp.147-148.

15 Henri Marchal, *Revue de la Société des Études Indochinoises*, 2e semestre 1913, pp.69-75.

16 以下の文献を参照のこと。笹川秀夫「『伝統』になった宮廷舞踊」前掲書、145-174 頁。

17 三宅一郎『カンボジア綺譚』作品社、1994 年、26 頁。

18 N. André-Pallois, *L'Indochine : un lieu d'échange culturel ?*, op.cit., pp.213.

19 « Arrêtés du Gouverneur Général, le 12 août 1919 », in *Art et Archéologie khmers*, op.cit., p.110.

20 *Art et Archéologie khmères*, op.cit., p.111.

21 G. Groslier, *Ars Asiatica XVI, Les collections khmères du Musée Albert Sarraut à Phnom-Penh*, Paris, 1931.

22 « Royaume du Cambodge, Ordonnance royale, le 31 décembre 1919 », *op.cit.*, p.109.

23 « Procès-verbaux des réunions du Comité cambodgien de la Société des Amis d'Angkor », le 13 février 1920, *Arts et archéologie khmers*, op.cit., p.121.

24 V. Goloubew, « Avant-propos » de Sapho Marchal, *Costume et parures khmèrs, d'après les devatâ d' Angkor-Vat* (1927), réédition, L'Harmattan, Paris, 1997, pp.X-XI.

25 *Le livre d'or de l'Exposition coloniale internationale de Paris 1931*, publié sous le patronage officiel du Commissariat général de l'Exposition par la Fédération française des anciens coloniaux, Paris, 1931, p.124.

26 笹川、前掲書、145-174 頁。

27 近代・現代に欧米列強が他者に「伝統」の復興を促した事例は枚挙に暇がない。アフリカ諸国のいわゆるプリミティヴな民芸品、インドやジャワの舞踊、ケルトの音楽、さらに日本の輸出工芸品や日本画、雅楽、歌舞伎などもそこに含めてよいだろう。これらの「伝統」芸術がいかに西洋人の価値観によって「創られた」ものであるかは、エリック・ボムズボウム編『創られた伝統』(前川啓治ほか訳、紀伊国屋書店、1992 年)をはじめとして、人類学研究やポストコロニアル研究によってすでに語り尽くされた感があるのでここでは繰り返さない。カンボジア芸術局が蘇らせた伝統芸術もまた「創られた伝統」であった。

28 Cf. Stéphane Laurent, *Les arts appliqués en France, Genèse d'un enseignement*, CTHS, Paris, 1999.

29 近代的設備を有する建造物の外装にカンボジア風の意匠を用いるグロリエ設計の建造物は、

32 *Ibid.*, p.76.

33 *Ibid.*, p.68.

34 *L'Impartial*, le 21 juillet 1924. 以下の文献からの引用。Langlois, *Malraux, op.cit.*, p.26.

35 A. Malraux, *op.cit.*, p.84.

36 ギリシャのアクロポリスの復元にあたったニコラオス・バラノスの定義によれば、アナスティローシスとは、「建造物の構造と方法に従い、同じ材料を用いて、建造物を修復ないし復元する」方法である。「欠けた石材があって、それなしには復元が不可能な場合には、新たな石材を正当な方法で控え目に用いることも認められる」。Balanos (N.) *Les Monuments de l'Acropole. Relevement et Conservation*. Paris, 1938.

37 *BEFEO*, 1933, p.518.

38 *Ibid.*, 1933, p.520.

39 Prodromidès, *op.cit.*, p. 177.

40 *Travaux et perspectives de l'Ecole française d'Extrême-Orient en son 75e anniversaire*, Paris, 1976. 以下の文献からの引用。Bruno Dagens, *Angkor, la forêt de pierre*, Paris, 1989, p.177.

41 *BEFEO*, 1933, pp.518-520.

第六章

1 フィノは1898～1904年、1914～18年、1920～26年、1928～29年に院長を務めた。

2 Georges Coedès, « Inscription de Bhavavarman II, roi de Cambodge », *BEFEO*, 1904, pp.691-697. セデスについては以下の文献を参照のこと。Jean Filliozat, Necrologie de George Coedès, *BEFEO*, 1970, pp. 1-24; *Artibus Asiae* 24/3-4 (1961), numéro spécial pour le 75e anniversaire de M. George Cœdès, pp. 155-186.

3 ジョルジュ・セデス著、辛島昇ほか訳『インドシナ文明史』みすず書房、1980年；三宅一郎訳『アンコール遺跡 壮大な構想の意味を探る』連合出版、1990年；山本智教訳『東南アジア文化史』大蔵出版、2002年。

4 この一件については以下の文献を参照のこと。André Germain, *La vie amoureuse de d'Annunzio*, 1954 ; Pierre Pascal, *Le livre secret de G. d'Annunzio et de Donatella Cross*, 1947; Louis Malleret, « 20e anniversaire de la mort de Victor Goloubew », *BEFEO*, 1966.

5 *L'Art bouddhique, collection Goloubew, exposition organisée au Musée Cernuschi*, Paris, 1913.

6 A. Rodin, A. Coomaraswamy, E. B. Havell et V. Goloubew, *Ars Asiatica III, Sculptures çivaïtes de l' Inde*, Paris, 1921 ; H. Parmentier, *Ars Asiatica IV, Les sculptures chames au Musée de Tourane*, Paris, 1922 ; G. Coedès, *Ars Asiatica V, Bronzes khmèrs*, Paris, 1923 ; N. J. Krom, *Ars Asiatica VIII, L'art javanais dansles Musées de Hollande et de Java*, Paris, 1926 ; V. Goloubew, *Ars Asiatica X, Documents pour servir à l'étude d'Ajanta. Les peintures de la Première Grotte*, Paris, 1927 ; G. Coedès, *Ars Asiatica XII, Les Collections archéologiques du Musée National de Bangkok*, Paris, 1928 ; A. K. Coomaraswamy, *Ars Asiatica XIII, Les Miniatures Orientales de la Collection Goloubew au Museum of Fine Arts de Boston*, Paris, 1929 ; J. Ph. Vogel, *Ars Asiatica XV, La sculpture de Mathurâ*, Paris, 1930 ; G. Groslier, *Ars Asiatica XVI, Les Collections khmères du Musées Albert Sarraut à Phnom-Penh*, Paris, 1931 ; A. K. Coomaraswamy, *Ars Asiatica XVIII, La sculpture de Bodhgayā*, Paris, 1935.

7 この場所が周達観が12世紀に記した「北池」であると特定したのもゴルベフである。

ンティエの論文に触れていない。しかし、だからこそ、逆に、現実のマルローにとってはこの論文が最も重要なソースであったのではないか、との推測も可能だろう。

9 Malraux, *op.cit.*, p.41.

10 *Ibid.*, p.41.

11 *BEFEO,* 1914, p.66

12 *Arts et archeologie khmères, op.cit.*, pp.8-10.

13 Malraux, *op.cit.*, pp.53-54.

14 マルローとグロリエとの間に美学的な親近性を読み取るプロドロミデスは、マルローがグロリエの小説と雑誌『クメールの美術と考古学』を読んで未踏査の遺跡を繋ぐ「王道」の存在を知ったのではないかと仮定している。Prodromidès, *op.cit.*, p.129.

15 Malraux, *op.cit.*, p.54.

16 この観点は、マルローの極東学院批判、ひいてはフランスによるインドシナ植民地支配の政策に対する彼の批判の本質をなす部分であり、以後の植民地での政治活動を考える上でも重要である。

17 *BEFEO,* XXII, 1922, pp.388-389.

18 *BEFEO,* XXIII, 1923, pp.580-581.

19 André Rousseaux, « Un quart d'heure avec M. André Malraux », *Candide,* 13 novembre 1930.

20 *BEFEO,* 1926, p.526.

21 *Ibid.*, pp.525-668.

22 A. Malraux, *Le musée imaginaire* (1947), Gallimard, Paris, 1996. 2008 年 6 月 7 ～ 9 日の 3 日間、秋田県の国際教養大学において「アンドレ・マルロオ、思想と美術」と題する国際会議が開催され、国内外の 20 名以上の研究者による充実した発表と討議がなされた。美術史家の多くは『想像上の美術館』で展開されたマルローの美学に新しい可能性を認める論調の発表を行なった。残念ながらマルロー事件に触れる発表はなかった。討議の中で 1 度だけマルロー事件が話題に上ったが、研究者の大半は、1920 年代の若きマルローの思想と『想像上の美術館』の思想との関連性を否定する見解であった。しかし、遺跡からの遺物持ち出しになんら倫理的な罪悪感を抱くことなく、積極的に世界中の美術品をメトロポールに集めようとした彼の行為は、まさに『想像上の美術館』に通じるものではないだろうか。少なくとも同書において、「現地から持ち出すことができない美術品は、美術館には存在しない」とマルローが述べるとき、自らが 20 年前にインドシナで引き起こした事件を必ずや思い出していたことであろうと私は思う。

23 Prodromidès, *op.cit.*, p. 148.

24 Victor Goloubew, Nécrologie de Léonard Aurousseau, *BEFEO,* 1929.

25 以下の文献からの引用。Langlois, *Malraux,* op.cit., pp.31 et 40.

26 *BEFEO,* 1924, pp.307-308.

27 L. Finot, V. Goloubew et H. Parmentier, *Mémoires archéologiques publiés par l'EFEO, tome I, Le temple d'Içvarapura, Bantay Srei, Cambodge,* Paris, 1926.

28 *Ibid.*, p.IX.

29 H. Parmentier, « L'Art d'Indravarman », *BEFEO,* 1919, pp.3-127.

30 *Ibid.*, p.68.

31 *Ibid.*, p.66.

58 例えばフランスにおける様式論の代表とされるアンリ・フォシヨンの『形の生命』は1934年の出版。また様式比較によって世界中の美術を理解しうるというステルヌの主張は1920～30年代の『普遍的美術史』叢書の理念にも通じている。

59 *BEFEO* XXVII, 1928, pp.293-308.

60 Ph. Stern, «L'Art de l'Inde », *op.cit.*, pp.219 et 225.

61 M. Prodromidès, *op.cit.*, p.150.

62 G.Groslier, *Angkor*, 2e édition, Paris, 1931.

63 グロスリエ著、三宅一郎訳『アンコオル遺蹟』新紀元社、1943年、4頁。

64 Ph. Stern, « Evolution de l'architecture khmère et les transformations de la ville d'Angkor », *Journal asiatique*, 1933, I, pp.352-354 ; Stern, *L'Art du Champa (ancien Annam) et son évolution* , Toulouse, 1942.

65 ステルヌのアンコール調査については以下の文献を参照。Prodromidès, *op.cit*, pp.208-212.

66 ジャン＝フランソワ・ジャリージュ、「アンコールとクメール美術の1000年」『アンコールワットとクメール美術の1000年展』(展覧会カタログ)、東京都美術館、大阪市立美術館、1997-98年、34頁。

第五章

1 A. Malraux, *La voie royale*, op.cit.

2 André Vandegans, *La jeunesse litteraire d'Andre Malraux. Essai sur l'inspiration farfelue*, Paris, 1964; Walter Langlois, *Andre Malraux. The Indochina Adventure*, Pall Mall Press, 1966; W. G. Langlois, *Malraux, l'aventure indochinoise*, Traduction française, Mercure de France, 1967; Jean Lacouture, *André Malraux, une vie dans le siècle, Prix aujourd'hui*, Le Seuil, 1973. 日本では柏倉康夫「アンドレ・マルローとインドシナ」(『二十世紀研究』No.1、2000年、45-78頁) に詳しい。

3 M. Prodromidès, *op.cit.*

4 引用は以下の文献による。Ibid., pp.136-137. ここに引用したマルロー宛の植民地省からの手紙であるが、この資料はマクシム・プロドロミデスが発見したものである。盗掘事件後に行なわれた裁判において当局側はこの書類を「紛失」したと主張しており、プロドロミデスが発見するまで知られていなかった。(植民地省と極東学院は意図的にこの手紙を隠していたのであり、それほど極東学院がマルロー事件に深く関与していたことを物語っている)。プロドロミデスは、カンボジア芸術局長のジョルジュ・グロリエの遺族が保管していた個人資料を閲覧する機会を得て、この資料を発見したという。残念ながら、私はこの資料を実見していないが、グロリエが保有していたという資料の存在を信じることにしたい。

5 A. Malraux, *op.cit.*, p.84.

6 *L'Écho du Cambodge*, le 5 janvier 1924. 引用は以下の文献による。Langlois, *Malraux*, op.cit., p.24.

7 この資料もまたプロドロミデスが発見するまで存在が未確認であったものである。1924年7月16・17日の裁判では、検察側から、マルローのインドシナ入り後、植民地省よりインドシナ総督と極東学院に対して、マルローを監視するよう(暗号による)通達があったと証言されているが、その資料は明示されていなかった。Langlois, *Malraux*, op.cit., p.39.

8 H. Parmentier, « L'Art d'Indravarman », *BEFEO*, 1919, pp.3-127. マルローは小説ではパルマ

37 *Bulletin archéologique du Musée Guimet*, fascicule I, Salle Ed. Chavannes, 1921; Fascicule II, Asie centrale et Tibet, 1921.

38 Archives de Musée Guimet, « Rapport du Comité-Conseil du musée Guimet », le 2 décembre 1925.

39 美術館統合の計画において、創始者の意思を尊重する意見はなかったのだろうか。本書の主題において非常に興味深い疑問なのだが、ギメ美術館には常任委員会で交わされたであろう議論の内容を伝える資料は現在残っていない。1930年代のギメ美術館の改革に関するモノグラフを書いたアンヌ・ジャネとミュリエル・モーリアックによれば、ギメ美術館の運営を統率してきたエミールが没して以降、特に1925年頃より理事会の会議要録などの資料が目立って少なくなったという。独裁的経営者の死後は事務書類の管理も杜撰になったということだろうか。Jeanet et Mauriac, *op.cit.*, p.30.

40 Cf. Bernard Frank, *Le penthéon bouddhique au Japon, Collection d'Emile Guimet*, Paris, 1991.

41 国立美術館アジア部門に位置づけられたギメ美術館には、ルーヴル美術館が収蔵していた東アジア美術史料も移送された。前述のペリオ収集の中国書画やルーヴルに寄贈されていた浮世絵の類もギメ美術館が所蔵・展示することとなった。

42 Grousset, « L'art khmer au musée Guimet », *Beaux-Arts*, 1927.

43 Henri Focillon, « Art allemand depuis 1870 », *Questions de guerre*, Lyon, 1916, pp. 257-303.

44 Maurice Barrès, *La Dépêche coloniale*, le 24 février 1932.

45 Jeanet et Mauriac, *op.cit.*, pp.51-54.

46 Henri Verne et al., *L'École du Louvre, 1882-1932*, Paris, Bibliothèque de l'École du Louvre, 1932, pp.167-180.

47 *Nouvelle histoire universelle de l'art*, sous la direction de Marcel Aubert, 2vol, Paris, 1932; *L'Art des origines à nos jours*, sous la direction de Léon Deshairs, 2vol, Paris, 1932; *Histoire universelle des art des temps primitifs jusqu'à nos jours*, sous la direction de Louis Réau, 4vol, Paris, 1934-1939; *Histoire générale de l'art*, sous la direction de S. Huisman, Paris, 3 vol, 1938.

48 Emile Mâle, « Avant-propos » de *Nouvelle histoire universelle de l'art*, *op.cit.*, t. I, 1932, p. VII.

49 Paul Léon, « Préface » de *L'Art des origines à nos jours*, *op.cit.*, t. I, p.VI.

50 R.Grousset, « Les cadres historiques et l'évolution de l'art en Asie », *Histoire universelle des art*, op.cit., t.IV, 1939, p.XI.

51 R. Grousset, *Les civilisations de l'Orient*, t. IV , op.cit., p.1.

52 R. Grousset, « L'Art de l'Inde et de l'Asie centrale », *Nouvelle histoire universelle de l'art*, vol.2, pp.331-352 ; Ph. Stern, «L'Art de l'Inde », « L'Expansion indienne vers l'Est : La route maritime », *Histoire universelle des art des temps primitifs jusqu'à nos jours*, t.IV, 1939, pp.106-254; J. Hackin et Ph. Stern, « L'Expansion indienne vers le Nord : La route terrestre », *ibid.*, pp.255-284.

53 Ph. Stern, «L'Art de l'Inde », *op.cit.*, p.209.

54 Ph. Stern, *Le Bayon d'Angkor et l'évolution de l'art khmer*, op.cit.

55 George Grolier, *Recherches sur les Cambodgiens, d'après les textes et les monuments depuis les premiers siècles de notre ère*, Paris, 1921; G. Groslier, *Angkor*, Paris, 1924 ; G. Groslier, *La sculpture khmère ancienne*, Bruges, Paris, 1925 ; H. Parmentier, *L'Art khmèr primitif*, 2 vol., Paris, 1927, etc.

56 G. Coedès, « La date du Bayon », *BEFEO*, XXVIII, 1, p.81.

57 Ph. Stern, *Le Bayon d'Angkor...*, op.cit., pp.9-11.

Paris, 1942.

22 1949年10月の東方学会で講演の演題は以下のようなものであった。「ルネ・グルッセ仏国立博物館総長歓迎講演会、シルヴァン・レヴィ、ポール・ペリオ、ジョセフ・アツカン、ジョルジュ・セデス諸氏の業績一班」。

23 Philippe Stern, *Le Bayon d'Angkor et l'évolution de l'art khmer, étude et discussion de la chronologie des monuments khmers*, Annales du Musée Guimet, t.47, Paris, 1927.

24 R. Grousset, *Les civilisations de l'Orient*, t.I, Paris, 1924, pp. I-II.

25 R.Grousset, *Les civilisations de l'Orient*, t. IV (Le Japon), Paris, 1930, p. VIII.

26 以下の拙稿を参照のこと。藤原「アンリ・フォシヨンの美学・美術史における岡倉天心の影響」前掲書 ; Fujihara, « Henri Focillon et la pensée asiatique de Tenshin Okakura », *op.cit.*.

27 Compte-rendu par Louis Finot, *BEFEO*, XXII, 1923.

28 先に紹介した著作に加えて、同様に東西世界を一望のもとに収めるメガロマニアックなグルセの著作をここに追加しておこう。『ギリシャと東洋』(1928)、『仏陀の足跡』(1929)、『十字軍の歴史』全4巻 (1934 〜 36)、『ステップの帝国』(1939) など。R. Grousset, *L'empire des steppes : Attila, Gengis-Khan, Tamerlan*, Paris, 1939; *L'empire mongol*, Paris, 1941; *L'Asie orientale, des origines au XVe siècle* (avec J. Auboyer et J. Buhot), Paris, 1941; *Le conquérant du monde : vie de Gengis-Khan*, 1944; *L'Europe orientale de 1081 à 1453* (avec R. Guilland et L. Oeconomos), Paris, 1945; *L'empire du Levant : histoire de la question d'Orient*, Paris, 1946, etc.

29 この小説の時代設定は1920年代初め頃で、マルローも実際に1923年12月にインドシナを訪れ、時の院長代理レオナール・オルソーと会見している。詳細は第5章を参照のこと。

30 Malraux, *La voie royale*, op.cit., p.50.

31 *Ibid.*, p.51.

32 図44はギメ美術館で「マンダラ Le Mandara」と呼ばれていた東寺の仏像群 (複製)。写真はベルナール・フランク著『日本仏教曼荼羅』(Bernard Frank, *Le panthéon bouddhique au Japon, collection d'Emile Guimet*, RMN, 1991, p.49.) より転載した。往時の展示状況を伝えるこの写真は、現在、ギメ美術館には所蔵されていない。上記の著作にはロジェ＝ヴィオレのクリシェ (clichés Roger-Violet) とのクレジットがあるが、ギメ美術館の尾本圭子氏によれば、ロジェ＝ヴィオレのアーカイヴにもこの写真は現在 (2007年11月) 見当たらないという。

33 1920年代のギメ美術館の変革については。René Grousset et Joseph Hackin, *Le Musée Guimet (1918-1927)*, Annales du Musée Guimet, t.48, Paris, 1928. また、1930年代の変革については次の修士論文がある (未公刊)。Anne Jeanet et Muriel Mauriac, *Les transformations du musée Guimet dans les années 1930*, Mémoire de Muséologie, École du Louvre, 1992-1993.

34 Cf. 19世紀末にフランスに大量に齎された浮世絵版画は、1900年頃からルーヴル美術館等の公共施設に寄贈されるようになるが、このギメ美術館の決定にみられるように1920年頃には状態のよい「美術的価値のある」もの以外は寄贈の対象から外れ、再び市場に出回るようになる。たとえば、アンリ・ヴェヴェール蒐集の浮世絵は肉筆画やデッサンの一部がルーヴルとギメ美術館の収蔵になった他は市場に流れ、第一次世界大戦期に松方幸次郎が買い戻し、現在、東京国立博物館の所蔵になっていることはよく知られている。

35 Archive de Musée Guimet, « le projet de la création d'une section photographique », le projet de Victor Goloubew au Comité-Conseil du 17 janvier 1920. Repris dans Grousset et Hackin, *op.cit.*

36 J. Hackin, *Guide-Catalogue du Musée Guimet*, Collections bouddhiques, Paris, 1923.

Lyne Therrien, *Histoire de l'art en France, genèse de la dicipline,* Paris, 1998.

2 Cf. Pierre Singaravélou, *op.cit.*, p.76.

3 国立東洋語学校の歴史については以下の文献を参照のこと。*Langues'o 1795-1995 : deux siècles d'histoire de l'Ecole des Langues orientales,* sous la direction de Pierre Labrousse, Paris, 1995.

4 Cf. Paul Demiéville, « Henri Maspero et l'avenir des études chinoises », *T'oung Pao* XXXVIII, p.1.

5 20 世紀初頭の実用高等学院のカリキュラムについては以下の年報を参照のこと。*Annale de l'EPHE,* 1905-1920.

6 Comité-Conseil du Musée Guimet, séance du 28 mai 1907, exposé par M. Emile Guimet, Lyon, 1907.

7 *Catalogue de Musée Indochinois,* inventaire par George Coedès, Paris, 1910

8 Germain Bazin, *Histoire de l'histoire de l'art de Vasari à nos jours,* Paris, 1986, p.471.

9 AEFEO, Lettre de René Jean, directeur de la bibliothèque Doucet à Claude Maitre, « Paris, le19 septembre 1912 ».

10 Ibid. たとえばドゥーセは 1912 年に写真資料の提供を学院に依頼した際、最新式の自動アセチレン・フラッシュ・ライトと定額の補助金を毎年送付すると約束をしている。

11 AEFEO, Lettre du Gouverneur général de l'Indo-Chine au Ministre de l'Instruction Publique et des Beaux-Arts, « Hanoi, le 25 juin 1903 ».

12 Ibid., Lettre de Claude Maitre à l'administrateur de la Bibliothèque nationale, « Hanoi, 29 décembre 1908 ».

13 アッカンについては以下の文献を参照。René Grousset, « Un savant français, Joseph Hackin », *Bilan de l'histoire,* Paris, 1946; Jeannie Auboyer, « Joseph Hackin », Conférence pronocnée à Luxembourg, le 8 juillet 1967, in *Biographie nationale du pays de Luxembourg,* fascicule 16, pp.395-400; Pierre Cambon, « Josephe Hackin ou la nostaligie du désert », *Ages et Visages de l'Asie,* op.cit., pp.85-98.

14 アンコールの考古学に関わった人物としては後述するジョルジュ・セデス、ヴィクトル・ゴルベフなど、それ以外にも、日本研究者のセルゲイ・エリセエフ、ラファエル・ペトルッチ、ロルフ・スタインなど枚挙に暇がない。

15 Joseph Hackin, *Les scènes figurées de la vie du Buddha d'après des peintures tibétaines,* Paris, 1916.

16 J. Auboyer, « Joseph Hackin », *op.cit.*, pp.395-400.

17 アフガニスタンの考古学調査については特に以下の文献を参照のこと。Svetlana Gorshenina et Claude Rapin, *De Kaboul à Samarcande, les archéologies en Asie centrale,* Gallimard, Paris, 2001; *Afghanistan, une histoire millénaire,* cat. expo., Musée national des Arts asiatiques-Guimet, Paris, 2002; Pierre Cambon, op.cit., pp.85-98.

18 石田幹之助「五十年の思ひ出」『日仏文化』第 30 号、1974 年、95 頁。また、アッカンの日本での講演記録も公刊されている。*L'Oeuvre de la Délégation archéologique française en Afghanistan 1922-1932, I, Archéologie bouddhique,* Publication de la Maison franco-japonaise, série A, t.1, 1933.

19 グルセについては以下の文献を参照。Sonia Công-thé, *René Grousset et le Musée Cernuschi 1933-1952,* Mémoire soutenue à l'École du Louvre, Monographie de Muséologie, 1999-2000.

20 René Grousset, *Histoire de l'Asie,* 4 vol, Paris, 1922.

21 R. Grousset, *Les civilisations de l'Orient,* 4 vol, Paris, 1926-1930; *Histoire de l'Extrême-Orient,* Paris, 1929 ; *Histoire des Croisades et du royaume franc de Jérusalem,* 3 vol, Paris, 1934-1936 ; *Histoire de Chine,*

32 調査計画は 1908 年の『インドシナ考古学委員会紀要』に掲載。*Bulletin de la Commission archéologique de l'Indochine*, 1908, pp.46-81.

33 Jean Commaille, *Guide aux ruines d'Angkor*, Paris, 1912. コマイユと彼の後任アンリ・マルシャルの指揮によって、シエムリアップとアンコール・ワット、そしてアンコール・トムを結ぶ交通路が完成したのは 1919 年のことである。

34 コマイユの水彩画は現在、極東学院が所蔵している (Collection EFEO, JC-A12, 19, 32)。また、以下の文献を参照のこと。Nadine André-Pallois, « Un peintre du dimanche à Angkor : Jean Commaille », *Arts Asiatiques* XLVII, Paris, 1992, pp. 29-39; André-Pallois, *L'Indochine : un lieu d'échange culturel ? Les peintres français et indochinois (fin XIXe - XXe siècle)*, Paris, 1997.

35 マルシャルについては特に以下の文献を参照。« Souvenirs d'un Conservateur », *France-Asie* 7/66-67 (1951), pp. 608-614.

36 H. Marchal, *L'Architecture comparée dans l'Inde et l'Extrême-Orient*, Paris, 1944.

37 Archives de CAOM (Le Centre des archives d'outre-mer), « Souvenirs d'un ancien conservateur d'Angkor », 6APOM 1.

38 グロリエについては前出の笹川秀夫著『アンコールの近代』第 5 章においても詳述されている。また以下の文献を参照のこと。« George Groslier 1887-1945 », *France-Asie*, Saigon, n.66-67, 1951 ; Bernard-Philippe Groslier, « George Groslier, peintre, écrivain et archéologue français », *Disciplines croisées, Hommage à Bernard-Philippe Groslier*, publié sous la direction de Georges Condominas, Paris, 1992 ; Nadine André-Pallois, *op.cit.*, pp.153-156.

39 遺族が保管する資料にポスターと切手のデザイン習作が残っている。実際に発行されたかは定かではない。グロリエの画家としての活動については以下の文献を参照のこと。Nadine André-Pallois, *op.cit.*, pp.153-156.

40 George Groslier, *A l'ombre d'Angkor : Notes et impressions sur les temples inconnus d'ancien Cambodge*, Paris, 1916.

41 1919 年 12 月 31 日付のカンボジア芸術局設置の国王法令など、カンボジアの美術行政に関わる一連の法令は以下の文献にまとめられている。*Arts et archéologie khmères, Revue des recherches sur les arts, les monuments et l'ethnologie du Cambodge, depuis les origines jusu'à nos jours*, tome I, Paris, 1921. 法令の詳細な検討は本書第 6 章を参照のこと。

42 *Ibid.*, pp.10-11.

43 G. Groslier, *Ars Asiatica XVI, Les collections khmères du Musée Albert Sarraut à Phnom-Penh*, Paris, 1931, introduction.

44 G. Groslier, *Le retour à l'argile* (1929), Edition Kailash, Paris, 1996 ; Groslier, *La route du plus fort*, Edition Kailash, Paris, 1996.

45 本書第 6 章、および笹川著『アンコールの近代』(前出) を参照のこと。

46 その 2 年後、ベルナール・フィリップ・グロリエは父の死を確認すべくインドシナを訪れた。父の意志を継ぐかのように、彼もまた極東学院のメンバーとなり、アンコール遺跡の考古学に従事することとなる。

第四章

1 フランスの考古学・美術史の研究教育制度の歴史については、以下の文献を参照のこと。

12 Cabaton, « Quelques documents espagnols et portugais sur l'Indochine aux XVIe et XVIIe siècles », *Journal asiatique*, XII, 1908, pp.255-292; « Les Malais de l'Indochine française », *Revue indochinoise*, 1912, pp.163-171; « L'Islam dans l'Indochine française », in *Encyclopédie de l'Islam*, Leiden, tome II, pp.537-542.

13 ラジョンキエールについては以下の追悼文を参照。Henri Parmentier, « Nécrologie de Lunée de Lajonquière », *BEFEO*, XXXII, 1933, pp.1147-1149.

14 André Malraux, *La voie royale*, Paris, 1930.

15 1907-08 年の調査報告は以下。*BEFEO*, VII. 419, VIII. 292, IX.351; *Bulletin de la Commission archéologique*, 1909, p.162.

16 Pierre Vaisse, *La Troisième République et les peintres*, Paris, 1995.

17 Charles Carpeaux et Gustave Geffroy, *La galerie Carpeaux*, Paris, 1894-1895.

18 *Le Bayon d'Angkor Tom. Bas-relief d'après les documents recueillis par la mission Henri Dufour avec la collaboration de Charles Carpeaux*, 2 vol, Paris, 1910-1913.

19 Henri Parmentier, *BEFEO*, t.4, 1904, pp.537-538 ; Alfred Foucher, *Journal asiatique*, sér.10,1904, pp.515-516.

20 Jean-Baptiste Carpeaux, *Les ruines d'Angkor, de Duong-Duong et de My-Son*, Paris, Augustin Challamel, 1908. シャルル・カルポーの手紙と日記は以下の文献にも幾つか引用されている。M. Prodromidès, *Angkor, chronique d'une renaissance*, op.cit., pp.58-76; Bruno Dagens, *Angkor, la forêt de pierre*, Paris, 1989.（ブルーノ・ダジャンス著、石澤良昭監修『アンコール・ワット、密林に消えた文明を求めて』創元社、1995 年。）

21 Louis Finot, nécrologie de P. Odend'hal, *BEFEO*, 1904, pp.529-537.

22 Alfred Foucher, « M. P. Odend'hal », *Journal asiatique*, sér.10, 1904, pp.527-534.

23 Marie-Paule Halgand, 'Architects of EFEO in Indochina: Pioneers of New Methodologies in History of Architecture', Documenting Built Heritage: Revitalization of modern Architecture in Asia, the "modern Asian Architecture Network" (mAAN) 3rd International Conference in Surabaya, 28th-30th August 2003.

24 Henri Marchal, « Henri Parmentier », *Bulletin de la Société des Études Indochinoises*, XXIV, 3, 1949, pp.93-101.

25 H. Parmentier, *Inventaire descriptif des monuments Cams de l'Annam*, Paris, 1909; « Complément à l' inventaire descriptif des monuments du Cambodge », *BEFEO*, 1913 ; *Mémoires archéologiques de l' École Française d'Extrême-Orient* I, *Temple d'Içvarapura*, Paris, 1926.

26 H. Parmentier, *L'Art khmèr primitif*, 2 vol., Paris, 1927; *L'Art khmèr classique. Monuments du quadrant Nord-Est*, Paris, 1939.

27 Marchal, *op.cit.*, p.93-94.

28 AEFEO, carton P7, lettre du 14 juillet 1909 de Louis Finot à Claude Maitre, dossier administratif.

29 H. Parmentier, « Information », *L'Architecture*, n.10, 1918.

30 コマイユについては以下の文献を参照。H. Parmentier, nécrologie de Jean Commaille, *BEFEO*, 1916, pp.105-107; H. Marchal, allocution à la cérémonie de la mort de Commaille, *BEFEO*, 1926, pp.513-515; AEFEO, Carton P5, dossier administratif confidentiel « Commaille ».

31 H. Parmentier, nécrologie de Jean Commaille, *op.cit.*, p.105.

39 *Histoire de l'art du Japon*, publiée par la Commission du Japon à l'Exposition de 1900, Paris, 1900; *BEFEO*, 1901, pp.378-381.

40 Edward W. Said, *Orientalism*, New York, 1978, p.21.

41 稲賀繁美『絵画の東方』名古屋大学出版会、1999 年、10 頁。

42 肥塚隆責任編集『世界美術大全集、東洋編、第 12 巻、東南アジア』小学館、2001 年。

43 AEFEO, Carton 16, lettre de Alfred Foucher de 1926.

第三章

1 Gaston Migeon, *Au Japon, Promenades aux sanctuaires de l'art*, Paris, 1908, p.9.

2 ミジョンの証言は当時の日本と欧米の研究方法や美的価値観の齟齬を暗示するものであり、より詳細な分析が必要である。以下の拙著を参照のこと。藤原貞朗「東洋美術史学の起源における歴史観・文化的価値観・分析方法をめぐる日本と欧米の競合について、総合的検討」『茨城大学人文学部紀要人文学科論集』45 号、2006 年、1-16 頁。

3 Migeon, *Au Japon*, op.cit., pp.9-10. アンダーソンの大英博物館所蔵日本美術カタログは以下。W. Anderson, *Descriptive and historical catalogue of a collection of Japanese and Chinese Painting in British Museum*, 1886. アーネスト・フェノロサは 1913 年に没するが、有名な未完原稿『東洋美術大綱』の出版は没後のこと。ミジョンはフランス語版の翻訳を行なっている。Ernest F. Fenellosa [Fenollosa], *L'art en Chine et au Japon*, adaptation de Gaston Migeon, Paris, Hachette, s. d. (1913).

4 以下の文献からの引用。Maxime Prodromidès, *Angkor, chronique d'une renaissance*, Paris, Kailash, 1997, p.53.

5 P. Singaravélou, *op.cit.*, p.95.

6 たとえば次の文献を参照のこと。坂詰秀一「日本考古学史拾遺：東亜考古学会・東方考古学協会と日本古代文化学会」『立正大学文学部論叢』99 号、1994 年、31-57 頁；裵炯逸著、藤原貞朗訳「朝鮮の過去をめぐる政治学──朝鮮半島における日本植民地考古学の遺産」『日本研究』26 集、国際日本文化研究センター、2002 年、15-51 頁。

7 Catherine Clémentin-Ojha et Pierre-Yves Manguin, *Un siècle pour l'Asie, L'Ecole française d'Extrême-Orient, 1898-2000*, EFEO, Paris, 2001 ; *Chercheurs d'Asie, répertoire biographique des membres scientifiques de l'Ecole française d'Extrême-Orient, 1898-2002*, EFEO, Paris, 2002.

8 たとえば極東学院 (EFEO; Ecole française d'Extrême-Orient) の公式ウェヴ・サイト (www.efeo.fr/) やクメール研究教育交流協会 (AEFEK; association d'échanges et de formation pour les études khmère) のもの (http://aefek.free.fr/)、そのほかアンコール・ワット・オンライン (http://angkor.wat.online.fr/) など。2007 年 9 月現在。

9 カバトンについては以下の文献を参照。Denys Lombard, « Un précurseur, Antoine Cabaton », *Archipel* 26, 1983, pp.18-24 ; Nasir Abdoul-Carime, articles en ligne de l'AEFEK (http://aefek.free.fr/Lecture.htm).

10 Antoine Cabaton, *Nouvelles recherches sur les Chams*, Paris, 1901 ; *Dictionnaire cham-français*, colaboration avec E. Aymonier, Paris, 1906.

11 Cabaton, *Les Indes néerlandaises*, Paris, 1910 (version anglaise : *Java, Sumatra, and the Other Islands of the Dutch East Indies*, London, 1911).

15 ルイ・フィノに宛てた1908年4月24日付けの手紙で、メートルは総督に対する不満を述べているが、あくまでも私信でのことであった。その内容は後に雑誌『現代ベトナム Vietnam contemporain』(1976)に収録された。

16 *Japon et l'Extrême-Orient,* revue mensuelle, Edmond Bernard, Paris, I-X, 1923-1924.

17 *Atlas archéologique de l'Indochine,* Paris, 1900; Luné de Lajonquière, *Inventaire descriptif des monuments du Cambodge,* 3 vol., Paris, 1902, 1907, 1908.

18 « Arrêté relatif à la conservation en Indo-Chine des monuments et objets ayant un intérêt historique ou artistique », *Journal officiel,* 1900, p.311. (*BEFEO* , n.1, 1901.)

19 フランスよりも早くインドネシアの考古学を手がけていたオランダも文化財の指定作業は行なっておらず、インドシナの法令に倣って、ただちに同様の方法を適用した。

20 以下の拙稿を参照のこと。「芸術破壊とフランスの美術史家、ルイ・レオ著『ヴァンダリスムの歴史』の余白に」、『西洋美術研究』5号、三元社、2001年、146-153頁。

21 池亀「パリ・インドシナ美術館」前掲書、402頁。

22 « Ordonnance royale du 31 mars 1911 », *Bulletin administratif du Cambodge,* 1911, p.200.

23 以下の文献を参照のこと。笹川秀夫『アンコールの近代、植民地カンボジアにおける文化と政治』中央公論新社、2006年、64-65頁。

24 « Ordonnance royale relative au classement des monuments historiques du Cambodge », *Bulletin administratif au Cambodge,* 1923, p.809. Repris dans *BEFEO,* XXIV, 1925, p.649.

25 *BEFEO,* t. XXV, n.3-4, 1926, p.570.

26 Finot, « Rapport annuel du Directeur de l'EFEO... », *op.cit.*

27 Lucien Fournereau et Jacques Porcher, *Les Ruines d'Angkor, étude artistique et historique sur les monuments kmers du Cambodge siamois,* Paris, E. Leroux, 1890.

28 Henri Parmentier, « Catalogue du musée khmer de Phnom Penh », *BEFEO,* 1912.

29 « Communication de Louis Finot à la séance du 10 mai 1900 à l'Académie des Inscriptions et Belles-Lettres », *BEFEO,* t.1, n.4, 1901, p.383.

30 *Ibid.,* pp.383-384.

31 Alfred Foucher, « Compte rendu de séance du Congrès des orientalistes de Hambourg de 1902», *BEFEO,* 1902.

32 « Communication de Louis Finot à la séance du 10 mai 1900», *op.cit.,* p.383.

33 Emile Senart, « Lettre à Louis Finot», retranscrite dans *BEFEO,* 1901.

34 Louis Finot, « Leçon inaugurale au Collège de France du 16 mai 1908», *BEFEO,* 1908.

35 Paul Pelliot, « Compte rendu de Maurice Courant, *En Chine* », *BEFEO,* I, novembre 1901, p.374.

36 « Communication de Louis Finot à la séance du 10 mai 1900 », *op.cit.,* p.383.

37 *Ibid.,* p.383.

38 Kakuzo Okakura, *The Ideals of the East, with special refernce to the art of Japon,* J. Murray, 1903. 岡倉の『東洋の理想』がフランス語に翻訳されるのは1917年のことである。Kakuzo Okakura, *Les Idéaux de l'Orient, Le Réveil du Japon,* traduction par J. Serruys, Paris, Payot, 1917. この仏訳版の役割については以下の拙稿を参照のこと。藤原貞朗「アンリ・フォシヨンの美学・美術史における岡倉天心の影響」『美學』第52巻2号(206号)、美学会、2001年、15-28頁; Sadao Fujihara, « Henri Focillon et la pensée asiatique de Tenshin Okakura », *Aesthetics,* Number 12, March 2006, The Japanese Society for Aesthetics, p.37-52.

79 Delaporte, *Les monuments du Cambodge*, tome 4, 1923, *op.cit.*, p.5.
80 藤岡通夫『アンコール・ワット』彰國社、1943 年、頁番号なし（「序」）。
81 ドラポルト著、三宅一郎訳『カンボヂヤ紀行』青磁社、1944 年、5 頁。

第二章

1 エティエンヌ・エモニエについては以下の追悼文を参照のこと。George Coedès, « Etienne-François Aymonier », *BEFEO*, XXIX, 1929, pp.542-548.
2 E. Aymonier, *Vocabulaire cambodien-français*, Saigon, 1874, autographié ; *Dictionnaire français-cambodgien*, Saigon, 1874, autographié ; *Dictionnaire khmer-français*, Saigon, 1878, autographié.
3 1898 年の時点では「インドシナ Indochine」という表記は定着しておらず、「インド＝シナ Indo-Chine」と記された。文字通りインドと支那（中国）に挟まれた地域であることを明示していたのである。
4 « Arrêté changeant la dénomination de la Mission archéologique d'Indo-Chine en celle d'Ecole française d'Extrême-Orient » (20 jan 1900), *Journal officiel*, 1900, p.323.
5 フィノが在籍した国立古文書学院には、当時、フランス中世の美術史（考古学）講座があり、そこからフランスの中世美術研究を担う研究者が輩出されることになるが、フィノがある種の美術史的教育を受けたか否かはわからない。
6 « Arrêté portant réglement pour la Mission archéologique d'Indo-Chine », 15 décembre 1898. Repris dans *Journal Officiel de l'Indo-Chine* (1899, p.99) et *BEFEO*, tome 1, 1901, p.67.
7 この派遣期間中の 1902 年にペリオは周達観の『真臘風土記』を仏訳している。1819 年のアベル・レミュザに次ぐ仏訳だが、今日における最良の仏訳とされる。ペリオが有名な敦煌の文書を入手するのは 1906 年の踏査においてである。
8 フィノは学院院長を四期務めている（1898 ～ 1904 年、1914 ～ 18 年、1920 ～ 26 年、1928 ～ 30 年）。1920 年代には重大な考古学的成果も収めた。本書第 5 章を参照のこと。
9 Louis Finot, « Rapport annuel du Directeur de l'EFEO au Gouverneur général sur les travaux de l'Ecole pendant l'année 1899 », 1er février 1900, repris dans *BEFEO*, 1901, documents administratifs, pp.69-76.
10 メートルの生涯については以下の追悼文に詳しい。« Claude Maître, 1876 – 1925 », *BEFEO*, 1925, pp. 599-624. 極東学院古文書には彼の院長時代の手紙が多数保管されている。ギメ美術館には個人資料はない。
11 Claude Maître, « L'art du Yamato », *Revue de l'art ancien et moderne*, IX, 1901,46, pp. 49-68 et 47, pp. 111-132.
12 C. Maître, « La littérature historique du Japon, des origines aux Ashikaga », *BEFEO*, 1903, pp. 564-596 et 1904, pp. 580-616 ; « Chroniques : Les origines du conflit russo-japonais », *BEFEO*, 1904, pp. 499-522.
13 Cf. C. Maître, « L'enseignement indigène dans l'Indochine annamite », *BEFEO*, 1906, pp. 454-463.
14 C. Maître, « Chroniques », *BEFEO*, 1907, pp.166-173. この一件は以下の文献に詳しい。Pierre Singaravélu, *L'École française de l'Extrême-Orient ou l'institution des marges (1898-1956), essai d'histoire sociale et politique de la science coloniale*, Paris, 1999, pp.190-194.

Iconoclasm and Vandalism since the French Revolution, Reaktion Books, 1997; 拙稿「芸術破壊とフランスの美術史家、ルイ・レオ著『ヴァンダリスムの歴史』の余白に」、『西洋美術研究』第5号、三元社、2001年、146-153頁。

60 Cf. Geneviève Bresc-Bautier et al., *Un combat pour la sculpture : Louis Courajod (1841-1896), Historien d'art et conservateur*, Ecole du Louvre, 2003.

61 Eugène Emmanuel Viollet-le-Duc, « Restauration », *Dictionnaire raisonné*, tome 8, Paris, 1866. ヴィオレ・ル・デュックの復元観に関しては多数の先行研究があるが、特に以下の文献を参照のこと。*Viollet-le-Duc*, catalogue d'exposition, Grand Palais, Paris, RMN, 1980 ; Bruno Foucart, « Viollet-le-Duc et la restauration », *Les Lieux de mémoire*, Quatro, Gallimard, tome 1, 1997, pp.1615-1642 ; Jean-Michel Leniaud, *Viollet-le-Duc ou les délires du système*, Paris : Mengès, 1994 ; 羽生修二『ヴィオレ・ル・デュク──歴史再生のラショナリスト』鹿島出版会、1992年。

62 これらの挿絵は、現場で撮影した写真に基づいて描かれることもあったようである。『カンボジア旅行』において、ドラポルトは挿絵の作成にあたって写真を大いに利用したと報告している。「地中から発掘したきわめて繊細で優美な彫像を復元することなど、そもそも不可能なことであった。オリジナルの素晴らしさを知るためには、美術館が保管する写真資料を注意深く検討せねばならない。大部分がサイゴンのグゼル氏の豊富なコレクションを撮ったもので、我々は何度となく、本書の挿絵のために利用させていただいた」(249頁)

63 Delaporte, *Voyage au Cambodge, op.cit.*, p.21.

64 *Ibid.*, p.71.

65 Delaporte, *Voyage au Cambodge,op.cit.*, p.158.

66 Louis Delaporte, *Les monuments du Cambodge. D'après les documents recuillis au cours des missions qu'il a dirigées en 1873 et 1882-1883, et de la mission complémentaire de M. Faraut en 1874-1875*, tome 1, Ministère de l'Inscription publique et des Beaux-Arts, Paris, 1914, planche V.

67 Delaporte, *Voyage au Cambodge,op.cit.*, p.245.

68 *Ibid.*, p.184.

69 Soldi, *Les arts méconus*, op.cit., p.293.

70 Delaporte, *Voyage au Cambodge,op.cit.*, p.141.

71 *Ibid.*, p.185.

72 1900年の万博においても同様の「隔離」が踏襲され、非西欧地域のパヴィリヨンは「世界一周パヴィリヨン」と称して一箇所に集められた。そこでは考古学的復元という近代精神は後退し、エグゾティックなアミューズメント・パークと化した建造物が建ち並ぶ。

73 Delaporte, *Les monuments du Cambodge*, tome 1, *op.cit.*, p.5.

74 AEFEO, Lettre de L. Delaporte (Musée Indo-Chinois) au directeur d'EFEO, « Palais du Trocadéro, 22 mars 1911 ».

75 Delaporte, *Les monuments du Cambodge*, tome 4, 1923, *op.cit.*, p.5.

76 AEFEO, Lettre de L. Delaporte au directeur d'EFEO (dir, p. i. H. Parmentier), « 46, rue Pierre Charron, 22 juin 1920 ».

77 Delaporte, *Les monuments du Cambodge*, tome 3, 1924, *op.cit.*, pl.12.

78 AEFEO, Lettre de L. Delaporte au directeur d'EFEO, *op.cit.*

謂々の議論が繰り広げられた。たとえば、1900年頃の日本の浮世絵のルーヴル美術館入りを巡る騒動は、レイモン・コクラン『ある極東美術愛好家の想い出』に詳しい。Raymond Koechlin, *Souvenir d'un vieil amateur d'art d'Extrême Orient*, Chalon-sur-Saône, 1930.

39 Henri Bout de Charlement, *Journal Officiel* du 1 avril 1874, p.2516; Jule Comte, « Le nouveau musée khmer de Compiègne », *L'Illustration*, 22 août 1874.

40 Delaporte, *Voyage au Cambodge*,op.cit., p.248.

41 Emile Soldi, *Les arts méconus : les nouveaux musées du Trocadéro*, Paris, 1881, p.3.

42 *Ibid.*, p.251.

43 Archives nationales F21 4489. Arrêté du ministère de l'Inscription publique et des Beaux-Arts du 8 septembre 1881. 引用は以下の文献による。Thierry Zéphir, « Louis Delaporte au coeur de la forêt sacrée », *op.cit.*, p.67.

44 « Musée combodgien, architecture khmer, organisé par les soins de M. L. Delaporte, lieutenant de vaisseau, chef de la mission d'exploration des monuments khmers, en 1873. Visite sous la direction de M. F. Roux, architecte du gouvernement, secréteure-rédacteur de la Société Centrale », *L' Architecture*, n. 46, 17 nov. 1888, pp. 544- 548.

45 *Catalogue de Musée Indochinois*, inventaire par George Coedès, Paris, 1910.

46 Arrêté du ministère de l'Instruction publique et des Beaux-Arts du 31 janvier 1889. Archives nationales F21 4489. 引用は注43と同様。

47 AEFEO, carton 16, Lettre de L. Delaporte au Directeur de l'EFEO, « Palais du Trocadéro, 6 juin 1907 ».

48 ドラポルトは1920年代に刊行する以下の著作において、美術館の歴史を振り返っている。美術館の名称はこの書に従った。L. Delaporte, *Les monuments du Cambodge. D'après les documents recuillis au cours des missions qu'il a dirigées en 1873 et 1882-1883, et de la mission complémentaire de M. Faraut en 1874-1875*, tome 4, Ministère de l'Inscription publique et des Beaux-Arts, Paris, 1923, p.1.

49 インドシナ美術館のレプリカの研究として以下を参照のこと。池亀彩「パリ・インドシナ美術館―ムラージュと回復される時間」、山路勝彦、田中雅一編『植民地主義と人類学』関西学院大学出版会、2002年、391-412頁。

50 建築・遺産博物館（Cité de l'architecture et du patrimoine）に関しては、開館と同時に発行された美術雑誌や当館の公式ガイドブックを参照のこと。Hors-série de *Connaissance des Arts*, n.335, 2007, etc.; *Le musée des monuments français*, sous la direction de Léon Pressouyre, Nicolas Chaudun, Paris, 2007.

51 Th. Zéphir, « Louis Delaporte au coeur de la forêt sacrée », *op.cit.*, p.68 (note 18).

52 Delaporte, *Voyage au Cambodge,op.cit.*, p.194.

53 *Ibid.*, pp.249-250.

54 Delaporte, *Les monuments du Cambodge*, tome IV, *op.cit.*, p.118.

55 Etienne Aymonier, *Le Cambodge III. Groupe d'Angkor et l'histoire*, Paris, 1903, p.88.

56 Delaporte, *Voyage au Cambodge, op.cit.*, p.168.

57 Aymonier, *Le Cambodge III, op.cit.*, p.162.

58 上記注25を参照のこと。

59 Cf. Lyne Therrien, *Histoire de l'art en France, genèse de la discipline*, Paris, 1998. 19世紀フランスのヴァンダリスムについては以下の文献を参照のこと。Dario Gamboni, *The Destruction of Art*,

13 Delaporte, *Voyage au Cambodge,* op.cit., p.12.
14 *Ibid.,* p.69.
15 *Ibid.,* p.86.
16 *Ibid.,* p.156.
17 *Ibid.,* p.203.
18 *Ibid.,* pp.183-184.
19 *Ibid.,* pp.244-247.
20 *Ibid.,* p.247.
21 *Ibid.,* p.239.
22 *Ibid.,* p.248.
23 *Ibid.,* p.252.
24 *Ibid.,* pp.255-256.
25 Pierre Loti, *Un pèlerin d'Angkor,* Paris, 1912. 以下の文献からの引用。*Indochine, un rêve d'Asie,* Omnibus, 1995, p.47.
26 Delaporte, *Voyage au Cambodge,*op.cit., pp.10-12.
27 *Ibid,* pp.319-320.
28 *Ibid,* p.251.
29 *Ibid,* p.252.
30 *Ibid,* p.320.
31 *Ibid,* p.324.
32 Cf. 井上章一『法隆寺への精神史』弘文堂、1994 年。
33 *Ibid,* p.334.
34 Cf. Edmond Pottier, « Grèce et Japon », *Gazette des Beaux-Arts,* 1890, pp.105-132.
35 Cf. Emile Guimet, *Exposition universelle, Gallerie historique – Trocadéro – Notice explicative sur les objets exposés par M. Emile Guimet et sur les peintures et dessins faits par M. Felix Régamey,* Paris, Leroux, 1878.
36 正確を期すために、ここで一言注記が必要だろう。1870 年代後半から 1890 年代にかけて、パリで日本の美術品が流行して盛んに蒐集されたことは事実だが、中心は焼物や漆器、浮世絵などのいわゆる装飾芸術であり、仏像や仏画ではない。宗教的遺物は西欧人にはなかなか受け入れらない。ドラポルトがパリに持ち込んだクメール美術はすべて宗教的遺物であって、それがパリの愛好家の関心を引かなかったのは、日本の美術における仏像と同様である。その意味ではクメール美術への関心がジャポニスムに屈したというだけでは不正確な歴史的認識となる。いずれにせよ、当時のパリにおいて極東の宗教的遺物に傾倒したジャポニザンは非常に少なかった。例外的に画家が極東を含むオリエントの表象として、パリにもたらされた仏像に注目した例はある。たとえば、チェルヌスキがパリへ持ち込んだ仏像をもとに、ジャン＝レオン・ジェロームは日本を表象した。また、ギュスタヴ・モローは、ドラポルトが持ち込んだクメール彫像をスケッチしている。モローは、ジェロームのように油彩画にはしなかったが、様式的な影響を受けた可能性もないとはいえない。日本美術の影響についてはジャポニスム研究者がすでに論じ尽くした感があるが、他のアジア諸国の美術の影響についても同様の研究が期待される。
37 Delaporte, *Voyage au Cambodge,op.cit.,* p.247.
38 クメール美術に限らず、アジアの美術品のルーヴル美術館入りについては、常ながら喧々

註

本書において、フランス極東学院古文書（Archive de l'EFEO：AEFEO と略記）を利用したが、注に挙げる古文書整理番号は、私がフランス極東学院図書館で長期的に調査を行なった 1997 年から 2000 年 3 月までのものである。2001 年以降、極東学院は古文書の再整理を行ない、現在（2007 年 11 月）では整理番号が変わっている。今日の番号に修正する必要があるが、資料を逐一再照合する余裕がなく、10 年前の整理番号のまま本書では注記することとした。整理番号は異なるものの、整理箱の見出しや古文書の表題を見れば、比較的容易に該当する資料を探し出すことができるので、ご容赦願いたい。

第一章

1 Henri Mouhot, *Voyage dans les royaumes de Siam, de Cambodge et de Laos,* Paris, Bibliothèque rose illustrée, 1868. Réédition Olizanne, Genève, 1989.（アンリ・ムオ著、大岩誠訳『シャム、カムボジア、ラオス諸王国遍歴記』改造社、1942 年）

2 Francis Garnier, *Le voyage d'exploration, Indo-Chine effectué pendant les années 1866, 1867 et 1868 par une commission présidée par M. le capitaine de frégate Doudart de Lagrée...,* 2 volume de texte et un Atlas en 2 fascicules, Paris, 1873.

3 Louis Delaporte, *Voyage au Cambodge, l'architecture khmère,* Paris, 1880. Réédition, Paris, 1999.（ドラポルト著、三宅一郎訳『カンボヂャ紀行　クメエル芸術とアンコオル』青磁社、1944 年。）

4 J. Thomson, *Antiquities of Cambodia,* Edimbourg, 1867; Thomson, *The Straits of Malacca, Indo-China and China or Ten Years Travels, Adventures and Residence abroad,* London, 1875.(Version française, *Dix ans de voyage dans la Chine et l'Indochine,* traduit en français par A. Talandier et H. Vattemare, Paris, 1877.)

5 James Fergusson, *History of Indian and Eastern Architecture,* John Murray, London, 1876. Revised ed. by James Burgess and R. Phene Spiers, 1910, London, 2 vols.(Reprint 1972.)

6 René de Beauvais, *Louis Delaporte, explorateur (1842-1925),* Paris, 1929.

7 東洋学の伝統から 19 世紀末に中国考古学の嚆矢となったエドゥアール・シャヴァンヌが輩出されるが、彼が初めて中国大陸の地を踏んだのは 1893 年のことである。

8 調査に参加したのはドゥ・ラグレ、ガルニエ、ドラポルトのほか、クロヴィス・トレル、ウジェーヌ・ジュヴェール、ルイ・ドゥ・ガルネ。コーチシナで写真技師をしていたエミール・グゼルもアンコール遺跡まで同行し、遺跡の写真を撮影している。

9 ドラポルトについては、上記注 6 の伝記のほか以下の文献を参照のこと。René de Beauvais, *La vie de Louis Delaporte, explorateur, 1842-1925. Les ruines d'Angkor,* Paris, 1931 ; Houe K., *L'oeuvre d'un conservateur, Louis Delaporte,* Mémoire de muséologie de l'Ecole du Louvre, 1991-1992 ; Thierry Zéphir, « Louis Delaporte au coeur de la forêt sacrée », *Äges et visages de l'Asie, un siècle d'exploration à travers les collections du musée Guimet,* cat. exp., Dijon, Musée des Beaux-Arts, 1996, pp.60-68.

10 Bruno Dagens, *Angkor, la forêt de pierre,* Découvertes Gallimard, 1989, p.68.

11 Archives nationales F21 4489.

12 Arrêté du ministère de l'Instruction publique, des Cultes et des Beaux-Arts du 3 juin 1873.

図 106　「アンコール・ワットの遺跡を訪ふ（下）」,『朝日新聞』1941 年 8 月 10 日.
図 107　太田正雄（木下杢太郎）「クメール彫刻のスケッチ」, 1941 年.『木下杢太郎日記』第 5 巻（岩波書店, 1980 年）より転載.
図 108　太田正雄（木下杢太郎）「クメール彫刻のスケッチ」, 1941 年.『木下杢太郎日記』第 5 巻（岩波書店, 1980 年）より転載 .
図 109　「仏印南西部を進む北山部隊」,『朝日新聞』1941 年 8 月 10 日.
図 110　「国外不出の名品揃い, 渡来の佛印古美術 71 点」,『朝日新聞』1941 年 11 月 20 日.
図 111　《ナーガ上の仏陀坐像》12 世紀, アンコール・トム東南部のテラス 61 番, アンコール時代, 東京国立博物館所蔵. 浅湫毅編『アンコールの美術, フランス極東学院交換品目録』（東京国立博物館, 1998 年）より転載.
図 112　《ローケーシュヴァラ立像》12 〜 13 世紀, アンコール・トム死者の門, アンコール時代, 東京国立博物館所蔵. 浅湫毅編『アンコールの美術, フランス極東学院交換品目録』（東京国立博物館, 1998 年）より転載.
図 113　《仏陀頭部》12 〜 13 世紀, 出土地不明, バイヨン様式, 東京国立博物館所蔵. 浅湫毅編『アンコールの美術, フランス極東学院交換品目録』（東京国立博物館, 1998 年）より転載.
図 114　《ヴィシュヌ立像》12 世紀, プラサート・オロック, アンコール時代, 東京国立博物館所蔵. 浅湫毅編『アンコールの美術, フランス極東学院交換品目録』（東京国立博物館, 1998 年）より転載.
図 115　図 114 の復元写真, 1943 年にフランス極東学院より送付された古写真, 東京国立博物館所蔵. 浅湫毅編『アンコールの美術, フランス極東学院交換品目録』（東京国立博物館, 1998 年）より転載 .

d'Océanie, éd. par Germain Viatte (Paris, 2002) より転載.
図 88　アルフレッド・ジャニオ《ガボンの原住民》(《フランスに対する植民地の経済的貢献》部分), 1931 年, ポルト・ドレ宮レリーフ, パリ. 著者撮影.
図 89　アルフレッド・ジャニオ《アルジェリアの原住民》(《フランスに対する植民地の経済的貢献》部分), 1931 年, ポルト・ドレ宮レリーフ, パリ. *Palais des colonie, Histoire du Musée des Arts d'Afrique et d'Océanie,* éd. par Germain Viatte (Paris, 2002) より転載.
図 90　アルフレッド・ジャニオ《アンコール遺跡群》(《フランスに対する植民地の経済的貢献》部分), 1931 年, ポルト・ドレ宮レリーフ, パリ. 著者撮影.
図 91　アルフレッド・ジャニオ《仏領インドシナ》(《フランスに対する植民地の経済的貢献》部分), 1931 年, ポルト・ドレ宮レリーフ, パリ. 著者撮影.
図 92　アナ・カンコー《フタ・ジャロン (ギニア) の女性》1931 年, テラ・コッタ, 高 46cm, パリ, ヴァンサン・ルキュイエ (Vincent Lecuyer) 画廊.『イリュストラシオン』(1931 年 7 月 27 日) 表紙. *L'Illustration,* 27 juin 1931 より。
図 93　シャルル・エロン《西欧の芸術》1937 年, シャイヨー宮東側入口上部のレリーフ, パリ. 著者撮影.
図 94　アナ・カンコー《インドシナの芸術》1937 年, シャイヨー宮東側入口上部のレリーフ, パリ. 著者撮影.
図 95　デュコス・デ・ラ・アイユ《植民地に対するフランスの貢献》部分, 1931 年, ポルト・ドレ宮中央ホール, フレスコ, パリ. 著者撮影.
図 96　デュコス・デ・ラ・アイユ《植民地に対するフランスの貢献》部分, 1931 年, ポルト・ドレ宮中央ホール, フレスコ, パリ. 著者撮影.
図 97　デュコス・デ・ラ・アイユ《植民地に対するフランスの貢献》部分, 1931 年, ポルト・ドレ宮中央ホール, フレスコ, パリ. 著者撮影.
図 98　ポルト・ドレ宮アジア・サロン (「リオテー・サロン」), 1931 年. Photo © RMN/Daniel Arnaudet/Jean Schormans.
図 99　ルイ・ブーケ《リラを奏で森の住民を魅了するアポロン》(《知的貢献と芸術の貢献》部分), 1931 年, ポルト・ドレ宮アジア・サロン, フレスコ, パリ. Photo © RMN/Jean-Gilles Berizzi.
図 100　ルイ・ブーケ《ムハンマド》(《知的貢献と芸術の貢献》部分), 1931 年, ポルト・ドレ宮アフリカ・サロン, フレスコ, パリ. Photo © RMN/Jean-Gilles Berizzi.
図 101　アンドレ=ユベール・ルメートルとイヴァンナ・ルメートル《アジアの宗教》(《知的貢献と芸術の貢献》部分), 1931 年, ポルト・ドレ宮アジア・サロン, フレスコ, パリ. 著者撮影.
図 102　アンドレ=ユベール・ルメートルとイヴァンナ・ルメートル《知的貢献と芸術の貢献》部分, 1931 年, ポルト・ドレ宮アジア・サロン, フレスコ, パリ. Photo © RMN/Jean-Gilles Berizzi.
図 103　ソピック《アジア》1937 年, シャイヨー宮東翼部壁面のレリーフ, パリ. 著者撮影.
図 104　アルフレッド・ジャニオ《カンボジア「芸術」》(《フランスに対する植民地の経済的貢献》部分), 1931 年, ポルト・ドレ宮レリーフ, パリ. 著者撮影.
図 105　デュコス・デ・ラ・アイユ《植民地に対するフランスの貢献》部分, 1931 年, ポルト・ドレ宮中央ホール, フレスコ, パリ. 著者撮影.

図68　1931年パリ国際植民地博覧会を上空から撮影した写真．Photo © RMN. *Palais des colonie, Histoire du Musée des Arts d'Afrique et d'Océanie,* éd. par Germain Viatte (Paris, 2002) より転載．
図69　1931年パリ国際植民地博覧会セレモニー情景，撮影日不明．Photo © Roger-Viollet.
図70　《パリ国際植民地博覧会の鳥瞰図》(グール Goor による水彩デッサン) の部分，『イリュストラシオン』紙 (1931年5月23日)．*L'Illustration,* 23 mai 1931 より．
図71　古絵葉書《1922年マルセイユ植民地博覧会，インドシナ・パヴィリヨン》，個人蔵．
図72　古絵葉書《マルセイユ，1922年植民地博覧会，アンコール・ワット〔レプリカ〕と湖》，個人蔵．
図73　「アンコール・ワット〔レプリカ〕上階からの眺め」，『イリュストラシオン』紙 (1931年5月23日)．*L'Illustration,* 23 mai 1931 より。
図74　「アンコール・ワット〔レプリカ〕の中庭」，『イリュストラシオン』紙 (1931年5月23日)．*L'Illustration,* 23 mai 1931 より。
図75　1931年パリ国際植民地博覧会において夜間照明に輝くアンコール・ワット〔レプリカ〕，『1931年パリ国際植民地博覧会大全』(1931年) 挿図．*Le livre d'or de l'Exposition coloniale internationale de Paris 1931* (Paris, 1931) より．
図76　「インドシナの小さな踊り子たちのヨーク王妃への歓迎挨拶」(1931年7月17日)，『イリュストラシオン』紙 (1931年7月25日)．*L'Illustration,* 25 juillet 1931 より。
図77　「アンコール寺院の復元，上階のフランス極東学院の展示室 (配置図)」，『フランス極東学院紀要』(1932年) 挿図．*BEFEO* (1932) より．
図78　「アンコール・パヴィリヨンでのフランス極東学院展示室」，『イリュストラシオン』紙 (1931年7月25日) 表紙．*L'Illustration,* 25 juillet 1931 より。
図79　「パリ植民地博覧会におけるフランス極東学院展示室」，『フランス極東学院紀要』(1932) 挿図．*BEFEO* (1932) より．
図80　《プラジュニャーパーラーミター，もしくはターラー (女神) 像》，12世紀末～13世紀初頭，プリヤ・カン遺跡出土，バイヨン様式，パリ，ギメ (国立アジア) 美術館所蔵．著者撮影．
図81　「パリ植民地博覧会におけるフランス極東学院展示室」，『フランス極東学院紀要』(1932) 挿図．*BEFEO* (1932) より．
図82　「1931年7月28日，焼失した最初のパヴィリヨン」，『1931年パリ国際植民地博覧会』(1931) 挿図．*Internationale Koloniale Tentoonstelling Parijs 1931 Nederlandsche Deelneming* (Parijs, 1931) より．
図83　「最初のパヴィリヨンの仏像群〔焼失前〕」，『1931年パリ国際植民地博覧会』(1931) 挿図．*Internationale Koloniale Tentoonstelling Parijs 1931 Nederlandsche Deelneming* (Parijs, 1931) より．
図84　ポルト・ドレ宮 (旧植民地宮) 南側正面，アルベール・ラプラド設計，パリ，著者撮影．
図85　ポルト・ドレ宮地下の水族館にある地図，著者撮影．
図86　《その天才によって帝国を拡張し，海外に帝国の名を愛すべきものとして知らしめた息子たちへ，フランスから感謝の意を込めて》，ポルト・ドレ宮 (旧植民地宮) 西側壁面，パリ，著者撮影．
図87　アルフレッド・ジャニオ《ポモナ》(《フランスに対する植民地の経済的貢献》部分)，1931年，ポルト・ドレ宮レリーフ，パリ．*Palais des colonie, Histoire du Musée des Arts d'Afrique et*

BEFEO (1919) より.

図 52 「北経蔵の破風 (バンテアイ・スレイ)」, アンリ・パルマンティエ「インドラヴァルマンの芸術」(『フランス極東学院紀要』, 1919 年) 挿図. Henri Parmentier, « L'Art d'Indravarman », *BEFEO* (1919) より.

図 53 「南東より見た南祠堂」,『極東学院考古学報告 I , バンテアイ・スレイ』挿図. L. Finot, V. Goloubew et H. Parmentier, *Mémoires archéologiques publiés par l'EFEO, tome I, Le temple d'Içvarapura, Bantay Srei, Cambodge,* Paris, 1926 より.

図 54 バンテアイ・スレイ寺院南祠堂南面, 現在の写真.

図 55 「バンテアイ・スレイ, 南祠堂上階部」, 1930 年代初頭撮影, ギメ (国立アジア) 美術館所蔵. Photo ©RMN/Thierry Ollivier.

図 56 バンテアイ・スレイ寺院の修復現場, 1934 年撮影. Maxime Prodromidès, *Angkor, chronique d'une renaissance* (Paris, 1997) より転載.

図 57 「ニャック・ポアン, バーラハの馬, 最初の復元の試み (1924 年 5 月)」, V・ゴルベフ「バーラハの馬」(『フランス極東学院紀要』, 1927 年) 挿図. Victor Goloubew, « Le cheval Balâha », *BEFEO* (1927) より.

図 58 「ヤショヴァルマンの都市平面図 (1932 年 8 〜 11 月のゴルベフとアンリ・マルシャルの調査に基づく)」, V・ゴルベフ「プノン・バケンとヤショヴァルマンの都市」(『フランス極東学院紀要』, 1933 年) 挿図. V. Goloubew, « Le Phnom Bakhèn et la ville de Yaçovarman. Rapport sur une mission archéologique dans la région d'Angkor en août-novembre 1932 » (*BEFEO*, 1933) より.

図 59 1931 年のパリ国際植民地博覧会におけるカンボジア・パヴィリオン, 1931 年撮影, ジョルジュ・グロリエ設計. Photo © Roger-Viollet. Jacques Borgé et Nicolas Viasnoff, *Archives de l'Indochine* (Paris, 2001) より転載.

図 60 1923 年 12 月〜 1924 年 9 月に売却された 53 点の古美術品リスト, フランス極東学院所蔵資料より作成. AEFEO, carton 28, Documents; Ventes d'objets anciens en 1923.

図 61 1933 年のカンボジア古美術委員会において販売候補となった美術品の古写真, フランス極東学院所蔵(古文書資料番号 2927), 個人蔵. AEFEO, carton 28, pierres sculptées declassées par Commission 1933, collection particulière.

図 62 1937 年のカンボジア古美術委員会において販売候補となった美術品の古写真, フランス極東学院所蔵(古文書資料番号 4238), 個人蔵. AEFEO, carton 28, pierres sculptées declassées par Commission 1937, collection particulière.

図 63 《ヘーヴァジュラ像 (7 つの頭をもつ胸像)》. 12 世紀後半〜 13 世紀初頭, アンコール時代, バイヨン様式, ニューヨーク, メトロポリタン美術館所蔵. 著者撮影.

図 64 《ブラフマー像》, 10 世紀初頭, アンコール時代, バケン様式, ニューヨーク, メトロポリタン美術館所蔵. 著者撮影.

図 65 《ヴィシュヌ神》, 9 世紀, プノンクーレン付近出土, クーレン様式, 砂岩, パリ, ギメ (国立アジア) 美術館, 著者撮影.

図 66 《破風浮彫》967 年頃, バンテアイ・スレイ第一周廊東門西玄関付近, バンテアイ・スレイ様式, 砂岩, パリ, ギメ (国立アジア) 美術館, 著者撮影.

図 67 1931 年パリ国際植民地博覧会の広告,『イリュストラシオン』紙 (1931 年 5 月 9 日), *L'Illustration,* 9 mai 1931 より。

造物 第3巻』(1924) 挿図. Louis Delaporte, *Les monuments du Cambodge. D'après les documents recueillis au cours des missions qu'il a dirigées en 1873 et 1882-1883, et de la mission complémentaire de M. Faraut en 1874-1875,* tome 3 (Paris, 1924) より.
図35　フランス極東学院, 1920年頃. *BEFEO* (t. XXV, 1926) より.
図36　フランス極東学院美術館 (ハノイ), 1920年頃. *BEFEO* (t. XXV, 1926) より.
図37　「プリヤ・カン, 東参道, ナーガを持つ巨人」, ジャック・ポルシェ著『アンコールの廃墟』(1890) 挿図. Jacques Porcher, *Les Ruines d'Angkor* (Paris, 1890) より.
図38　ギメ美術館中庭での集団肖像写真, 1920年初頭に撮影, アレクサンドル・モレ (前列中央), ジョゼフ・アッカン (前列左端), フィリップ・ステルヌ (2列目中央), セルゲイ・エリセエフ (前列左から2番目) などが写る. ギメ (国立アジア) 美術館写真資料室所蔵.
図39　アンコール保存局前での集団肖像写真, 1950年代前半に撮影, アンリ・マルシャル (前列中央) が写る. Maxime Prodromidès, *Angkor, chronique d'une renaissance* (Paris, 1997) より転載.
図40　敦煌莫高窟「蔵経洞」内のポール・ペリオ, 1908年撮影, ギメ (国立アジア) 美術館写真資料室所蔵. Photo ©RMN/Thierry Ollivier.
図41　ポール・ペリオ, 撮影年代不詳, フランス極東学院所蔵. Photo © EFEO.
図42　ジャン・コマイユ《バイヨン, 1913年5月》, 水彩デッサン, フランス極東学院所蔵. Nadine André-Pallois, *L'Indochine : un lieu d'échange culturel ? Les peintres français et indochinois (fin XIXe - XXe siècle)* (Paris, 1997) より転載.
図43　ギメ (国立アジア) 美術館展示風景, 1階中国室 (陶磁器), 1931年以前に撮影, ギメ (国立アジア) 美術館写真資料室所蔵.
図44　ギメ (国立アジア) 美術館所蔵「ル・マンダラ」(東寺大講堂仏像群レプリカ) の古写真, 撮影年代不詳, 所蔵地不詳. Photo © Roger-Viollet. Bernard Frank, *Le panthéon bouddhique au Japon, collection d'Emile Guimet* (Paris, RMN, 1991) より転載.
図45　ギメ (国立アジア) 美術館展示風景, 1階イエナ通側「バイヨン室」, 1932年撮影, ギメ美術館写真資料室所蔵.
図46　パリ大学美術・考古学研究所外装レリーフ, 1931年, シャルル・ビゴー設計, 著者撮影.
図47　パリ大学美術・考古学研究所外装レリーフ, 1931年, シャルル・ビゴー設計, 著者撮影.
図48　フィリップ・ステルヌ「インド美術の東漸」(『始原から現代までの普遍的美術史』第4巻) 挿図, 1939年. *Histoire universelle des art des temps primitifs jusqu'à nos jours,* t.IV (Paris, 1939) より転載.
図49　フィリップ・ステルヌ「インド美術の東漸」(『始原から現代までの普遍的美術史』第4巻) 挿図, 1939年. *Histoire universelle des art des temps primitifs jusqu'à nos jours,* t.IV (Paris, 1939) より転載.
図50　「北経蔵と東楼門Iを臨む遺跡風景, 発掘以前」,『極東学院考古学報告I, バンテアイ・スレイ』(1926) 挿図. L. Finot, V. Goloubew et H. Parmentier, *Mémoires archéologiques publiés par l'EFEO, tome I, Le temple d'Içvarapura, Bantay Srei, Cambodge,* Paris, 1926 より.
図51　「中央祠堂前殿 (バンテアイ・スレイ)」, アンリ・パルマンティエ「インドラヴァルマンの芸術」(『フランス極東学院紀要』, 1919年) 挿図. Henri Parmentier, « L'Art d'Indravarman »,

図 17　《アンコール・トムの門（復元図）》，ルイ・ドラポルト著『カンボジア旅行』（1880）挿図．Louis Delaporte, *Voyage au Cambodge, l'architecture khmère* (Paris, 1880, réédition, Paris, 1999) より．
図 18　《バイヨン入口の門の廃墟》，ルイ・ドラポルト著『カンボジア旅行』（1880）挿図．Louis Delaporte, *Voyage au Cambodge, l'architecture khmère* (Paris, 1880, réédition, Paris, 1999) より．
図 19　「バイヨンの回廊と塔」，エティエンヌ・エモニエ著『カンボジア誌』第 3 巻（1900）挿図．Etienne Aymonier, *Le Cambodge III. Groupe d'Angkor et l'histoire* (Paris, 1903) より．
図 20　シャルル・カルポー撮影《ジャングルに覆われたバイヨン寺院》（1901）．Photo ©2006 Charles Carpeaux.
図 21　《大プリヤ・カンの東門（復元図）》，ルイ・ドラポルト著『カンボジア旅行』（1880）挿図．Louis Delaporte, *Voyage au Cambodge, l'architecture khmère* (Paris, 1880, réédition, Paris, 1999) より．
図 22　《プリヤ・カンの廃墟の眺望》，ルイ・ドラポルト著『カンボジア旅行』（1880）挿図．Louis Delaporte, *Voyage au Cambodge, l'architecture khmère* (Paris, 1880, réédition, Paris, 1999) より．
図 23　《バイヨン寺院（復元図）》，ルイ・ドラポルト著『カンボジア旅行』（1880）挿図．Louis Delaporte, *Voyage au Cambodge, l'architecture khmère* (Paris, 1880, réédition, Paris, 1999) より．
図 24　《アンコール・ワット（復元図）》，ルイ・ドラポルト著『カンボジア旅行』（1880）挿図．Louis Delaporte, *Voyage au Cambodge, l'architecture khmère* (Paris, 1880, réédition, Paris, 1999) より．
図 25　《バイヨン（復元図）》，ルイ・ドラポルト著『カンボジアの建造物 第 1 巻』（1914）挿図．Louis Delaporte, *Les monuments du Cambodge. D'après les documents recueillis au cours des missions qu'il a dirigées en 1873 et 1882-1883, et de la mission complémentaire de M. Faraut en 1874-1875,* tome 1 (Paris, 1914) より．
図 26　図 25 の細部．
図 27　《プリヤ・カンの入口（復元図）》，ルイ・ドラポルト著『カンボジア旅行』（1880）挿図．Louis Delaporte, *Voyage au Cambodge, l'architecture khmère* (Paris, 1880, réédition, Paris, 1999) より．
図 28　《1878 年の万国博覧会におけるカンボジア古美術》，ルイ・ドラポルト著『カンボジア旅行』（1880）挿図．Louis Delaporte, *Voyage au Cambodge, l'architecture khmère* (Paris, 1880, réédition, Paris, 1999) より．
図 29　《巨人の参道》，12 世紀末～13 世紀初頭，プリヤ・カン（アンコール）遺跡出土，バイヨン様式，砂岩，パリ，ギメ（国立アジア）美術館．Photo ©RMN/Thierry Ollivier.
図 30　《7 つの頭部のナーガをもつ神像，プリヤ・カンの橋欄干の群像頭部の残骸》，エミール・ソルディ著『知られざる芸術，トロカデロの新美術館』（1881）挿図．Emile Soldi, *Les arts méconus : les nouveaux musées du Trocadéro* (Paris, 1881) より．
図 31　1889 年パリ万国博覧会のカンボジア・パヴィリヨン．Photo ©1999 National Gallery of Art, Washington D.C.
図 32　リュシアン・フルヌローの水彩デッサン《アンコール・ワット》（1889），パリ，国立美術学校所蔵．Bruno Dagens, *Angkor, la forêt de pierre* (Gallimard, Paris, 1989) より転載．
図 33　《プリヤ・カンの廃墟の回廊での遭遇》，ルイ・ドラポルト著『カンボジア旅行』（1880）挿図. Louis Delaporte, *Voyage au Cambodge, l'architecture khmère* (Paris, 1880, réédition, Paris, 1999) より．
図 34　《アンコール・トムの城壁門の 1 つ（復元図）》，ルイ・ドラポルト著『カンボジアの建

図版リスト

図1　ギメ（国立アジア）美術館，1階正面展示室，クメール美術ギャラリー．著者撮影．
図2　《巨人の参道》，12世紀末～13世紀初頭，プリヤ・カン（アンコール）遺跡出土，バイヨン様式，砂岩，パリ，ギメ（国立アジア）美術館所蔵，著者撮影．
図3　図2の作品キャプション，著者撮影．
図4　ルイ・ドラポルトの肖像写真．René de Beauvais, *Louis Delaporte, explorateur (1842-1925)* (Paris, 1929) より．
図5　ドラポルトによるクメール彫刻のスケッチ．ルイ・ドラポルト著『カンボジア旅行』(1880) 挿図．Louis Delaporte, *Voyage au Cambodge, l'architecture khmère* (Paris, 1880, réédition, Paris, 1999) より．
図6　《プリヤ・カンでの彫刻の積み込み》，ルイ・ドラポルト著『カンボジア旅行』(1880) 挿図．Louis Delaporte, *Voyage au Cambodge, l'architecture khmère* (Paris, 1880, réédition, Paris, 1999) より．
図7　《プリヤ・カンの崩れた回廊から出土した彫像，クメール美術館所蔵》，ルイ・ドラポルト著『カンボジア旅行』(1880) 挿図．Louis Delaporte, *Voyage au Cambodge, l'architecture khmère* (Paris, 1880, réédition, Paris, 1999) より．
図8　《プリヤ・カンの沼地での古代彫刻の移動》，ルイ・ドラポルト著『カンボジア旅行』(1880) 挿図．Louis Delaporte, *Voyage au Cambodge, l'architecture khmère* (Paris, 1880, réédition, Paris, 1999) より．
図9　無題，ルイ・ドラポルト著『カンボジア旅行』(1880) 挿図．Louis Delaporte, *Voyage au Cambodge, l'architecture khmère* (Paris, 1880, réédition, Paris, 1999) より．
図10　《フランスへ持ち込んだ彫像群のプリヤ・カンからの急流の移送》，ルイ・ドラポルト著『カンボジア旅行』(1880) 挿図．Louis Delaporte, *Voyage au Cambodge, l'architecture khmère* (Paris, 1880, réédition, Paris, 1999) より．
図11　《バイヨン寺院の平面図》，ルイ・ドラポルト著『カンボジア旅行』(1880) 挿図．Louis Delaporte, *Voyage au Cambodge, l'architecture khmère* (Paris, 1880, réédition, Paris, 1999) より．
図12　《メボンの平面図》，ルイ・ドラポルト著『カンボジアの建造物 第1巻』(1914) 挿図．Louis Delaporte, *Les monuments du Cambodge. D'après les documents recuillis au cours des missions qu'il a dirigées en 1873 et 1882-1883, et de la mission complémentaire de M. Faraut en 1874-1875*, tome 1(Paris, 1914) より．
図13　1878年のパリ万国博覧会，日本美術の展示風景，『ル・モンド・イリュストレ』誌，1878年11月10日．Bernard Frank, *Le panthéon bouddhique au Japon, collection d'Emile Guimet* (RMN, Paris, 1991) より転載．
図14　コンピエーニュ城クメール美術館の展示風景，エミール・ソルディ著『知られざる芸術，トロカデロの新美術館』(1881) 挿図．Emile Soldi, *Les arts méconus : les nouveaux musées du Trocadéro* (Paris, 1881) より．
図15　インドシナ美術館のバイヨン寺院四面塔レプリカ，古写真．Photo © Giraudin, Paris. Bruno Dagens, *Angkor, la forêt de pierre* (Gallimard, Paris, 1989) より転載．
図16　トロカデロ比較彫刻美術館入口，『ル・マガザン・ピトレスク』(1883年7月) 挿図．*Le Magasin pittoresque* (juillet 1883, Paris) より．

Philippe Stern, *Le Bayon d'Angkor et l'évolution de l'art khmer, étude et discussion de la chronologie des monuments khmers,* Annales du Musée Guimet, Paris, 1927.
Philippe Stern, « Evolution de l'architecture khmère et les transformations de la ville d'Angkor », *Journal asiatique,* 1933, I, pp.352-354.
Philippe Stern, «L'Art de l'Inde », « L'Expansion indienne vers l'Est : La route maritime », *Histoire universelle des arts des temps primitifs jusqu'à nos jours,* sous la direction de Louis Réau, Paris, t.IV, 1939, pp.106-254.
Philippe Stern, *L'Art du Champa (ancien Annam) et son évolution* , Toulouse, 1942.
Philippe Stern, *Les monuments khmers du style du Bayon,* Paris, musée Guimet, 1965.
杉山直治郎「序」、『日仏文化』新第 8 号、1942 年、1-5 頁。
杉山直治郎「ノエル・ペリーの生涯と業績」、『日仏文化』新第 9 号、1944 年、2-253 頁。
高橋力丸「思想戦としての国際文化交流、戦前の国際文化振興会の活動を巡って」、『社会科学研究科紀要、別冊』N0.2、早稲田大学大学院社会科学研究科、1998 年、95-115 頁。
Lyne Therrien, *Histoire de l'art en France, genèse de la discipline,* Paris, 1998.
John Thomson, *Antiquities of Cambodia,* Edimbourg, 1867.
John Thomson, *The Straits of Malacca, Indo-China and China or Ten Years Travels, Adventures and Residence abroad,* London, 1875. (*Dix ans de voyage dans la Chine et l'Indochine,* traduit en français par A. Talandier et H. Vattemare, Paris, 1877.)
富田亀邱著『アンコールワットの彫刻』、日進社、1943 年。
富田正二著『アンコール・ワットの景観』、立命館出版部、1943 年。
Travaux et perspectives de l'École Française d'Extrême-Orient pour son 75e anniversaire, Paris, 1976.
梅原末治、『東亜考古学概観』、星野書店、1947 年。
梅原末治『考古学六十年』、平凡社、1973 年。
Sueji Umehara, « Nouvelle découvertes archéologiques en Corée », *Revue des arts asiatiques,* III, 1928.
Pierre Vaisse, *La Troisième République et les peintres,* Paris, 1995.
André Vandegans, *La jeunesse litteraire d'Andre Malraux. Essai sur l'inspiration farfelue,* Paris, 1964.
Henri Verne et al., *L'École du Louvre, 1882-1932,* Paris, Bibliothèque de l'école du Louvre, 1932.
Viollet-le-Duc, catalogue d'exposition, Grand Palais, Paris, RMN, 1980.
J. Ph. Vogel, *Ars Asiatica XV, La sculpture de Mathurâ,* Paris, 1930.
横山正幸「日仏印文化交換に就て」、『日仏文化』新第 9 号、329-339 頁。
Thierry Zéphir, « Louis Delaporte au coeur de la forêt sacrée », *Äges et visages de l'Asie, un siècle de'exploration à travers les collections du musée Guimet,* cat. exp., Dijon, Musée des Beaux-Arts, 1996, pp.60-68.

Paul Pelliot, « Compte rendu de Maurice Courant, *En Chine* », *BEFEO*, 1901, p.374.
Monique Penissard, *La Japolyonnaise*, Lausanne, 1988.
Noël Péri, « Le nô de Sotoba-Komachi », « Le nô d'Ohara gokô », « Le nô d'Aya no tsuzumi », *BEFEO* 13-4, 1913, pp. 1-113
Noël Péri, « Le nô de Mima », « Le nô de Tamura », « Le nô d'Eguchi », « Le nô du kinuta », « Le nô de Matsuyama-kagami », *BEFEO*, 1920, pp. 1-110.
Noël Péri, « Essai sur les relations du Japon et de l'Indochine aux XVIe et XVIIe siècles », *BEFEO*, 1924, pp.1-136.
Noël Péri, *Le no*, Tokyo, Maison franco-japonaise, 1944.（日仏会館編、杉山直治郎序文。）
José Pierre, éd., *Tracts surréalistes et déclarations collectives*, Paris, 1980.
Edmond Pottier, « Grèce et Japon », *Gazette des Beaux-Arts*, 1890, pp.105-132.
« Procès-verbaux des réunions du Comité cambodgien de la Société des Amis d'Angkor », in *Arts et archéologie khmers*, 1921, p.121.
Maxime Prodromidès, *Angkor, chronique d'une renaissance*, Édition Kailash, Paris, 1997.
Emile Senart, « Lettre à Louis Finot », retranscrite dans *BEFEO*, 1901.
« Le rapport du Musée Guimet », *BEFEO*, 1932, pp.631-633.
« Règlement du Musée Albert Sarraut », *BEFEO*, 1925, p.651.
Revue des arts asiatiques, Musée Guimet, Paris, 1924(-).
August Rodin, Ananda Coomaraswamy, E. B. Havell et V. Goloubew, *Ars Asiatica III : Sculptures çivaïtes de l'Inde*, Paris et Bruxelle, 1921.
Jocelyne Rotily, *Artistes américains à Paris, 1914-1939*, Paris, L'Harmattan, 1998.
André Rousseaux, « Un quart d'heure avec M. André Malraux », *Candide*, 13 novembre 1930.
F. Roux, « Musée combodgien, architecture khmer, organisé par les soins de M. L. Delaporte, lieutenant de vaisseau, chef de la mission d'exploration des monuments khmers, en 1873- Visite sous la direction de M. F. Roux, architecte du gouvernement, secréteure-rédacteur de la Société Centrale », *L'Architecture*, 46, 1888, pp. 544-548.
Edward W. Said, *Orientalism*, New York, 1978.
坂詰秀一「続日本考古学史拾遺～大東亜共栄圏の考古学」、『立正大学文学部研究紀要』11 号、1995 年、1-16 頁。
笹川秀夫『アンコールの近代、植民地カンボジアにおける文化と政治』、中央公論新社、2006 年
Albert Sarrault, *La mise en valeur des colonies française*, Paris, 1923.
Albert Sarrault, *Grandeur et servitude coloniales*, Paris, 1931.
Albert Sarrault, « L'exposition coloniale », *L'Art vivant*, 7, n.151, 1931, p.373.
関口俊吾「フランス藝術の動向」、『日仏文化』新第 8 号、1942 年、508-512 頁。
『渋沢栄一伝記資料』第 39 巻、渋沢栄一伝記資料刊行会、1961 年。
芝崎厚士「国際文化振興会の創設、戦前日本の対外文化政策の歴史的特質」、『国際関係論研究』、国際関係論研究会、1997 年、39-64 頁。
白鳥庫吉『満州歴史地理』、南満州鉄道株式会社歴史調査報告第一、1913 年。
Pierre Singalavélu, *L'École française de l'Extrême-Orient ou l'institution des marges (1898-1956), essai d'histoire sociale et politique de la science coloniale*, Paris, L'Harmattan, 1999.
Emile Soldi, *Les arts méconus : les nouveaux musées du Trocadéro*, Paris, 1881.

in Architecture, Film, and Literature, Duke University Press, 1996, pp.14-33.
Nouvelle histoire universelle de l'art, sous la direction de Marcel Aubert, 2vol, Paris, 1932.
尾高鮮之助『印度日記―仏教美術の源流を訪ねて』、刀江書院、1939 年。
岡田秀則「南方における映画工作」、岩本憲次編『映画と「大東亜共栄圏」』、森話社、2004 年、269-288 頁。
岡部あおみ『ポンピドゥー・センター物語』、紀伊國屋書店、1997 年 .
Kakuzo Okakura, *The Ideals of the East*, with special refernce to the art of Japon, J. Murray, 1903.
Kakuzo Okakura, *Les Idéaux de l'Orient, Le Réveil du Japon*, traduction française par J. Serruys, Paris, Payot, 1917.
« Ordonnance royale du 31 mars 1911 », *Bulletin administratif du Cambodge*, 1911, p.200.
« Ordonnance royale, Royaume du Cambodge, le 31 déc. 1919 », in *Arts et archéologie khmers*, tome I, Paris, 1921, p.109.
« Ordonnane du 14 décembre 1917, École des arts cambodgiens», in *Arts et archéologie khmers*, tome I, Paris, 1921, p.108.
« Ordonnance royale relative au classement des monuments historiques du Cambodge », *Bulletin administratif au Cambodge*, 1923, p.809. (*BEFEO*, 1925, p.649.)
Eric Orsenna, *Exposition coloniale*, 1988.
Pascal Ory, *Le Palais de Chaillot*, Actes Sud, Paris, 2006.
大澤広嗣「昭和前期の宗教人類学と調査研究機関―久野芳隆の場合」、『東洋大学アジア文化研究所研究年報』40 号、2005 年、9-24 頁。
Palais des colonie, Histoire du Musée des Arts d'Afrique et d'Océanie, éd. par Germain Viatte, RMN, Paris, 2002.
Henri Parmentier, « La religion ancienne de l'Annam, d'après les dernières découvertes archéologiques de l'École française d'Éxtrême-Orient », *Conférences au Musée Guimet en 1904-1905 (suite)*, t. XX, 1906.
Henri Parmentier, « le projet de l'archéologie d'Angkor », *Bulletin de la Commission archéologique de l'Indochine*, 1908, pp.46-81.
Henri Parmentier, *Inventaire descriptif des monuments Cams de l'Annam*, Paris, 1909.
Henri Parmentier, « Catalogue du musée khmer de Phnom Penh », *BEFEO*, 1912.
Henri Parmentier, « Complément à l'inventaire descriptif des monuments du Cambodge », *BEFEO*, 1913.
Henri Parmentier, « Jean Commaille», *BEFEO*, 1916, pp.105-107.
Henri Parmentier, « Information », *L'Architecture*, n.10, 1918.
Henri Parmentier, « L'Art d'Indravarman », *BEFEO*, 1919, pp.3-127.
Henri Parmentier, *Ars Asiatica IV : Les sculptures chames au Musée de Tourane*, Bruxelle et Paris, 1922.
Henri Parmentier, *L'Art khmer primitif*, 2 vol., EFEO, Paris, 1927.
Henri Parmentier, « Lunée de Lajonquière », *BEFEO*, 1933, pp.1147-1149.
Henri Parmentier, *L'Art khmer classique : les monuments du quadrant nord-est*, 2 vol., Paris, 1939.
アンリ・パルマンティエ著、永田逸郎訳『アンコール遺址群』、育生社弘道閣、1943 年。
Pierre Pascal, *Le livre secret de G. d'Annunzio et de Donatella Cross*, 1947.
Paul Pelliot, « Mémoires sur les coutumes du Cambodge, par Tcheou Ta-kouan », *BEFEO*, 1902.

Henri Marchal, « Allocution à la cérémonie de la mort de Commaille », *BEFEO*, 1926, pp.513-515.

Henri Marchal, *L'Architecture comparée dans l'Inde et l'Extrême-Orient*, Paris, 1944.

Henri Marchal, « Henri Parmentier », *Bulletin de la Société des Études Indochinoises*, XXIV, 1949, pp.93-101.

Sapho Marchal, *Costumes et parures khmères, d'après les devatâ d'Angkor-Vat* (1927), réédition, l' Harmattan, Paris, 1997.

Jacques Marseille, *L'Age d'or de la France coloniale*, Paris, 1986.

松本信広『印度支那の民族と文化』、岩波書店、1943 年。

Mémoires archéologiques publiés par l'EFEO, Le temple d'Içvarapura, Bantay Srei, Cambodge, col. Louis Finot, Victor Goloubew et Henri Parmentier, Paris, 1926.

Mémoire archéologique publiés par l'Ecole française d'Extrême-Orient, Le Temple d'Angkor Vat, col. Louis Finot, Victor Goloubew et Henri Parmentier, Paris, 2 vol., Pairs, 1930.

Gaston Migeon, *Au Japon, promenades aux sanctuaires de l'art*, Paris, 1908.

Léon de Milloué, *Conférences Musée Guimet 1898-1899*, Annales du Musée Guimet, Paris, 1902.

三宅一郎『カンボジア綺譚』、作品社、1994 年。

水野さや「ホーチミン市歴史博物館所蔵のクメール彫刻について」、『大東文化大学紀要』44 号、2006 年、293-321 頁。

Jean-Louis Moine, *Albert Laprade*, mémoire de troisième cycle, École du Louvre 1994-1999.

森三千代『インドシナ詩集 POESIES INDOCHINOISE』、1942 年。

Patricia A. Morton, 'National and Colonial: The Musee des Colonies at the Colonial Exposition, Paris, 1931', *The Art Bulletin*, Vol. 80, 1998), pp.357-377

Patricia A. Morton, *Hybrid Modernities : Architecture and Representation at the 1931 Colonial Exposition, Paris*, MIT, 2000.（長谷川章訳『パリ植民地博覧会、オリエンタリズムの欲望と表象』、ブリュッケ、2002 年。）

Henri Mouhot, *Travels in the Central Parts of Indo-China*, 2 vol., London, 1864.

Henri Mouhot, *Voyage dans les royaumes de Siam, de Cambodge et de Laos*, Paris, Bibliothèque rose illustrée, 1868. (Réédition Olizanne, Genève, 1989.)（大岩誠訳『シャム、カムボジァ、ラオス諸王国遍歴記』、改造社、1942 年。）

Paul Mus, « Le symbolisme à Angkor-Tom : le grand miracle du Bayon », *Comptes rendus de l' Académie des Inscriptions et Belles-Lettres*, 1936.

Paul Mus, « Le sourire d'Angkor », *Artibus Asiae*, t.24, 1961.

Musée Guimet, *Le jubilé du Musée Guimet, vingt-cinquième anniversaire de sa fondation 1879-1904*, Paris, 1904.

« Musée Guimet (Réorganisation) », *L'Illustration*, le 9 avril 1932.

Le musée des monuments français, cité de l'architecture et du patrimoine, sous la direction de Léon Pressouryre, Paris, 2007.

リヒヤルド・ムウテル著、木下杢太郎訳『十九世紀佛國繪畫史』、日本美術学院、1919 年。

『日仏会館第 18 回報告』、1941 年。

Panivong Norindr, « Representing Indochina. The French Colonial Phantasmatic and the Exposition Coloniale Internationale de Paris », *Phantasmatic Indochina, French Colonial Ideology*

Lunet de Lajonquière, *Atlas archéologique de l'Indochine*, Paris, 1908.

Lunet de Lajonquière, *Inventaire descriptif des monuments du Cambodge*, 3 vol. et cartes en portefeuille, Paris,1902, 1907, 1911.

Walter Langlois, *Andre Malraux. The Indochina Adventure*, Pall Mall Press, 1966.

Walter G. Langlois, *Malraux, l'aventure indochinoise*, Paris, Mercure de France, 1967.

Langues'o 1795-1995 : deux siècles d'histoire de l'École des Langues orientales, sous la direction de Pierre labrousse, Paris, 1995.

Herman Lebovics, *True France, The Wars over Cultural Identities, 1900-1945*, Cornell University, 1992.

Le Corbusier, *L'Art décoratif d'aujourd'hui* (1925), Flammarion, Paris, 1996.

Jean-Michel Leniaud, *Viollet-le-Duc ou les délires du système*, Paris, Mengès, 1994.

Paul Léon, « Préface » de *L'Art des origines à nos jours*, sous la direction de Léon Deshairs, 2vol, Paris, 1932, tome 1, p.VI.

Alfred Leroy, *Histoire de la peinture française, 1800-1933*, Paris, 1924.

Sylvain Lévi, « La Maison franco-japonaise de Tokyo », *La Revue de Paris*, septembre 1929, pp. 410-428

Sylvain Lévi et al, *Indochine, Exposition coloniale internationale de Paris, Commissariat général*, 2 vol, Paris, 1931.（村松嘉津訳、『仏印文化概説』、興風館、1943 年。）

Le Livre d'or de l'Expo coloniale internationale de Paris 1931, publié sous le patronage officiel du Commissariat Général de l'Exposition par la Fédération Française des Anciens Coloniaux, Paris, 1931.

Denys Lombard, « Un précurseur, Antoine Cabaton », *Archipel* 26, 1983, pp.18-24.

Pierre Loti, *Le pèlerin d'Angkor*, Calmann-Lévy, Paris, 1912.（ピエル・ロティ著、佐藤輝夫訳『アンコール詣で』、白水社、1941 年。）

« Claude Maître, 1876-1925 », *BEFEO*, 1925, p. 599-624.

Claude Maître, « L'art du Yamato », *Revue de l'art ancien et moderne*, IX, 1901, p. 49-68 et 47, p.111-132.

Claude Maître, « Notes de bibliographie japonaise, I, Une nouvelle édition du Tripitaka chinois », *BEFEO* , 1902, pp.341-351.

Claude Maître, « La littérature historique du Japon, des origines aux Ashikaga », *BEFEO*, 1903, pp.564-596 et *BEFEO*, 1904, pp.580-616.

Claude Maître, « Chroniques », *BEFEO*, 1907, pp.166-173.

Claude Maître, « L'enseignement indigène dans l'Indochine annamite », *BEFEO*, 1906, pp.454-463.

Emile Mâle, « Avant-propos » de *Nouvelle histoire universelle de l'art*, sous la direction de Marcel Aubert, tome 1, 1932, p.VII.

Louis Malleret, *Le cinquantenaire de l'École française d'Extrême-Orient, Compte-rendu des fêtes et cérémonies*, Paris, Hanoï, 1953.

Louis Malleret, « 20e anniversaire de la mort de Victor Goloubew », *BEFEO*, 1966.

André Malraux, *La voie royale* (1930), Paris, 1976.

André Malraux, *Le musée imaginaire* (1947), Gallimard, Paris, 1996.

Japon à Paris dans les années vingt », *Histoire de l'art*, n.40-41, 1998, pp.87-97.
Histoire de l'art du Japon, publiée par la Commission du Japon à l'Exposition de 1900, Paris, 1900.
Histoire universelle des arts des temps primitifs jusqu'à nos jours, sous la direction de Louis Réau, 4vol, Paris, 1934-1939.
Histoire générale de l'art, sous la direction de S. Huisman, Paris, 3 vol, 1938.
Houe K., *L'oeuvre d'un conservateur, Louis Delaporte*, Mémoire de muséologie de l'Ecole du Louvre, 1991-1992.
池亀彩「パリ・インドシナ美術館──ムラージュと回復される時間」、山路勝彦、田中雅一編『植民地主義と人類学』、関西学院大学出版会、2002 年、391-412 頁。
稲賀繁美『絵画の東方』、名古屋大学出版会、1999 年。
石田幹之助『欧米における支那研究』、創元社、1942 年。
石田幹之助「五十年の思ひ出」、『日仏文化』第 30 号、1974 年、90-97 頁。
伊東忠太「佛領印度支那」、『建築雑誌』310 号、1912 年。『東洋建築の研究（下）』（龍吟社、1943 年、265-286 頁）所収。
伊東忠太「祇園精舎図とアンコル・ワット」、『建築雑誌』313 号、1913 年。『東洋建築の研究（下）』（龍吟社、1943 年、367-406 頁）所収。
岩生成一「アンコール・ワットにおける森本右近太夫の史蹟」『歴史教育』、1928 年、8 頁。『南洋日本人町の研究』（岩波書店、1966 年、115-121 頁）所収。
Alfred Auguste Janniot, en collaboration avec Bruno Foucart, Michèle Lefrançois, etc., avec le soutien du musée des Années 30 de Boulogne-Billancourt, Paris, 2003.
Japon et l'Extrême-Orient, I-X, Edmond Bernard, Paris, 1923-1924.
Dominique Jarrassé,« Le décor du Palais des Colonies : un sommet de l'art colonial », *Palais des colonie, Histoire du Musée des Arts d'Afrique et d'Océanie*, éd. par Germain Viatte, Paris, 2002, p.84.
ジャン＝フランソワ・ジャリージュ、「アンコールとクメール美術の 1000 年」、『アンコールワットとクメール美術の 1000 年展』（展覧会カタログ）、東京都美術館、大阪市立美術館、1997-98 年、34 頁。
Anne Jeanet et Muriel Mauriac, *Les transformations du musée Guimet dans les années 1930*, Mémoire de Muséologie, École du Louvre, 1992-1993.
徐蘇斌「東洋建築史学の成立に見るアカデミーとナショナリズム」、『日本研究』第 26 集、2002 年、111 頁。
『木下杢太郎日記』第 4 巻、第 5 巻、岩波書店、1980 年。
Raymond Koechlin, *Souvenir d'un vieil amateur d'art d'Extrême Orient*, Chalon-sur-Saône, 1930.
柏倉康夫「アンドレ・マルローとインドシナ」、『二十世紀研究』No.1、2000 年、45-78 頁。
黒板勝美「アンコール・ワット石柱記文について」、『史学雑誌』41・48 号、1930 年。
肥塚隆責任編集『世界美術大全集、東洋編、第 12 巻、東南アジア』、小学館、2001 年。
國際文化振興會編輯『印度支那 Connaissance de l'lndochine』日佛印親善協會、1942 年。
N. J. Krom, *Ars Asiatica VIII, L'art javanais dans les Musées de Hollande et de Java*, Paris, 1926.
桑原規子「国際文化振興会主催『仏印巡回現代日本画展覧会』にみる戦時期文化工作──藤田嗣治を『美術使節』として──」、『聖徳大学言語文化研究所論叢』15 号、2008 年、229-262 頁。
Jean Lacouture, *André Malraux, une vie dans le siècle*, Seuil, Paris, 1973.

René Grousset, *Les civilisations de l'Orient*, 4 vol, Paris, 1926-1930.
René Grousset, *Histoire de l'Extrême-Orient*, Paris, 1929.
René Grousset, *Histoire des Croisades et du royaume franc de Jérusalem*, 3 vol, Paris, 1934-1936.
René Grousset, *L'empire des steppes : Attila, Gengis-Khan, Tamerlan*, Paris, 1939.
René Grousset, « Les cadres historiques et l'évolution de l'art en Asie », *Histoire universelle des arts des temps primitifs jusqu'à nos jours*, sous la direction de Louis Réau, t.IV, 1939, p.XI.
René Grousset, « L'Art de l'Inde et de l'Asie centrale », *Nouvelle histoire universelle de l'art*, sous la direction de Marcel Aubert, 1932, tome 2, pp.331-352.
René Grousset, *L'empire mongol*, Paris, 1941.
René Grousset (avec J. Auboyer et J. Buhot), *L'Asie orientale, des origines au XVe siècle*, Paris, 1941.
René Grousset, *Histoire de Chine*, Paris, 1942.
René Grousset, *Le conquérant du monde : vie de Gengis-Khan*, 1944.
René Grousset (avec R. Guilland et L. Oeconomos), *L'Europe orientale de 1081 à 1453*, Paris, 1945.
René Grousset, *L'empire du Levant : histoire de la question d'Orient*, Paris, 1946.
René Grousset, « Un savant français : Joseph Hackin », *Bilan de l'histoire*, Paris, 1946, pp.307- 320.
Jacques Guenne, « Orientalisme », *L'Art vivant*, n.151, août 1931, p.398.
Emile Guimet, *Comité-Conseil du Musée Guimet, séance du 28 mai 1907, exposée par M. Émile Guimet*, Lyon, 1907.
Emile Guimet, *Exposition universelle, Gallerie historique – Trocadéro – Notice explicative sur les objets exposés par M. Emile Guimet et sur les peintures et dessins faits par M. Felix Régamey*, Paris, Leroux, 1878.
« Musée Guimet (Réorganisation) », *L'Illustration*, le 9 avril 1932.
Joseph Hackin, *Les scènes figurées de la vie du Buddha d'après des peintures tibétaines*, Paris, 1916.
Joseph Hackin, *Guide-Catalogue du Musée Guimet, Collections bouddhiques*, Paris, 1923.
Joseph Hackin et René Grousset, *Musée Guimet (1918-1927)*, Paris, 1928.
Joseph Hackin, *L'Oeuvre de la Délégation archéologique française en Afghanistan 1922-1932, I, Archéologie bouddhique*, Publication de la Maison franco-japonaise, 1933.
Joseph Hackin et Philippe Stern, « L'Expansion indienne vers le Nord : La route terrestre », *Histoire universelle des arts des temps primitifs jusqu'à nos jours*, tome 4, 1939, pp.255-284.
Marie-Paule Halgand, 'Architects of EFEO (Ecole Francaise D'Extreme Orient) in Indochina: Pioneers of New Methodologies in History of Architecture', Documenting Built Heritage: Revitalization of modern Architecture in Asia, the «modern Asian Architecture Network» (mAAN) 3rd International Conference in Surabaya, 28th-30th August 2003.
薄葉義治訳『アンコール・ワット』、湯川弘文社、1944 年。
浜田耕作「アフガニスタンの佛頭」(1929 年)、『東洋美術史研究』、座右宝刊行会、1942 年、109-116 頁。
羽生修二『ヴィオレ・ル・デュク―歴史再生のラショナリスト』、鹿島出版会、1992 年。
長谷川玲子「キク＝ヤマタ、生涯と作品」『Les Lettres française 』11 号、上智大学、93-102 頁。
畠中敏郎『佛印風物誌』、生活社、1943 年。
林洋子『藤田嗣治 作品を開く』、名古屋大学出版会、2008 年。
Yoko Hayashi-Hibino, « Les expositions de peinture japonaise contemporaine organisées par le

Grotte, Bruxelle et Paris, 1927.
Victor Goloubew, « Le cheval Balâha », *BEFEO*, 1927, pp. 223-237.
Victor Goloubew, « Avant-propos » de Sappo Marchal, *Costume et parures khmèrs* (1927), l' Harmattan, Paris, 1997, pp. IX-XI.
Victor Goloubew, « L'âge du bronze au Tonkin et dans le Nord de l'Annam », *BEFEO*, XXIX, 1929.
Victor Goloubew, «Léonard Aurousseau», *BEFEO*, 1929.
Victor Goloubew, « Rapport de l'Exposition au directeur de l'EFEO », *BEFEO*, 1931, pp.638-648.
Victor Goloubew, « Art et archéologie de l'Indochine », *Indochine, Exposition coloniale internationale de Paris*, tome II, Paris, 1931, pp.201-229.
Victor Goloubew, « Le Phnom Bakhèn et la ville de Yaçovarman. Rapport sur une mission archéologique dans la région d'Angkor en août-novembre 1932 », *BEFEO*, 1933, pp. 319-344.
Victor Goloubew, « L'hydraulique urbaine et agricole à l'époque des rois d'Angkor », *Bulletin économique de l'Indochine* 1, 1941, pp. 1-10.
Svetlana Gorshenina et Claude Rapin, *De Kaboul à Samarcande, les archéologies en Asie centrale*, Gallimard, Paris, 2001.
Bernard-Philippe Groslier, *Angkor et le Cambodge au XVIe siècle d'après les sources portugaises et espagnols*, Paris, PUF, 1958.（石澤良昭ほか訳、『西欧が見たアンコール、水利都市アンコールの繁栄と没落』、連合出版、1997 年。）
Bernard-Philippe Groslier, *Indochine, carrefour des Arts*, Paris, 1961.
Bernard-Philippe Groslier, *Inscriptions du Bayon*, Paris, 1973.
Bernard-Philippe Groslier, « George Groslier, peintre, écrivain et archéologue français », *Disciplines croisées, Hommage à Bernard-Philippe Groslier*, publié sous la direction de Geroges Condominas, Paris, 1992.
George Groslier, *Danseuses cambodgiennes anciennes et modernes*, Paris, 1913.
George Groslier, *A l'ombre d'Angkor : Notes et impressions sur les temples inconnus d'ancien Cambodge*, Paris, 1916.
George Groslier, *Recherches sur les Cambodgiens d'après les textes et monuments, depuis les premiers siècles de notre ère*, Paris, 1921.
George Groslier, *Angkor*, Paris, 1924.
Geroge Groslier, *La sculpture khmère ancienne*, Paris, 1925.
George Groslier, *Le retour à l'argile* (1929), Edition Kailash, Paris, 1996.
George Groslier, *Angkor*, 2e édition, Paris, 1931.（ヂョルヂュ・グロスリエ著、三宅一郎訳『アンコオル遺跡』、新紀元社、1943 年 .）
George Groslier, *Ars Asiatica XVI : Les collections khmères du Musées Albert Sarraut à Phnom-Penh*, Paris et Bruxelle, 1931.
George Groslier, *La route du plus fort*, Edition Kailash, Paris, 1996.
« Geroge Groslier 1887-1945 », *France-Asie*, Saigon, n.66/67, 1951.
René Grousset, *Histoire de l'Asie*, 4 vol, Paris, 1922.
René Grousset, « L'art khmer au musée Guimet », *Beaux-Arts*, 1927.

藤原貞朗　「アンリ・フォションの美学・美術史学における岡倉天心の影響」、『美學』第 52 巻 2 号 (206 号)、美学会、2001 年、15-28 頁。
藤原貞朗　「芸術破壊とフランスの美術史家、ルイ・レオ著『ヴァンダリスムの歴史』の余白に」、『西洋美術研究』、第 5 号、三元社、2001 年、146-153 頁。
藤原貞朗　「フランスによるアンコール考古学・美術史編纂の『内』と『外』—極東研究をめぐる現地と本国の権力闘争とアンコールの『攪拌』」、『フィロカリア』、19 号、大阪大学大学院文学研究科芸術学・芸術史講座、2002 年、47-100 頁。
藤原貞朗　「アンコール遺跡の保存と破壊のあいだに——仏印時代、フランス極東学院の知られざる行状とその結末」、『民族藝術』、第 18 号、民族藝術学会、2002 年、157-162 頁。
藤原貞朗　「20 世紀前半期におけるアンコール遺跡の考古学と仏領インドシナの植民地政策」、『日本研究』第 26 集、国際日本文化研究センター、2002 年、221-253 頁。
藤原貞朗「棲み分ける美術館・展覧会—1920-30 年代パリの美術館展示にみるフランス美術の内と外」、『西洋美術研究』第 10 号、三元社、2004 年、145-152 頁。
藤原貞朗　「美術史学と国際主義—1920 年代の美術史家の成功とその意味」、『美術フォーラム 21』第 9 号、醍醐書房、2004 年、90-95 頁。
藤原貞朗「東洋美術史学の起源における歴史観・文化的価値観・分析方法をめぐる日本と欧米の競合について、総合的検討」『茨城大学人文学部紀要人文学科論集』45 号、2006 年、1-16 頁。
藤原貞朗「パリの万国博覧会とアンコール考古学の近代化」、*Art and Culture in East Asia*、第 3 号、東アジア美術文化学会、韓國ソウル、2007 年、171-216 頁。
藤原貞朗「第二次世界大戦期の日本と仏領インドシナの文化協力〜アンコール遺跡の考古学をめぐって〜 (前編)」、『茨城大学人文学部紀要　社会科学論集』45 号、2008 年、107-127 頁。
藤原貞朗「第二次世界大戦期の日本と仏領インドシナの文化協力〜アンコール遺跡の考古学をめぐって〜 (後編)」、『茨城大学人文学部紀要　社会科学論集』46 号、2008 年、1-20 頁。
藤本周一「国際文化振興会による戦前の 3 事業に関する研究ノート」『大阪経大論集』vol.45、大阪経済大学、1994 年、525-546 頁。
藤岡通夫「佛印事情とアンコール」、『建築雑誌』56 号、1942 年、13-17 頁。
藤岡通夫『アンコール・ワット』、彰国社、1943 年。
『藤田嗣治展』カタログ、東京国立近代美術館、2006 年。
Dario Gamboni, *The Destruction of Art, Iconoclasm and Vandalism since the French Revolution*, Reaktion Books, 1997.
Dario Gamboni, *Potential Images, Ambiguity and Indetermination in Modern Art,* Reaktion Book, 2002.
Francis Garnier, *Le voyage d'exploration, Indo-Chine effectué pendant les années 1866, 1867 et 1868 par une commission présidée par M. le capitaine de frégate Doudart de Lagrée et publiée par les ordres du ministre de la Marine sous la direction de M. le lieutenant de vaisseau F. Garnier*, 2 volume de texte et un Atlas en 2 fascicules, Paris, 1873.
André Germain, *La vie amoureuse d'Annunzio,* Paris, 1954.
Madeleine Giteau, *Les Khmers, sculptures khmères, reflets de la civilisation d'Angkor,* Fribourg, 1972.
Maurice Glaize, *Les Monuments du groupe d'Angkor,* 3e édition, Paris, 1963.
Victor Goloubew, *Ars Asiatica X : Documents pour servir à l'étude d'Ajanta. Les peintures de la Première*

George Groslier, « Note sur la sculpture Khmère ancienne», etc.)
Exposition national coloniale de Marseille, plublié par le Commissariat général de l'Exposition, 1922.
L'Exposition coloniale internationale à Paris en 1931, guide officiel, Paris, 1931.
Exposition coloniale de Marseille (1922). L'Ecole française d'Extrême-Orient, Hanoi, 1922.
Claude Farrère, « Angkor et Indochine », *Exposition coloniale internationale de Paris 1931,* Paris, 1931.
Élie Faure, *L'art médiéval, l'histoire de l'art,* Paris, 1912.
Ernest F. Fenellosa [Fenollosa], *L'art en Chine et au Japon,* adaptation de Gaston Migeon, Paris, Hachette, s. d. (1913)
James Fergusson, *History of Indian and Eastern Architecture,* London, 1876. Revised ed. by James Burgess and R. Phene Spiers, 1910, London, 2vol.(Reprint 1972.)
Jean Filliozat, « George Coedès», *BEFEO,* 1970, pp.1-24.
Louis Finot, « Communication de Louis Finot à la séance du 10 mai 1900 à l'Académie des Inscriptions et Belles-Lettres », *BEFEO,* 1901, p.383.
Louis Finot, « Rapport annuel du Directeur de l'EFEO au Gouverneur général sur les travaux de l'Ecole pendant l'année 1899 », repris in *BEFEO,* 1901, documents administratifs.
Louis Finot, « P. Odend'hal», *BEFEO,* 1904, pp.529-537.
Louis Finot, « Leçon inaugurale au Collège de France du 16 mai 1908 », *BEFEO,* 1908.
Henri Focillon, « Art allemand depuis 1870 », *Questions de guerre,* Lyon, 1916, pp. 257-303.
Bruno Foucart, « Viollet-le-Duc et la restauration », *Les Lieux de mémoire,* Quatro, Gallimard, tome 1, 1997, pp.1615-1642.
Alfred Foucher, « Compte rendu de séance du Congrès des orientalistes de Hambourg », *BEFEO,* 1902.
Alfred Foucher, « M. P. Odend'hal », *Journal asiatique,* 1904, pp.527-534.
Alfred Foucher, « Charles Carpeaux », *Journal asiatique,* 1904.
アルフレド・フシエ著『佛教美術研究』、日佛會館編、大雄閣、1928 年。
Lucien Fournereau et Jacques Porcher, *Les Ruines d'Angkor, étude artistique et historique sur les monuments kmers du Cambodge siamois,* Paris, 1890.
Bernard Frank, *Le penthéon bouddhique au Japon, Collection d'Emile Guimet,* Paris, 1991.
ベルナール・フランク、彌永昌吉「日仏会館の歴史、目的および活動」、『日仏文化』第 31 号、1974 年、1-224 頁。
Sadao Fujihara, « Henri Focillon et le Japon », *Histoire de l'art,* n.47, Paris, novembre 2000, pp.19-28.
Sadao Fujihara, « L'Extrême-Orient d'Henri Focillon », *La Vie des fromes ; Henri Focillon et les arts,* Paris, Institut national d'histoire de l'art, catalogue d'exposition tenue au Musée des Beaux-Arts de Lyon, 2004, pp.241-247.
Sadao Fujihara, « Henri Focillon et son étude sur Hokusai », Postface de *Hokousaï* par Henri Focillon, réédition, Édition Philippe Grand, Lyon, 2004.
Sadao Fujihara, « Henri Focillon et la pensée asiatique de Tenshin Okakura », *Aesthetics,* Number 12, The Japanese Society for Aesthetics, 2006, p.37-52.
藤原貞朗　「アンリ・フォシヨンの浮世絵解釈とジャポニスム以後の日本美術史編纂」、『美術フォーラム 21』第 1 号、醍醐書房、1999 年、90-94 頁。

ポール・クローデル著、奈良道子訳『孤独な帝国、日本の 1920 年代』、草思社、1999 年。
Catherine Clémentin-Ojha et Pierre-Yves Manguin, *Un siècle pour l'Asie, L'Ecole française d'Extrême-Orient, 1898-2000*, les éditions du Pacifique, EFEO, Paris, 2001.
Georges Coedès, « Inscription de Rhavavarman II, roi de Cambodge », *BEFEO*, 1904, pp.691-697.
George Coedès, *Ars Asiatica V : Bronzes khmèrs*, Bruxelle et Paris, 1923.
George Coedès, *Ars Asiatica XII: Les collections archéologiques du Musée National de Bangkok*, Bruxelle et Paris, 1928.
George Coedès, « La date du Bayon », *BEFEO*, XXVIII, 1929, p.81.
George Coedès, *Pour mieux comprendre Angkor*, Paris, Musée Guimet, 1947. (三宅訳、『アンコール遺跡』連合出版。)
George Coedès, *Les Peuples de la péninsule indochinoise*, Paris, 1962.
ジョルジュ・セデス著、三宅一郎訳、『アンコール遺跡 壮大な構想の意味を探る』、連合出版、1990 年。
ジョルジュ・セデス著、辛島昇ほか訳、『インドシナ文明史』、みすず書房、1980 年。
ジョルジュ・セデス著、山本智教訳、『東南アジア文化史』、大蔵出版、2002 年。
Jean Commaille, *Guide aux ruines d'Angkor*, Paris, 1912.
Jule Comte, « Le nouveau musée khmer de Compiègne », *L'Illustration*, le 22 août 1874.
Sonia Công-thé, *René Grousset et le Musée Cernuschi 1933-1952*, Mémoire soutenue à l'École du Louvre, Monographie de Muséologie, 1999-2000.
A. K. Coomaraswamy, *Ars Asiatica XIII, Les Miniatures Orientales de la Collection Goloubew au Museum of Fine Arts de Boston*, Paris, 1929.
A. K. Coomaraswamy, *Ars Asiatica XVIII, La sculpture de Bodhgayā*, Paris, 1935.
Bruno Dagens, *Angkor, la forêt de pierre*, Découvertes Gallimard, Paris, 1989.（石澤良昭監修『アンコール・ワット、密林に消えた文明を求めて』、創元社、1995 年。）
Louis Delaporte, *Voyage au Cambodge, l'architecture khmère*, Paris, 1880. (Réédition, Paris, 1999.)（ドラポルト著、三宅一郎訳『カンボヂャ紀行、クメエル芸術とアンコオル』、青磁社、1944 年。）
Louis Delaporte, *Les monuments du Cambodge. D'après les documents recuillis au cours des missions qu' il a dirigées en 1873 et 1882-1883, et de la mission complémentaire de M. Faraut en 1874-1875*, 4 vols, Ministère de l'Inscription publique et des Beaux-Arts, Commission archéologique de l' Indochine, Paris, 1914-1924.
Paul Demiéville, « Henri Maspero et l'avenir des études chinoises », *Toung Pao*, XXXVIII, p.1.
ユベール・デュルト「フランス圏ヨーロッパの仏教学と『法宝義林』(仏教術語解説辞典)」『大阪大学日本学報』vol 2, pp.97-101.
Jacques Dumarçay, *Le Bayon, histoire architecturale du temple*, Paris, 1967.
Jacques Dumarçay, *Documents graphiques de la conservation d'Angkor*, EFEO, Paris, 1988.
Penny Edwards, *Cambodge, The Cultivation of a Nation, 1860-1945*, University of Hawai'i Press, 2007.
Études asatiques, 2 vol., Paris, 1925. (Antoine Cabaton, « A propos d'une langue spéciale de l' indochine» ; George Cœdès, « Tablettes votives bouddhiques du Siam» ; Louis Finot, «Lokeçvara en Indochine» Victor Goloubew, « Le Vase Curtis au musée du Louvre» ;

Land-en Volkenkunde, LXXI, 1931, pp.663-683.
Charles-E. Bouillevaux, *Voyage dans l'Indochine (1848-1856)*, Bar-le-Duc et Paris, 1858.
J. Boulbet et B. Dagens, « Les Sites archéologiques de la région du Bhnam Gulen », *Arts asiatiques*, t.27, 1973.
Bulletin de la Commission archéologique, Paris, 1909.
Bulletin de l'École française d'Extrême-Orient (BEFEO), Hanoï, 1901-.
Bulletin archéologique du Musée Guimet, fasc. I- II, Paris, 1921.
Antoine Cabaton, *Nouvelles recherches sur les Chams*, Paris, 1901
Antoine Cabaton, colaboration avec E. Aymonier, *Dictionnaire cam-français*, Paris, 1906.
Antoine Cabaton, *Les Indes néerlandaises*, Paris, 1910 (version anglaise : *Java, Sumatra, and the Other Islands of the Dutch East Indies*, London, 1911).
Antoine Cabaton, « Quelques documents espagnols et portugais sur l'Indochine aux XVIe et XVIIe siècles », *Journal asiatique*, XII, 1908, pp.255-292.
Antoine Cabaton, « Les Malais de l'Indochine française », *Revue indochinoise*, 1912, pp.163-171.
Antoine Cabaton, « L'Islam dans l'Indochine française », in *Encyclopédie de l'Islam*, Leiden, tome II, pp.537-542.
Pierre Cambon, « Josephe Hackin ou la nostaligie du désert », *Âges et visages de l'Asie, un siècle de' exploration à travers les collections du musée Guimet*, cat. exp., Dijon, Musée des Beaux-Arts, 1996, pp.85-98.
Catalogue de Musée Indochinois, inventaire par George Coedès, Paris, 1910.
Catalogue of the Indian collection in the Museum of Fine Arts of Boston, Boston, 1923.
Zeynep Celik et Leila Kinney, « Ethnographie and Exhibition at the Exposition universelle », *Assemblage*, 13, 1990, pp.35-59.
Charles Carpeaux et Gustave Geffroy, *La galerie Carpeaux*, Paris, 1894-95.
Charles Carpeaux et Henri Dufour, *Le Bayon d'Angkor Tom. Bas-reliefs, d'après les documents recueillis par la mission Henri Dufour avec la collaboration de Charles Carpeaux*, 2 vol., Paris, 1910 -13.
Jean-Baptiste Carpeaux, *Les ruines d'Angkor, de Duong-Duong et de My-Son*, Paris, 1908.
P・J・ケ・シイ著、内山敏訳『シバ神の四つの顔、アンコールの遺跡を探る』、南方出版社、1942年。
Christophe Charle, *Les professeurs de la Faculté des Lettres de Paris, dictionnaire biographique 1909-1939*, volume 2, Institut national de Recherche Pédagogique, Éditions du CNRS, 1986.
Christophe Charle et Eva Telkes, *Les professeurs du Collège de France, dictionnaire biographique (1901-1939)*, Paris, 1988.
Édouard Chavannes et Raphaël Petrucci, *Ars Asiatica I : La peinture chinoise au Musée Cernuschi*, Paris et Bruxelle, 1914.
Édouard Chavannes, *Ars Asiatica II : Six monuments de la Sculpture chinoise*, Paris et Bruxelle, 1914.
Chercheurs d'Asie, répertoire biographique des membres scientifiques de l'Ecole française d'Extrême-Orient, 1898-2002, EFEO, Paris, 2002.
André Chevrillon, *Dans l'Inde*, Paris, 1891
Le cinquantenaire de l'École française d'Extrême-Orient, Compte rendu des fêtes et cérémonies, Paris, Hanoi, 1953

Museum, London, 1886.

Nadine André-Pallois, « Un peintre du dimanche à Angkor : Jean Commaille », *Arts Asiatiques* XLVII, Paris, 1992, pp. 29-39.

Nadine André-Pallois, *L'Indochine ; un lieu d'échange culturel ? Les peintres français et indochinois*, Paris, 1997.

Annale de l'Ecole pratique des Hautes-Études, 1905-1920.

« Arrêté autorisant la vente au Cambodge d'objets anciens provenant de monuments hisotriques », *Journal officiel*, février 1923, p.308 (*BEFEO*, 1924, pp.575-576).

« Arrêté changeant la dénomination de la Mission archéologique d'Indo-Chine en celle d'Ecole française d'Extrême-Orient », *Journal officiel*, 1900, p.323.

« Arrêté créant une Commission des Antiquités historiques et archéologique », *BEFEO*, 1919, pp. 143-145.

« Arrêté du Gouverneur Général, le 12 août 1919 », *Art et Archéologie khmères*, Paris, p.110.

« Arrêté relatif à la conservation en Indo-Chine des monuments et objets ayant un intérêt historique ou artistique », *Journal officiel*, 1900, p.311. (*BEFEO*, n.1, 1901.)

« Arrêté relatif à la vente des objets anciens provenant des monuments du Cambodge », *Journal officiel*, 1931, p.2563 (*BEFEO* XXXI, 1931).

L'Art bouddhique, collection Goloubew, exposition organisée au Musée Cernuschi, Paris, 1913.

L'Art des origines à nos jours, sous la direction de Léon Deshairs, 2vol, Paris, 1932.

Artibus Asiae 24/3-4 (1961), numéro spécial pour le 75e anniversaire de M. George Cœdès, pp.155-186.

Arts et archéologie khmères, Revue des recherches sur les arts, les monuments et l'ethnologie du Cambodge, depuis les origines jusu'à nos jours, dirigé par George Groslier, Paris, 1921-1923.

『朝日新聞』縮小版（1941 ～ 1944 年）。

淺湫毅編『アンコールの美術、フランス極東学院交換品目録』、東京国立博物館、発行年表記なし（1998 年）。

Jeannie Auboyer, « Joseph Hackin » (Conférence pronocnée à Luxembourg, le 8 juillet 1967), in *Biographie nationale du pays de Luxembourg*, fascicule 16, pp.395-400.

Léonard Aurousseau, « Claude Eugène Maitre » (nécrologie), *BEFEO*, t.XXV, 1925, pp. 599-619.

Etienne Aymonier, *Le Cambodge*, 3 vol., Paris, 1901-1903.

N.Balanos, *Les Monuments de l'Acropole. Relevement et Conservation*, Paris, 1938.

Maurice Barrès, *La Dépêche coloniale*, 24 février 1932.

Charle Baudelaire, *Œuvres complètes*, vol. II, p. 487 (*Salon de 1846*).

Germain Bazin, *Histoire de l'histoire de l'art, de Vasari à nos jours*, Paris, 1986.

René de Beauvais, *Louis Delaporte, explorateur (1842-1925)*, Paris, 1929.

René de Beauvais, *La vie de Louis Delaporte, explorateur, 1842-1925. Les ruines d'Angkor*, Paris, 1931.

Léonce Bénédite, *La Peinture au XIXe siècle*, Paris, s.d.

J. Boisselier, *Le Cambodge*, Paris, 1966.

J. Boisselier, « Note sur l'art du bronze dans l'ancien Cambodge », *Artibus Asiae*, t.29/4, 1967.

エリック・ボムズボウム編、前川啓治ほか訳『創られた伝統』、紀伊国屋書店、1992 年。

F.D.K. Bosch et C.C.E.M.Le Roux, « Wat te Paris verloren gig », *Tijdschrift voor Indische Taal-*

« Siem-Réap, 4 avril 1933 »

Lettre de Robin (?) à André Honnorat, directeur de la Cité universitaire à Paris, « Paris, 21 avril 1934 »

2 Télégrammes de George Trouvé au Directeur de l'EFEO : « Hanoi, 1er juillet 1933 », « 2 juillet 1933 »

Télégramme du Directeur de l'EFEO à George Trouvé, « Hanoi, 1er juillet 1933 »

Lettre du Chef du Services des Affaires extérieures au Gouverneur général de l' indochine, « 10 août 1934 »

Télégramme de George Trouvé au Directeur de l'EFEO, « 19 septembre 1934 »

Télégramme du Directeur de l'EFEO à George Trouvé, « 19 septembre 1934 » : « Pouvez offrir petite tête de préférence à Madame Robin. Tâchez emmener Gougal Bantay Srei »

Lettre du Directeur de l'EFEO au Conservateur d'Angkor, « 1er février 1935 »

Lettre du Conservaetur des Monuments du groupe d'Angkor au Directeur de l'EFEO, « Siem-Réap, 4 mars 1935 » : proposition de 12 pièces, avec 12 photos jointes

Lettre du Directeur de l'EFEO au Contre-Amiral Richard, commandant les forces navales en Extrême-Orient, Hanoi, « Hanoi, 20 avril 1935 » : envoi de « le petit bronze » comme « souvenir de cette cordiale collaboration »

Lettre du Contre-Amiral Richard au Directeur de l'EFEO, « 22 avril 1935 »

Télégramme du Conservateur d'Angkor au Directeur de l'EFEO, « 10 avril 1941 »

Lettre du Conservateur des monuments du Groupe d'Angkor au Directeur de l'EFEO, « Siemréap, 24 octobre 1941 »

Lettre de l'Enseigne de Vaisseau de Boysson, Aide de Camp de Sa Majesté, à Maurice Glaize, conservateur des Ruines d'Angkor, « Phnom Penh, 6 juillet 1942 »

Lettre de George Coedès à l'Enseigne de vaisseau de Boysson, « Dalat, 13 août 1942 »

Télégramme du Conservateur d'Angkor au Directeur de l'EFEO, « 2 novembre 1942 »

Télégramme du Directeur de l'EFEO au Conservateur d'Angkor, « 3 novembre 1942 »

(2) 著作物（印刷物） Textes imprimés

Nasir Abdoul-Carime, articles en ligne de l'AEFEK (http://aefek.free.fr/Lecture.htm).

Afghanistan, une histoire millénaire, cat. expo., Musée national des Arts asiatiques-Guimet, Paris, 2002.

Charles-Robert Ageron, « L'Exposition coloniale de 1931 ; Mythe républicain ou mythe impérial? », *Les Lieux de mémoire*, Gallimard, 1993, t.I, pp.493-515.

Äges et visages de l'Asie, un siècle de'exploration à travers les collections du musée Guimet, cat. exp., Dijon, Musée des Beaux-Arts, 1996.

Jean Alazard, « L'Exotisme dans la peinture française au XIXe siècle », *Gazette des Beaux-Arts*, tome 6, 1931, pp.240-255.

W. Anderson, *Descriptive and historical catalogue of a collection of Japanses and Chinese Painting in British*

Japonaises, au Directeur de l'EFEO, « Hanoi, 10 janvier 1945 »
Dons, Cadeaux (Don de 2 assiettes en céramique à Kuriyama, 1943), 5 documents
Lettre de Victor Goloubew à George Coedès, « Hanoi, 12 août 1943 »
Echange d'objets archéologiques entre l'Ecole et le Musée du Japon, 1941, voir « J.4, Musée du Japon »
Echange des sculptures avec l'Amérique, 5 documents
Lettre du Directeur de l'EFEO au Gouverneur général de l'Indochine, « Hanoi, 25 janvier 1930 »
Lettre du Gouverneur général de l'Indochine au Directeur de l'EFEO, « Hanoi, 17 mars 1930 »
Lettre de Victor Goloubew (séjour à Paris, Musée Guimet) au Directeur de l'EFEO, « 8 avril 1930 »
Echanges, 1936-1942
Lettre à Chao Khun (His Excellency Phya nagor Brah Ram, Lord-Lieutnant), « Hanoi, 28 avril 1933 »
Lettre de Victor Goloubew à Stoclet (Bruxelles), « 18 janvier 1936 »
Lettre de Victor Goloubew à Madame Stoclet (Bruxelles), « 1er juillet 1936 »
Lettre de Victor Goloubew à Stoclet, « 19 avril 1937 »
2 Télégrammes de secrécorient à direcorient Siemréap : « 17 juillet 1937 », « 19 juillet 1937 »
Lettre du Conservateur des Monuments du groupe d'Angkor au Directeur de l'EFEO, « Siem-Réap, 15 septembre 1937 »
Nombreuses correspondances concernant l'echange Francis Rose et Stoclet
Lettre de L. Rollet (Directeur de l'Ecole des Arts Cambogiens, Phnom Penh) à George Coedès, « Phnôm-Penh, 3 février 1942 »
Lettre de George Coedès à L. Rollet, « 8 février 1942 »
etc...
Dons, divers
Lettre du Directeur des Affaires Economiques (Gouvernement général de l'Indochine) au Directeur de l'EFEO, « Hanoi, 7 mars 1925 »
Lettre du Directeur de l'EFEO au Directeur des Affaires Economiques, « Hanoi, 10 mars 1925 »
Lettre du Chef du Service Archéologique de l'EFEO à M. Lefol (Résident Supérieur à Huè), « 2 août 1930 »
Lettre : de W Earl Hopper, directeur du Palais des Nations , New Jersey, au Secrétaire général du Gouvernement général de l'Indochine, « 18 avril 1931 »
Lettre du Directeur de l'EFEO au Gouverneur général de l'Indochine (service des Affaires Extérieures), « 21 septembre 1931 »
Lettre de George Groslier au Directeur de l'EFEO, « 17 janv 1932 » : sur le souvenir à Lavit
Lettre du Conservateur des Monuments du Groupe d'Angkor au Directeur de l'EFEO,

« Le procès verbale de de la réunion pour examiner les pièces de sculptures susceptibles d'être livrées à la vente » : 63 morceaux de sculpture, « 28 septembre 1932 »

Commission de déclassement, 1936-1938

« Procès verbal de la Commission de declassement 1936 »

« Procès verbal de la Commission de déclassement » du 7 avril 1937 : 65 morceaux de sculptures ont été désignés ...

« Procès verbal de la Commission de déclasssement » du 14 février 1938 : 77 morceaux de sculpture ont été désignés...

« Procès verbal de la Commission de déclassement » du 26 août 1938 : 26 pièces de sculptures khmères provenant des fouilles de Prah Khan...

« Procès verbal de la Commission de declassement » du 10 août 1939

Commission de déclassement 1942, 6 août 1942, 86 morceaux.

Commission de déclassement 1943, 15 août 1943, 36 morceaux.

Commission de declassement en 1946

Divers

Lettre du Conservateur des Monuments du groupe d'Angkor au Dir de l'EFEO, « Siem-Réap, 5 septembre 1931 » : envoi du procès verbal de la « commission de vente » tenu le 31 juillet 1931

Lettre du Conservateur des Monuments du groupe d'Angkor au Directeur de l'EFEO, « Siem-Réap, 26 décembre 1933 ».

Lettre de l'inspecteur du Science archéologique f. f. de le Conservateur des Monuments du groupe d'Angkor au Directeur de l'EFEO, « Siem-Réap, 31 mars 1937 » : Commission de déclassement tenue le 7 avril, 71 objets.

Lettre du Conservateur des Monuments du groupe d'Angkor au Directeur de l'EFEO, « Siem-Réap, 3 janvier 1938 »

Lettre du Conservateur des Monuments Historiques de Cochinchine-Cambodge au Directeur de l'EFEO, « Saigon, 15 sep tembre 1938 »

Lettre de George Coedès à H. Mauger, Conservateur des monuments historiques de Cochinchine-Cambodge, Conservateur du Musée Blanchard de la Brosse, « 19 septembre 1938 »

4. Emprunts et prêts, 1933 et 1942-1945

Lettre de Louis Malleret, correspondant de l'EFEO, conservateur du Musée Blanchard de la Brosse au Directeur de l'EFEO, « Saigon, 14 octobre 1942 »

Lettre de Louis Malleret au Directeur de l'EFEO, « Saigon, 10 janvier 1944 »

Lettre du Conservateur des Monuments du Groupe d'Angkor au Conservateur du Musée Blanchard de la Brosse, « 1er février 1944 »

Lettre du Directeur de la Cité universitaire, Hanoi, au Directeur de l'EFEO, « Hanoi, 27 octobre 1944 »

Lettre de George G. Coedès au Directeur de la Cité universitare, Hanoi, « 30 octobre 1944 »

Lettre du Lieutenant Colonel de Kermel Commissaire delegué aux relations Franco-

: « Société Etudes Indochinoises décrivant offrir souvenir Bouchat quittant Saigon »

Lettre du Conservateur des Monuments du Groupe d'Angkor (Henri Marchal) au Directeur des Arts cambodgiens, « Siem Réap, 8 avril 1930 » : une tête de buddha achetée par Dr Voronoff, 2000 piastres

Télégramme du Directeur de l'EFEO au Conservateur d'Angkor, « 11 février 1931 »

Lettre du Conservateur des Monuments du groupe d'Angkor au Directeur de l'EFEO, « 9 février 1933 »

Lettre du Directeur des Arts Combodgiens au Directeur de l'EFEO, « 21 jan 1933 » : versement de la somme de la vante des objets anciens

Lettre du Conservateur du Groupe d'Angkor au Directeur de l'EFEO, « 15 mars 1934 » : « procéder sans plus de délai à un nouveau déclassement, en vue de la vente aux touristes. »

Lettre du Conservateur du Groupe d'Angkor au Directeur de l'EFEO, « 24 mars 1934 » : versement au Percepteur de Siemréap pour le compte de l'EFEO, 17 mars 1934, 192 piastres 20 cents

Lettre du Conservateur du Groupe d'Angkor au Directeur de l'EFEO, « 17 septembre 1934 » : achat de pierres sculptées déclassées par le Baron Empain (1515 piastres)

Lettre du Conservateur d'Angkor au Directeur de l'EFEO, « 22 septembre 1934 » : demande des pièces 136 et 87 par M. Delorme

Lettre du Chef du Service archéologique au Conservateur du Musée Guimet, « 22 novembre 1934 »

Lettre de la Cité universitaire de Paris au Directeur de l'EFEO, « Paris, 6 décembre 1934 »

Lettre du Conservateur d'Angkor au Directeur de l'EFEO, « 2 avril 1935 » : liste des pièces khmères demandées par M. Janse, 1083, 1274, 3034, 389, 1651, 2394

Lettre du Conservateur d'Angkor au Directeur de l'EFEO, « 5 juin 1936 » : demande de Martin S. Rosenblatt

Lettre du Conservateur d'Angkor au Directeur de l'EFEO, « 4 novembre 1936 » : demande d'achat de Georges Picot, Secrétaire de la Légation de France à Bangkok.

Lettre de George Coedès à Maurice Glaize, Conservateur d'Angkor, « 12 mai 1937 » : sur l'envoi à Janse

Lettre du Conservateur d'Angkor au Directeur de l'EFEO, « 13 décembre 1937 » : demande d'achat de Vicomte de Dampierre, « un touriste de passage ».

Lettre de Maurice Glaise à George Coedès, « 5 avril 1937 » : Commission de déclassement 1937

3. Vente des antiquités, généralité

Commission de vente des antiquités khmères, 1931-1936, 26 documents

« Procès verbal de la Commission de vente » du 2 septembre 1931

« Le procès verbal de la réunion de la Commission chargée de dresser au Cambodge la liste annuelle des objets susceptibles d'être aliénés comme ne présentant pas un intérêt scientifique ou artistique » du 2 septembre 1931

1936 »
Lettre de Martin Birnbaum au Directeur de l'EFEO, « 22 février 1936 »
Lettre de George Coedès à Silvestre, Résident Supérieur au Cambodge, Phnom penh, « 24 février 1936 »
Ventes, 1936, 11 documents
Ventes, 1938, The Buffalo Fine Arts Academy
Ventes d'antiquité indochinoises, divers, 1927-1945
« Liste des objets anciens vendus sous le contrôle de la Direction des Arts cambodgiens du 24 février 1925 au 13 janvier 1927» (Dossier du Musée Albert Sarraut)
« Liste des pierres anciennes vendues à Angkor (de novembre 1927 à fin mars 1929) » : 0112 n.159 du 26 avril 1929 de 1,607 piastres 78 Ex. 1928.
« Relevé des sculptures anciennes en grès vendues à Angkor-les-Ruines d'avril 1929 à décembre 1929 » : ordre de recette N. 109 du 2 avril 1930 de 668 piastres 68 (Dossier de la Direction des Arts cambodgiens)
« Relevé des sculptures anciennes vendues à Angkor de janvier à octobre 1930»
« Procès verbal de la Commission de déclassement, le 2 septembre 1931 », avec estimation de prix
« Pierres sculptées déclassées par Commission 1931 »
« Vente de pierres déclassées au Bungalow d'Angkor, pierres déclassées par Commission 1931 »
« Relève des ventes des pierres d'Angkor » aux hôtels en 1932, avec une lettre de Grand Hotel d'Angkor et Hotel des Ruines à Siemréap Angkor à l'EFEO, « 1er juillet 1932 »
« Rapport de vente pierres année 1932 » du Conservateur p.i. d'Angkor destiné au Directeur de l'EFEO, « Siemréap, 1er décembre 1932 »
« Pierres sculptées déclassées par Commission 1932 »
« Relevé des pierres vendues mises en vente » en 1933, avec une lettre du Directeur des Arts Combodgiens au Directeur de l'EFEO, « 16 octobre 1933 »
« Pierres sculptées déclassées par Commission 1933 »
« Relevé des pierres mises en vente par les Commission 1931-1932 et 1933 » avec une lettre du Conservateur d'Angkor au Directeur de l'EFEO, « 18 août 1934 »
« Pierres sculptées déclassées par Commission 1934 »
« Relevé des pierres mises en vente par les Commission 1931-1932, 1933 et 1934 », avec une lettre du Conservateur d'Angkor au Directeur de l'EFEO, « 25 mai 1935 »
« Liste des pierres déposées au Grand Hotel de Siemréap et vendues en décembre 1937 »
« Liste des sculptures d'Angkor en dépôt au Musée Blanchard de la Brosse, pour la vente » en 1939
« Liste des sculptures vendues » à Saigon, « 31 janvier 1939 », signé « Conservateur Maugot »
Télégramme au Conservateur d'Angkor, « 14 septembre 1927 » : autorisation de la cession demandée par Gougal, deux têtes et un antéfixe accordée.
Télégramme du Directeur de l'EFEO au Conservateur d'Angkor, « Hanoi, 9 février 1930 »

Pierre Charron, 22 juin 1920 »

Carton 28 : Monuments histoirques
2. Documents (Ensemble à ne pas communiquer, avril 1997)
Ventes d'objets anciens en 1923, 1924, 1925 et 1927
Lettre du Directeur des Arts Cambodgiens, Conservateur du Musée du Cambodge au Directeur de l'EFEO, « Phnom Penh, 27 février 1923 »
Lettre du Directeur des Arts Cambodgiens, Conservateur du Musée du Cambodge au Directeur de l'EFEO, « Phnom Penh, 24 janvier 1924 »
Lettre du Directeur de l'EFEO au Directeur des Arts Cambodgiens, Phnom Penh, « Hanoi, 8 octobre 1924 »
« Inventaire des objets anciens vendus de janvier à septembre 1924, Phnom Penh, 24 septembre 1924 »
« Inventaire des objets anciens à vendre, approuvé par la Commission des Antiquités du Cambodge en ses réunions du 18 oct 1924 et 17 août 1925 »
Fragments de « Inventaire en 1927 »
Ventes, 1930-1932, sculptures khmères au Recteur du Musée royal d'Amsterdam, 1930-1932
Lettre du Directeur de l'EFEO au Gouverneur général de l'Indochine, « 5 décembre 1930 »
Lettre du Conservateur d'Angkor au Directeur de l'EFEO, « 15 janvier 1931 »
Lettre de H. K. Westendorp à Marchal, « Amsterdam, 1er avril 1931 »
Lettre du Directeur de l'EFEO au Gouverneur général de l'Indochine, « 28 avril 1931 »
Lettre du Directeur des Arts Cambodgiens au Directeur de l'EFEO, « Phnom Penh, 2 avril 1932 » : versement de 2400 piastres de la vente au Wastendorp, président de la Société des Amis de l'Art Asiatique, Musée de la ville Paulus Potterstraat 13 à Amsterdam .
Vente d'une tête khmère à Mme. Noël, 1932 (Guimet)
Cession « Citroen », 1932-1933, 35 documents
Vente Spalaïng, 1934, 19 lettres
Ventes, 1935-36, seculptures khmères à Martin Birnbaum (Metropolitan Museum of New York)
Lettre de G.eorge Coedès à M. Birbaum, c/o Morgan et co, 14 Place Vendôme, Paris, « Hanoi, 11 avril 1935 »
Lettre du Directeur de l'EFEO au Conservateur d'Angkor, « Hanoi, 11 avril 1935 »
Lettre de Victor Goloubew à Martin Birnbaum, « 22 juillet 1935 » : prix des objets (sculptures chams).
Lettre de M. Birmbaux (Le Reynolds, 6 Avenue du Parc Morceau, Paris) à George Coedès, « 8 janvier 1936 »
Lettre du Directeur de l'EFEO à Conservateur d'Angkor, « Hanoi, 20 février 1936 »
Lettre du Directeur de l'EFEO à Victor Goloubew, « Hanoi, 20 février 1936 »
Lettre du Directeur de l'EFEO à Gouverneur général de l'Indochine, « Hanoi, 20 février

Lettre du Gouverneur général de l'Indo-Chine au Ministre de l'Instruction Publique et des Beaux-Arts, « Hanoi, 25 juin 1903 », signé « Beau »

Lettre du Directeur de l'EFEO au Gouverneur général de l'Indo-Chine, « Hanoi, 30 décembre 1903 », signé « Finot »

Lettre du Gouverneur général de l'Indo-Chine au Ministre des Colonie, « 31/12/03 ? (Hanoi, le 8 janv 1904) », signé « Beau »

Lettre du conservateur des Antiquités Egyptiennes du Louvre au Directeur de l'EFEO, « Palais du Louvre, 27 avril 1904 »

Lettre de Gaston Migeon à Louis Finot, « Directeur de l'Institut archéologique d'E-O », « Palais du Louvre, 2 juin 1904 »

Lettre du ministre de l'Instruction publique et des Beaux-Arts à Louis Finot, « Palais Royal, 7 juillet 1904 »

BNF (Bibliothèque nationale de France), 1903-1908

Lettre de l'Administrateur général de la BNF au Gouverneur général de l'Indo-Chine, « Paris, 13 février 1904 »

Lettre de Claude Maitre à l'Administrateur de la BNF, « Hanoi, 29 décembre 1908 »

Bibliothèque d'Art et d'Archéologie 1912-13

Lettre de René Jean, bibliothèquaire, au Directeur de l'EFEO (Cl. E. Maitre), « Paris, 19 septembre 1912 »

Lettre de Claude Maitre à René Jean, « Hanoi, 24 octobre 1912 »

7 lettres de René Jean au Directeur de l'EFEO : « Paris, 27 novembre 1912 », « Paris, 9 décembre », « Paris, 17 décembre », « Paris, 8 janvier 1913 », « Paris, 24 février (1913)», « Paris, 19 avril (1913)», « Paris, 4 sept 1913 »

6 lettres de Claude Maitre, directeur de l'EFEO à René Jean : « Hanoi, 17 janvier 1913 », « Hanoi, 12 février 1913 », « Hanoi, 7 mai 1913 », « Hanoi, 12 juin 1913 », « Hanoi, 23 juillet 1913 », « Hanoi, 5 novembre 1913 »

2 Telegrammes du Résident supérieur au Directeur de l'EFEO : « 7 mai 1913 », « 13 mai 1913 »

2. Correspondance personnelle des directeurs de l'EFEO avec des personalités métropolitaines, 1907-1920

Edouard Chavannes 1907-1918, 19 lettres

Télégramme au Gouverneur général à Hanoi, « Paris, 7 janvier 1907 »

Arrêté du 24 janvier 1907, article 1er : Ed Chavannes est attaché à l'EFEO pendant l' année 1907 et chargé d'une mission en Chine.

Lettre du Ministre des Colonies au Gouverneur général de l'Indo-Chine, « Paris, 20 mars 1907 »

Louis Delaporte, 1920

Lettre de Louis Delaporte du Musée Indo-Chinois au Directeur de l'EFEO, « Palais du Trocadéro, 6 juin 1907 »

Lettre de Louis Delaporte au Directeur de l'EFEO, « Palais du Trocadéro, 22 mars 1911 »

Lettre de Louis Delaporte au Directeur de l'EFEO (dir, p. i. H. Parmentier), « 46, rue

Lettre de Kuroda Kiyoshi à George Coedes, « Tokyo, 6 octobre 1942 » : envoi de 5 exemplaires de « Kokusai Bunka », numéro spécialement (n. 21 ?) consacré à l'étude des Indes. Le traducteur japonais en fut Monsieur Nobuhiro Matsumoto, professeur de l'Université de Keito et directeur de la Société des études nipp-indochinoises. (cf. Voir « Nobuhiro Matsumoto, 1933 »)

Traduction de *Nô* de Péri, 1941 (Voir « Projet d'échange après Goloubew, 1941 »)

Lettre de Naojiro Sugiyama (l'Administrateur-gérant de la Maison franco-japonaise, pour la Commission de publication du *Nô*) au Directeur de l'EFEO, « Tokio, 2 juillet 1941 »

Lettre du Directeur de la Maison Franco-Japonaise à George Coedès, « Tokio, 4 juillet (1941)»

Lettre de George Coedès au Président de la Commission de *Nô* à la Maison Franco-Japonaise, « Dalat, 25 juillet 1941 »

Relation avec la « Kokusai Bukkyo Kyokai » (Société Internationale du Bouddhisme), 1941-1942

Lettre du Dr. Tetsujiro Inouye, Président de la Société Internationale du Bouddhisme à George Coedès, « 16 octobre 1941 »

Lettre du Dr. Tetsujiro Inouye à George Coedès, « 17 novembre (1941) »

Lettre de T. Inoue au Directeur de l'EFEO, « 26 juin 17e année Syowa (2485e année çaka) (1942) »

Lettre de T. Inoue au Directeur de l'EFEO, « 10 décembre 17e année Syowa (1942) »

Lettre de T. Inoue au Directeur de l'EFEO, « le 18 février 1943 »

Shinbi-Shoin, 1941-1943

4 lettres du Directeur de la Maison Franco-Japonais au Directeur de l'EFEO : « Tokio, 10 octobre 1941 », « Tokio, 26 janvier 1942 », « Tokio, 31 janvier 1942 », « Tokio, 1er avril 1942 »

Lettre de Victor Goloubew au Directeur de la Maison Franco-Japonaise, « 27 février 1942 », non signé

Lettre de George Coedès (Goloubew) au Directeur de la Maison Franco-Japonaise, « 13 juin 1942 »

Télégramme de George Coedès (Goloubew) au Directeur de la Maison Franco-Japonaise, « 4 octobre 1942 »

Lettre du Consul Général N. Ogawa, directeur du Service d'information à la Mission Japonaise à George Coedès, « Hanoi, 31 octobre 1942 »

Télégramme de Shimbi Shoin à l'EFEO, 22/01/43

The Toyo Bunko (The Oriental Library), 147 Kami-fujimaecho, Hongo, Tokyo.

2 lettres à George Coedès

Carton 19

1. Organismes scientifiques et société savants 1903-1918

Musée du Louvre (Ministère de l'Instruction publique et des Beaux-Arts), don de 150 peintures, 1903-1904

6. Divers

Université impériale de Tokyo, 1923-1931 : concours des étrangers lors du séisme de Tokyo en 1923

Lettre du Directeur de l'EFEO au Consul de Japon, « Hanoi, 6 septembre 1923 » : sur le séisme

Lettre du Président de l'Université (de Tokyo) au Directeur de l'EFEO, signé « Y. Kozai », « Tokyo, 7 novembre 1923 » : sur le dégât du tremblement de terre et la demande de soutien pour la reconstitution de la bibliothèque.

Lettre du Président de l'Université (de Tokyo) au Directeur de l'EFEO, signé « Y. Kozai », « Tokyo, 9 juin 1924 » : remerciement

Lettre du Bibliothécaire en chef, professeur au Directeur de l'EFEO, signé « M. Anesaki », « Tokyo, 7 octobre 1924 »

Lettre de Paul Claudel à A. Varenne, Gouverneur général de l'Indochine, « Tokyo, 10 mars 1926 »

Lettre : de M. Anesaki (Tokyo Imperial University Library) à l'EFEO, « Tokyo, février 1931 »

Institut franco-japonais du Kansai, Kyoto, 1928-35

Lettre du Directeur de l'Institut franco-japonais de Kansai au Directeur de l'EFEO, « Kyoto, 4/9/28 » : programme et les publications de l'Institut de Kansai

5 lettres sur l'envoi de 2 vol de *Angkor Vat* en 1933.

Lettre de Louis Marchand, Directeur de l'Institut franco-japonais de Kansai à Victor Goloubew, « Kyoto, 14 octobre 1935 »

Une carte postale d'Institut franco-japonais de Kansai, Kyoto.

Hobogirin, 1933

Lettre de Hasugawa (rédacteur en chef) au Directeur de l'EFEO, « Tokyo, 16 février 1933 »

Traduction japonaise de Foucher, 1933

Lettre de K. Okamoto (10, Matukiyo-cho, Asakusa-ku, Tokio, Japon) à George Coedès, « 13 septembre 1933 »

Inauguration de l'Université inpériale de Taihoku à Formose, 1936

Lettre du Conseil général du Japon à Hanoi à George Coedès, « Hanoi, 16 avril 1936 » Photographie d'Horyuji, 1936

Lettre de KBS à l'EFEO, en anglais, «10 December 1936 », signé « Setsuichi Aoki, General Secretary »

Concours international d'articles sur la culture japonaise, Kokusai Bunka Shinkokai, 1940

Lettre de Matsuzo Nagai à l'EFEO, « Tokyo, 26 fevrier 1940 » : sur Concours international d'articles sur la culture japonaise, organisé pour commémorer le 26e centenaire de la fondation de l'Empire du Japon, KBS. 10 pp.

Revue « Kokusai Bunka », article de Coedès, 1942 (Voir « Kiyoshi Kuroda, voyage en Indochine, 1941 »)

Lettre de Kuroda Kiyoshi à George Coedès, « Tokyo, 29 mai 1942 »

Télégramme d'État, de Depeyre à Gougal, « 12 novembre 1942 »

Télégramme de Victor Goloubew au Directeur de l'EFEO, « Hanoi, 12 décembre 1942 »

Télégramme de Victor Goloubew, « Hanoi, 16 décembre 1942 »

2 Lettres de Goloubew à Messieurs Yokoyama (Ministre plénipotentiaire) et Ogawa (Consul général du japon), « 18 décembre 1942 »

Télégramme officiel de Victor Goloubew au Directeur de l'EFEO, « Hanoi, 23 décembre 1942 »

Lettre de Victor Goloubew au directeur de l'EFEO, « 31 décembre 1942 »

Lettre de Victor Goloubew à Paul Boudet, directeur des Archives et des Bibliothèques de l'Indochine, « 2 janvier 1943 »

Lettre de A. Charton (directeur de l'Instruction publique en Indechine) au Directeur de l'EFEO, « Hanoi, 7 janvier 1943 »

Télégramme de Victor Goloubew au Directeur de l'EFEO, «soins Institut bouddhique, Phnompenh », « 19 janvier 1943 »

Lettre de l'Inspecteur Général de l'Instruction Publique, directeur de l'Instruction Publique en Indochine au Directeur de l'EFEO, « Hanoi, 19 janvier 1943 »

Télégramme : « 23/1/43 », Saigon Tourane.

Lettre du Conservateur des monuments du Groupe d'Angkor au Directeur de l'EFEO, « Siemréap, 8 février 1943 »

Lettre du Comte Kiyoshi Kroda, Administrateur Secrétaire Général de KBS à M. Jean Chabas, Secrétaire au Secrétariat des Relations Intellectuelles avec les pays voisins, direction de l'Instruction Publique, Hanoi, « Tokyo, 15 février 1943 »

Lettre de S. Umehara à Victor Goloubew, « Tokyo, 22 mars 1943 », signé, enveloppe de KBS

Lettre de S. Umehara à George Coedès, « Tokyo, 22 mars 1943 », signé, enveloppe de KBS

Fukui, voyage en Indochie, 1942

Lettre du Directeur de la Maison Franco-Japonaise à George Coedès, « 16 novembre 1942 »

Mission Nishihonganji en Indochine, 1942

Télégrammme de Gouverneru Général de l'Indochine à l'EFEO, « 14 octobre 1942 »

Mission bouddhique japonaise (Mission Nishihonganji en Indochine, 1942)

Lettre de Yokoyama (Masayuki) (Président de l'Institut culturel du Japon, conseiller auprès de la mission japonaise) à Victor Goloubew.

Dossiers intitulés « Visites à Hanoi de monuments religieux, etc » (programme de la Mission bouddhique à l'Indochine)

Takeo Sigefuji et Hatchiro Hosaka, voyage en Indochine, 1944

Lettre de la Mission Japonaise en Indochine à l'EFEO, « 23 octobre 1944 »

J. Yoneyama et H. Togawa, voyage en Indochine, 1944

Lettre de K. Omiya (secrétaire général de l'Institut culturel du Japon) à George Coedès, « Hanoi, 19 octobre 1944 »

Projet de conférence de George Coèdes au Japon, 1942-1943 ; projet de l' « Association bouddhique au Japon »

Lettre de l'Association bouddhique au Japon, « Tokio, 9 mars 1942 » , non signé.

Lettre du Directeur de l'EFEO au Gouverneur général de l'Indochine, « Hanoi, 23 avril 1942 »

Lettre de N. Ogawa (Consul Général du Japon, Dir du Service d'Information à la Mission japonaise en Indochine) à George Coedès, « Hanoi, le 30 avril 1942 », concernant la délégation du Consul T. Watanabe,

Télégramme de George Coedès à la Maison Franco-Japonaise, « Hanoi, 14 septembre 1942 »

Lettre de N. Sugiyama (Maison Franco-Japonaise) à George Coedès, « Tokyo, 15 décembre 1942 » : concernant le delai de la départ de Coedès et 20e anniversaire de la mort de Noël Peri.

Lettre de George Coedès au Consul général, Ogawa, Mission japonaise, « 2 avril 1943 »

5. Echange de Conférence, 1940-1944 : (ii) personalités japonaises en Indochine

Nobuhiro Matsumoto, voyage en Indochine, 1933

Lettre du Résident de France à Faifoo, à Gerge Coedès, « 14 septembre 1933 »

Kiyoshi Kuroda, voyage en Indochine, 1941 : Kokusai Bunka Shinkokai (Voir la Revue « Kokusai Bunka », un article de Coedès, 1942 »)

Lettre de Kokusai Bunka Shinkokai (KBS) à George Coedès, « Tokyo, 6 avril 1941 » ; envoi de « M. le Comte Kroda, membre actif du Comité de Direction de notre Société » à Hanoi.

Lettre du Comte Kiyoshi Kuroda à George Coedès, « Tokyo, 16 juin 1941 »; remerciement de son voyage.

Horyu Kuno, voyage en Indochine, 1941

Lettre du Directeur de la Maison Franco-Japonaise au Directeur de l'EFEO, « Tokio, 1er mars 1941 »

Hatakenaka, voyage en Indochine, 1941 ?

Lettre de Hatakenaka à Victor Goloubew, « Osaka, le 22 juillet (1941?) », signé « T. Hatakenaka, Prof à l'Ecole des Langues vivantes d'Osaka »

R. Inamura, correspondant de la Revue Kaizo, voyage en Indochine, 1941

Lettre de N. Ogawa, le Consul Général à George Coedès, « 14 décembre 1941 »

Toshio Nishikawa, voyage en Indochine, 1942

Lettre de Victor Goloubew à Louis Malleret (Saigon), « 12 juillet 1942 »

Riitiro Fujikawa, voyage en Indochine, 1942

Télégramme du Gouverneur général de l'Indochine au directeur de l'EFEO, « 26 octobre 1942 », Kobe.

Sueji Umehara, échange des savants 1942-1943 : réalisé par Kokusai Bunka Shinkokai

Lettre du Comte Kiyoshi Kuroda, administrateur secrétaire général de KBS à Victor Goloubew, « Tokyo, 26 mai 1942 »

Lettre de Victor Goloubew à Kiyoshi Kuroda, « Hanoi, 1er août 1942 »

Lettre de G.eorge Coedès au Directeur de la Maison Franco-Japonaise, « 14 février 1941 »

Lettre du Directeur français de la Maison Franco-Japonaise au Directeur de l'EFEO, « Tokio, 19 avril 1941 »

Lettre de Victor Goloubew au Directeur de l'EFEO, « Hanoi, 28 avril 1941 », non signé.

Télégramme à Joün des Longrais, « 28 avril 1941 »

Lettre du Directeur de la Maison Franco-Japonaise au Directeur de l'EFEO, « Tokio, 7 mai 1941 »

Lettre de George Coedès à Jouon des Longrais, signé : « G. Coedès », « 24 juillet 1941 »

Lettre de l'Ambassadeur de France au Japon au Gouverneur général de l'Indochine, signé « Charles Arsènes Henry », « Tokyo, 4 juillet 1941 »

Lettre de Matsuzo Nagai, Président du Conseil d'Administration de Kokusai Bunka Shinkokai à G. Coedès, « Tokyo, 8 juillet, 1941 »

Lettre de G. Coedès à Matsuzo Nagai, « Dalat, 24 juillet 1941 »

Conférence de Victor Goloubew, 1941 : relation avec « Kokusai Bunka Shinkokai »

Dossier intitulé « Extrait du JAPAN TIMES AND ADVERTISER du 15 janvier 1941 »

Lettre : de Setsuichi Aoki, Secrétaire général de Kokusai Bunka Shinkokai à George Coedès, « Tokyo, 11 mars 1941 »

Relation de Victor Goloubew avec H. Matsumiya, 1941

Lettre de Goloubew à Matsumiya (The Gaimusho, Tokyo, l'ambassadeur), « Hanoi, 17 février 1941 »

Lettre du Directeur de l'Ecole des Beaux-Arts Appliqués de l'Indochine à V. Goloubew, signé « Jonchère (?) », « 18 mars 1941, Hanoi »

Projet d'échanges après Victor Goloubew, 1941 ; projet de la Maison Franco-Japonaise et de Kokusai Bunka Shinkokai

Rapport du Directeur de la Maison Franco-Japonaise (?), intitulé « Eléments d'un projet d'entente à établir entre les organes scientifiques d'Indochine et la Maison Franco-Japonaise. Projet remis à M. Goloubew, permier conférencier d'échange, le 4 juillet 1941 »

Lettre de George Coedès au Directeur de La Maison Franco-Japonaise, « Dalat, 25 juillet 1941 » : réponse aux « Eléments d'un projet d'entente ... », (Voir aussi « Traduction de Noel Peri », 3 correspondances) ;

Lettre du Directeur de la Maison Franco-Japonaise à George Coedès, « 4 septembre 1941 », signé « Joüon des Longrais » : « Projet concernant les échanges de conférenciers entre l'Indochine et le Japon et leurs rapports avec la Maison Franco-Japonaise »

Lettre de George Coedès au Directeur de la Maison Franco-Japonaise, sans dates, non signé (réponse de la lettre du dernier en date du 4 sep 1941), intitulé « Note au sujet des échanges de conférenciers entre l'Indochine et le Japon »,

Lettre du Directeur de la Maison Franco-Japonaise à Geoge Coedès « 12 septembre 1941 » : « Notre au sujet des échanges de Conférences entre Indochine et Japon »

Sylvain Lévi, 1926

Lettre (Messageries maritimes) de Sylvain Lévi, « Saigon, 27 août 1926 », signé : « S. Lévi »

Lettre de Sylvain Lévi au directeur de l'EFEO, s.d.

Carte (Maison Franco-Japonaise, Tokio) de S. Lévi, « 4 sep 1926 », signé :« S. Lévi »

Carte (Maison Franco-Japonaise, Tokio) de S. Lévi, s.d. signé : « S. Lévi »

Lettre de Sylvain Lévi au Gouverneur général de l'Indochine, Hanoi, « Maison Franco-Japonaise, 2 novemembre 1926 », signé : SYLVAIN LEVI.

3. Activités de la Maison franco-japonaise, 1928-1932

Blaringhem, 1928

Lettre du Ministre des affaires étrangère au Ministre des colonies, signé, « Paris, 27 juillet 1928 »

Lettre de L. Blaringham, professeur de botanique à la Sorbonne, membre de l'Académie des Science, au Gouverneur général de l'Indochine, « Tokio, 30 décembre 1928 », signé, 5 ff.

K. Kijima, 1929

Lettre de Kozo Kijima à l'EFEO, « Tokio, 19 septembre 1929 », signé «Administrateur de la Maison franco-japonaise, K. Kijima »

Lettre; du directeur de l'EFEO à l'Administrateur de la Maison Franco-Japonaise. « Hanoi, 2 octobre 1929 »

Joseph Hackin, 1932

Lettre du Directeur de l'EFEO au Directeur de la Maison franco-japonaise, « Hanoi, 7 novembre 1932 »

Lettre du Directeur français de la Maison franco-japonaise au Directeur de l'EFEO, signé : « J. Hackin », « Tokyo, 22 novembre 1932 »

4. Echange de Conférence, 1940-1944 : (i) personalités françaises au Japon

Invitation des savants français au Japon ; projet de Kokusai bunka shinkokai, 1940

Lettre intitulé « Pièce remise par M. le Consul Général Sato au cours d'une visite faite à M. le Secrétaire Général », « Consulat général du Japon à Hanoi », « Hanoi, 4 novembre 1940 »

Lettre du Directeur de l'Instruction publique en Indochine (Charton) au Secrétaire général du Gouvernement Général de l'Indochine, « Hanoi, 8 novembre 1940 »

Lettre de Vice-Amiral d'Escadre Jean Decoux au Consul Général du Japon, « Hanoi, 14 novembre 1940 »

Lettre de Vice-Amiral d'Escadre Jean Decoux au directeur de l'EFEO, « Hanoi, 14 novembre 1940 »

Lettre du directeur de l'EFEO au Gouverneur général de l'Indochine, « Hanoi, 16 novembre 1940 »

Conférences de Goloubew au Japon, 1940-1941

Lettre de Joüon des Longrais, Directeur de la Maison Franco-Japonaise, au Directeur de l'EFEO, « 10 décembre 1940 »

de création d'un Institut français au Japon, 4 ff..

Lettre du Ministre des colonies au Gouverneur général de l'Indochine, signé : You, « Paris, 26 février 1918 », no. 51 : projet de création d'un institution français à Tokyo

« Projet d'Institut Français, Programmme des cours », 3 ff.

« Projet de budget de l'Institut », 2 ff.

« Note sur la Maison de France de Tokio », 2 ff., s.d. (1920 ?)

Lettre du Directeur de l'EFEO au Gouverneur Général de l'Indochine, non signé, « Hanoi, 21 Novembre 1922 » ; projet de la Maison de Tokyo.

Manuscrit, « Points principaux .... » (du projet de la Maison à Tokyo), s. d., 5 ff.

2 télégrammes ; 29/11/1925 et 27/03/1926 : la subvention de « 10000 yen » à la Maison

Arrêté du 08/04/1926 : « subvention à la Maison franco-japonaise »

Alfred Foucher, 1925-1926

Télégramme officiel ; de le Consul France à Gougal destinée à Hanoï (l'EFEO ?), « Colombo, le 9 décembre 1925 ».

Manuscrit pour une lettre du Directeur de l'EFEO au Gouverneur Général, « Hanoi, 12 décembre 1925 ».

Lettre de Alfred Foucher au Gouverneur Général, « A bord de l'Amazone, le 15 décembre 1925 », 3 ff.

Lettre du Gouverneur Général de l'Indochine au Directeur de l'EFEO, « Hanoi, 6 janvier 1926 » : Mission de M. Foucher..

Lettre de Alfred Foucher au Gouverneur Général, « Tokio, 15 juillet 1926 », signé : « A. Foucher », enveloppe de « Maison Franco-Japonaise, 28 Nichômé Nagatatcho, kojimatchi-kou Tokio », 8 pp. : rapport de la Maison Franco-Japonaise.

Paul Claudel, 1926

Lettre de Paul Claudel, ambassadeur de France à Tokyo à « Son Excellence Monsieur le Ministre des Affaires Etrangères à Paris », « Tokyo, 13 avril 1926 ».

Lettre de Paul Claudel, ambassadeur de France à Tokyo à « Son Excellence Monsieur le Gouverneur Général de l'Indochine, à Hanoi », signé : « P. Claudel », « Tokyo, 23 juillet 1926 »

2. Congrès pacifique à Tokyo en octobre 1926

Exposition des travaux frnçais sur l'Extrême-Orient, à l'occasion du congrès, 1926

Télégramme, « Saigon, 3 septembre 1926 », Gougal à Résident supérieur au Tonkin Hanoi : A l'occasion Congrès Pascifique à Tokio au début octobre.

Télégramme, « Hué, Annam, 06/09/1926 », à Léonard Aurousseau (EFEO, Hanoi).

Télégrammme, « Hanoi, Tonkin, 06/09/1926 » : demande de l'envoi au Japon pour l'exposition d'une « COLLECTION COMPLÈTE BULLETIN 1901 À 1925».

Lettre du Directeur de l'EFEO au Résident supérieur au Tonkins (Inspection des Affaires Politiques et Administratives), « Hanoi, 07/09/1926 » : réponse au télégramme ci-dessus.

Letrre du Gouverneur général de l'Indechine au directeur de l'EFEO à Hanoi, « Saigon, 11 sep 1926 ».

書誌　Bibliographie

本書のための研究で使用した（1）古文書資料と手稿、（2）著作物（印刷物）の一覧をここに掲げる。

（1）古文書資料、手稿　Archives

Archives Henri Focillon

Boîte 28 / no. 481 correspondance Kijima Kozo (24/3).
Boîte 31 / Extrême-Orient : Comité franco-japonais, Hôtel de Ville, Lyon, Prospectus

Archives nationales de France

F21 4489.

Archives d'Outre-Mer, Aix-en-Provence (AOMA)

Lettre de G. Groslier à V. Goloubew, AOMA, Expo coloniale, carton 27.
Pierre Guesde, « Note relative aux moulages du Temple d'Angkor », Commissariat du Gouvernement général de l'Indochine, Exposition coloniale, 13 février 1931. AOMA, Exposition coloniale, carton 27.

Centre des archives d'outre-mer (CAOM)

Archives de CAOM , « Souvenirs d'un ancien conservateur d'Angkor », 6APOM 1.

Ecole française d'Extrême-Orient (EFEO)

以下に挙げる古文書整理番号は、私がフランス極東学院図書館で長期的に調査を行なった2000年3月までのものである。2001年以降、極東学院は古文書の再整理を行い、現在（2007年11月）では、整理番号が大きく変化している。今日の番号に修正する必要があるが、資料を逐一再点検する余裕もなく、10年前の整理番号のまま本書では紹介することとした。カルトン番号は異なるものの、見出しや古文書の表題をみれば、比較的容易に古文書のなかから該当する資料を探し出すことができるはずである。

Carton 16
1. Inauguration de la Maison Franco-Japonaise, 1917-1926
Projet d'un « Institut français à Tokio », 1917-1926
Lettre du Ministre des Affaires Étrangères au Ministre des Colonies, signé : P. de Margerie, « Paris, 10 décembre 1917 », Ministères des Affaires Étrangères, Direction des Affaires Politiques et Commerciales, Asie-Océanie, no. 1416 : projet de création d'un Institut français à Tokyo, 1 f.
Lettre de Regnault, ambassadeur de la République Françaises à Tokyo à M. Ribot, Président du Conseil, Ministre des Affaires Étrangères, « Tokyo, 4 juin 1917 »: Projet

ネオ・クラシシスム（新古典主義）Néo-classicisme……376
熱帯人（ブルサール） broussard……152, 158
万国博覧会（パリ万博）Exposition universelle de Paris……11, 23, 47, 48, 51, 59, 63, 77, 78, 82, 83, 84, 87, 427, 499, 534, 535, 544
美術的・歴史的建造物の保存と保護のための国際会議（1931）International Congress of Architects and Technicians of Historic Monuments, Athens……268
復元（修復）restauration……11, 17, 18, 34, 37, 38, 44, 45, 51, 52, 59, 63, 65, 67, 68, 69, 70, 71, 72, 73, 74, 75, 76, 77, 78, 79, 80, 81, 82, 84, 85, 87, 88, 89, 90, 91, 92, 93, 102, 103, 114, 119, 120, 127, 162, 164, 172, 173, 187, 209, 246, 259, 265, 266, 267, 268, 269, 270, 271, 272, 273, 274, 275, 279, 281, 285, 286, 290, 293, 300, 311, 313, 326, 329, 339, 342, 347, 348, 349, 351, 353, 354, 355, 356, 357, 358, 360, 361, 362, 363, 365, 369, 376, 381, 402, 403, 428, 432, 437, 443, 451, 466, 475, 496, 505, 514, 525, 529, 531, 532, 534
復元図（ドラポルト）vue restituée……17, 34, 44, 45, 52, 59, 70, 71, 72, 73, 74, 75, 76, 77, 78, 79, 82, 84, 85, 88, 89, 90, 91, 92, 93, 102, 164, 187, 209, 273, 275, 369, 534
仏印巡回現代日本画展……439, 504, 505, 541
仏印進駐（北部・南部）……19, 93, 173, 176, 281, 283, 408, 410, 411, 414, 425, 426, 440, 443, 445, 450, 454, 460, 461, 463, 465, 472, 476, 481
普遍的美術史 histoire universelle de l'histoire de l'art……46, 217, 218, 220, 221, 222, 229, 340, 341, 386, 516, 533
フランス医学展覧会（日仏会館）……434
フランス文化（の）伝道……420, 421, 422, 424, 425, 446, 448, 449
プリミティヴ（プリミティヴィスム）primitivisme……165, 223, 233, 250, 377, 383, 384, 385, 387, 388, 390, 394, 395, 513
文化工作……425, 426, 434, 439, 446, 448, 452, 458, 467, 504, 505, 541
文化財保護……36, 38, 69, 114, 251, 253, 261, 308
文明教化の使命 mission civilisatrice……86, 87, 398
辺境（ゾーン）研究　étude de zone……152
ポストコロニアル……135, 148, 490, 508, 513
融和政策（植民地主義）……175, 307, 308, 309
歴史的建造物指定に関する国王法令（カンボジア）（1923）ordonnance royale relative au classement des monuments historiques du Cambodge……116
歴史的建造物保護法（フランス）……253
歴史的・考古学的古美術品委員会創設の総督令（1919）arrêté créant une Commission des Antiquités historiques et archéologique……309
歴史的・美術的価値を有する建造物と遺物の保存に関する法令（1900）arrêté relatif à la conservation en Indo-Chine des monuments et objets ayant un intérêt historique ou artistique……112, 251
レプリカ　11, 16, 17, 19, 23, 34, 51, 52, 56, 57, 58, 59, 60, 61, 62, 63, 64, 67, 68, 69, 70, 73, 76, 79, 80, 82, 83, 84, 85, 86, 88, 155, 202, 208, 209, 210, 211, 212, 218, 239, 270, 275, 297, 316, 320, 341, 342, 347, 348, 349, 350, 351, 352, 353, 354, 355, 356, 357, 360, 361, 363, 366, 368, 369, 371, 397, 404, 509, 526, 531, 533, 535
「（レプリカ制作は）クメールの歴史理解にとって有害」（フィノ）……361

495, 511
古美術品販売に関する法令（1923）……316, 511
ジェオポリティクス géopolitique……125, 126, 128, 131, 132, 185
写真展（「アンコール，トンキン及びアンナンに関する写真展覧会」, 1941）……444, 445, 449
ジャポニスム Japonisme……46, 47, 48, 102, 109, 111, 202, 205, 298, 400, 418, 527, 545
宗教博物館（ギメ美術館）……185, 190, 201, 202, 204, 210, 212
植民地学 science coloniale……124, 125, 127, 133, 143, 149, 150, 152, 162, 190, 434, 481, 494, 509
植民地主義 colonialisme……15, 17, 86, 100, 124, 133, 135, 140, 160, 161, 183, 217, 274, 281, 304, 305, 334, 341, 348, 353, 372, 374, 375, 376, 383, 391, 392, 398, 402, 455, 489, 490, 495, 496, 512, 526, 541
植民地博覧会 exposition coloniale……16, 19, 55, 63, 168, 175, 176, 210, 239, 275, 283, 298, 301, 302, 327, 341, 342, 347, 348, 350, 351, 352, 354, 355, 361, 362, 364, 367, 368, 369, 370, 371, 372, 376, 383, 384, 385, 403, 407, 508, 509, 531, 532, 539
植民地博覧会への75年後の眼差し（2006）« 1931-2006, 75 ans après, regards sur l' Exposition coloniale de 1931 »……348
水利都市……289, 290, 543
世界文化遺産（ユネスコ）……16, 40, 275, 312
「全面的修復法」（パルマンティエ）methods de réfection intégrale……268
装飾美術（装飾芸術）……176, 211, 291, 298, 299, 444, 527
装飾芸術博覧会（1925）Exposition Internationale des Arts Decoratifs et Industriels modernes……176, 298
第一次世界大戦（第一次大戦）……89, 91, 111, 171, 175, 181, 192, 193, 199, 207, 246, 260, 279, 283, 287, 298, 306, 312, 350, 417, 418, 518
第二次世界大戦（第二次大戦）……19, 93, 141, 171, 176, 192, 194, 272, 281, 283, 284, 353, 407, 411, 416, 417, 422, 425, 429, 432, 440, 444, 448, 471, 480, 481, 492, 495, 505, 544
泰仏印間平和条約……445
泰仏印国境確定……445
大東亜（の）共栄……94, 131, 409, 425, 455, 501, 502, 504, 506, 537, 538
大フランス帝国 La plus Grande France……362, 373
帝国主義 impérialisme……26, 32, 125, 135, 149, 378, 383, 392, 480, 484, 485, 489, 491, 492
伝統工芸……175, 294, 297, 298, 300, 301, 303, 320, 365, 398
伝統（文化）復興（カンボジア）……297, 300, 302, 305, 313, 321, 334, 336, 400
東洋のモナリザ……240, 261, 264
東洋美術史……132, 133, 134, 135, 148, 181, 185, 193, 196, 201, 217, 222, 502, 522, 542, 544
日仏印親善洋画展……439
日仏印文化協力……19, 176, 281, 283, 416, 417, 425, 426, 427, 429, 430, 431, 432, 443, 444, 445, 446, 447, 448, 451, 453, 462, 463, 465, 470, 471, 477, 479, 481, 492, 495, 544
日仏共同防衛協定……446
日本工芸美術展（ハノイ）……444
日本美術……46, 47, 48, 132, 203, 217, 220, 296, 303, 304, 433, 440, 468, 512, 522, 527, 535, 539, 545
日本美術特別展（1922）Exposition d'art japonais au Salon de la Société nationale des Beaux-Arts……303, 304

(5) そのほか（出来事、事件、法令、主要概念など）

「アジアは一つ」（岡倉） « Asia is one. »……130, 197, 220
アナスティローシス anastylose……163, 172, 267, 268, 270, 271, 272, 273, 274, 275, 281, 287, 290, 311, 326, 349, 360, 514
アール・デコ Art déco……376, 377, 378, 385, 390, 392
アンコール国定公園指定の法令（1911）ordonnance royale du 31 mars 1911, concernant le Parc d'Angkor……116, 169, 252
アンチ植民地博覧会のマニフェスト（シュールレアリスト）……350
アンドレ・マルロー事件（マルロー事件）affaire André Malraux……18, 154, 164, 239, 240, 241, 244, 250, 251, 254, 255, 256, 258, 259, 260, 261, 266, 268, 274, 515, 516
「インドシナは、己自身によってはけっして説明されない」（フィノ） « L'Indo-Chine ne s'explique pas par elle-même. »……130, 131
インド＝シナ考古学調査隊の規則に関する政令（1898）arrêté portant réglement pour la Mission archéologique d'Indo-Chine ……103
ヴァンダリズム（破壊行為 , イコノクラスム）vandalisme……271
エグゾティスム exotisme……25, 28, 85, 86, 378, 384
オリエンタリスム（オリエンタリズム）orientalisme……26, 85, 131, 139, 160, 161, 394, 398, 402, 483, 508, 509, 539
オリエンタリスト絵画展（1931）……376
観光（客）誘致……240, 275, 297, 311, 312
教授交換（日仏印 , 1941 ～ 1943）……19, 281, 411, 431, 432, 433, 434, 443, 445, 446, 447, 449, 450, 456, 464, 467, 501, 504
極東学院展覧会（1931）……349, 363, 365, 402
「極東は一つ」（フィノ） « L' Extrême-Orient est un tout. »……130, 131, 185, 352
近代生活における芸術と技術の国際博覧会（1937）Exposition Internationale des Arts et Techniques dans la vie Moderne……208, 386
クロノポリティクス chronopolitique……125, 126, 128
芸術局設置の法令（芸術局設置令）（1919） « Royaume du Cambodge, Ordonnance royale, le 31 décembre 1919 »……291, 297, 298, 308, 309
現代佛印美術展……441
航空考古学……287
考古学的工作……458, 459
「（考古学は）建造物の長い虐待の歴史」（フーシェ） « (L' archéologie) est l' histoire du long martyr des monuments. »……1, 336
国立美術館統合（パリ）……206, 369
古社寺保存法（1897）……113
古美術品交換（日仏印 , 1943 ～ 1944）……19, 281, 431, 463, 465, 466, 467, 492
古美術品贈与（贈与 , 贈呈）……476
古美術品販売（カンボジア）……18, 315, 316, 317, 318, 320, 321, 325, 326, 327, 331, 333, 334, 335, 336, 337, 339, 341, 342, 350, 403, 428, 467, 468, 472, 475, 476, 477, 479, 489, 493,

『東南アジア文化史』(セデス，山本訳) ……281, 514, 546
『東洋の理想』*The Ideals of the East / Les Idéaux de l'Orient* (岡倉) ……130, 197, 523
『南洋日本人町の研究』(岩生) ……413, 507, 541
「日仏印文化の回顧と展望」(『日仏文化』) ……424
『日仏文化』(日仏会館) ……422, 424, 425, 506, 507, 519, 536, 537, 541, 545
『日本音楽集』(国際文化振興会) ……427
『日本と極東』*Japon et l'Extrême-Orient* (雑誌) 111
『日本にて—美術の聖域への旅』*Au Japon, Promenades aux sanctuaires de l'art* (ミジョン) ……144
『能 Le No』(ペリ) ……416
『ハイブリッド・モダニティーズ』*Hybrid Modernities* (モルトン) ……388, 509, 512
『美術史』*Histoire générale de l'art* (ユイスマン編) ……217
『佛印風物誌』(畠中) ……453, 542
『仏印文化概説』(レヴィ編，村松訳) ……407, 409, 507, 540
「仏印を語る座談会」(『朝日新聞』) ……411, 441
『プノンペン、アルベール・サロー美術館のクメール美術』*Les Collections khmères du Musées Albert Sarraut à Phnom-Penh* (グロリエ) ……283
『フランス極東学院紀要』(『学院紀要』と略記) *Bulletin de l'École française d'Extrême-Orient* (BEFEO) (雑誌) ……89, 107, 109, 110, 131, 151, 156, 175, 186, 223, 226, 245, 246, 247, 248, 250, 252, 254, 259, 263, 270, 280, 284, 285, 289, 365, 367, 368, 415, 417, 432, 479, 531, 532, 533
『フランスの植民地運営』*La mise en valeur des colonies française* (サロー) ……306
「仏蘭西文化の現在及将来」(『日仏文化』) ……423
『プリミティヴ・クメール美術』*L'Art khmèr primitif* (パルマンティエ) ……223
『文明化した人々』*Les civilisés* (ファレール) ……362
『法宝義林』……421, 506, 546
『マルロー、世紀の人生』*André Malraux, une vie dans le siècle* (ラクチュール) ……240
『満鮮史研究』(池内) ……433
「元アンコール保存局長の思い出」« Souvenirs d'un ancien conservateur d'Angkor » (マルシャル) ……173
「ヤマト (大和) の美術」« L'Art du Yamato » (メートル) ……109
『ル・モンド・イリュストレ』誌　*Le Monde illustré* (新聞) ……47, 48, 535

(4) 主要遺跡と芸術作品

アクロポリス……288, 514
《アジアの人々、インドシナ》(デュナン) ……388
アンコール・トム……34, 59, 65, 90, 91, 156, 168, 224, 244, 246, 248, 272, 287, 288, 330, 364, 367, 438, 462, 520, 529, 534
《アンコール・トムの城壁門のひとつ (復元図)》(ドラポルト) ……91
《アンコール・トムの門》(ドラポルト，図 17) ……59, 534
アンコール・ワット……11, 16, 19, 34, 60, 61, 63, 64, 65, 68, 73, 74, 83, 84, 85, 87, 116, 162, 168, 169, 218, 224, 230, 239, 244, 246, 267, 275, 280, 288, 290, 312, 341, 342, 347, 348,

publiés par l'EFEO, tome I, Le temple d'Içvarapura, Bantay Srei……164, 259, 260, 261, 265, 266, 532, 533
『極東学院考古学報告 II, アンコール・ワット寺院』(『考古学報告 II』と略記) *Mémoire archéologique publiés par l'Ecole française d'Extrême-Orient, tome II, Le Temple d'Angkor Vat*……358, 359
『極東年報』*Annale d'Extrême-Orient*(雑誌)……64
「ギリシャと日本」« Grèce et Japon »(ポティエ)……46
「クメール建築の発展とアンコールの都市変化」« Evolution de l'architecture khmère et les transformations de la ville d'Angkor »(ステルヌ)……233
『クメールの銅像』*Bronzes khmèrs*(セデス)……283
『クメールの美術と考古学』*Arts et archéologie khmères*(雑誌)……175, 229, 247, 515
『クメール＝フランス語辞典』*Dictionnaire français-cambodgien*(エモニエ)……99
『建築』*L'Architecture*(雑誌)……166
『考古学六十年』(梅原)……461, 502, 503, 536
『稿本日本帝國美術略史』*Histoire de l'art du Japon*……130, 144
『古代クメール彫刻』*La sculpture khmère ancienne*(グロリエ)……223
『始原から現代までの普遍的美術史』*Histoire universelle des art des temps primitifs jusqu'à nos jours*(レオ編)……217, 221, 222, 229, 533
『シバ神の四つの顔、アンコールの遺跡を探る』(ケ・シイ著, 内山訳)……408, 547
『シャム、カムボヂャ、ラオス諸王国遍歴記』(ムオ著, 大岩訳)……408
『十字軍の歴史』*Histoire des Croisades et du royaume franc de Jérusalem*(グルセ)……193, 518
「16-17 世紀のインドシナにおけるスペインとポルトガルの資料」« Quelques documents espagnols et portugais sur l'Indochine aux XVIe et XVIIe siècles »(カバトン)……415
「16-17 世紀における日本とインドシナの関係についての試論」« Essai sur les relations du Japon et de l'Indochine aux XVIe et XVIIe siècles »(ペリ)……152
『植民地宮―アフリカ・オセアニア美術館の歴史』*Palais des colonie, Histoire du Musée des Arts d'Afrique et d'Océanie*(フランス美術館連合)……373, 383
『植民地の偉大さと隷従』*Grandeur et servitude coloniales*(サロー)……306
『新普遍的美術史』*Nouvelle histoire universelle de l'art*(オベール編)……217, 218, 221, 222
『真臘風土記』(周達観)……524
『世界美術大全集東洋編』(小学館)……132
『1936 年国立美術館年報』(ギメ美術館)……337
『想像上の美術館』*Le musée imaginaire*(マルロー)……257, 515
『探検家ルイ・ドラポルト』*Louis Delaporte, explorateur*(ドゥ・ボヴェ)……26
「チベット絵画に見る仏陀の伝記的表現」*Les scènes figurées de la vie du Buddha d'après des peintures tibétaines*(アッカン)……189
『チャムの建造物の記述目録』*Inventaire descriptif des monuments Cams de l'Annam*(パルマンティエ)……164
『チャンパの彫刻』*Les sculptures chames au Musée de Tourane*(パルマンティエ)……283
『チャンパの美術とその発展』*L'Art du Champa (ancien Annam) et son évolution*(ステルヌ)……233
『中国の歴史』*Histoire de Chine*(グルセ)……193
『朝鮮古蹟図譜』(関野) 484
『土へ戻る』*Le retour à l'argile*(グロリエ)……176
『東亜考古学概観』(梅原) 459, 501, 536

『アンドレ・マルローの青春の文学』*La jeunesse litteraire d'Andre Malraux*（ヴァンドゥガン）……240
『イリュストラシオン』*L'Illustration*（新聞）……347, 352, 353, 356, 357, 362, 366, 385, 530, 531, 532
『インドシナ考古学集成』*Atlas archéologique de l'Indochine*（ラジョンキエール）……112, 152
『インドシナ詩集』（森）……440, 504, 539
『インドシナ探検旅行』*Le voyage d'exploration, Indo-Chine*（ガルニエ）……24
「インドシナのイスラーム」« L'Islam dans l'Indochine française »（カバトン）……152
「インドシナのマレー人」« Les Malais de l'Indochine française »（カバトン）……152
『インドシナ文明史』（セデス著，辛島ほか訳）…… 281, 514, 546
『インドと極東の比較建築学』*L' Architecture comparée dans l' Inde et l' Extrême-Orient*（マルシャル）……173
『インドと東アジアの建築の歴史』*History of Indian and Eastern Architecture*（ファーガソン）……24
『インドのシヴァ神像』*Sculptures çivaïtes de l'Inde*（ロダン他）……283
「インド文化の東漸について」（セデス）……427
『インドシナ』*Indochine, Exposition coloniale internationale de Paris*（レヴィ編）……427
「インドラヴァルマンの芸術」« L'Art d'Indravarman »（パルマンティエ）……245, 262, 263, 532, 533
『王道』*La Voie royale*（マルロー）……106, 153, 199, 200, 226, 240, 242, 245, 248, 250, 252, 255, 257, 262, 265, 267, 271, 313, 330, 365
『オランダ領インド』*Les Indes néerlandaises*（カバトン）……151
『オリエンタリズム』*Orientalism*（サイード）……131, 160
『オリエントの文明』*Les civilisations de l'Orient*（グルセ）……193
『カルポー・ギャラリー』*La galerie Carpeaux*（カルポー）……155
「カンボジア王、バーヴァヴァルマン 2 世の碑文」« Inscription de Bhavavarman II, roi de Cambodge »（セデス）……280
『カンボヂャ紀行　クメエル芸術とアンコオル』（ドラポルト著，三宅訳）……409, 528, 546
『カンボジア綺譚』（三宅）……294, 513, 539
『カンボジア研究』*Recherches sur les Cambodgiens*（グロリエ）……223
『カンボジア建造物記述目録』*Inventaire descriptif des monuments du Cambodge*（ラジョンキエール）……112, 152, 153, 245, 246
「カンボジア建造物目録補遺」« Complément à l'inventaire descriptif des monuments du Cambodge »（パルマンティエ）……164
『カンボジア誌』*Le Cambodge*（エモニエ）……65, 66, 99, 186, 534
『カンボジアの建造物』*Les monuments du Cambodge*（ドラポルト）……61, 70, 75, 88, 209
『カンボジア旅行』*Voyage au Cambodge, l'architecture khmère.*（ドラポルト）……29, 30, 31, 32, 34, 35, 37, 42, 44, 46, 52, 59, 65, 70, 71, 74, 77, 78, 86, 89, 93, 94, 525, 534, 535
「祇園精舎図とアンコール・ワット」（伊東）……412
『起源から今日までの美術』*L'Art des origines à nos jours*（デザイール編）……217, 220
『ギメ美術館考古学紀要』*Bulletin archéologique du Musée Guimet*（雑誌）……205
『極東学院、あるいは外縁の学院』*L'École française de l'Extrême-Orient ou l'institution des marges*（サンガラヴェルー）……147, 149
『極東学院考古学報告 I 、バンテアイ・スレイ』（『考古学報告 I 』と略記）*Mémoires archéologiques*

(3) 著作物（著書、論文、雑誌など）

移民歴史博物館（パリ）Cité nationale de l'histoire de l'immigration……373
インド＝シナ考古学調査隊　Mission archéologique d'Indo-Chine……26, 88, 100, 101, 103, 107, 123, 129, 131, 150, 153
インドシナ踏査使節 Mission d'Exploration de l'Indo-Chine……53, 54, 64, 153
インドシナ美術館……53, 54, 55, 56, 57, 58, 61, 62, 67, 73, 76, 83, 88, 100, 117, 118, 121, 147, 155, 185, 186, 195, 201, 202, 206, 207, 208, 209, 210, 235, 244, 280, 295, 350, 354, 355, 356, 368, 369, 523, 526, 535, 541
インド考古学・美術講座（ルーヴル学院）Cours de l'Archéologie et Arts indiens……194, 207, 214, 215
インド・ビルマ考古学調査協会 Archeological Survey……183
オセアニア学会 Société des océanistes……183
オリエンタリスト画家協会 Société des peintres orientalistes français……174, 508
カンボジア美術学校（美術学校）Ecole des arts cambodgiens……175, 291, 293, 299, 302, 303, 305, 307, 309, 363, 437, 441, 442
カンボジア芸術局（芸術局）Service des arts cambodgiens……175, 223, 229, 247, 248, 252, 256, 291, 296, 297, 298, 299, 304, 310, 313, 316, 320, 428, 460, 489, 509, 511, 513, 516, 520
官吏養成学校 Collège des administrateurs stagiaires……99
極東学院美術館 Musée de l'EFEO……118, 234, 307, 308, 459, 470, 471, 533
ギメ美術館（国立アジア美術館）Musée Guimet……11, 12, 13, 14, 15, 16, 23, 33, 43, 49, 54, 58, 77, 79, 80, 81, 88, 99, 111, 140, 141, 147, 155, 181, 183, 184, 185, 186, 188, 189, 190, 191, 192, 193, 194, 195, 200, 201, 202, 203, 204, 205, 206, 207, 208, 209, 210, 211, 212, 213, 214, 216, 222, 234, 235, 244, 253, 282, 304, 326, 328, 337, 338, 339, 364, 366, 367, 368, 369, 396, 397, 444, 456, 457, 496, 517, 518, 524, 533
クメール古美術セクション（極東学院美術館）section des antiquités khmères du Musée de l'Indochine……121, 295
クメール美術館 Musée khmer de Compiègne……24, 40, 50, 52, 53, 55, 535
建築・遺産博物館 Cité de l'architecture et du patrimoine……57, 526
公教育省（フランス）Ministère de l'Instruction publique……89, 92, 106, 174, 292, 363, 427, 446, 460, 462
考古学史料室（ギメ美術館）……204, 205
国際東洋学者会議 Congré international des orientalistes……124, 159
国際仏教協会……464, 502
国際文化振興会……426, 433, 434, 435, 439, 440, 441, 443, 444, 445, 447, 450, 451, 452, 456, 462, 463, 464, 465, 466, 467, 468, 469, 470, 471, 504, 505, 506, 536, 537, 541, 544
国立図書館（パリ）Bibliothèque nationale de France……100, 101, 151, 188, 192, 245, 280, 364
国立美術学校（パリ）Ecole des Beaux-Arts……146, 162, 164, 166, 171, 174, 295, 534
古美術委員会（インドシナ）……316, 532
古文書学院（エコル・デ・シャルト）Ecole des chartes……101, 103, 183, 524
コレージュ・ドゥ・フランス Collège de France……102, 103, 127, 141, 142, 182, 430
サウス・ウェスト・ロサンジェルス美術館 Southwest Museum, Los angeles……327
サン・リキエ修道院（ラ・ソム県）Abbaye de Saint-Riquier……58, 208
実用高等学院 Ecole pratique des hautes études……101, 109, 151, 158, 182, 183, 184, 185, 186, 189, 280, 519
シトロエンの中央アジア調査隊 La Croisière jaune……190

アルベール・ラメージュ（マルロー『王道』）Albert Ramèges……199, 200, 248, 249, 250, 251, 252
W･G･ ラングロワ Walter Langlois……240
リオテー元帥（ユベール・リオテー）Hubert Lyautey, 1854-1934……362, 363, 392, 530
アロイス・リーグル Alois Rigl, 1858-1905……230
フランシス・リュラン Francis Ruellan……506
マルセル・ルキアン Marcel Requien……506
ルーベンス Pieter Paul Rubens, 1577-1640……30
アンドレ＝ユベール・ルメートル André Lemaître, 1885-?……378, 392, 395, 396, 530
イヴァンナ・ルメートル Ivanna Lemaître……378, 392, 395, 396, 530
シルヴァン・レヴィ Sylvain Lévi, 1863-1935……101, 184, 374, 407, 409, 419, 420, 421, 422, 464, 507, 518
ルイ・レオ Louis Réau, 1881-1961……217, 220, 523, 525, 544
ポール・レオン Paul Léon……220
フェリクス・レガメー Felix Regamey, 1844-1907……48
レンブラント Rembrandt Harmensz van Rijn, 1606-1669……30
デンマン・ロス Denman W. Ross, 1853-1935……314
ピエール・ロティ Pierre Loti, 1850-1923……40, 44, 66, 67, 68, 408, 540
フレデリック・ジュオン・デ・ロングレ Frédéric Joüon des Longrais……422, 446, 447, 448, 449, 450, 451

わ行

和田清 1890-1963……457
和田三造 1883-1967……441

（2）団体名、研究教育機関など

アジア協会 Société asiatique……159, 182, 183, 233
アジア美術講座（ルーヴル学院）Cours de l'Histoire des arts de l'Asie……214, 215
アフガニスタン考古学代表団（DAFA）Délégation archéologique française en Afghanistan……125, 191, 420
アフリカ・オセアニア美術館 Musée des Arts africains et océaniens……372
アムステルダム美術館 Rijksmuseum Amsterdam……281, 327, 329, 331
アルベール・サロー美術館（カンボジア美術館）Musée Albert Sarraut……15, 55, 121, 175, 243, 262, 283, 291, 295, 296, 301, 307, 316, 317, 321, 325, 332, 338, 368, 437, 467, 470, 511
アンコール協会 Société des Amis d'Angkor……174, 292, 297, 311, 312, 313, 314, 318
アンコール・グランド・ホテル Grand Hôtel d'Angkor……325
アンコール保存局（保存局）Conservation d'Angkor……141, 167, 168, 169, 171, 172, 173, 223, 226, 242, 243, 246, 255, 267, 285, 309, 311, 314, 316, 324, 325, 328, 332, 333, 428, 467, 475, 478, 505, 511, 533

239, 240, 241, 242, 243, 244, 245, 247, 248, 249, 250, 251, 252, 253, 254, 255, 256, 257, 258, 259, 260, 261, 262, 264, 265, 266, 267, 268, 271, 274, 290, 313, 315, 330, 365, 372, 515, 516, 518, 541
ガストン・ミジョン Gaston Migeon, 1861-1930……144, 145, 146, 182, 213, 522
三宅一郎 , 1910-……93, 95, 231, 294, 409, 411, 453, 482, 483, 513, 514, 516, 524, 528, 539, 543, 546
ポール・ミュス Paul Mus, 1902-1969……430
レオン・ドゥ・ミルエ Léon de Milloué, 1842-1914?……213
アンリ・ムオ Henri Mouhot, 1826-1861……24, 41, 82, 408, 409, 528
ジャン・ムラ Jean Moura, 1827-1885……36, 37, 512
村松嘉津……407, 409, 507, 540
ジャン・ドゥ・メクネム Jean de Mecquenem, 1883-1939……247, 248
クロード・メートル Claude Maître, 1876-1925……109, 110, 111, 133, 145, 166, 214, 412, 416, 419, 468, 506, 523, 524
ミュリエル・モーリアック Muriel Mauriac……212, 517
森三千代 1905-1977……539
森本右近太夫……413, 414, 507, 541
森本六爾 1903-1936……457
パトリシア・モルトン Patricia A. Morton……363, 374, 388, 508, 509, 512
アレクサンドル・モレ Alexandre Moret, 1868-1938……141, 204, 533
ギュスタヴ・モロー Gustave Moreau, 1826-1898……527
ロベール・ドゥ・モンテスキュー Robert de Montesquieu, 1855-1921……282

や行

ヤショヴァルマン1世……224, 287, 288, 289, 513, 532
矢野眞……477
山本達郎 1910-2001……433
ポール・ユアール Paul Huard……440
S・ユイスマン S. Huisman……217
ピンペアン・ユカントール（カンボジア皇太子妃）Pingpeang Yukanthor, 1894-1966……480
横山正幸……424, 425, 426, 503, 506, 536
吉川逸次……503
芳澤謙吉 1874-1965……471, 503

ら行

アルフレッド・ラヴァレ Alfred Lavallé, ……105
ジャン・ラクチュール Jean Lacouture……240
ドゥダール・ド・ラグレ Ernest Doudart de Lagrée, 1823-1868……24, 28, 64, 528
リュネ・ドゥ・ラジョンキエール Lunet de Lajonquière, 1861-1932……105, 107, 108, 112, 117, 149, 152, 153, 154, 158, 164, 186, 234, 245, 246, 289, 292, 521
アルベール・ラプラド Albert Laprade, 1875-1931……372, 375, 376, 377, 378, 384, 388, 394, 508, 531

アンリ・フォシヨン Henri Focillon, 1881-1943……211, 212, 222, 418, 503, 516, 518, 523, 544, 545
ブルーノ・フカール Bruno Foucart……374
ルイ・ブーケ Louis Bouquet, 1885-1952……378, 392, 393, 394, 395, 530
アルフレッド・フーシェ Alfred Foucher 1865-1952……1, 102, 124, 125, 134, 157, 159, 160, 161, 182, 184, 186, 189, 190, 191, 205, 280, 336, 419, 420, 421, 506
藤岡通夫……94, 95, 408, 409, 414, 445, 446, 453, 503, 507, 524, 544
藤田嗣治 1886-1968……303, 304, 439, 440, 441, 452, 502, 504, 505, 512, 541, 542, 544
ポール・ブデ Paul Boudet……436, 460, 505
シャルル・ブラン Charles Blanc, 1813-1882……31, 357
ベルナール・フランク Bernard Frank, 1927-1996……210, 507, 518, 545
シャルル・ブランシュ，ガブリエル・ブランシュ Charles et Gabriel Blanche……357, 358, 360, 366
アナトール・フランス Anatole France, 1844-1924……282
リュシアン・フルヌロー Lucien Fournereau, 1846-1906……54, 55, 83, 84, 85, 120, 534
ミシェル・ブレアル Michel Bréal, 1832-1915……123, 185
マクシム・プロドロミデス Maxime Prodromidès……240, 515, 516
ルイ・ベザシエ Louis Bezacier, 1906-1966……505
フィリップ・ペタン Henri Philippe Pétain, 1856-1951……282, 283, 407, 408, 423, 428, 429, 431, 471
ヤコポ・ベッリーニ Jacopo Bellini, c.1396-c.1470……282
スウェン・ヘディン Sven Hedin, 1865-1952……26, 483, 499
ラファエル・ペトルッチ Raphaël Petrucci, 1872-1917……203, 214, 519
レオンス・ベネディット Leonce Benedite, 1859-1925……508
ノエル・ペリ Noël Peri, 1865-1922……364, 412, 415, 416, 419, 424, 425, 468, 506, 507, 536
シャルロット・ペリアン Charlotte Perriand, 1903-1999……444, 503
ポール・ペリオ Paul Pelliot, 1878-1945……102, 105, 109, 127, 142, 145, 159, 184, 188, 197, 203, 205, 206, 364, 430, 457, 517, 518, 524, 533
ポール・ボー Paul Beau……110
ルネ・ドゥ・ボヴェ René de Beauvais……26
ジャン・ボワスリエ Jean Boisselier, 1912-1996……353

ま行

アンリ・マスペロ Henri Maspero, 1882-1945……184, 430, 502
松方幸次郎 1866-1950……518
松本信広……414, 457, 503, 507, 539
エミール・マール Emile Mâle, 1862-1954……187, 218, 225
カール・マルクス Karl Heinrich Marx, 1818-1883……131
アンリ・マルシャル Henri Marchal, 1876-1970……141, 165, 167, 171, 172, 173, 223, 226, 227, 228, 230, 231, 232, 233, 234, 242, 248, 267, 268, 270, 271, 285, 286, 287, 288, 292, 293, 314, 316, 318, 320, 322, 324, 325, 332, 333, 334, 366, 478, 479, 520, 532, 533
ルイ・マルレ Louis Malleret, 1901-1970……505
アンドレ・マルロー André Malraux, 1901-1976……18, 106, 153, 154, 164, 199, 200, 226, 230,

シャルル・ドゴール Charles de Gaulle, 1890-1970……191, 430, 431
富井政章 1858-1935……417, 418
富田亀邱……409, 410, 455, 502, 507, 536
ジョン・トムソン John Thomson, 1837-1921……24
ルイ・ドラポルト Louis-Marie Joseph Delaporte, 1842-1925……14, 16, 17, 23, 24, 25, 26, 27, 28, 29, 30, 31, 32, 33, 34, 35, 36, 37, 38, 39, 40, 41, 42, 43, 44, 45, 46, 47, 48, 49, 50, 51, 52, 53, 54, 55, 56, 58, 59, 60, 61, 62, 63, 64, 65, 68, 69, 70, 71, 72, 73, 74, 75, 76, 77, 78, 79, 80, 81, 82, 83, 84, 85, 86, 87, 88, 89, 90, 91, 92, 93, 94, 95, 96, 99, 100, 101, 102, 105, 115, 120, 144, 185, 187, 195, 203, 207, 208, 209, 212, 255, 273, 275, 280, 300, 352, 356, 361, 369, 409, 438, 453, 482, 512, 524, 525, 526, 527, 528, 534, 535, 546
グエン・スアン・ドン Nguyên Xuân Dông, 1910-……505

な行

内藤湖南（虎次郎）1866-1934……456, 502
永井松三 1877-1957……426, 462, 467, 468
中谷治宇二郎……457
ノロドム（カンボジア国王）Norodom 1859-1904……28, 30, 38, 115

は行

ジャック・バコ Jacques Bacot, 1877-1965……203, 205, 206
ジェルマン・バザン Germain Bazin, 1901-1990……187, 194
アドルフ・バスチャン Adolf Bastian, 1826-1905……24
畠中敏郎……453, 502, 542
ニコラオス・バラノス Nikolaos M. Balanos……514
オギュスト・バルト Auguste Barthe……122
ユルギス・バルトルシャイティス Jurgis Baltrušaitis, 1903-1988……286, 503
アンリ・パルマンティエ Henri Parmentier, 1871-1949……90, 91, 146, 154, 156, 162, 163, 164, 165, 166, 167, 168, 172, 173, 223, 241, 243, 245, 246, 248, 250, 258, 259, 260, 261, 262, 263, 264, 265, 268, 270, 272, 274, 283, 307, 369, 409, 460, 477, 478, 479, 505, 516, 532, 533, 538
モリス・バレス Maurice Barrès, 1862-1923……211
マーティン・バーンボム Martin Birmbaum, 1862-1970……328
ジョヴァンニ・バッティスタ・ピラネージ Giovanni Battista Piranesi, 1720-1778……72
ジェイムズ・ファーガソン James Fergusson, 1808-1886……24
クロード・ファレール Claude Farrère, 1876-1957……362, 503
ガスパール・ファロー Gaspard Faraut, 1846-1911……29, 89
グエン・ヴァン・フイエン Ngûyen Van Hûyen, 1908-1975……505
ルイ・フィノ Louis Finot, 1864-1935……92, 100, 101, 102, 103, 104, 105, 106, 107, 108, 109, 112, 119, 120, 122, 123, 124, 126, 127, 129, 130, 131, 139, 143, 147, 150, 151, 153, 159, 166, 177, 181, 182, 185, 197, 198, 216, 220, 234, 259, 260, 279, 283, 285, 307, 327, 352, 356, 357, 361, 459, 471, 477, 514, 523, 524
アーネスト・フェノロサ Ernest Francisco Fenollosa, 1853-1908……144, 145, 522

オズワルド・シレン　Oswald Siren, 1879-1966……328, 502
杉山直治郎……415, 416, 417, 423, 424, 425, 465, 506, 507, 536, 537
鈴木博高……445
ロルフ・スタイン Rolf Stein, 1911-1999……428, 429, 519
ファン・スタイン＝カレンフェルズ van Stein-Callenfels, 1883-1938……268
フィリップ・ステルヌ Philippe Stern, 1895-1979……95, 141, 181, 187, 189, 190, 192, 194, 195, 196, 199, 200, 201, 207, 208, 210, 211, 212, 213, 214, 215, 221, 222, 223, 224, 225, 226, 227, 228, 229, 230, 231, 232, 233, 234, 235, 236, 257, 271, 274, 280, 286, 287, 288, 290, 332, 333, 334, 337, 339, 359, 360, 369, 516, 533
ヴィクトル・セガレン Victor Segalen, 1878-1919……150, 197, 205, 206, 282
関口俊吾 1911-2002……423, 506, 537
関野貞 1867-1935……484
ジョルジュ・セデス George Coedès, 1886-1969……177, 181, 186, 195, 201, 224, 231, 279, 280, 281, 283, 287, 290, 322, 324, 325, 326, 327, 328, 329, 331, 332, 333, 334, 365, 368, 427, 428, 429, 430, 431, 433, 434, 440, 446, 447, 448, 449, 452, 453, 456, 458, 461, 462, 463, 464, 465, 467, 468, 476, 477, 478, 481, 501, 510, 514, 518, 519, 546
エミール・セナ―ル Emile Senart, 1847-1928……122, 127, 185, 203
エミール・ソルディ Emile Soldi, 1846-1906……50, 59, 80, 534, 535

た行

高楠順次郎 1866-1945……421
竹内栖鳳 1864-1942……304, 439
エドゥアール・ダラディエ Edouard Daladier, 1884-1970……253, 254
ジェイムス・ダルメステル James Darmesteter, 1849-1894……123
トラン・ハン・タン　Trân-Ham-Tân, 1887-1957……505
イヴ・タンギー Yves Tanguy, 1900-1955……363
アンリ・チェルヌスキ Henri Cernuschi, 1821-1896……47, 181, 194, 213, 282, 527
ファン・チュー・チン 潘周楨 Phän Chu Trinh, 1872-1926……110
アンリ・ダルデンヌ・ド・ティザック Henri d'Ardenne de Tizac, 1877-1932……213
アンリ・ディディエ Henri Deydier, 1922-1954……430
エミール・デザイ Émile Deshayes……213
レオン・デザイール Léon Deshairs……217
ジャン・デュナン Jean Dunand, 1877-1942……388
アンリ・デュフール Henri Dufour, 1870-?……154, 156, 162, 248
テオドール・デュレ Théodore Duret, 1838-1927……47
ヴィオレ・ル・デュック Eugène Emmanuel Viollet-le-Duc, 1814-1879……69, 82, 300, 525
アルベール・ドゥカリ Albert Decaris, 1901-1988……384
ジャン・ドゥクー　Jean Decoux 1940-1945……408, 436
ジャック・ドゥーセ Jacques Doucet, 1853-1929……187, 188, 519
ジョルジュ・ドゥマジュール Georges Demasure, 1887-1915……246, 247
ポール・ドゥミエヴィル Paul Demiéville, 1894-1979……506
ポール・ドゥメール Paul Doumer, 1857-1932……103, 282
ジョルジュ・トゥルヴェ Georges Trouvé, 1902-1935……271, 272, 324, 325

黒板勝美 1874-1946……414, 507, 541
ポール・クローデル Paul Claudel, 1868-1955……418, 419, 447, 506, 546
桑田六郎……433
桑原規子……440, 497, 504, 505, 541
ヘンドリク・ケルン Hendrik Kern, 1833-1917……64, 122
孔子……396
ポール・ゴーギャン Paul Gauguin, 1848-1903……28, 376
レイモン・コクラン Raymond Koechlin, 1960-1981……526
ジャン・コマイユ Jean Comaille, 1868-1916……167, 168, 169, 170, 171, 172, 226, 247, 520, 521, 533
ジルベルト・ドゥ・コラル=レミュザ Girberte de Coral-Rémusat……233
クララ・ゴールドシュミット Clara Goldschmidt, 1897-1982……241, 242
ル・コルビュジエ Le Corbusier, 1887-1965……340, 377, 503
ヴィクトル・ゴルベフ Victor Goloubew, 1878-1945……177, 205, 234, 250, 257, 258, 259, 260, 261, 279, 280, 281, 282, 283, 284, 285, 286, 287, 288, 289, 290, 302, 303, 331, 354, 355, 359, 360, 364, 365, 366, 368, 369, 371, 407, 422, 428, 429, 430, 433, 442, 443, 444, 445, 449, 450, 451, 453, 456, 458, 459, 460, 461, 462, 465, 468, 477, 481, 501, 502, 503, 514, 519, 532

さ行

エドワード・W・サイード Edward W. Said……131, 160
笹川秀夫……299, 495, 496, 497, 499, 513, 520, 523, 537
チャン・ヴァン・ザップ Trân-van-Giap, 1902-1973……464
佐藤賢了……426
ジョルジュ・サル George Salle……214
アルベール・サロー Albert Sarraut, 1872-1962……156, 175, 282, 293, 305, 306, 307, 388, 512
ピエール・サンガラヴェルー Pierre Singaravélou……147, 149, 511
フランソワ・ジェラール François Gerard, 1770-1837……30
ジャン=レオン・ジェローム Jean-Léon Gérôme, 1824-1904……527
渋沢栄一 1840-1931……417, 418, 506, 537
エドゥアール・シャヴァンヌ Edouard Chavannes, 1865-1918……102, 182, 197, 205, 206, 364, 483, 499, 528
アルフレッド・ジャニオ Alfred Janniot, 1889-1969……374, 378, 379, 380, 381, 382, 383, 384, 385, 386, 388, 389, 390, 392, 395, 399, 400, 401, 508, 530, 531
アンヌ・ジャネ Anne Jeanet……212, 517
ジャヤヴァルマン２世……224, 234, 513
ドミニック・ジャラセ Dominique Jarrassé……383
ルイ・シュヴァッソン Louis Chevasson……241
周達観……514, 524
ハインリッヒ・シュリーマン Heinrich Schliemann, 1822-1890……26
レオン・ジョスリー Léon Jaussely, 1875-1932……376, 377
エヴァリスト・ジョンシェール Evariste Jonchère, 1892-1956……503
白鳥庫吉 1865-1942……483, 499, 537

太田正雄(木下杢太郎)1885-1945……433, 434, 435, 436, 437, 438, 439, 440, 441, 442, 452, 456, 459, 461, 501, 503, 504, 505, 529, 539, 541
岡倉覚三 1863-1913……130, 131, 197, 198, 220, 296, 518, 523, 544
岡崎文夫 1888-1950……457
岡田三郎助 1869-1939……303
プロスペル・オダンダール Prosper Odend'hal, 1867-1904……154, 157, 158, 159
マルセル・オベール Marcel Aubert……217, 218, 222
エミール・オベルラ Emile Auberlat……354
エリック・オルセナ Eric Orsenna……384
レオナール・オルソー Léonard Aurousseau, 1888-1929……243, 250, 258, 518

か行

アンリ・ガイヤール Henri Gaillard……440, 463, 504
ジョルジュ・カトルー　Georges Catroux, 1939-1940……407
アントワーヌ・カバトン Antoine Cabaton, 1863-1942……105, 149, 150, 151, 152, 162, 509, 522
フランシス・ガルニエ Francis Garnier, 1839-1873……24, 28, 82, 528
シュザンヌ・カルプレス Suzanne Karpeles, 1890-1969 ……428
シャルル・カルポー Charles Carpeau, 1870-1904……66, 67, 120, 154, 155, 156, 157, 162, 170, 247, 521, 534
ジャン=バティスト・カルポー Jean-Baptiste Carpeaux, 1827-1875……155
アルベール・カーン Albert Kahn, 1860-1940……109
アナ・カンコー Anna Quinquard 1890-1984……385, 387, 530
木島孝蔵……418
エドガール・キネ　Édgar Quinet, 1803-1875……341
木下杢太郎 → 太田正雄
木辺孝慈 1881-1969……463
エミール・ギメ Emile Guimet, 1936-1918……11, 12, 47, 48, 54, 102, 184, 190, 201, 204, 205, 209, 210, 418, 504
ジャン・ギメ Jean Guimet……204
エミール・グゼル Emile Gsell, 1838-1879……525, 528
久野芳隆……463, 501, 503, 538
モーリス・クーラン Maurice Courant, 1865-1935……417
栗山茂……477
ルネ・グルセ René Grousset, 1885-1952……181, 189, 190, 192, 193, 194, 196, 197, 198, 199, 200, 201, 208, 210, 211, 213, 214, 215, 216, 220, 221, 222, 337, 369, 518, 519
モリス・グレーズ Maurice Glaize, 1886-1964……272, 324, 428, 437, 438, 460, 461, 478, 505
ジャン=イヴ・クレイ Jean-Yves Claeys, 1896-1979……366, 367, 369
黒田清……426, 434, 452, 453, 463, 466, 467, 504
ベルナール=フィリップ・グロリエ Bernard-Philippe Grosler, 1926-1986……1, 173, 174, 175, 176, 181, 223, 229, 230, 231, 232, 241, 243, 247, 248, 249, 250, 251, 260, 272, 279, 283, 290, 291, 292, 293, 294, 295, 296, 297, 298, 299, 300, 301, 302, 307, 308, 309, 310, 311, 312, 313, 314, 316, 317, 318, 320, 321, 322, 324, 325, 328, 333, 334, 358, 363, 365, 400, 409, 428, 430, 437, 438, 454, 460, 482, 504, 509, 512, 513, 515, 516, 520, 532

【索引】

主として本文で言及した（1）人名、（2）団体名、研究教育機関、（3）著作物、（4）主要遺跡と芸術作品、（5）そのほか（出来事、事件、法令、主要概念など）を挙げる。ただし、アンコール遺跡、クメール美術、フランス極東学院など、本書の主題として頻出する用語は省く。

（1）人名

あ行

デュコス・デ・ラ・アイユ　Pierre-Henri Ducos des La Haille, 1889-1972……378, 389-391, 401, 530
シャルル・アグノール　Charles Haguenaur……506
浅湫毅……465, 466, 469, 471, 500, 529
シャルル・アシャール　Emile Charles Achard, 1860-1944……506
ジョゼフ・アッカン　Joseph Hackin, 1886-1941……141, 181, 189-193, 201, 206-209, 213-215, 221, 222, 419, 430, 519, 533
ナジール・アブドゥル＝カリム　Nasir Abdoul-Carime……152
マリー＝ポール・アルガン Marie-Paule Halgand……163, 165
シャルル・アルセーヌ・アンリ Charles Arsène-Henry……442, 470
ウィリアム・アンダーソン　William Anderson, 1842-1900……145, 522
池亀彩……433
池内宏 1878-1952……113, 523, 526, 541
石田幹之助 1891-1974……192, 434, 483, 499, 519, 541
伊東忠太 1867-1954……1, 411-413, 415, 507, 541
井上哲次郎 1856-1944……464
稲賀繁美……131, 522, 541
伊原宇三郎 1894-1976……441, 467
岩生成一……413, 507, 541
クロード・ヴァネック Claude Vannec（『王道』）……199, 245
アンドレ・ヴァンドゥガン André Vandegans……240
ヴィルヘルミナ（オランダ女王）Wilhelmina Helena Pauline Maria……283
アンリ・ヴェヴェール Henri Vever, 1854-1942……518
ヴィルヘルム・ヴォリンガー Wilhelm Worringer, 1881-1965……387
梅原末治 1893-1983……433, 443, 456-462, 465, 468, 477, 484, 501-503, 536
ペニー・エドワーズ Penny Edwards……356, 497
エティエンヌ・エモニエ　Etienne Aymonier, 1844-1929……36, 37, 64, 65, 66, 68, 92, 93, 99, 100, 101, 151, 186, 206, 524, 534
セルゲイ・エリセエフ Sergei Grigorievich Eliseev (Serge Elisseeff), 1889-1975……111, 141, 214, 502, 519, 533
シャルル・エロン Charles Hairon……386, 530

藤原貞朗（ふじはら・さだお）

1967年　大阪府泉佐野市に生まれる
大阪大学文学部卒業・同大学院修了、リヨン第二大学に留学
大阪大学大学院文学研究科助手を経て
現在、茨城大学人文学部准教授

著書

『美術史のスペクトルム』（共著, 光琳社, 1996）
『ヨーロッパ美術史』（共著, 昭和堂, 1997）
La Vie des formes ; Henri Focillon et les arts（共著, INHA, Paris, 2004）
Hokusaï（共著, Fage Édition, Lyon, 2005）

訳書

ダリオ・ガンボーニ著『潜在的イメージ』（三元社, 2007）

オリエンタリストの憂鬱

植民地主義時代のフランス東洋学者とアンコール遺跡の考古学

初版第1刷発行　2008年11月30日
定価4500円＋税

著者　藤原貞朗

装丁　水戸部功

発行者　桑原晨

発行　株式会社めこん
〒113-0033　東京都文京区本郷3-7-1
電話03-3815-1688　FAX03-3815-1810
ホームページ　http://www.mekong-publishing.com

組版　字打屋

印刷　モリモト印刷株式会社

製本　三水舎

ISBN978-4-8396-0218-5　C3022　¥4500E
3022-0808218-8347